21세기 제국의 정치와 종교

이 저서는 2020년 대한민국 교육부와 한국연구재단의 인문사회분야 중견연구자지원사업의 지원을 받아 수행된 연구임(NRF-2020S1A5A2A01040601)

21세기 제국의 정치와 종교

트럼프와
'미국 백인 기독교 국가주의'
푸틴의
'러시아 세계'
시진핑의
'종교 중국화'

l 정태식 지음

RELIGION AND POLITICS OF THE 21ST CENTURY EMPIRES
TRUMP AND 'AMERICAN WHITE CHRISTIAN NATIONALISM'
PUTIN'S 'RUSSIAN WORLD'
XI JINPING'S 'CHINAFICATION OF RELIGION'

한울
아카데미

인간 삶의 모든 악evil은 유한한 가치를 무한한 것으로 변환하려는 노력에서 비롯되며, 무한한 권력, 막대한 부, 그리고 끝없는 욕망의 충족을 추구하는 데서 생겨난다.

(……)

인간은 항상 피조물로 남아 있지만, 그러한 상태에 만족하지 않으려는 데서 죄가 생겨난다. 인간은 자기의 피조물성을 무한으로 바꾸려고 하지만, 인간의 구원은 인간의 피조물적 연약함을 신의 무한한 선good에 복종시키는 데 달려 있다.

_라인홀드 니부어, 『비극을 넘어서Beyond Tragedy』(1937)

차례

감사의 글 8

프롤로그: 정치와 종교 - 이론적 논의 12

제1부 2024년 미국 대선과 종교   27

제1장   트럼프, 바이든, 해리스의 신앙과 정치   43
제2장   트럼프의 백악관 재입성에 따른 종교·이민·인권 정책 전망   72

제2부 트럼프와 '미국 백인 기독교 국가주의'   97

제1장   트럼프와 백인 우월주의의 동맹   109
제2장   공포와 증오 정치
         트럼프와 폭스뉴스   126
제3장   트럼프와 복음주의 종교 우익의 결합   154
제4장   미국 국가주의와 복음주의 종말론   178

제3부 푸틴의 '러시아 세계' 프로젝트와 우크라이나 침공   203

제1장   러시아 종교 정책의 역사   211
제2장   러시아와 우크라이나 정교회의 종교 전체주의와 다원주의의 충돌   236

제4부 시진핑의 '종교 중국화' 정책   267

제1장   중국공산당 종교 정책의 역사   271
제2장   '종교 중국화'를 통한 국가 부흥의 중국몽 실현   283

제5부 '구세주 미국 교회'의 중국과 러시아 견제   307

제1장   오만과 편견
         미국 종교 자유의 국제적 확산   315
제2장   미·중·러의 '정부 종교 규제'와 '사회 종교 증오' 지수   345

주 361
찾아보기 416

감사의 글

이 책의 연구 분야는 정치·종교사회학이며, 연구 방법론은 역사사회학이다. 나는 사회학의 궁극적 과제를 사회에 대한 자기 성찰self-reflection에 둔다. 기본적으로 객관적인 학문적 성찰을 요구하면서도 사회의 실체를 사실 그대로 드러냄으로써 사회의 문제점을 보고 확인할 수 있게 해준다. 이런 의미에서 사회에 규범적 질문을 던지기도 하고 비판적 역할을 하기도 한다. 이를 위해 특히 미국의 정치와 사회에 대한 학문적 자기 성찰을 이어온 학자들의 전통과 맥을 같이하려고 노력했다. 이들을 소개하면 『유한계급론The Theory of the Leisure Class』(1899)을 남긴 경제사회학자 소스타인 베블런Thorstein Veblen, 『비극을 넘어서Beyond Tragedy: Essays on the Christian Interpretation of History』(1937)와 『미국 역사의 아이러니The Irony of American History』(1952)를 남긴 뉴욕 유니언 신학교Union Theological Seminary 교수 라인홀드 니부어Reinhold Niebuhr, 『미국 역사 개요The Contours of American History』(1961)와 『미국 외교의 비극The Tragedy of American Diplomacy』(1962)을 쓴 역사학자 윌리엄 애플맨 윌리엄스William Appleman Williams, 『파워 엘리트The Power Elite』(1956)를 남긴 사회학자 C. 라이트 밀스C. Wright Mills, 9·11 테러 발생 후 모두가 애국심에 심취해 있을 때 사태에 대한 미국의 책임을 언급한 『조국을 향한 이의 제기: 9·11 사태 반성Dissent from the Homeland: Essays after September 11』(2003)의 저술에 참여한 버클리 대학교의 사회학자 로버트 벨라Robert Bellah, 『이카로스 신드롬: 미국 오만의 역사The Icarus Syndrome: A

History of American Hubris』(2010)를 쓴 역사학자이면서 정치학자인 피터 베이나르트Peter Beinart, 미국 육군사관학교 출신으로 베트남 전쟁에 참전했고, 대령으로 예편 후 아들이 이라크 전쟁에서 전사한 경험을 가졌지만, 미국의 해외 전쟁과 군사 개입을 강하게 비판해 왔으며, 『힘의 한계: 미국 예외주의의 종말The Limits of Power: The End of American Exceptionalism』(2008) 등에서 미국의 군사 우위가 오히려 끝없는 전쟁과 재난을 낳았다고 지적한 보스턴 대학교 명예교수 앤드루 바세비치Andrew J. Bacevich, 지난 40년간 미국의 부와 권력의 집중에 초점을 맞추어 소득 불평등을 분석한 『아메리칸 드림의 진혼곡: 부와 권력 집중의 10가지 원칙Requiem for the American Dream: The 10 Principles of Concentration of Wealth & Power』(2017) 등을 저술한 메사추세츠 공과대학교의 언어학자 놈 촘스키Noam Chomsky 등이다.

나의 전공인 정치·종교사회학과 사회이론은 막스 베버Max Weber의 시각을 충분히 따르고 있으며, 호세 카사노바José Casanova의 '공적 종교와 사적 종교'를 중심으로 한 근대사회에 대한 해석과 궤軌를 같이하고 있다. 현재 조지타운 대학교 사회학과 명예교수이자 이 대학의 버클리 종교·평화·세계 문제 센터Berkley Center for Religion, Peace, and World Affairs 선임 연구원senior fellow인 카사노바는 뉴스쿨New School for Social Research 교수 시절 나의 박사 논문 지도 교수doctoral father로 사회학의 정수가 역사에 대한 자기 성찰에 있음을 강조했다. 그의 『현대 세계의 공적 종교Public Religions in the Modern World』(1994)는 종교사회학 분야의 현대적 고전 반열에 올랐다는 평가를 받는다. 이 저술로 그는 2000년 미국의 종교사회학회Association for the Sociology of Religion 회장이 되었다.

2024년 10월 3일 처음으로 한국을 방문한 카사노바 교수는 3박 4일간 서강대학교에 머물면서 강의와 세미나에 참여했고, 한국종교사회학회 회원들과 대화의 시간을 가졌다. 바쁜 와중에도 이 책의 저술에 대한 조언을 아끼지 않았고 관련된 자신의 논문과 참고 자료를 찾아 보내기도 했다. 은퇴 후에도 그는 종교 지구촌화의 주제로 연구 영역을 확대해, 미국에서 활동하는 세계적인 아시안 가톨릭 신학자로 망구순望九旬인 베트남 태생의 피터 판Peter C. Phan 신부와 함께 『아시아 태평양 가톨릭과 세계화: 역사적 관점과 현대적 도전Asian Pacific Catholicism and Globalization: Historical Perspectives and Contemporary Challenges』(2023)을 편집하는 저력을 보여주었다.

* * *

  냉전 이후 미·중·러의 정치와 종교의 관계에 대해 현재완료의 시점으로 역사사회학적 성찰을 담은 이 책은 집단 지성collective intelligence의 결과물이다. 경북대학교 사회학과, 한국종교사회학회, 한국지역사회학회, 현대종교문화연구소, 대구사회연구소 등의 학문적 동료들colleagues은 집단 지성의 열린 울타리를 형성해 지적 담론을 함께 나누었다. 특히 대구사회연구소의 '대구 인문학+사회과학 강좌'는 코로나19의 확산으로 꽉 막혔던 지역 지식인들의 지적 교류를 재개하는 장이 되었을 뿐 아니라, 시국이 어수선할 때마다 세미나를 통해 지역 시민을 위한 성찰의 나침판 역할을 하려고 했다. 발표와 토론에 참석해 준 모든 분께 감사를 드린다.
  책은 개인이 쓰고 내용에 대한 최종적인 책임도 글쓴이 개인에게 있다. 하지만 검증을 통해 다양한 형태의 오류를 씻어내는 일은 혼자 할 수 있는 일이 아니다. 대구경북여성사회교육원, 부산교회사연구소, 대구공공저널리즘포럼, 한국종교사회학회, 대구사회연구소, 현대종교문화연구소 등은 블라디미르 푸틴Vladimir Putin이 이끄는 러시아의 우크라이나 침공과 도널드 트럼프Donald Trump와 2024년 미국 대선 등 이 책의 주제에 관한 발표 기회를 제공했다. 활발한 토론을 통해 책 내용의 오류를 수정할 수 있게 도움을 주면서 저술에 대한 조언을 아끼지 않은 분들께 깊은 감사를 드린다. 경북대학교 철학과 임종진 교수는 은퇴 전후의 바쁜 시기였음에도 불구하고 원고를 꼼꼼히 읽어주었다. 그의 우정에 늘 감사한 마음을 가지고 있다. 한국 사회의 어려운 독서 환경 속에서도 꿋꿋하게 도서 출판을 이어나가면서 이 책의 편집과 출판을 위해 힘써 준 한울엠플러스(주) 식구들, 특히 윤순현 부장과 편집진의 노고에 깊은 감사를 드린다. 아울러 텃밭을 가꾸는 즐거움을 함께 나누며 늘 염려하고 챙겨주는 아내와 응원을 아끼지 않는 딸과 아들에게도 고마움을 전한다.

2025년 5월
경북대학교 교육대학원 연구실에서
정태식 씀

프롤로그: 정치와 종교 - 이론적 논의

역사를 거슬러 올라가 1만 5000년에서 2만 년 전에 일어난 신석기시대의 농업혁명은 이전 구석기시대의 수렵 채취를 바탕으로 한 자연nature의 삶으로부터 문화의 삶으로의 전환을 보여준다. 'agriculture(농업)'의 단어에 들어 있는 'culture(문화)'가 말해주듯이 인간이 스스로 먹거리를 생산해 내기 시작했다는 의미에서 인류 문명은 물질 생산에서 시작되었음을 알 수 있다. 이후 카를 야스퍼스Karl Jaspers가 말하는 기원전 8세기에서 기원전 3세기에 이르는 차축 시대Axial Age의 정신혁명spiritual revolution은 오늘날까지 수용되는 종교적·철학적 의미체계를, 그것도 보편주의universalism를 기반으로 해서 정신문화를 만들어냈다. 여기서 보편주의는 특정 집단, 인종, 국가만을 위한 개별주의particularism와는 다르게 '모든 사람을 위해서'라는 가치를 전제로 한다.

오늘날 현대인은 역사적으로 축적해 온 물질문명 기술의 최종 업그레이드된 버전을 활용하며 살아간다. 이전의 낡은 기술은 사용가치가 다해 박물관에 저장하면 그만이다. 그러나 인류의 정신문화는 끊임없이 변하면서도 지난 2800년 동안 계속 발전하며 축적해 왔다. 따라서 기껏 해보았자 100년을 채 못 사는 인간이 수천 년 전부터 축적된 정신문화를 모두 수용하기란 불가능하다. 여기서 우리는 히포크라테스Hippocrates의 "인생은 짧고 예술은 길다"라는 명제를 떠올리지 않을 수 없다. 이 경구aphorism는 "인생은 짧고 예술은 길다. 기회는 사라지고 실험은 위험하며 판단은 어렵다(Life is short and art is long. Opportunity fleeting, experiment treacherous, judgment difficult)"의 일부다. 또한 히포크라테스가 언급한 "예술(art)"은 오늘날의 음악, 미술 등에 한하는 예술이 아니라 '배우는 요령이나 기법'이고 넓은 의미에서는 물질문명과 정신문화 모두를 포함한다. 따라서 거칠게 말하면 '숙련하기에는 시간이 걸리고 인생은 짧다(Skillfulness takes time and life is short)'일 것이고, 경구 전체의 의미는 인류가 이루어온 문화를 '배우는 데는 시간이 오래 걸리고, 인생은 짧아 세월은 쏜살같이 흘러가는데 불안정한 경험뿐이라 판단하기가 쉽지 않다'가 될 것이다.

중학교에 입학해서 교실 뒤에 영어로 적혀 있는 이 경구를 처음 보았다. 이후 늘 입에서 맴돌다가 끝없는 교육의 필요성으로 이해한 것은 귀밑머리가 희끗희끗해지면서부터다. 자연인으로 태어나서 육체적 성숙과 정신적 성숙을 함께 이루기는 쉽지 않다. 더욱이 현대인은 물질 분배를 놓고 다투는 경제 행위와 지배와 피지배를 놓고 각축하는 정치 행위에 몰두해 살아간다. 더 나아가 철학과 종교가 제시한 보편주의를 추구하기보다 개별주의적 이해관계와 연루된 사상interest-related idea 으로서의 이데올로기와 타협하며 살아간다. 물론 대부분 인간은 생존을 위해 힘쓰면서도 간헐적으로나마 삶의 의미와 가치를 추구하며 살아간다. 그러나 현대인은 전근대사회의 지배 체제였던 종교를 밀어내고 현대사회의 지배 체제가 된 정치와 경제 체제가 제공하는 논리를 따르면서 삶의 세계를 약육강식의 투쟁 세계로만 보는 경향이 더 많다. 이 책에서 다루는 미국 대통령 도널드 트럼프는 인간은 동물과 다르지 않기에 모두가 부자가 되고 싶어 하고 승리하기 위해 싸운다며 세상을 승자와 패자의 이분법적 시각으로 보았고, 가장 좋아하는 성서 구절이 "눈에는 눈, 이에는 이"라고 했다. 그는 또한 약강강약弱强强弱의 거래 기술을 예술이라고 치켜세우며 소설가 한강의 "소박하게 살면 빠듯이 살아질 만큼의 수입이란, 불필요한 욕망을 일깨우지 않는 점에서 편안했다"[1]와 같은 삶의 방식은 비웃음거리로 삼는다. 이때 보편적 삶의 의미체계인 종교나 철학은 개인이나 특정 계층의 이해관계를 만족시키기 위한 주술[2]로 전락한다. 종교 세력 또한 현대사회의 종교 시장에서 살아남기 위해 마케팅에 힘쓰기도 하고, 대중의 주술적 욕구에 순응하기도 하며, 정치와 경제 권력과의 타협을 통해 세 불리기에만 급급해하기도 한다.

* * *

미국과 중국, 그리고 러시아는 제국empire이다. 국가 원수를 황제로 두는 과거의 제국과는 다르지만, '다른 지역의 정치적 또는 경제적 생활에 대한 간접적 통제를 통해 국가의 권력과 지배를 확장하려는 정책, 실천 또는 주장'이라는 제국주의imperialism의 사전적 정의[3]에 부합하기 때문이다.

산업혁명 이후 열강들의 세력 확장에서 시작해 식민지에 억압적 체제를 강제로 구축해 직접 지배했었던 과거의 제국주의와 달리 현대의 제국주의는 해당 국가에 강력한 정치·경제·문화적 영향력을 행사해 각종 정치·경제적 이익을 취하는 신新식민주의의 행태를 보인다. 현대 제국주의의 경제정책은 신자유주의Neo-liberalism를 바탕으로 해왔다. 실패한 고전적 자유주의의 대안으로 1980년대에 미국의 로널드 레이건Ronald Reagan 대통령과 영국의 마거릿 대처Margaret Thatcher 총리에 의해 급부상한 신자유주의 경제정책은 30여 년에 걸쳐 선진국의 경제적 부흥을 가져왔고 소련과 동유럽 사회주의 국가들의 몰락을 가져왔다. 이후 1990년대와 2000년대에는 이제까지의 상품자본주의를 금융자본주의가 대체했다. 미국과 유럽의 중화학공업과 제조업은 아시아의 신흥공업국으로 이전했고 미국이 주도하는 금융시장의 세계화가 시작되었다. 신자유주의가 새로운 옷을 입은 것이었다.

그러나 2007~2008년 미국에서 비우량 주택 담보대출 사태Subprime Mortgage Crisis로 대침체Great Recession가 벌어지면서 금융자본주의의 실체가 드러났고 신자유주의 또한 신뢰를 잃기 시작했다. 더욱이 2020년 전 세계로 확산한 코로나19 팬데믹 탓에 각국은 경제적 봉쇄와 함께 경기 부양을 위한 적극적 재정 확대 등 신자유주의에 반하는 정책을 펼치기 시작했다. 그러면서도 미국은 국내적으로 대기업과 자본가에게만 유리한 감세 정책으로 빈부격차의 확대와 경제적 양극화를 가져왔고, 제조업 붕괴에 따른 높은 실업률과 복지 축소에 따른 중산층의 붕괴를 불러왔다. 국제적으로는 중국의 급격한 성장을 견제한다는 명분으로 신자유주의가 반대하는 보호무역주의를 펼치기에 이르렀다. 또한 정치적·군사적 압박 등을 수반한 강력한 국가 지원을 통해 미국의 경제적 이익을 도모하는 행태를 노골적으로 드러내기도 했다.

한편 러시아는 소련이 해체되면서 독립한 영토들에 대해, 즉 동유럽 및 구소련 구성국들을 상대로 다시금 정치적 영향력을 행사하거나 이에 반하는 나라들에 대해 정치적·군사적 압박을 가하고 있다. 대표적 사례가 2022년 블라디미르 푸틴의 우크라이나 침공이다. 러시아·우크라이나 전쟁은 미국 중심의 단극 체제 유지를 목표로 해서 탈소비에트 지역에서의 패권 국가 출현을 저지하려는 미국과 다극 체제 형성을 위해 소련 시절의 영토였던 지역에서 다시금 패권을 장악하려는 러시아 사이의 전쟁이기도 하다. 러시아를 조급하게 한 것은 1991년 소련 붕괴 이후 알바니아, 불가리아, 헝가리, 폴란드, 체코, 슬로바키아, 루마니아, 리투아니아, 라트비아, 에스토니아 등 동유럽의 잠재적 완충국

들마저도 북대서양조약기구NATO: North Atlantic Treaty Organization(이하 나토)에 가입하는 상황이 전개되었기 때문이다.

중국은 국제적 영향력 확대를 위해 아프리카 등 멀리 있는 반反서구적인 독재국가들을 상대로 자원 외교 및 지원을 펼치기도 하고, 가까운 이웃 국가들에 대해서는 패권주의적인 영향력을 행사하고 있다. 이른바 중국이 세계 진출을 위해 제시한 국가급 정책인 일대일로一帶一路, Belt and Road Initiative를 통해 동남아시아, 중앙아시아, 서아시아, 아프리카, 유럽을 잇는 경제 벨트를 구축하고 있다. 특히 이 정책은 수출 중심 국가인 중국이 미국과 유럽의 보호무역 조치에 대응하기 위해 새로운 수출 활로의 확보를 도모하면서 개발도상국들에게 대출과 투자를 하는 방식을 택했다. 또한 이 정책은 미국 행정부의 중국 상품에 대한 관세 부과 등 무역 전쟁에 대응하는 한편 이들 개발도상국에 대한 미국의 영향력을 축소하고 중국의 정치적·경제적 영향력을 확보하려는 시도이기도 하다.

한마디로 미국과 러시아, 그리고 중국은 정치적·경제적 차원에서의 패권 다툼을 전 지구적으로 벌이고 있다. 더욱이 백악관에 다시 입성한 트럼프가 선언한 중국 등의 수출품에 대한 고율 관세 부과 방침은 지구촌 경제를 자국의 이해관계 증대를 우선시하는 보호무역주의로 치닫게 할 것이고, 나토와 한국 등 우방국에 대한 방위비 분담금 인상 압박은 국제 질서 구조에 심각한 변화를 일으킬 수도 있다.

이 책은 '정치와 종교의 관계'를 주제로 한다. 특히 패권 장악을 정당화하기 위해 종교를 적극적으로 활용하고 있는 제국의 행태에 대해 논한다. 국가 패권주의를 지향하는 제국들도 종교의 다양성은 헌법적으로 보장한다. 그러나 실제로는 국가의 우위 확보를 위해 통일되고 단일한 의미체계를 지향하기에 특정 종교를 선호하거나 패권적 지배 이데올로기를 보장하는 종교를 지지하고 지원한다. 이때 세속의 영역secular sphere에 속하는 정치와 성스러운 영역sacred sphere의 종교가 결합하거나 타협하게 된다. 그러면서 상대적 가치의 정치는 절대화되고, 절대적 가치의 종교는 상대화된다. 타협을 가장 중요한 덕목으로 여기는 정치는 타협 대신 상대를 악마화demonization하고, 상대의 소멸을 목표로 하는 전쟁을 성전聖戰, holy war으로 승화해 치른다. 이때 보편 종교는 세속 세계와의 내재적 긴장 관계를 포기하고 개별주의적 종교, 즉 주술로 전락하고 만다. 사적 차원에서 신 또는 어떤 절대적 존재를 이용해 개인의 이익 극대화를 도모하는 주술이 국가라는 공적 영역을 단위로 해서 국가 이익의 이름으로 국제적 차원에서 행해지는 것이다.

아울러 이 책에서는 냉전 종식 이후 미국, 러시아, 중국의 정치와 종교 관계를 비교학적으로 다룬다. 이들 나라에서의 정치와 종교의 타협, 정치적인 목적의 종교 활용, 정치와 타협을 통한 종교 세력의 확장 시도를 추적한다. 예컨대 트럼프의 2016년과 2024년 대선 승리에는 미국의 복음주의적 종교 우익Religious Right의 지원이 있었다. 푸틴이 감행한 2022년 우크라이나 침공에는 러시아 정교회ROC: Russian Orthodox Church 모스크바 총대교구MP: Moscow Patriarchate 키릴 총대주교Patriarch Kirill의 전쟁 지지와 정당화가 있었다. 시진핑習近平이 2017년에 공식화한 '종교 중국화' 정책은 중국 애국종교협회의 동조를 받았다. 정치와 종교 간의 오랜 내재적 긴장이 오늘날 현실에서는 타협과 제휴로 점철되고 있음을 보여주는 현상이 아닐 수 없다.

* * *

'종교는 본질이 없고 역사만을 지닌다(Religion has no nature but history)'라는 종교사회학의 연구 명제는 종교의 사회적 위치와 역할이 역사 속에서 끊임없이 변한다는 의미다. 이러한 종교의 역사성은 카를 마르크스Karl Marx, 에밀 뒤르켐Émile Durkheim, 막스 베버 등 이른바 고전 사회학자들의 공유 주제였다. 이들은 근대사회를 연구하면서 전근대 사회와의 비교를 피할 수가 없었고, 특히 전근대사회의 지배 체제였던 종교의 현대사회에서의 위치와 역할 변화에 논의를 집중하지 않을 수가 없었다.

고전사회학자들과 이들에 앞서 활동한 18~19세기 유럽의 계몽주의자들은 20세기 종교의 미래에 대해 하드 버전과 소프트 버전의 두 가지 입장 중 하나를 택하기도 하고 두 입장 모두를 취하기도 했다. 전자는 '종교는 사라져야 한다'는 당위oughtness를 내세운 계몽주의적 이데올로기 종교 비판이며, 후자는 '종교는 사라지고 있으며 사라질 것이다'는 현실isness 탐구와 미래 전망 제시의 학문적 종교 연구라고 할 수 있다.

종교의 미래에 대한 당위적이거나 현실적인 전망에도 불구하고 종교는 20세기에서도, 그리고 오늘날 21세기에도 사라지지 않고 있다. 다만 베버가 이미 제시한 바처럼 종교는 분화differentiation되었을 뿐이다. 분화론의 핵심은 근대사회에 들면서 전통 사회의 지배체제였던 종교로부터 세속적 정치, 경제, 지식, 예술, 성性 영역이 분화 또는 독립했다는 것이다. 그러면서 근대사회 이전의 종교처럼 근대사회에서도 새로운 지배 체제가 떠올랐는데, 그것은 목적 합리성purposive rationality의 하위체제sub-systems인 관료주의 국가 체제와 자본주의 시장경제 체제다.

한편 종교의 사회적 위치와 역할에서 나타난 가장 큰 변화는 산업혁명을 거쳐 프랑스혁명을 통해 이루어진 '종교의 탈제도화dis-establishment of religion'다. 이는 정교일치의 '공동체 종교community cult'[4] 역할이 소진되었다는 것을 의미한다. 정교분리 또는 교회와 국가의 분리는 근대국가의 헌법적 가치로 성문화되었다. 한편 프랑스혁명은 양심의 자유, 즉 의식의 자유, 종교의 자유를 혁명의 최고 가치 중 하나로 내세웠고 헌법적 탈제도화를 전 세계에 유포하며 종교의 자유를 보장했다. 이처럼 서유럽 국가들은 근대사회의 지배적 운영 원칙인 합리성을 앞세우며 제도적·의식적 세속화를 점진적으로 이끌어갔다. 반면에 소련과 동유럽, 그리고 중국 등 사회주의 국가는 1917년 러시아혁명 이후 강제적 세속화forced secularization를 감행해 사적 영역에서도 종교를 허용하지 않는 강력한 종교 억압정책을 펼침으로써 개인이 지니는 의식의 자유까지 침해하며 사회의 전반적인 탈종교화를 강제했다.

이후 1960년대에 들면서 종교의 사회적 위치와 역할 논의가 세속화 이론secularization theory을 바탕으로 서유럽에서 시작되었다. 옥스퍼드 대학교의 브라이언 윌슨Bryan R. Wilson은 유럽의 종교 쇠락을 말하면서 교회 예배나 미사 참석자 숫자, 종교 결혼, 성당과 교회 숫자 등에서 나타나는 감소 현상을 세속화의 증거로 제시했다.[5] 한편 뉴욕에 있는 뉴스쿨의 피터 버거Peter Berger와 토마스 루크만Thomas Luckmann은 유럽 중심의 세속화 이론을 거부하며 베버의 분화론에서 이어진 종교의 사유화론privatization theory을 적극적으로 펼쳤다. 사유화론은 종교가 더는 공적 영역public sphere에 머물지 않고 사적 영역private sphere에서 개인의 영혼 구원이나 심리 치료, 가정 문제 등에 집중한다는 것, 다시 말해 종교가 주변화되었을 뿐 사라지지는 않았다는 것이다.[6] 버거는 설교, 설법, 강론 등의 상품화와 마케팅에 주력하는 종교의 미래상을 제시했고,[7] 루크만은 이제는 종교 의미체계 형성의 주체가 종교 기관이 아니라 개인이 될 것이라면서 이를 "보이지 않는 종교invisible religion"라고 했다.[8] 한편 버클리 대학교의 로버트 벨라는 종교의 가치가 시민 의식 속으로 침투된 '시민 종교civil religion'를 소개했다.[9]

그러나 헌법을 통한 종교의 제도적 분리가 반드시 정치의 탈종교화나 종교의 탈정치화, 그리고 종교의 사적 영역으로의 주변화로 이어진 것만은 아니었다. 세계 곳곳에서 종교의 탈사유화de-privatization와 공적 종교의 재등장resurgence of public religion이 일어났다. 뉴스쿨의 호세 카사노바에 따르면 1980년대부터 미국의 '기독교 근본주의Christian Fundamentalism'와 '미국가톨릭주교회의USCCB: United States Conference of Catholic Bishops', 브라질과 라틴아메리카의 '해방신학', 공산 치하 폴란드의 '가톨릭연대Catholic Solidarity', 그리고 이란의 호메이니Khomeini 주도의 '시아파 이슬람 혁명Shia Islam Revolution' 등이 공적 종교의 재등장을 보여 주었다.[10] 반면에 마르크스·레닌주의의 이름으로 사회의 강제적 세속화를 강행했던 소련과 동유럽의 몰락은 종교의 탈세속화de-secularization와 함께 급속한 종교 부흥과 확산을 불러왔다.

종교의 공적 재등장에서 주목해야 할 것은 두 가지 상반된 모델이 등장한다는 점이다. 위르겐 하버마스Jürgen Habermas가 말하는 담론 모델discourse model과 투쟁 모델struggle model로, 패권 장악을 위한 후자는 미국 기독교 근본주의와 이란의 시아파 이슬람 혁명 등이고, 사회적·정치적 합의 도출을 추구하는 전자는 미국가톨릭주교회의, 해방신학, 폴란드 가톨릭연대 등이라 할 수 있다.

문제는 냉전 이후 세계 패권을 둘러싸고 각축하는 강대국들이 종교와의 동맹 내지는 제휴를 통해 근대사회 이전의 정치와 종교 관계였던 '공동체 종교'로 회귀하고자 한다는 사실과 이를 위한 이데올로기를 획책하면서 그 나름의 종교를 활용한 정책을 펼치고 있다는 데 있다. 미국의 경우 레이건, 아들 부시, 트럼프 행정부 무렵 나타난 정치 우익과 종교 우익의 동맹coalition 결과로 생겨난 '미국 백인 기독교 국가주의American White Christian Nationalism' 운동을 들 수 있다.[11] 러시아의 경우 '국가 안보national security'를 앞세운 푸틴 정권과 '영적 안보spiritual security'를 내세운 키릴 모스크바 총대주교가 러시아 국가의 지정학적 패권과 러시아 정교회의 교회법적 지배권 확보를 위한 공생적 동맹 관계를 통해 전개한 '러시아 세계(루스키 미르Russkiy Mir)' 프로젝트와 2022년의 우크라이나 침공을 들 수 있다. 중국의 경우 중국 특색 사회주의 완성을 통한 국가 부흥의 '중국몽中國夢, Chinese Dream' 실현을 위해 종교의 토착화indigenization나 현지화localization가 아니라, 경전 내용의 중국식 편찬과 종교 의미체계의 중국화를 요구하는 시진핑의 '종교 중국화' 정책을 들 수 있다.[12]

물론 종교 다원주의가 지배하는 현대사회에서 정치 단위와 종교 단위가 일치하는 이념형으로서의 '공동체 종교'가 현실화할 수는 없을 것이다. 그러나 문제는 신제국의 형태를 띤 미국, 러시아, 중국이 적어도 공동체 종교가 지니는 기능이나 수단을 정치적·경제적·문화적 차원에서 세계 패권을 장악하고자 활용할 수 있다는 데 있다. 그것은 종교 정책을 통해 특정 종교 세력 외의 종교 활동을 제한하고 종교 다원주의와 종교 선택의 자유에 자의적인 제한을 두는 권위주의적 통제를 벌이는 한편, 주류 종교 세력과의 동맹을 통해 국제적 차원에서의 패권주의와 국내에서의 권위주의적 정치 행태의 정당성을 확보하는 것이다.

예컨대 중국은 도교, 불교, 이슬람교, 개신교, 천주교의 5대 종교만 허용하고, '종교 중국화' 정책을 통해 종교 내용과 실천을 중국식으로 수정하게 하는 등 중국 정부의 간섭하에서만의 종교 운영을 허용한다. 또한 이들 주류 종교로 구성된 애국종교협회가 스스로 종교 행위를 감시하게 만들어 국가의 정책에 동조하게 하고 있다. 더 나아가 외래 종교의 유입과 확산을 방지함으로써 외국의 영향력을 축소하려고 하고 있다. 이에 관해서는 이 책의 제4부에서 논한다.

한편 러시아는 전통적인 종교 공동체인 정교회, 이슬람교, 불교, 유대교를 제외한 로마 가톨릭교, 오순절교회, 복음주의 교회, 여호와의 증인 등의 종교는 규제하거나 심한 경우 금지한다. '러시아 세계' 프로젝트를 위해 러시아 정교회 모스크바 총대교구와 협력함으로써 동유럽 역내에서 정치적으로는 '국가 안보'를, 종교적으로는 '영적 안보'를 상보적으로 확보하려 하고 있다. 또한 우크라이나 침공의 정당성을 모스크바 총대주교로부터 확보함으로써 인접 국가에 대한 패권적 영향력을 확장하고 있다. 이에 관해서는 제3부에서 논한다.

미국은 이미 잘 알려져 있듯이 이라크와 아프가니스탄과의 전쟁을 신의 이름을 내세운 성전으로 승화해 치렀다. 트럼프는 '이슬람 금지법'으로 무슬림의 미국 입국을 막는 한편, 복음주의 종교 우익 등 특정 종교 세력의 지원과 지지를 확보하면서 이들이 미국 사회에서 배타적이고 독점적이며 차별적인 행태를 벌이는 것을 종교의 자유라는 이름으로 허용해 주었다. 이에 관한 논의는 제2부에서 다룬다. 한편 미국은 해외의 종교 자유를 증진한다는 명분으로 '국제종교자유법IRFA: International Religious Freedom Act'을 제정하고 미국국제종교자유위원회USCIRF: United States Commission on International Religious Freedom를 설치했다. 세계 각국의 종교 박해와 차별 실태를 평가하고 등급을 매김으로써 미국의 패권주의적 지배를 위한 도덕적이고 문화적인 정당성을 확보하려는 것이다. 이에 관한 자세한 내용은 제5부에서 다룬다.

* * *

소크라테스Socrates는 집단 지성의 원형archetype이다. 그의 『대화』에서 나타나듯이 그는 수업을 마치고 나오는 학생들을 붙들고 오늘 배운 주제에 대해 함께 논하기를 즐겼다. 소크라테스의 위대함은 그가 진리를 찾으려고 노력했다는 점에도 있지만, 무엇보다도 다른 사람들과 '더불어' 진리를 찾으려고 했다는 데 있다. 집단 지성이 역사사회학과 만날 때 집단적 망각 collective oblivion을 극복하게 해준다. 망각은 신이 인간에게 내린 하나의 축복일 수 있지만, 사회·정치적 비극에 대한 망각은 역사의 퇴행, 심지어는 반복을 가져올 수 있기 때문이다.

이 책을 탈고할 무렵이던 2024년 12월 3일 무능하고 무지하며 무도한 정권의 우두머리가 군대를 동원해 계엄령을 선포하고 내란을 일으켰다. 계엄과 군사정권 시절의 암울하고 고통스러운 역사를 바탕으로 삼아 소설을 쓴 작가 한강이 같은 해 10월 10일 노벨 문학상 수상자로 결정되었다는 발표가 있은 지 두 달이 채 안 되었고, 12월 10일에 열릴 노벨상 수여식 일주일 전이었다. 모두가 한강의 작품을 통해 비극의 역사를 반추하고 있던 때 무모한 정권과 집권 여당은 역사를 망각한 채 시민의 마음에 상처를 주었고, 나라와 국민을 지키는 일을 명예로 여기는 군대로 하여금 총구를 국민에게 겨누었다는 죄책감의 트라우마에 빠지게 했다. 이에 전국의 지식인들이 이 내란에 항거하며 민주주의 회복을 위한 집단 지성을 또다시 만들면서 국민을 향해 적극적인 저항을 통한 주권 행사를 호소했다. 항명이라는 위협에도 불구하고 내적 갈등과 합리적 판단을 통해 소극적으로 임한 군인들에게 위로를 보내기도 했다. 또한 합리적 집단 지성은 20~30대를 포함한 시민 스스로가 형성하고 확대하기도 했다. 그것은 겨울밤의 매서운 날씨에도 불구하고 자발적으로 시위에 참여하고, 민주주의의 위기를 맞아 각자 나름의 방식으로 목소리를 내며 저항한 결과다. 무엇보다 값진 것은 젊은이들이 경험을 통해 민주주의의 가치를 내재화했다는 사실이다. 경험은 간접 교육의 추상성에 우리를 머물게 하지 않는다.

문제는 내란의 주역들이 주술에 심취해 왔다는 사실에 있다. 주술은 근대사회의 지배 체제인 '관료주의 국가'와 '자본주의 시장경제'의 정치 논리와 시장 논리의 종교에의 침투, 그리고 종교에 의한 이들 세속 논리의 수용과 내재화가 동시에 이루어진 결과다. 근대사회에 들어서면서 봉건사회에서 종교의 지배를 받던 세속 영역은 종교로부터 분화하고 독립하면서 종교를 사적 영역으로 주변화시킨다. 이때 종교는 사유화privatization되면서 주술로 전락할 위험에 처한다. 사유화는 사적 소유private ownership, 사유재산private property 등의 개념과 함께 근대 자본주의의 절대적 지향점인 사적 소유의 극대화와 일맥상통한다. 그러면서 종교와 주술이 접점을 이루게 된다.

신을 움직여 개인의 이득을 추구하기에 지극히 이기적egoistic 지향인 주술은 개인을 넘어 모든 사람을 위하는 이타적altruistic 보편주의를 지향하는 종교와 역사적으로 공존해 왔다. 또한 양자 간의 타협도 있었다. 종교성을 강조하는 종교 전문가religious virtuoso도 평신도 대중의 주술적 욕구를 외면할 수는 없었기 때문이다. 한편 서양에서는 국왕부터 노예에 이르기까지 똑같은 신앙체계를 요구한 '공동체 종교'로 인해 민간 신앙은 종교적 배신이자 국가에 대한 반역이 되어 마녀사냥으로 처단되었다. 반면에 동양에서는 일찌감치 공적 종교와 사적 종교의 분리와 허용에 따라 민간 신앙의 실천이 허락되었다.

그러나 앞에서 언급한 바의 정치 논리와 경제 논리를 수용한 종교의 주술화에 먼저 문제가 발생하지만, 더 큰 문제는 합리성을 바탕으로 전개되어야 하는 현대사회의 정치 논리와 경제 논리를 민간 신앙이나 무속 신앙의 비합리적 논리가 대체하고 있다는 데 있다. 국정 과제 수행의 의사 결정은 합리성, 그중에서도 계산성과 예측성을 바탕으로 하는 인식론적 합리성에 따라 정확히 계산하고 예측해서 이루어져야 하는데, 지극히 비합리적인 수단, 예컨대 점, 관상, 사주 등의 민간 무속 신앙에 의존해 왔다는 것이 가장 큰 문제다. 주술이 권력과 부의 사적 극대화를 목적으로 한다는 의미에서 근대의 정치·경제 시스템과 지향하는 목적을 공유하고 있지만, 그 수단은 지극히 비합리적이다. 민간 신앙과 무속 신앙 또한 그 나름의 논리를 지니고 이치가 있다는 주장을 부정할 필요는 없다. 그러나 취약한vulnerable 인간에게 심리적 위로를 제공하는 기능은 사적 영역에 머물러야지, 합리성을 바탕으로 하는 현대사회의 정치와 경제 등 공적 시스템에 확대해 적용해서는 안 될 것이다. 나라의 운명을 주술에 맡길 수는 없기 때문이다.

  국회의 계엄 해제, 내란 혐의 대통령에 대한 탄핵 가결과 헌법재판소의 파면 결정 등의 절차가 민주적으로 문제없이 진행되는가 싶었다. 그러나 법에 따른 대통령 체포와 구속 등의 과정은 순탄치 않았다. 내란을 옹호하는 세력이 저항했고, 급기야 친위 시위대는 폭민mob으로 둔갑해 법원을 점거하고 건물과 기물을 파괴하는 등 난동을 부리기에 이르렀다. 반동적reactionary 행태의 주축은 주술화된 종교 단체의 추종자들이었다. '정치·주술 동맹'에 이어 '정치·종교 동맹'이 위력을 발휘한 것이다. 양자 간에 차이가 있다면 전자는 대통령과 그 소수 주변인들에 의해 맺어진 것이고, 후자는 대규모의 조직적인 기성 종교 단체와 결속한 결과라는 것이다. 정치와 동맹을 맺은 종교는 더 이상 종교가 아니고 주술로 전락한 컬트 집단에 지나지 않는다. 보편주의적인 원칙보다는 개별주의적인 권력 유지나 권력 쟁취만을 추구하기 때문이다.

  대선에서 패한 트럼프를 옹호하는 지지자들이 2021년 1월 6일 미국 국회의사당 난입 사건January 6 United States Capitol Attack을 일으킬 때 기독교 근본주의 종교 우익 세력이 이들에 상당수 가담한 것처럼, 2025년 1월 19일 서울서부지방법원 점거 난동에 보수적인 교회에 소속된 청년들이 주축을 이루었다는 사실은 한국 사회에서 정치와 종교의 동맹이 수사적이고 상징적인 수준에 머문 것이 아니라 폭동을 수반하는 실체적 사건으로 전개되었음을 의미한다. 트럼프는 2025년 1월 20일 대통령에 재취임한 당일에 행정명령을 통해 국회의사당 난입으로 중형을 받고 복역 중이던 1500명 넘는 범죄자의 사면안에 서명했다. 서울서부지방법원 난동자들 또한 이러한 사면을 기대하고 범죄를 저지른 것인가. 권위주의 정권의 대중 선동 정치를 파시즘Fascism이라고 한다면, 미국과 한국에서 벌어진 종교 세력의 대중 동원은 파시즘의 꿈틀거림과 민주주의 역사의 퇴행을 낳을 뿐이다. 파시즘은 다양성, 형평성, 포용성DEI: Diversity, Equity, Inclusion을 부정하고 단일한 의미체계와 자기네 집단의 결속in-group solidarity에만 집착한다.

제1부

2024년 미국 대선과 종교

2024년 7월은 미국 대선 캠페인이 무르익던 한여름이었다. 7월의 휘몰아치는 북아메리카의 열풍熱風이 정치권에도 불었다. 14일에는 펜실베이니아주 버틀러Butler에서 20살 백인 남성 토머스 매슈 크룩스Thomas Matthew Crooks가 대선 유세 중인 도널드 트럼프 공화당 대선 후보를 향해 총격을 가했고, 일주일 후인 21일에는 조 바이든Joe Biden 대통령이 대선 후보 사퇴를 발표했다. 그리고 카멀라 해리스Kamala Harris 부통령이 새로운 민주당 후보로 전격 등장했다. 이미 6월 27일에 있었던 대선 후보 간 CNN TV 토론에서 트럼프에 밀렸다는 평가 이후 바이든에 대한 정치권과 여론의 사퇴 압박이 점증하고 있었다. 심지어 민주당 내에서도 사퇴 권고가 일기 시작했고, 바이든에 대한 대선 자금 지원을 철회하겠다는 발표가 뒤따르기도 했다.

그러나 일반 대중 사이에서는 이전부터 사퇴 요구가 있었다. 그것은 바이든뿐 아니라 트럼프에게도 향했다. 예컨대 퓨 연구소Pew Research Center가 같은 해 4월 8~14일 실시한 여론조사에 따르면 등록 유권자의 거의 절반(49%)이 기회가 주어지고 할 수만 있다면 바이든과 트럼프 모두 교체해야 한다고 답했다. 물론 트럼프 지지층의 트럼프 거부 비율(35%)보다 바이든 지지층의 바이든 거부 비율(62%)이 더 높았다. 유권자의 나이에 따른 차이도 있었다. 30세 미만 유권자의 66%가 기회가 주어진다면 두 후보 모두 교체해야 한다고 답했고, 30~49세 유권자는 54%, 50세 이상 유권자는 43%가 교체에 찬성했다.[1]

이 조사에서 유권자의 3분의 1 이상은 대통령직 수행을 위한 트럼프의 신체적 건강(36%)과 정신적 건강(38%)을 확신했다. 반면에 대다수는 바이든의 신체적·정신적 건강을 확신하지 못했고 소수만이 그의 신체적 건강(15%)과 정신적 건강(21%)을 확신한다고 답했다.[2] 따라서 TV 토론에서 나타난 바이든의 어눌한 발음과 어휘 혼동 등 노령에 따른 정신적·육체적 행동 제약에 대한 염려가 이미 대중 사이에도 널리 퍼져 있었다고 할 수 있다.

대선 후보 지지의 극명한 차이는 유권자의 종교적 노선에 크게 영향을 받기도 한다. 퓨 연구소 여론조사에 따르면, 바이든이 사퇴하기 전인 2024년 4월 현재 선거를 치른다면 등록된 백인 기독교 유권자 대부분은 트럼프에게 투표하겠다고 한다. 백인 기독교인 절반 이상이 트럼프가 "위대하거나(great)", "좋은(good)" 대통령이었고, 그가 2020년에 대선 결과를 바꾸려고 법을 어겼다고 생각하지 않는다고 답했다. 반면 흑인 개신교인이거나 종교적 무신론자 유권자 대부분은 트럼프보다는 바이든에게 투표할 것이라고 했다. 이들 중 다수는 트럼프가 "끔찍한(terrible)" 대통령이었고, 2020년 대선 결과를 뒤집으려고 불법을 저질렀다고 답했다.

좀 더 구체적으로 바이든 사퇴 전의 백인 기독교 유권자들의 트럼프 지지를 보면, 백인 복음주의 개신교 유권자는 81%가, 백인 비非복음주의 개신교 유권자는 57%가, 백인 가톨릭 신자는 61%가 트럼프에게 투표하겠다고 했다. 이와 대조적으로 흑인 개신교 유권자의 77%, 불가지론자 82%, 무종교 57%가 바이든에게 투표하겠다고 했다.[3]

앞의 여론조사 결과는 인종에 따른 종교 단체의 당파적 성향을 반영한다. 백인 기독교인들의 공화당 지지와 흑인과 불가지론자들의 민주당 지지에는 오랜 전통이 있기 때문이다. 문제는 백인 기독교 복음주의자들과 그들이 지지하는 트럼프 사이의 신앙 이슈를 둘러싼 불일치 disparity에 있다. 우선 트럼프의 삶의 의미체계가 신앙을 바탕으로 하는지가 의문이며, 그가 신앙을 지녔다고 하더라도 그 깊이에 대해서는 복음주의자들마저도 대부분 회의적이기 때문이다. 그렇지만 복음주의자들은 그를 지지했다. 트럼프와 복음주의자들의 정치적 동맹을 가능하게 한 미국인들의 사회·정치적 요인과 국가주의를 둘러싼 여러 동기적 상황에 대해서는 이 책의 제2부에서 소개할 것이다. 미리 결론을 내린다면 트럼프의 독특한 삶의 의미체계 또는 세계관이 미국 종교 우익이나 복음주의가 지향하는 번영 신학 prosperity theology 등과 일치하기에 이들에게 상당 부분 어필하는 데 성공했다고 할 수 있다.

해리스 부통령이 민주당 대선 후보가 된 이후 대선 막바지까지 트럼프와 해리스의 신앙인들에 대한 호소와 함께 이들에 대한 종교인들의 지지가 이어졌다. 대다수 정치학자들은 복음주의 개신교와 가톨릭을 포함하는 대부분의 등록된 백인 기독교인들이 트럼프 전 대통령을 지지할 것이며, 흑인 개신교인, 유대인, 무슬림, 무신론자, 불가지론자들이 해리스 부통령을 지지할 것이라고 예상했다. 이는 바이든 대 트럼프의 대결 시에 나타난 두 후보의 지지자 숫자가 해리스 대 트럼프의 대결에서도 바뀌지 않았음을 말해준다. 구체적으로 2024년 9월 초에 실시된 퓨 연구소의 여론조사를 보면 백인 복음주의 개신교인 82%, 백인 가톨릭 신자 61%, 백인 비복음주의 개신교인 58%가 트럼프를 지지했고, 흑인 개신교인 86%, 히스패닉 가톨릭 신자나 유대인 유권자 65%, 스스로 무신론자라고 부르는 유권자 85%, 불가지론자 78%가 해리스를 지지하는 것으로 나타났다.[4]

특히 1000명이 넘는 종교 지도자가 대선 직전인 10월 27일 일요일에 해리스 지지를 선언했다. 해리스 또한 "이번 캠페인에서 믿음을 행동으로 옮기는 것의 중요성을 계속해서 강조할 것"이라고 말했는데, 이는 그녀와 흑인 공동체의 유대 관계를 강조함으로써 흑인 유권자들을 끌어내기 위해서였다.[5]

트럼프는 종교 유권자들의 마음을 사로잡고 공화당의 오랜 동맹인 백인 복음주의자들의 투표를 장려했다. 그러면서 그는 해리스에 대한 신앙 차원의 공격을 멈추지 않았다. 예컨대 대선 보름 전 즈음에 노스캐롤라이나주 유세에서 트럼프는 종교 지도자들을 상대로 연설하면서 아무런 근거도 없이 해리스가 "종교에 매우 파괴적"이라고 주장했다.[6] 그는 또한 10월 28일 조지아주 파우더스프링스Powder Springs에서 열린 전국신앙자문이사회National Faith Advisory Board 수뇌부와의 회의에서 미국에서 종교가 위협받고 있다면서, 종교를 구하기 위해 보수적인 기독교인들을 행정부의 핵심 영역에 기용할 것이며 신앙사무소faith office를 개편해 대통령 집무실과 직접 연결할 것이라고 했다. 그러면서 전부터 언급해 온 교회 등 비영리단체가 정당 후보자의 지지나 반대를 금하는 존슨 수정안Johnson Amendment을 폐지할 것을 재차 약속했다.[7]

하지만 세 번째 대선에 도전하는 트럼프는 많은 다양한 악명과 오명의 약점을 지니고 있었다. 트럼프는 2020년 대선에서 패배를 인정하지 않고 선거가 사기였다는 주장을 폈고, 공무원들을 압박해 선거 결과를 뒤집으려고 했으며, 지지자들을 선동해 2021년 1월 6일 미국 국회의

사당 난입 사건을 일으켰다. 이미 그는 재임 중에 미국 대통령 중 유일하게 두 번이나 탄핵 소추를 받은 바 있다. 2019년 바이든을 수사하고자 우크라이나에 압력을 가한 것으로 권력 남용과 의회 방해 혐의로 하원에서 탄핵 소추되었고, 2021년 국회의사당 난입과 반란 선동 혐의로 하원에서 탄핵 소추되었지만 두 건 모두 상원에서 부결되었다.

트럼프에 대한 형사소송도 제기되었다. 트럼프 이전까지의 미국 역사에서는 기소된 전현직 대통령이 없었다. 하지만 2023년 전임 대통령 트럼프는 대통령으로서는 처음으로 네 건의 형사사건으로 기소되었다. 혐의는 대통령직 수행 전후에 걸쳐 저지른 광범위한 범죄행위였다. 이 중 한 건에서 유죄판결을 받았고 나머지 세 건은 진행 중이었다.[8]

첫 번째는 '입막음 돈 사건The Hush Money Case'으로 트럼프가 성인영화 배우 스토미 대니얼스Stormy Daniels에게 지급한 은폐 자금과 관련해 사업 기록을 허위로 작성한 혐의를 받았다. 그는 이 사건으로 2024년 5월 30일 유죄판결을 받아 미국 최초로 유죄판결을 받은 대통령이 되었다. 2016년 대선 마지막 주에 불거진 성 추문을 피하려고 당시 트럼프의 개인 변호사이자 해결사였던 마이클 코헨Michael Cohen이 2016년 10월에 대니얼스에게 13만 달러를 지급했고, 이후 트럼프는 대통령 재임 중에 코헨에게 트럼프 회사의 법적 경비로 위장한 분할 납부 방식으로 돈을 상환했다. 12명의 배심원단은 트럼프가 이 상환금을 회사 법적 경비로 위장한 것이기 때문에 뉴욕주 법률을 위반한 사기 행위라고 만장일치로 유죄 결정을 내렸다.

뉴욕주 법원에서 열린 6주간의 재판 과정에서 트럼프는 사건과 관련된 인물의 공개 금지 명령을 위반한 형사 모욕죄로 벌금을 부과받았고, 추가로 위반할 시 구금될 수 있다는 판사의 경고도 받았다. 트럼프는 2024년 7월로 예정되었던 형량 선고를 지연시켰고 2024년 7월 1일에 나온 대통령 면책특권에 관한 연방 대법원 판결을 근거로 평결을 기각해 달라고 요청했다. 선고 기일은 2024년 11월 26일로 예정되어 있었다. 하지만 11월 22일 뉴욕주 판사 후안 머천Juan Merchan은 대통령 당선인 트럼프에 대한 형사사건의 선고를 무기한 연기하는 데 동의했다. 이는 트럼프 변호인단이 기각 요청을 할 수 있는 길을 열어준 것이다.[9] 이 결정은 트럼프가 대선에서 승리한 후 사건 진행 방식에 대한 검찰과 변호인단의 의견이 제출된 데 따른 것으로, 머천 판사는 결정문에서 트럼프 변호인단이 기각 요청 주장을 12월 2일 업무 종료 시까지 제출해야 하며 검찰은 이에 대해 일주일 내로 답하도록 했다.[10] 그리고 마침내 대통령 취임을 열흘 앞둔 2025년 1월 10일 자택에서 화상으로 법정에 출두한 트럼프는 대통령 당선인 신분이기에 '입막음 돈 사건'에서 유죄판결을 받고도 아무런 제한 없이 사건 종결의 특혜를 받았다. 1주일 전 머천 판사가 사건의 기각을 요구한 트럼프의 요청을 승인하지 않는다면서도 무조건 석방을 선고하겠다고 한 약속을 지킨 것이다. 따라서 트럼프는 징역형, 벌금 또는 보호관찰을 포함한 모든 처벌을 면제받았다. 하지만 트럼프는 여전히 중범죄 유죄판결을 받은 최초의 미국 대통령으로 취임하게 되었다.[11]

두 번째는 '연방 선거 방해 사건The Federal Election Interference Case'으로 2020년 대선 결과를 뒤집으려는 음모 및 방해 혐의로 워싱턴 D.C. 연방 법원U.S. District Court for the District of Columbia에 트럼프가 기소된 사건이다. 2020년 선거일과 그다음 해 1월 6일까지 두 달간 트럼프와 그의 고문들은 유권자 사기에 대한 허위 정보를 퍼뜨렸고, 공화당 소속 주 공무원들에게 바이든이 이긴 주의 선거 결과를 뒤집으라고 압박했으며, 가짜 선거인 명단을 만들고 당시 부통령이던 마이크 펜스Mike Pence에게 합법적인 선거 결과를 일방적으로 폐기하도록 압박했다. 또한 트럼프의 선동으로 그의 지지자들이 2021년 1월 6일 국회의사당에 난입하는 사건이 발생했다. 특별검사 잭 스미스Jack Smith가 이끄는 연방 검찰은 이것을 권력 이양을 방해하려는 시도로 보고 트럼프를 네 건의 연방 범죄 혐의로 기소했다. 이들 혐의 중 두 건은 1월 6일 의회의 선거인단 인증 절차 방해와 관련이 있고, 다른 한 건은 2020년 대선에서 투표 수집, 개표, 인증 절차를 방해하려는 지속적인 시도를 통해 미국인을 속이려고 한 음모 혐의이며, 마지막 한 건은 연방법에 따른 시민의 참정권, 즉 투표할 권리와 투표가 반영될 권리를 박탈하려는 음모 혐의다.

사건의 기소는 국회의사당 난입에 관해 조사를 마친 '1월 6일 의사당 난입 사건 하원 특별위원회United States House Select Committee on the January 6 Attack'가 2022년 12월 법무부에 트럼프의 기소를 권고하는 표결을 내리면서 이루어졌다. 수개월 동안 전직 트럼프 보좌관과 백악관 관계자, 펜스를 포함한 관련 인사들의 증언이 기소 여부를 결정하는 대배심grand jury 앞에서 진행되었다. 결국 2023년 8월 1일 대배심은 트럼프에 대한 기소를 승인했고, 이에 담당 판사는 2024년 3월 4일부터 재판을 시작하려고 했다. 하지만 트럼프는 재임 중 행위로 인한 형사 기소에서 전임 대통령의 면책될 권리를 주장하는 등 다양한 방식으로 사건 기각을 시도했고, 그 결과 재판 일정이 취소되었다. 그러다가 2024년 7월 1일 6 대 3으로 트럼프에 호의적인 대법관으로 구성된 연방 대법원에서 대통령은 '핵심 헌법 권한core constitutional powers'에서 비롯된 혐의로부터는 '절대적인absolute' 면책권을, 다른 공식 행위에 대해서는 '추정적인presumptive' 면책권을 갖는다고 발표했다. 그러면서 특별검사의 기소장에 포함된 일부 혐의가 기각되어야 한다고 판결했고, 사건을 담당 판사에게 환송해 기소장 수정이나 기각 여부를 결정하도록 했다. 이로써 선거일 이전에 재판이 열릴 가능성은 사실상 없어졌다.

세 번째는 '조지아주 선거 방해 사건The Georgia Election Interference Case'으로, 2020년 대선에서 선거인단이 16명인 조지아주에서 바이든이 근소한 차이로 승리하자 트럼프와 그의 일당이 유권자 사기에 대한 허위 정보를 퍼뜨리고, 주 공무원과 주 의원들을 압박해 승리를 뒤집으려고 시도한 혐의다. 조지아주 풀턴Fulton 카운티 검사인 패니 윌리스Fani Willis는 2021년 2월에 조사를 시작하면서 특별 대배심을 구성하고 트럼프의 동료들을 소환했다. 이 특별 대배심은 범죄 조사 권한만 있어 2023년 여름 형사 기소의 승인 권한을 지닌 일반 대배심에 증거를 제출했다. 그리고 일반 대배심은 2023년 8월 14일 98쪽에 달하는 기소장을 승인했다. 트럼프는 8월 24일 자진 출두해 체포되었고, 선거 관리 방해와 공갈 혐의의 13개 중범죄로 풀턴 카운티 감옥에 구금되어 머그 숏을 찍었다. 그러다가 보석으로 석방된 후 자신의 머그 숏을 대선 캠페인 웹사이트에 올리기도 했다.

하지만 조지아주 법원의 재판은 중단되었다. 2024년 초에 윌리스 검사가 해당 사건을 위해 채용한 특별검사와의 염문 관계로 인해 금진적 갈등이 생겼다는 주장이 제기되었기 때문이다. 트럼프 등은 윌리스 검사의 자격 박탈을 요구했지만 기각되었다. 그러나 이 기각 결정에 대한 항소심이 진행되는 중이고 이 항소심의 구두변론은 12월 5일로 예정되어 있어 트럼프의 재판은 중단된 상태였다. 하지만 11월 18일 조지아주 항소법원은 윌리스 검사가 트럼프를 상대로 제기한 선거 개입 사건을 계속 기소할 수 있도록 허용한 하급법원 판결에 대한 항소심에서 12월 5일 열기로 한 구두변론 일정을 취소했다. 향후 항소심에서 윌리스 검사의 자격 박탈이 기각될지라도 이미 대선에서 승리한 트럼프를 상대로 조지아주 선거 방해 관련 재판이 계속될 수 있을지는 의문

이다.[12]

네 번째는 '기밀문서 사건The Classified Documents Case'으로 미국 플로리다주 남부 연방 법원U.S. District Court for the Southern District of Florida에서 진행된 재판이다. 연방 검찰의 스미스 특별검사는 트럼프가 2021년 1월 백악관을 떠날 때 고도로 민감한 국가 안보 문서를 무단 반출했다고 기소했다.

사건은 2022년 초 법무부가 대통령직에서 물러난 트럼프의 비밀문서 보유 여부를 조사하면서 시작되었다. 트럼프의 변호사는 이를 부인했지만 두 달 후 연방수사국FBI: Federal Bureau of Investigation이 트럼프의 리조트에서 기밀 취급으로 지정된 문서 102개를 찾아냈다. 2022년 11월에 조사 담당으로 임명된 스미스 특별검사는 증거를 확보하고 증언을 수집해 플로리다주 대배심에 기소 결정을 요청했다. 2023년 6월 9일 기소장이 공개되었으며, 트럼프는 37건의 중범죄로 기소되었지만 그는 무죄를 주장했다.

재판은 2024년 5월 20일 플로리다주 포트 피어스Fort Pierce에서 열릴 예정이었다. 그러나 트럼프가 대통령 재임 중에 지명한 지방법원 판사district judge 에일린 캐넌Aileen Cannon이 재판을 무기한 연기시켰다. 그러다가 7월 15일에 캐넌은 스미스의 특별검사 임명이 위헌이라고 결론을 내린 뒤 사건을 기각하라고 명령했다. 이에 불복한 특별검사팀은 캐넌에 대해 제11순회 항소법원11th Circuit Court of Appeals에 항소 중이다.

2024년 미국 대선을 앞두고 트럼프는 앞서 열거한 여러 형사 범죄 혐의로 기소되거나 재판받는 중이었지만, 11월 5일 치러진 대선에서 승리했다. 박빙이기에 승부를 예측할 수 없다던 언론의 예상을 깨고 해리스는 크게 지고 말았다. 민주당은 대선에서만 패한 것이 아니다. 상·하원 의원 숫자에서도 공화당에 밀렸고, 주지사 숫자에서도 과반을 확보하지 못했다. 이미 연방 대법원도 6 대 3으로 보수적 색채가 지배적이기에 입법부, 사법부, 행정부, 그리고 지방정부까지 공화당이 지배하는 정국이 형성되었다. 특히 앞서 언급한 트럼프의 형사재판 기소와 관련해 스미스 특별검사가 맡은 두 번째와 네 번째 사건의 경우 설사 재판이 재개되어 트럼프의 유죄가 확정되더라도 그는 형벌을 피할 수 있게 되었다. 트럼프에게 제기된 두 재판의 모든 혐의가 연방 범죄이므로, 재선에 성공한 그가 스스로 사면할 수 있기 때문이다. 물론 대통령의 자가 사면self-pardon의 유효성이 아직 확립되지는 않은 상태이기는 하다.

그러나 스미스 특별검사는 트럼프의 신분이 대통령 당선인으로 바뀐 지 3주가 되지 않은 2024년 11월 25일 트럼프가 기밀문서를 부적절하게 취급한 사건과 2021년 1월 6일 국회의사당 난입으로 2020년 대선 결과를 뒤집으려고 한 시도와 관련해 연방 법원에 제기했던 혐의를 모두 철회했다. 몇 시간 후 연방 법원 판사 타냐 처트칸Tanya Chutkan은 스미스가 요청한 의사당 난입과 관련된 기소의 취소를 승인했다. 이로써 트럼프가 패배한 2020년 대선 결과를 불법적으로 뒤집으려고 공모했다는 사건은 공식적으로 종료되었다.[13]

하지만 트럼프의 백악관 탈환은 국내외적으로 큰 우려를 불러일으킨다. 국제적 차원에서 트럼프는 '미국 우선주의America First'와 '미국을 다시 위대하게MAGA: Make America Great Again'(이하 MAGA)를 내세우며 무엇보다 중국과의 불편한 경쟁에 다시 불을 붙일 것이다. 또한 보호무역주의를 부활시키고 관세나 통상 압력을 통한 '글로벌 무역 전쟁'을 다시 일으켜 경제적 패권 장악에 박차를 가할 것이다. 또한 그가 자주 언급한 나토에 대한 지원 철회 또는 탈퇴 등이 이루어지거나 국제 분쟁에 대한 관여를 철회하는 등의 고립주의isolationism가 이어진다면 국제 질서의 미래는 더욱더 불투명해질 것이다. 미국의 동맹국들은 그들의 안보 보장국이자 세계 최강국인 미국에 대한 신뢰성을 의심할 것이며, 동시에 독재자들은 더 대담해져 전 세계 민주주의의 약화를 가져올 수도 있다.[14]

지구촌 환경과 관련해 트럼프는 이미 국제 협약인 파리기후협약Paris Climate Agreement에서 다시 탈퇴할 것을 선언했다. 미국은 트럼프의 집권 1기 첫해에 협약에서 탈퇴했다가 바이든의 복귀 행정명령으로 다시 가입했다. 트럼프는 또한 유엔기후변화협약UN Framework Convention on Climate Change에서도 탈퇴할 예정이라고 한다. 1992년에 채택된 이 협약에서 미국이 탈퇴한다면 지구온난화를 억제하려는 국가 간 협력이 무산될 것이고 국제 사회의 기후변화 대응에 찬물을 끼얹게 될 것이다.

미국 국내적으로는 트럼프 집권 1기 때 극성이었던 사회적 갈등이 다시 생겨날 수 있다. 무엇보다도 백인 우월주의white supremacy의 준동과 유색인, 외국인, 이민자에 대한 혐오와 증오 범죄의 증가가 우려된다. 또한 LGBTQ+Lesbian, Gay, Bisexual, Transgender, Questioning plus(성소수자)에 대한 편견과 차별의 증가, 그리고 여성 비하와 여성의 사회적 역할 축소 등 젠더 갈등이 재현될 수 있다. 종교적 차원에서도 그가 노골적으로 조장했던 '이슬람 혐오islamophobia'와 행정명령으로 발동했던 '무슬림 이민 금지muslim immigration ban' 정책이 다시금 전개될 것이다. 이러한 정책은 극우 인종주의 세력의 반反이민 정서를 자극해 이슬람교 등 소수 종교에 대한 테러 같은 증오 범죄가 증가할 수 있고, 종교의 자유라는 명분으로 차별 행위를 정당화하는 행태가 다시 발생할 수도 있다. 경제적으로는 트럼프가 러스트벨트rust belt 노동자들에게 어필한 일자리 창출 등의 장밋빛 청사진에도 불구하고 그가 추구해 왔고 앞으로도 밀고 나갈 감세 정책이 미국 사회의 경제 양극화를 더욱더 심화시킬 것이다. 불법 이민자 추방과 중국에 빼앗긴 제조업 복원 등의 달콤한 약속이 대중주의popularism의 정치적 발언으로 끝날지 두고 볼 일이다. 트럼프가 약속했던 미국 노동자들의 경제력 향상이 그의 집권 1기 동안 크게 성과를 내지 못했기 때문이다.

2024년 대선 캠페인에서 나타난 트럼프의 더욱더 거칠어진 언어 표현 또한 집권 2기에 그가 보일 행보를 예상하게 한다. 그가 내뱉은 "피바다", "해충", "동물", "붕괴 직전의 미국", "독재자" 등의 표현에는 이민자는 물론이고 국내의 정적을 향한 비난을 넘은 폭력적인 이미지가 담겨 있다. 3월 오하이오주 집회에서 그는 불법 이민자를 "폭력을 저지르기 쉬운", "동물"로 지칭했고, 대선에서 지면 미국은 "피의 목욕"을 당해 종말적인 쇠퇴에 접어들 것이라고 경고했다. 이미 2023년 11월 뉴햄프셔주 집회에서 미국 안에서 해충처럼 사는 급진 좌파를 뿌리 뽑겠다고 약속했고, 재선에 성공하면 임기 첫날 하루 동안 독재자가 되어 멕시코 방면 남부 국경을 폐쇄하고 석유 시추를 확대하겠다고 약속했다. 대선 승리 후에는 여기에 불법체류자 추방을 추가했고 이를 위해 군대도 동원할 수 있다고 공언했다. 2024년 12월 12일 NBC 뉴스에 따르면 트럼프의 새 행정부는 취임 첫날부터 감독관의 승인이 없어도 이민 및 관세 집행국ICE: Immigration and Customs Enforcement 요원들에게 민감한 장소에서의 불법체류자 체포를 허용할 계획이라고 한다. 원래 예배 장소, 학교, 병원, 장례식장, 결혼식장, 시위 장소와 같은 소위 민감한 장소에서는 불법체류자 체포가 금지되었다. 그런데 이 오랜 정책을 철회하겠다는 것이다.[15]

이에 항의해 사회정의를 지지하고 기독교 국가주의Christian nationalism 와 백인 우월주의에 반대하는 기독교 단체 페이스풀 아메리카Faithful

America는 크리스마스를 앞두고 1만 5000명 넘게 서명한 온라인 청원을 통해 트럼프의 이민 정책은 "매우 불안하고 우리의 기독교적 가치를 직접적으로 침해하는 것"이라고 비난했다. 그리고 미국의 가장 저명한 기독교 지도자들 중 하나인 미국가톨릭주교회의에 "ICE 경찰이 우리 교회에 들어오는 것을 허용하려는 트럼프의 계획을 공개적으로 비난하고 우리의 이민자나 난민 형제자매를 위해 나서라"라고 요구했다.[16] 뉴욕의 유니언 신학교에서는 '법적 권리를 알고 목소리를 내자 Know Your Rights, Find Your Voice'라는 주제 아래 기독교, 유대교, 힌두교 등 다양한 배경의 종교 지도자, 이민 권익 단체 관계자, 법률 전문가 150여 명이 트럼프 행정부의 이민자 대량 추방에 대응하는 세미나를 열었다.

공격적 언어를 쓰는 트럼프의 선거 전략은 반엘리트주의와 대중주의적 파시즘에 의존한 것이기도 하다. 21세기에 다시 부상한 파시즘은 위르겐 하버마스가 말하는 시민 담론의 장에서의 합리적 논쟁보다는 강력한 인물을 앞세워 카리스마 숭배 여론을 조성하고, 반대자를 향해 협박과 폭력을 일삼으며, 외국인 혐오xenophobia를 선동하고, 강한 국가를 위해서는 국제법은 무시해도 된다는 신념을 조장한다. 트럼프가 과연 21세기 파시스트Fascist 유형의 행태를 벌일지 주목해야 할 것이다. 더욱이 집권 2기에는 1기 때와는 달리 행정부 내의 견제도 없을 것으로 예상된다. 네오콘neoconservatives(신보수주의자)들에 둘러싸여 자신의 의지를 강하게 실행하기 힘들었던 1기 때와는 달리 집권 2기에는 자신의 정책 의지에 적극적으로 호응하고 무조건 따르는 인물들을 중심으로 행정부를 꾸렸기 때문이다. 트럼프 대통령이 어떤 정책을 어떻게 펼칠지 예측하기가 어려울 정도다.

하지만 이 책의 제2부에서는 트럼프의 정치적 등장 이후부터 집권

1기 때 나타난 일련의 인종, 젠더, 종교 등과 연관된 사회적 차별과 혐오, 보다 심한 경우 증오 범죄와 테러 등을 논한다. 과거의 성찰을 통해 트럼프의 재등장으로 재현될 수도 있는 미래의 사건을 예측할 수 있을 것이다.

돌이켜 보건대 선거일을 넉 달 앞두고 벌어진 여러 사건들, 예컨대 트럼프의 총격 피습, 바이든의 대선 후보 사퇴, 부통령 해리스의 후보 승계 등의 과정은 2024년 대선 상황을 더욱 복잡하게 만들었다. 특히 정치와 종교의 관계에서 해리스의 등장은 트럼프를 포함한 역대 미국 대선 후보들이 개신교든 가톨릭이든 아니면 모르몬Mormon교(예수그리스도후기성도교회)든 전통 종교와 일직선straight line의 관계를 유지했던 전례와 다르게 힌두교, 침례교, 유대교 등의 복합적인 종교 경험을 가진 후보의 출현이라는 점에서 논란이 있었다.

따라서 종교를 중심 주제로 삼아 트럼프의 자기중심적 세계관과 신앙 세탁 논란, 그리고 바이든과 해리스의 신앙체계를 향한 공격 등에 대해 검토할 필요가 있다. 아울러 두 후보의 러닝메이트인 팀 월즈Tim Walz와 J. D. 밴스J. D. Vance의 진보적인 루터교와 보수적인 가톨릭교 신앙에 바탕을 둔faith-based 삶과 세계관에 대해 제1장에서 살펴본다. 그다음 장에서는 트럼프가 집권 1기 때 벌인 인종차별적 정책과 종교 우익 중심의 종교 정책을 확인하고 바이든이 이들 정책을 어떻게 철회하고 폐지했는지에 대해 논하면서 다시 대통령이 된 트럼프가 앞으로 전개할 종교 정책을 예상해 본다.

제1장
트럼프, 바이든, 해리스의 신앙과 정치

트럼프의 자기중심적 세계관과 신앙 세탁

그는 자신이 실수했을 때 용서를 구하지 않으며 "하느님을 그 그림 속으로 끌어들이지 않는다"라고 말했다. 그는 성찬 접시에 돈을 넣으려고 하면서 성찬을 "나의 작은 포도주"와 "나의 작은 크래커"라고 불렀다. 그는 성서의 전서 제목을 잘못 발음했고, 자신이 가장 좋아하는 구절이 무엇인지 물었을 때, "다른 뺨도 대라"라고 말한 예수그리스도가 특별히 정죄하는 『구약』의 복수 계획인 "눈에는 눈"을 인용했다.[1]

이는 CNN의 종교 편집자 대니엘 버크Daniel Burke가 트럼프는 공개적으로 종교적인 모습을 보이려고 하지만 아주 어색했다면서 언급한 내용이다. 한편 대통령 조지 W. 부시George W. Bush와 버락 오바마Barack Obama의 신앙생활에 관해 저술한 작가 스티븐 맨스필드Stephen Mansfield[2]는 폴 틸리히Paul Tillich의 '궁극적 관심'으로서의 종교 정의에 따라 트럼프의 종교를 "권력, 복수, 자기 자신"이라고 보았다.³ 억만장자와 대통령이 됨으로써 부친이 바라던 "왕(King)"과 "킬러(Killer)"⁴가 되었지만, 그의 삶에서 기독교 신앙의 증거는 찾기가 힘들 정도다. 물론 트럼프의 신앙고백이 있었지만, 그것은 그동안 보여온 그의 삶의 모습과는 상당히 모순되는 고백이 아닐 수 없다. 복수는 예수의 가르침과 거리가 멀고, 자기 고양은 중세 가톨릭의 '일곱 개의 죽을 수밖에 없는 죄seven mortal(deadly) sins' 중에서도 가장 치명적인 오만pride, hubris의 죄이기 때문이다. 하지만 그 무엇보다도 신앙에서 진실이 중요하다는 사실에 유념하지 않고 도리어 거짓말에 능숙하기 때문이다. 기자가 트럼프의 옛 여자 친구에게 트럼프에게 다시 돌아가겠느냐고 물었을 때 그녀의 대답은 그가 신을 찾는 기적이 일어난다면 가능하다는 것이었다.⁵ 트럼프의 신뢰성 부족을 지적한 것으로, 그가 신을 믿는다면 적어도 거짓말은 하지 않을까 하는 의미다.

한편 대부분의 미국인은 트럼프가 신앙적이지 않다고 보고 있다. 대선 캠페인 중이던 2020년 2월에 실시한 퓨 연구소의 여론조사에 따르면 미국인의 23%는 트럼프를 '신앙적이지 않다', 40%는 '전혀 신앙적이지 않다', 28%는 '약간 신앙적이다', 그리고 7%만이 '아주 신앙적이다'고 보았다.

하지만 2024년 대선을 앞두고 실시한 여론조사에서 트럼프의 신앙에 대한 평가가 처음에는 4년 전보다 하락세를, 나중에는 회복세를 보였다. 2024년 2월에 실시한 퓨 연구소의 여론조사는 성인 4%가 트럼프를 '아주 신앙적이다', 25%는 '약간 신앙적이다'고 답했다. 둘을 합치면 29%로 4년 전의 35%보다 줄었다. '신앙적이지 않다'와 '전혀 신앙적이지 않다'를 합치면 68%로 4년 전의 두 항목을 합친 63%보다 늘어났다. 그러나 해리스가 후보로 등장한 이후 선거일 한 달 전에 실시한

10월 여론조사에서는 6%가 트럼프를 '아주 신앙적이다', 31%는 '약간 신앙적이다'고 답해 합치면 37%로 같은 해 2월의 29%와 4년 전의 35%를 넘어섰다. '신앙적이지 않다'는 26%, '전혀 신앙적이지 않다'는 36%로 둘을 합친 62%는 같은 해 2월의 68%보다 낮아졌고, 4년 전 2월의 63%보다 1% 낮아졌다.[6]

참고로 해리스의 경우 신앙의 정도에 대한 평가가 부통령을 시작한 2021년보다 2024년에 약간 낮아졌다. 2021년 3월에 실시한 여론조사에서 8%가 해리스를 '아주 신앙적이다'고 했고 38%는 '약간 신앙적이다'고 답했다. '신앙적이지 않다'는 28%, '전혀 신앙적이지 않다'는 23%였다. 하지만 2024년 10월 여론조사에서는 4%가 '아주 신앙적이다'고 했고 35%는 '약간 신앙적이다'고 답했다. '신앙적이지 않다'는 33%, '전혀 신앙적이지 않다'는 25%였다. 4년 전보다 신앙 정도에 대한 평가가 내려갔음을 알 수 있다.[7]

2024년 10월 초의 여론조사를 놓고 트럼프와 해리스를 비교하면 '신앙적이다'는 트럼프 37%, 해리스 39%, '신앙적이지 않다'는 트럼프 62%, 해리스 58%로 해리스가 좀 더 신앙적임을 나타내고 있다. 그러나 두 후보 간의 차이는 그렇게 크지 않은 것으로 나타났다. 트럼프의 낮은 신앙 정도는 이해할 수가 있다. 그가 지금까지 살아온 삶이 지극히 세속적이었다는 사실을 만인이 주지하고 있기 때문이다. 하지만 해리스의 신앙 정도가 트럼프보다 약간 높게 나타나고, 심지어 응답자의 반 이상이 그녀를 '종교적이지 않다'고 본 것은 무슨 이유에서일까?

해리스는 샌프란시스코 제3침례교회 Third Baptist Church of San Francisco의 등록 교인이다. 그리고 이 교회가 속한 교단은 미국 침례교 American Baptist Churches USA다. 근본주의적 복음주의가 주축을 이루면서 미국은 물론이고 세계 침례교에서 가장 큰 교단인 남침례교 Southern Baptist Convention와 달리 이 교단은 사회적으로 진보적인 자유주의 신학을 추구한다. 따라서 선거나 낙태, 동성애, 젠더 갈등 등의 사회적 이슈에 민감하게 반응하며 정치적 목소리를 높이는 남침례교와는 달리 미국 침례교는 장로교, 감리교, 회중 교회Congregational Church 등과 같이 주류 개신교 교단에 속해 있으며, 교회의 대사회적 이슈에 현대사회의 합리성을 이미 내재화해 실천하기에 특별히 사회·정치적 이슈에 대해 교회의 정체성을 드러내지 않는다. 이 점에서 여론조사에서 나타난 해리스의 종교성에 대한 확신 부족의 이유를 찾을 수 있을 것이다.

트럼프는 자신을 장로교 교인이라고 밝혀왔다. 하지만 정기적 교회 출석자는 아니다. 따라서 미국인 20명 중 1명(5%)은 트럼프가 다른 종교를 갖고 있다고 보며 구체적으로 트럼프 자신이나 권력과 돈을 숭배한다고 답했다. 트럼프는 가짜 기독교인이고 신앙인인 척 한다고 하는 사람들도 있고 그를 악evil이라고 부르는 사람들도 있다.[8]

트럼프는 자신이 속한 교단을 바꾸기도 했다. 2020년 이전에는 스스로를 장로교 교인이라고 했지만, 세계 종교를 다루는 뉴스 매체 RNS Religion News Service와의 2020년 인터뷰에서는 자기가 더는 장로교 교인이 아니며 초교파적인non-denominational 기독교인이라고 밝혔다.[9] 그러나 분명한 사실은 그가 복음주의 개신교 지도자들과 아주 가깝게 지낸다는 것이다. 뒤에서 소개할 폴라 화이트Paula White 목사 등 복음주의 목사들의 지원에 힘입어 첫 번째 대선에 승리한 후 어린 시절에 다녔던 진보적인 개신교 주류 교단인 장로교 대신 초교파를 선택했다. 하지만 보수적인 복음주의 지도자들과의 관계에서 나타난 끈끈함이나 초교파적이라는 정체성 표명은 모두 선거 전략의 일환이 아닌가 생각된다. 앞에서 보았듯이 2020년과 2024년의 퓨 연구소 여론조사가 한결같이 트럼프의 신앙에 의문을 던지고 있기 때문이다.[10]

맨스필드는 트럼프 집안의 자녀들이 어머니 메리 트럼프Mary Trump로부터 어떤 성품을 물려받았는지 또는 신앙을 물려받았는지는 거의 언급하지 않지만, 어머니의 영향이 없었다고 말할 수는 없다고 했다. 메리는 한 성직자에게 종교의 좋은 점을 자녀들에게 심어주기 위해 노력한다고 말한 적이 있다. 또한 아이들을 주일학교에 억지로 끌고 가기도 했다. 하지만 어머니가 강조한 신앙 내용이나 신앙 교훈이 어린 트럼프의 삶에 영향을 미칠 정도로 충분히 전달되었는지는 알 수 없다. 주변인들의 기억에 어린 트럼프는 재능 있고 협력적인 소년이기보다는 까다롭고 반항적이며 심지어 위험한 아이로 남아 있다. 그의 어린 시절을 증언할 때 적지 않은 어른들이 '테러'라는 단어를 언급할 정도였다.[11] 한편 트럼프의 부친 프레드 트럼프Fred Trump는 부분적으로나마 막스 베버의 개신교 노동 윤리를 극도로 구체화한 인물이었다. 부동산 개발업자였던 부친은 자녀들을 건설 현장에 데려가기도 했다. 심지어 일요일에도 작업을 계속했다. 그러나 인생은 킬러와 패자 사이의 경쟁이라는 신념을 평생 지니고 살았으며 자녀들에게 생존을 위해서는 무자비해야 한다고 가르쳤다.

트럼프의 신앙체계에 다음의 두 사람이 결정적인 영향을 끼쳤다. 먼저 '긍정적인 사고의 힘'이라는 설교를 통해 세계적 명사가 된 맨해튼 마블 대학 교회Marble Collegiate Church 목사 노먼 빈센트 필Norman Vincent Peale(1898~1993)은 트럼프의 10대 시절부터 그에게 정신적 영향을 끼친 인물이다. 트럼프는 그를 '영적인 아버지'라고 불렀다. 다음으로 앞에서 언급한 트럼프의 현존하는 영적 조언자 화이트 목사가 있다. 그녀는 2020년 11월 3일의 대선 후 개표 결과를 기다리는 트럼프를 위한 기도회에서 그의 승리를 굳히기 위해 자신이 부른 아프리카와 남아메리카의 천사들이 지금 미국으로 오고 있다며 이해할 수 없는 방언과 함께 "승리의 소리가 들린다!(I hear the sound of victory!)"라는 주문을 수십 번 반복하는 광적인 모습을 보였다.[12]

필 목사는 신앙과 이성 간의 긴장에서 후자를 더 강조했다. "당신 자신을 믿어라"와 "당신의 능력을 믿어라"라는 두 문장으로 시작하는 『긍정적 사고방식The Power of Positive Thinking』[2020(1952)]에서 '신사고' 또는 '마음 과학Science of Mind'을 내세웠다. 여기서 긍정적인 생각은 단지 매사를 긍정적으로 수용하라는 뜻이 아니라 인간의 사고가 실제 세계에서 스스로 '나타날' 수 있다는 것을 말한다. 한마디로 인간이 생각하면 생각한 대로 이루어지기에 이 세상에서 가장 강력한 것은 인간의 사고력이라는 것이다. 이는 "나는 신이 만든 존재다"라는 전통적인 기독교 신앙체계 대신 "나라고 내가 생각하는 존재가 바로 나다"라고 가르치는 것이다.[13]

필 목사는 이단 시비에 빠지기도 했고, 비평가들은 그를 '사이비 종파cult'라고 깎아내리기도 했다. 그러나 필을 더 깊은 갈등에 빠지게 한 것은 그의 활동을 세속적인 정치와 경제 영역으로 확대하면서부터다. 그는 신앙적으로 자유 시장경제를 지지했고 미국 교회와 자본주의의 접목을 강조했다. 정치적으로는 프랭클린 루스벨트Franklin Roosevelt의 뉴딜New Deal 정책을 반대했고, 존 F. 케네디John F. Kennedy의 배후에 바티칸Vatican이 있다는 이유로 그를 반대했다. 한편 '이 시대의 가장 긍정적 사고의 소유자'라며 리처드 닉슨Richard Nixon을 칭송했고 워터게이트Watergate 사건으로 곤경에 처한 닉슨을 끝까지 지지했다. 공화당과의 친밀한 관계 속에서 로널드 레이건은 1984년 그에게 '대통령 자유 메달Presidential Medal of Freedom'을 수여했다.[14]

트럼프는 자칭 필 목사의 수제자로서 "당신은 어떤 상황에서도 자신에게 말할 수 있고 그것을 의미할 수 있다"와 "나는 패배를 믿지 않는다"라는 구절을 마음에 새겼다. 필이 트럼프에게 남긴 강력한 흔적은 끝없는 자기중심성, 긍정의 힘, 자기 능력에 대한 더 큰 믿음, 세상에서의 자기 중요성에 대한 확신 등이다. 훗날 사업가로서 트럼프가 저술한 여러 책의 제목을 보면 필의 긍정적 사고의 심리적 영향을 찾을 수 있다.[15]

맨스필드에 따르면 필 목사가 가르친 종교는 공적이자 사적인 사람으로서의 트럼프를 크게 실패하게 만든 믿음이었다. 필이 그에게 능력 부여empowerment의 종교를 제시했지만 변화transformation의 종교는 제시하지 않았기 때문이다. 다시 말해 트럼프는 필로부터 그가 이미 가고 있는 방향으로 신이 그를 인도한다는 생각은 얻었지만, 신이 인간을 재생시킨 후 그에게 힘을 준다는 전통적인 진리는 이해하지 못한 것이다.[16] 이기심이 죄의 본질적 형태라고 말하는 라인홀드 니부어는 인간이 이기심을 갖는 것은 신의 창조의 결함 탓이 아니라 인간이 다른 피조물에게는 없는 자유를 부여받았기 때문이라고 한다.[17] 필이 트럼프에게 심어준 자유에 대한 인식은 신의 섭리 안에 있는 자유를 신의 뜻 안에서가 아니라 자신의 의지에 따라 행해도 된다는 것이기에 트럼프가 신에 대한 도전을 주저하지 않도록 한 것과 마찬가지다. 결국 트럼프는 "인생은 연속적인 전쟁이며 최후에는 승자 아니면 패자가 된다. 사람들이 우리를 멍청한 패자로 만들도록 해서는 안 된다"라는 인생철학을 갖게 되었다.[18] 그의 종교는 자신self, 승리winning, 부자 되기being rich, 최고 되기being the best가 되었다.[19]

1993년에 필 목사가 세상을 떠나자 트럼프는 정신적으로 표류하게 된다. 그러던 중에 화이트 목사가 나타났다. 그녀는 트럼프의 가족, 회사, 그리고 마침내 트럼프가 대통령이 되자 백악관의 비공식적인 목사가 되었다. 트럼프를 처음 만났을 때 화이트는 급성장한 한 대형 교회의 공동 목회자였으며 거의 매일 TV에 출연할 정도로 이름을 날리고 있었다. 그녀가 진행하는 〈폴라 화이트 쇼Paula White Show〉는 아홉 개의 TV 네트워크를 통해 미국 전역에 방송될 정도였다. 다른 목사들과 다르게 화이트는 기독교 교리 등 종교 지식 중심의 설교를 하지 않았고, 어린 시절 부모의 이혼, 아버지의 자살, 어머니의 알코올 중독, 성적 학대, 이혼과 재혼 등 자신의 굴곡진 삶과 극복 과정 등에 대해 숨김없이 이야기했다. 그녀는 열정적으로 설교했으며 격식을 차리지 않았고 자기 비하도 주저하지 않았다. 정규교육을 받지 않은 그녀는 어마어마한 독서를 통한 독학으로 지식을 습득했다. 화이트의 TV 설교를 접한 트럼프가 그녀를 좋아하게 된 것은 답답하고 젠체하는 성직자들과 달리 그녀가 확실한 목표와 승리에의 강한 확신을 지녔기 때문이었다.

트럼프가 처음 대선에 출마했을 때 화이트 목사는 미국 정치사에 하나의 커다란 획을 긋는다. "도널드 트럼프의 손에 오벌 오피스Oval Office가 넘어가는 데 폴라 화이트가 도움을 주었다고 해도 과언이 아니다"[20]라고 할 정도로 트럼프의 대선에 깊이 개입한 것이다. 이미 2000년에 트럼프는 화이트에게 대선에 출마할 의사를 전했었다. 이때 화이트는 목사들을 초청해 트럼프와의 만남을 주선했다. 과거의 얼룩진 이미지를 바꿀 기회였지만 별 성과가 없었고 결국 트럼프는 화이트와 논의한 끝에 출마를 포기했다. 2015년에 트럼프는 다시금 화이트에게 출마할 의사를 전했고 그녀의 지원을 요청했다. 그때 트럼프에게 가장 절실한 것은 이미지 세탁이었고 이를 위한 가장 좋은 방법은 성직자들과의 만남이었다.[21] 그들이 해주는 축복기도와 조언도 필요했지만, 그들과의 만남 자체가 트럼프의 세속적 이미지를 덮고 씻어버리기에 충분했다. 당시 자신의 오순절교회를 떠나 다양한 성직자와 교류하며 초교파적인 활동을 전개하던 화이트는 트럼프와 보수적인 종교 지도자들을 연결해 주었다. 더 나아가 보수적인 종교 지도자들과의 접촉을 통해 트럼프를 보수적인 대중, 특히 백인 복음주의자들에게 노출시켰다.

2015년 9월 화이트는 여러 목사들이 트럼프에게 안수기도를 하는 사진을 연출해 사람들을 놀라게 했다. 텍사스주 댈러스Dallas에서 열린 기도회에서 트럼프는 보수적인 목사들이 요구하는 종교의 자유 방어, 이스라엘 지지, 이슬람국가Islamic State 제거 등을 약속했다. 모임의 성공을 확신한 화이트는 전국적 차원의 또는 다양한 개신교 교단을 포함하는 거물급 종교 지도자들과의 모임을 주선해 2016년 6월 뉴욕에서 1000여 명의 종교 지도자들과 비공개 모임을 열었다. 빌리 그레이엄Billy Graham 목사의 아들 프랭클린 그레이엄Franklin Graham, 제리 폴웰Jerry Falwell 목사의 아들 제리 폴웰 주니어Jerry Falwell Jr. 등이 참석했다. 전통적으로 정치적 영향력을 행사해 온 종교 우익들은 이 모임에서 트럼프와 복음주의와의 연결 고리를 위해 트럼프를 테스트했으며 결과는 매우 우호적이었다.[22] 화이트는 또한 로마 가톨릭이나 그리스 정교회의 성직자, 유대교 랍비rabbi, 무슬림 지도자들과의 만남까지도 주선했다.

일종의 '신앙 세탁'을 마친 후 마침내 2016년 대선에서 트럼프는 세 번의 결혼, 카지노 도박 사업, 인종주의적 발언, 성서 인용의 오류, 무엇보다도 천박한 언어 사용 등의 문제에도 불구하고 백인 복음주의자의 81%와 미국 가톨릭 신자의 반 이상의 지지를 받으며 대통령에 당선될 수 있었다.[23] 당선 이후 트럼프는 화이트를 백악관의 '복음주의 자문위원회' 의장으로 임명했다.

트럼프가 화이트 목사에게 호감을 느끼게 된 요인에 관해 듀크 신학대학원의 역사학자 케이트 볼러Kate Bowler는 "그녀의 금발과 날렵하고 쾌활한 모습, 그리고 끝없는 낙천성" 덕분이었을 것이라고 주장한다.[24] 그러나 필 목사와 마찬가지로 화이트가 강조한 '번영 복음prosperity gospel' 또는 '번영 신학' 역시 트럼프에게 강하게 어필했을 것이다. 금전적 축복과 육체적 건강 또한 신의 축복에 의한 것이며 신앙, 긍정적인 말, 헌금 등이 물질적인 부를 증가시켜 준다는 번영 신학은 트럼프가 평생 추구해 온 세속적인 삶의 중심축인 부와 권력을 종교적으로 보증하기 때문이다. 화이트의 번영 신학은 정통 기독교 교리를 벗어난 이단으로 비판받기도 한다. 부자는 천국에 들어가기 어렵다는 예수의 가르침과 모순되기 때문이다. 비평가들은 또한 화이트에 동조하는 트럼프의 신앙에도 의문을 던지고 있다. 대선 캠페인에서 나타난 무슬림, 멕시코인, 여성에 대한 폄하 발언은 부와 권력에 사로잡힌 그 자신의 실체에서 벗어나지 못했음을 보여준다. 하지만 트럼프와 화이트의 만남이 불러온 논란에도 불구하고 분명한 것은 화이트가 보수적인 종교 지도자들에게 트럼프가 영향력을 행사할 수 있도록 도와준 설계자라는 사실이다.[25]

그러나 2024년 대선에서 화이트의 공개적인 트럼프 지지는 눈에 띄게 줄어들었다. 특히 해리스가 민주당 대선 후보가 된 후부터 침묵을 지켰는데, 그것은 화이트가 목사로 활동하다가 2019년 아들에게 물려준 플로리다주의 한 대형 교회City of Destiny의 핵심 구성원 대부분이 흑인과 라틴계의 유색인종이고 이들이 해리스를 대통령으로 지지하기 때문이었다. 화이트는 이들을 소외시키는 위험은 감수하지 않으려고 했다.[26] 9월 9일 열린 전국신앙자문이사회에서 의장인 화이트는 비공개 회의를 이끌었지만 2016년과 2020년처럼 공식적으로 트럼프를 지지하지는 않았고, 전임 대통령 트럼프에 대한 칭찬에 열중했지만 트럼프의 승리를 위해 특별히 기도하지는 않았다.

2024년 대선에서 역할을 최소화한 화이트 목사 대신에 트럼프를 돕는 새 여성이 등장했다. 그녀는 로라 엘리자베스 루머Laura Elizabeth Loomer로 2024년 9월 11일 열린 9·11 테러 추모 행사에 트럼프와 동행했고, 그 하루 전에는 대선 토론을 위해 펜실베이니아주 필라델피아Philadelphia로 향하는 트럼프의 전용 비행기에 타기도 했다. 1993년생인 루머는 반이슬람 수사를 활용하며, 9·11 테러가 미국 정부가 자행한 '내부소행inside job'이었다는 음모론을 퍼뜨린 것으로 널리 알려져 있다. 스스로 백인 국가주의의 신봉자이고 '이슬람 혐오를 자랑스러워하는proud islamophobia' 인물이다. 트럼프가 해리스와의 TV 토론에서 언급한 오하이오주 스프링필드Springfield에서 아이티Haiti 출신 이민자들이 개와 고양이를 잡아먹었다는 유언비어를 제공한 것도 그녀. 극우 음모론자hard-right conspiracy theorist인 루머를 향해 공화당 내에서도 비판이 증가했다.[27] 트럼프가 대통령에 취임한 후 그녀의 행보에 주목해야 할 것이다.

한편 집권 1기 때 트럼프는 종교 지도자들과 자주 만나고 백악관에 종교인 자문위원회도 두었지만, 그의 신앙이 표현된 적은 없다. 물론 대선 캠페인 중에 출간한 『어떻게 미국을 다시 위대하게 만들 것인가Great Again』[2024(2016)][28]에서 자신이 기독교인이라는 사실에 사람들이 놀랐을 것이라고 썼지만 많은 이들은 그것을 선거용으로 보았다. 그는 특별한 때, 예컨대 크리스마스와 부활절 등에는 교회에 나간다. 그러나 신앙의 차원에서 그의 궁극적 관심이 무엇인지는 불분명한 것이 사실이다. 멕시코를 방문하고 로마로 돌아오는 비행기 안에서 프란치스코Franciscus 교황은 다리를 놓는 대신 장벽을 세우는 사람은 기독교인이 아니라고 했다.[29] 그러자 트럼프는 교황은 자신의 언급에 대해 후회하게 될 것이라며 교황의 발언을 "꼴불견(disgraceful)"이라고 깎아내

렸다.[30]

2016년 대선 캠페인 중에 트럼프는 백인 복음주의 종교 지도자들과 만나며 이들로부터 종교 실천의 어려움에 대한 정보를 접하게 되었다. 대표적으로 앞에서 언급한 교회와 같은 비영리단체의 특정 정치인을 향한 지지나 반대를 금하는 존슨 수정안을 들 수 있다. 그러나 무엇보다도 트럼프를 놀라게 한 것은 종교 지도자들이 오바마 행정부가 전통적인 종교에 위협을 가하는 정책을 펼친다고 생각한다는 사실이었다. 예컨대 오바마가 동성애 결혼을 합법화한 대법원 판례(오베르게펠 대 호지스Obergefell v. Hodges)를 지지해 왔다는 것과 전 국민을 대상으로 하는 의료보험 개혁 정책인 '건강보험개혁법Affordable Care Act(일명 오바마 케어Obama Care)'이 보수 기독교인들이 중시하는 낙태 억제의 생명 존중 운동에 부정적 결과를 가져왔다는 것 등이었다. 트럼프는 이러한 사실을 자신의 선거 전략에 적극 활용했고, 대통령이 된 후 선거 승리에 도움을 준 종교 지도자들의 요구에 적극 호응했으며, 보수적이고 근본주의적인 신앙체계를 지닌 조지 W. 부시 대통령보다 더 종교 우익에 친화적인 정책을 펼치게 되었다. 2024년 대선 캠페인에서 다시금 존슨 수정안을 폐지하겠다고 공약한 트럼프가 선거에서 승리함에 따라 대통령 취임 후에 펼칠 종교 정책은 더욱더 종교 우익을 자극하고 독려하는 내용일 것으로 예상된다.

바이든의 신앙에 대한 종교계의 공격

2023년 9월 양당의 대선 후보를 예상하는 가운데 트럼프가 바이든이나 마이크 펜스 전 부통령보다 더 신앙적이라고 믿는다는 여론조사 결과가 나왔다. 이러한 응답의 주체는 공화당 지지자들이었다. 이들에게 이 세 명을 신앙인으로 간주하는지 묻는 질문에서 거듭남born-again을 체험한 복음주의자 펜스(52%)나, 매주 미사에 참석하는 헌신적인 가톨릭 신자 바이든(23%)보다 대선 캠페인 때를 제외하면 거의 예배에 참석하지 않는 트럼프(53%)의 신앙이 더 깊다는 결과가 나왔다. 이는 당의 유력한 후보를 더 신앙적이라고 생각하고 싶어 하는 당원들의 심리가 반영된 것이다. 따라서 후보자의 신앙 여부는 유권자의 종교적 정체성보다 정치적 정체성에 달려 있음을 확인할 수 있다. 물론 복음주의자들에게만 질문했을 때는 펜스(65%)가 트럼프(37%)보다 더 신앙적이라고 답했다.[31]

트럼프는 자기 신앙생활의 실상과 관계없이 종교를 대선 캠페인에 끌어들이고는 했다. 반면 바이든은 원래부터 '종교와는 다소 거리가 있는religiously unmusical' 민주당에 속해 있으면서 낙태와 여성의 권리 보호에 관한 당의 입장과 자신의 사적 신앙체계와의 조화에 신경을 쓴 가톨릭 신자다. 사실 개인의 종교적 신념과 정당 정책의 양립성compatibility 여부는 미국 민주당의 오랜 이슈로 거듭남을 체험한 복음주의자인 지미 카터Jimmy Carter가 대선에 출마할 무렵부터 있었다. 2024년 연말에 100세로 세상을 떠난 카터에 대해 2003년에 다시 떠오른 관심사로 과연 카터를 복음주의자라고 할 수 있는지에 대한 논의와 함께 그 자신의 거듭남 경험의 복음주의자라는 주장에 대해 회의적인 시각을 나타내는 일도 생겨났다.[32] 카터의 기본 입장은 종교는 사적 문제private matter로 대통령의 공적 업무와 구별해야 한다는 것이었다. 사적 영역과 공적 영역을 분리하려는 입장에서 카터는 포르노 잡지인 ≪플레이보이Playboy≫와의 인터뷰에서 성과 관련해 사적인 고백을 한 적이 있다. 카터는 "나는 고의적인 죄를 짓지 않으려고 노력한다. 나는 인간이고 유혹을 받기 때문에 어떻게 해서든 그렇게 할 것이라는 사실을 인정한다. 나는 많은 여성을 정욕의 눈으로 보았다. (……) 나는 마음으로 여러 차례 간음을 범했다"[33]라고 언급했다. 그런데 보수적인 종교인들은 공과 사의 분리를 허용하지 않았다. 성과 관련한 카터의 인간적인 고뇌를 사적 영역에만 묶어두지 않은 것이다. 예컨대 '도덕적 다수Moral Majority'의 창시자 제리 폴웰 목사는 카터의 포르노 잡지 인터뷰 자체를 크게 책망하며, 같은 복음주의자인 카터를 권좌에서 밀어내기 위해 그의 두 번째 대선에서 신앙과 거리가 먼 레이건 공화당 후보를 공개적으로 지지하기에 이르렀다. 그러면서 폴웰 자신이 개신교 근본주의자로서 맹세했던 정치 참여 금지의 원칙을 깨고 남침례교를 중심으로 하는 복음주의를 정치 영역으로 끌어들임으로써 레이건의 당선에 커다란 도움을 주었다.

신앙을 사적인 문제로 여긴 것은 바이든도 마찬가지다. 그는 늘 묵주를 들고 다녔으며 미사 주일을 지키고 백악관 집무실인 오벌 오피스에 프란치스코 교황의 사진을 걸어놓았다. 하지만 이러한 사적 신앙과 공적 정책의 분리 방침에도 불구하고 특정 이슈가 이 둘 사이를 파고들며 시빗거리가 되고는 했다. 가장 크게 논란을 불러온 것이 낙태 관련 이슈다. 예컨대 생명 문제에서 바이든이 가톨릭교회의 요소를 선택적으로 받아들이고 있다고 비난한 워싱턴 대주교 윌턴 대니엘 그레고리Wilton Daniel Gregory 추기경을 들 수 있다. 그는 바이든이 신앙에서는 성실성을 지니고 있지만 생명 문제에 있어서는 개인의 의견이 불충분하다고 지적했다. 프란치스코 교황에 의해 2020년 아프리카계로서는 최초로 미국 가톨릭의 추기경이 된 그는 가톨릭의 공식 교리나 도덕률을 선택적으로 수용하는 신자를 가리키는 '카페 가톨릭cafeteria Catholic'[34]이라는 용어를 쓰며 바이든을 향한 불만을 에둘러 표현했다.[35] 바이든이 개인적으로는 낙태에 동의하지 않지만, 민주당의 당론인 여성 선택

권리 옹호pro-choice를 따르면서 낙태 여부를 개인의 선택에 맡긴다는 입장을 보였기 때문이다. 실제로 바이든은 출산 건강reproductive health을 LGBTQ+ 공동체 보호만큼 옹호했고, 낙태 접근권에 대한 공화당의 공격을 비난하는 데 주저하지 않았다. 예컨대 트럼프의 대법관 임명으로 공화당 우위의 법관 구조가 구성된 결과 지금까지 낙태를 합법화한 로 대 웨이드Roe v. Wade 판례(여성은 임신 후 6개월까지 임신중절을 선택할 헌법상의 권리를 가짐)가 2022년 2월 연방 대법원에서 6 대 3으로 무효화되었다. 그러자 바이든은 이 법률을 다시 법제화하겠다고 공언하며 전국적인 낙태 금지에 대해서는 거부권을 행사하겠다고 맹세했다. 그러면서 그는 2023년 6월 한 기금 모금 행사에서 '낙태' 대신 '치료를 위한 수술remedial operation'이라는 용어를 사용했다.[36]

이러한 바이든의 입장에 대해 미국의 보수적인 가톨릭 주교나 신자들은 바이든을 영성체Communion에 참여하지 못하게 해야 한다고 주장했다.[37] 그가 성장 중인 태아의 생명 존중(프로라이프pro-life) 대신 임신중절 합법화를 지지하면서 생명을 경시한다고 여겼기 때문이다. 그러나 2021년 9월 교황은 바이든에 대한 영성체 거부 논쟁에 대해 질문을 받자, 주교들은 목자pastors가 되어야지 정치인이 되어서는 안 된다고 답하며 목자는 파문당한excommunicated 사람들의 목자가 되기도 해야 한다고 했다. 더 나아가 영성체는 완벽한 사람에게 주는 상이 아니라 선물이기에 주교들은 낙태권을 주장하는 가톨릭 정치인들에게 연민과 부드러움compassion and tenderness을 가져야 한다고 말했다. 그러면서 "나는 누구에게도 성체성사Eucharist를 거부한 적이 없다"라고 했다.[38] 사실상 바이든의 영성체 참여를 허용해야 한다는 것이었다. 2021년 10월 29일 바티칸을 방문해 교황을 알현한 후 바이든은 미국의 일부 보수주의자들의 반대에도 불구하고 프란치스코 교황은 자신에게 계속 성찬에 참여해야 한다고 말했다고 밝혔다. 그리고 다음 날 토요일 성 패트릭 교회Saint Patrick's Church에서 영성체를 했다. 미사를 집전한 조 치콘Joe Ciccone 신부는 미사 후 인터뷰에서 낙태에 관한 바이든의 입장과 성찬식 집행 여부가 자신이나 본당이 다룰 문제가 아니라면서 "성찬은 우리를 주 안에서 하나로 묶어주는 것이다. 우리 중 누구도 순수하고 완벽하지 않다. 우리는 인생에서 어려움을 겪는다. 우리는 모두 성자이자 죄인이다"라고 말했다.[39]

바이든은 75분 동안 이루어진 교황과의 만남에서 낙태와 관련된 언급은 없었다고 기자들에게 말했다. 이러한 바이든의 발언에 대해 바티칸 대변인은 교황의 사적인 대화에 관해서는 논평하지 않는다는 원칙을 가리키며 바이든의 영성체 관련 발언에 대한 논평을 거부했다. 미국가톨릭주교회의는 교황과 바이든의 바티칸 만남 이후 발표한 성명에서 영성체에 대한 바이든의 발언에 대해서는 언급하지 않았다. 그 대신에 성명서는 다음 달 주교회의의 어떤 문서에서도 대통령을 특정해 언급하지 않을 것임을 암시했다. 가톨릭 정책에서는 개별 주교들이 영성체 거부 결정을 선택할 수 있도록 허용한다고 한다. 하지만 프란치스코 교황은 낙태권을 지지하는 정치인들을 거부하지 않을 것이라는 점을 강조했다.[40] 이로써 바이든의 영성체 참여 여부에 관한 이슈는 일단락되었다.

하지만 바이든의 신앙을 향한 미국 종교 우익의 공격은 더 심해졌다. 보수적인 하원 의장 마이크 존슨Mike Johnson은 2024년 3월 31일이 부활절 주일인데도 불구하고 바이든이 이날을 국제적 차원에서 '성전환자의 존재를 가시화하는 기념일Transgender Day of Visibility'로 선포해 "예수 부활의 진리와 전통을 배반하는 혐오스러운 일을 저질렀다"[41]라고 비판했다. 트럼프를 지지하고 해리스와 바이든을 나쁜 사마리아인으로 묘사하며 『나쁜 사마리아인: 국경에서의 착취Bad Samaritans: Exploitations at the Border』(2024)를 전자책E-book으로 낸 보수적인 가톨릭 단체 가톨릭투표Catholic Vote는 바이든 비난 광고를 내기도 했다. '조 바이든의 낙태에 대한 급진적 입장Joe Biden's radical stance on abortion'이라는 제목의 광고에서 이들은 "조 바이든은 미국의 가톨릭 신자들에게 낙태 비용을 내도록 강요해 좌파 폭도leftist mob들 앞에 무릎을 꿇도록 하려고 가톨릭 가치를 희생할 것이다"라고 경고했다.[42]

이처럼 바이든과 정치적 경쟁을 벌이는 자들은 물론이고 같은 가톨릭교회 내에서도 보수적인 신자와 함께 심지어 추기경까지 바이든의 신앙에 대해 혹독한 비판을 쏟아부었다. 이미 2020년 대선을 앞두었을 때 트럼프는 바이든을 이교도로 묘사하려고 했고 하느님을 거역하는 사람이라고 공격했다. 하지만 해당 대선에서는 바이든이 트럼프를 이겼고 다음 장에서 논하듯이 종교와 관련된 트럼프의 여러 정책을 철회하기에 이르렀다. 문제는 2024년 4월 30일에 발표된 퓨 연구소의 여론조사에서 알 수 있듯이 백인 가톨릭 신자의 61%가 바이든 대신 트럼프에게 투표하겠다고 답할 정도로 바이든이 불리한 형국에 처했다는 사실이다.[43]

이러한 상황에서 바이든이 사퇴하고 해리스가 대선 후보가 되었다. 문제는 해리스의 인종적 배경 및 종교적 정체성이 복음주의든 가톨릭이든 보수적인 신앙을 추종하는 사람들에게 어느 정도 어필할 수 있는지에 있다. 해리스가 백인이 아닌 인종 정체성과 함께 힌두교, 침례교, 그리고 결혼으로 인한 유대교 등 복합적인 종교 정체성을 지녔기 때문이다.

해리스의 복합적인 종교 정체성

해리스의 대선 출마로 종교와 관련해서 새로운 이슈가 하나 떠올랐다. 여러 주states가 합쳐져 미합중국United States of America이 만들어졌지만, 이제는 다인종, 다민족, 다종교, 다문화까지 합쳐졌다는 의미의 미합중국이 되었다. 이는 이민으로 만들어진 미국에서 다원화 사회plural society가 현실화했음을 의미한다. 그런데 한 단계 더 나아간 것이 있다. 그것은 각기 상이한 인종, 종교, 문화 등이 한 사회에서 각기 독립적인 특성을 유지하며 공존하는 다원주의 사회를 넘어서는 것으로, 개인의 총체적 정체성 차원에서도 다원화에 이은 복합화가 이루어졌다는 것이다.

인종 배경과 관련된 개인 인종 정체성의 복합화는 이미 오래전에 일어났다. 예컨대 미국의 프로 골프 선수 타이거 우즈Tiger Woods는 종족 배경ethnic background을 기입하는 서류에 아프리카계, 아시아계, 유럽계, 미국 원주민계를 나타내는 칸 모두에 체크한 적이 있다. 그러면서 자신의 종족 배경을 '캐블리내시언Cablinasian'이라고 했다. 이는 백인을 나타내는 코카서스인Caucasian, 흑인Black, 미국 원주민American Indian, 아시아인Asian 모두를 자신의 인종 정체성에 포함한 것이다. 자신은 모든 종족 배경의 산물이며, 이러한 유산 중 어느 부분도 부정하지 않겠다는 우즈의 생각은 한 방울이라도 흑인의 피가 흐르면 흑인이라고 간주하는 미국 백인들의 오랜 사회적 인식에 도전하는 도발적 행위가 아닐 수 없었다.

미국의 백인 우월주의자들은 인종 혼합racial mixture 또는 종족 혼합miscegenation의 망령을 가장 두려워한다. 또한 보수적인 복음주의자들은 종교 다원주의는 물론이고 종교 혼합religious mix을 두려워한다. 바람직한 종교 행위는 기독교 정체성의 일직선을 유지하는 것이다. 따라서 종교 간 대화inter-faith conversation가 불가하기에 종교 다원주의는 진보적인 교단이나 종교 단체의 전유물이 되었다.

그런데 이민을 주축으로 형성된 미국 사회에서는 개인의 종교적 정체성 차원에서 혼종hybrid이 생겨나는데, 해리스가 여기에 해당한다. 이미 로버트 퍼트넘Robert Putnam이 『아메리칸 그레이스: 종교는 어떻게 사회를 분열시키고 통합하는가American Grace: How Religion Divides and Unites Us』[2013(2012)]에서 밝혔듯이 미국 사회에서는 인종 간inter-racial, 종족 간inter-ethnic, 교단 간inter-denominational, 종교 간inter-religious 결혼이 빈번하게 이루어지고 있다.[44] 퓨 연구소 조사에 따르면 미국에서는 신앙이 같은 사람끼리 결혼하는 것이 여전히 일반적이기에 기혼자 10명 중 거의 7명(69%)이 배우자와 종교를 공유한다고 답했다. 그러나 최근에는 같은 종교를 믿는 배우자와의 결혼이 수십 년 전보다 덜 중요하게 여겨지는 것으로 나타났다. 구체적으로 1960년 이전에 결혼한 사람 중에서는 종교 간 결혼이 19%에 그쳤지만, 2010년 이후 결혼한 미국인들은 10명 중 거의 4명(39%)이 다른 종교 단체에 속한 배우자를 택한 것으로 나타났다.[45]

따라서 결혼 당사자는 물론이고 그 자녀들까지도 다양한 종교, 문화를 접하며 수용하기에 개인의 삶의 의미체계 또는 신앙체계가 복합적으로 형성되는 환경이 만들어진 것이다. 이미 1960년대에 토마스 루크만은 앞으로의 종교는 교단, 교회 등의 제도 종교가 아니라 개인이 중심이 되는 '보이지 않는 종교'가 될 것이라고 했다.[46] 전통 종교가 제공하는 기성품ready made의 의미체계보다는 개인이 사회·정치적이고 문화적인 차원의 다양한 삶의 현장에서 직접 겪은 경험과 주어진 전통적인 의미체계와의 변증법적인 조응 관계를 통해 주체적으로 자기 나름의 의미체계를 만들어낸다는 것이다. 그리고 이 과정에서 다른 종교와의 만남 또한 중요한 역할을 한다.

현대사회, 그리고 특히 미래 세대의 사회 구성원들은 세계의 여러 종교에 노출되는 일이 더 많아질 것이다. 해리스를 예로 들면, 어릴 때 그녀는 힌두교와 기독교에 노출되었고 성인이 되어서는 유대인과 결혼하며 유대인 가족의 일원이 되었다. 특히 양육에서 가장 중요한 주체인 어머니를 통해 해리스는 힌두교와 연계되어 힌두교 지도자에 관해 배웠고 미국이나 인도에서 열리는 힌두교 행사에도 참여했다. 더 나아가 해리스는 2014년 유대인 더글러스 엠호프Douglas Emhoff와 결혼한 후 집 현관문에 「신명기」 구절이 적힌 양피지 조각인 메주자mezuzah[47]를 걸었고, 유대교 신년제인 로쉬하샤나Rosh Hashanah와 유대 명절인 유월절이 시작되는 날에 지키는 의식 축제인 유월절 세데르Passover Seder를 지내기도 했다. 다양한 종교 의미체계의 내재화와 실천이 해리스에게서 일어난 것이다.

한편 해리스의 이름인 카멀라Kamala는 산스크리트어에서 유래한 연꽃Lotus Flower을 의미하며 힌두교와 다른 남아시아 종교에서 중요하게 여겨지는 이름이다. 카멀라 또는 연꽃은 주권, 상서로움, 다산, 부, 행운의 여신으로 힌두교도, 불교도, 자이나교도가 숭배하는 스리-락슈미Sri-Lakshmi와 밀접하게 연관되어 있다.

물론 해리스가 교회를 다니고 있기 때문에 그녀를 침례교인 또는 기독교인이라고 부르는 것이 정확할지 모른다. 그녀는 샌프란시스코 제3침례교회를 모母교회라고 소개했다. 지금까지 미국의 대선 후보들은 모두 자신을 기독교인이라고 밝혔다. 심지어 지극히 세속적인 삶을 살아온 트럼프조차 자신이 장로교 교인이라고 공표했다가 최근 초교파적인 교인이라고 바꾸어 부를 정도다. 해리스가 기독교인이라는 사실은 해리스의 대선 승패와 관계없이 변하지 않을 것이다. 하지만 이것은 그녀의 절충적인eclectic 종교 배경이 지니는 뉘앙스를 모두 망라하지 못한다. 가톨릭 인터넷 매체까지도 그녀가 현재 미국의 다종교 구성을 훨씬 더 대표하는, 개인적으로 다양한 종교적·정신적 역사를 지닌 최초의 대통령 후보가 될 것이라고 했다.[48]

펜실베이니아 대학교의 종교학 교수인 안테아 버틀러Anthea Butler는 "그녀[해리스]는 많은 미국인의 종교적 이야기를 대표한다. 왜냐하면 미국에서는 더 이상 하나의 종교와 일직선으로 성장하는 사람이 없기 때문이다"라고 했다. 젊은 미국인 중에서 부모로부터 단 하나의 종교적 유산만을 물려받는 사람은 거의 없고, 점점 더 많은 미국인이 다른 신앙을 가진 사람을 배우자로 택하면서 배우자와 신앙을 교류하고 지원하며, 심지어 자신의 종교적 정체성을 스스로 만들기도 하면서 선택하기도 하고 바꾸기도 한다는 것이다.[49]

해리스의 독특하고 흥미로운 종교 정체성은 백인 우월주의자와 기독교 국가주의자들의 공격을 부르는 빌미가 될 수도 있다. 적어도 종교 우익에게는 미국에서 대선 후보가 갖추어야 할 하나의 규범이 된 순수하게 기독교적인 양육을 해리스가 받았다고 할 수는 없을 것이기 때문이다. 그러나 오히려 해리스는 여러 종교와의 만남을 통해 폭넓고 다양한 종교 체험을 해보았기에 종교 간 형평성을 인정하고 여러 종교에 대해 포용성을 가질 수 있을 것이다. 따라서 종교적 불관용과 배타성을 보이는 복음주의 종교 우익과 달리 다양한 종교적 전통을 탐색하고 이에 대해 신뢰성과 용이함을 가지게 되었다는 점에서 2024년 대선 결과에 관계없이 미래의 미국 사회에서 다양성, 형평성, 포용성을 바람직하게 여기는 젊은 세대에게 어필할 수도 있을 것이다.

러닝메이트의 종교와 정치

부통령 후보로 트럼프가 지명한 J. D. 밴스와 해리스의 러닝메이트인 팀 월즈 또한 정치적 보수와 진보의 대립 못지않게 신앙에서도 양극단에 서 있다. 월즈가 진보적인 개신교 신자라면, 밴스는 보수적인 가톨릭 신자에 속한다. 여기서는 두 사람의 종교적 지향이 그들의 정치적 성향과 얼마나 일치하는지 등에 대해 검토한다.

J. D. 밴스의 급진적 가톨릭 보수주의

먼저 밴스와 관련해 놀라운 사실은 그가 '트럼프는 절대 아니다Never Trump'에서 열렬한 트럼프 지지자가 되었다는 점이다. 트럼프의 수석 전략가이자 백악관 고문이었던 스티브 배넌Steve Bannon은 밴스가 "트럼프 예수의 사도 바울Paul, 즉 트럼프 자신보다 더 멀리 트럼프주의 복음을 전파한 열성적인 개종자"라고 표현했다.[50] 예컨대 밴스는 자신이 100% 프로라이프 지지자라면서 강간이나 근친상간에 의한 임신일지라도 낙태해서는 안 된다고 할 정도로 낙태를 반대하고 낙태 금지 법안을 지지했다. 또한 낙태의 합법성은 주 정부가 결정해야 한다는 연방 대법원의 판결을 지지했다.

더 놀라운 사실은 밴스가 2019년까지는 무신론자였다가 가톨릭 신자, 그것도 급진 보수적인 가톨릭 신자가 되었다는 사실이다. 작가이자 가톨릭 저널 ≪코먼웰Commonweal≫의 기고가인 폴 엘리Paul Elie는 밴스가 부통령이 되면 역시 보수적 가톨릭 신자들인 클래런스 토머스Clarence Thomas, 새뮤얼 얼리토 주니어Samuel A. Alito Jr., 브렛 캐버노Brett Kavanaugh, 에이미 코니 배럿Amy Coney Barrett 연방 대법관들과 같은 생각을 가진 행정부의 동지가 될 것이라며, 그의 출마는 천주교를 전통,

안정성, 하향식 사회질서의 구현으로 보는 움직임과 트럼프주의를 상징적으로 결합한 것과 마찬가지라고 했다. 그러면서 엘리는 밴스가 천주교를 받아들이는 것은 종교가 국가를 형성할 힘이 있다는 그의 믿음과 깊이 연관되어 있다고 주장한다.[51] 바이든의 진보적인 가톨릭 신앙이 교리에 치중하기doctrinal보다는 경건한devotional 신앙의 사적 수행에 집중한 것이라면, 밴스의 가톨릭 수용은 그 자체가 정치적 동기와 무관하지 않다는 것이다. 밴스가 무신론에서 가톨릭으로 개종한 것은 부분적으로 당시 가톨릭의 엄격한 질서에 매력을 느껴 가톨릭을 택한 우익 인사들의 커다란 추세와 무관하지 않다. 이들은 그리스도교가 사회에 영향을 미치는 데 더욱더 적극적인 역할을 맡도록 지지하는 보수적인 가톨릭교회 운동에 참여하고 있다.[52]

그러나 밴스가 가톨릭을 자기 삶의 새로운 의미체계로 받아들이는 과정에서 그의 아내 우샤 칠루쿠리 밴스Usha Chilukuri Vance가 결정적인 역할을 했다는 주장도 있다. 인도 이민자의 후손인 우샤는 헌신적인 힌두교 가정에서 성장했고, 영성spirituality과 종교적 가치에 깊이 뿌리를 두고 있으며, 신앙의 힘에 대한 강력한 믿음을 갖고 있다. 따라서 예일대학교에서 공부할 때 무신론자였던 밴스를 만나 그의 영적 재발견을 지지하고 도움을 주었다는 것이다.[53] 두 사람은 2014년 힌두교 성직자의 주례로 결혼하면서 문화적 배경과 정신적 배경의 혼합을 상징적으로 보여주기도 했다. 그러면서 밴스는 2016년 무신론에서 가톨릭으로 개종하고 2018년에 영세를 받았다.

엘리는 지난 몇 년 동안 밴스가 보수적인 가톨릭 신자들이 가장 좋아하는 사람이 되었다고 지저한다. 특히 2021년에 밴스는 나파 연구소Napa Institute의 '다음 미국을 위한 가톨릭 신자Catholics for the Next America'를 준비하는 지식인들의 연례 회의에서 연설했고, 그다음 해에 프란시스칸 대학교에서 열린 회의에서는 기조연설을 했다. 그런데 이 회의에 참여한 하버드 대학교의 법학 교수 에이드리언 버뮬Adrian Vermeule은 세속적 권력을 영적 권력에 종속시키려는, 더 구체적으로 말하면 현대 국가를 가톨릭교회에 종속시키려는 거버넌스 계획인 통합주의integralism 의 지지자였다. 통합주의와 관련해 지지자들을 연합하고 보편적으로 받아들여지는 플랫폼은 아직 없다. 그러나 통합주의는 가톨릭 도덕 신학이 사회를 다스려야 한다는 생각을 바탕으로 구축된 하나의 지적 틀이라고 할 수 있다.[54]

한편 2023년 밴스는 미국 가톨릭 대학교에서 '포스트 자유주의'를 옹호하는 노트르담 대학교의 정치학자 패트릭 드닌Patrick Deneen과의 토론에 참여했다. 드닌은 자유주의liberalism가 "침략적 진보 독재(invasive progressive tyranny)"가 되었기에 "보존하는 보수주의(a conservatism that conserve)"로 대체되어야 한다는 견해를 밝혔고, 밴스는 이에 동조하며 자신을 "포스트 자유주의 우파"의 일원이라고 밝히고 의회에서 자신의 역할을 "명시적으로 반정권(explicitly anti-regime)"으로 본다고 말했다.[55]

낙태 등에서 볼 수 있듯이 밴스가 수용한 보수적인 가톨릭의 방침은 트럼프가 차기 대통령에 당선된다면 그의 공공 정책에 영향을 미칠 수 있다고 엘리는 주장한다. 가톨릭 원칙에 기초한 국가를 희망하는 포스트 자유주의자들은 아마도 자신들의 생각을 백악관에 전달할 만한 통로를 갖게 될 수도 있다고 생각하기 때문이다. 엘리는 밴스의 부통령 지명에 따라 이 프로세스가 이미 진행되는 중일 수 있다고 경고하며 그가 ≪뉴요커The New Yorker≫에 쓴 기고문 제목을 "J. D. 밴스의 급진적인 종교J. D. Vance's Radical Religion"라고 붙였다.[56]

한편 특정 주제에 대해 일반적으로 나타나는 견해와 반대되는 의견을 게시하는 것으로 유명한 ≪슬레이트Slate≫의 전속 기자 몰리 옴스테드Molly Olmstead는 밴스가 복음주의 개신교인이 아니며 매우 특별한 유형의 가톨릭 신자라면서, 과거에 표방한 그의 견해가 지금까지 기독교 우익Christian Right들이 지녔던 사회·정치적 개념보다 더 새롭고 더 급진적인 동기를 지녔다고 본다.[57] 무신론에서 가톨릭으로 개종한 이유를 묻는 질문에 밴스는 수 세기에 걸쳐 이어진 가톨릭의 규칙과 상대적 안정성 때문에 가톨릭에 끌렸다며, "나는 가톨릭교회가 정말 오래되었다는 점이 정말 마음에 들었다"라고 답했다. 옴스테드에 따르면 이 대답이 그의 반근대적 세계관anti-modern worldview을 반영하는 것으로, 어떻게 보면 반주지주의적anti-intellectual 복음주의 개신교인들이 오랜 세월 동안 지배해 온 공화당에서 같은 생각을 나타내는 것 같지만, 고대 철학자들의 작업을 바탕으로 구축된 복잡한 사회 교리를 가진 가톨릭교회를 수용한다는 점에서 구별될 수 있다고 한다.[58] 다시 말해 견고한 핵가족 구축, 포르노 금지, 아이 없이 고양이와 사는 여성에 대한 경멸 등 기독교 우익의 오래된 견해를 대변하고 있지만, 밴스의 동기는 기독교 우익보다 더 급진적이라는 것이다. 예컨대 2021년 밴스는 상원 의원 선거 캠페인에서 결혼과 출산 장려 정책을 펼치며 세 자녀를 낳으면 탕감받을 수 있는 대출을 제공했던 헝가리의 독재자 빅토르 오르반Viktor Orbán 총리를 칭찬했다.[59]

옴스테드는 개인의 자유나 민주주의보다 전통적이고 가족 중심적인 사회를 중시하는 밴스의 반근대적 세계관은 독특한 것으로서 "좌파와 극우 모두를 끌어들이고 대중주의 경제와 급진적으로 보수적인 사회 정책을 옹호하며 전체 정치 질서의 혁명을 약속하는 보수 운동의 새로운 분파, 즉 자유주의 후기 우파의 지도 철학"이라고 했다.[60]

그러면서 옴스테드는 최근 등장한 공화당 내의 반자유주의 정파를 소개한다. 여기에는 밴스와 함께 마코 루비오Marco Rubio(트럼프 2기 행정부 출범과 동시에 임명된 국무장관), 톰 코튼Tom Cotton, 조시 홀리Josh Hawley 상원 의원 등이 있다. 이들은 "기술 기업과 대기업을 선호하는 당의 정책을 무시하고 그 대신 공화당에 대중주의적 에너지를 불어넣고 있으며 어떤 경우에는 자유주의 정치를 경멸한다".61 이들은 평등, 개인의 자유와 권리 대신 여성의 출산 선택, 젠더, 성적 취향, 정체성에 관한 개인의 자유 등을 통제하는 것을 목표로 하면서 이러한 사회를 건설하기 위해 국가의 권한을 강화할 것을 주장한다. 그러면서도 노동조합union과 노동자를 보호하는 한편 이민은 반대하고 학교와 시민 기관에서 종교 단체의 위상을 높이려고 한다.62

중요한 것은 이들의 철학이 미국이라는 국가와 사회를 기독교적 가치에 따라 재편하고 재구성하려는 기독교 국가주의의 영향을 받았다는 것이다. 이들의 생각이 위험한 것은 이들이 민주적인 절차를 무시하고, 소프트 파워를 활용해 주요 세속적인 기관을 통제하며, 기독교적 목표에 일치하도록 조정하려고 하기 때문이라고 옴스테드는 주장한다.63 물론 밴스 자신은 교회를 국가 위에 두거나 둘이 얽히기를 원하는 통합주의자라고 밝힌 적은 없다. 그러나 그가 가톨릭 통합주의적 경향에 끌리고 있는 것은 분명하다.64

트럼프의 2024년 대선 승리로 부통령 자리를 차지한 밴스가 앞에서 언급한 자신의 급진적인 우파 철학과 사상을 트럼프 행정부의 정책에 얼마나 반영할지 두고 보아야 할 것이다.

팀 월즈의 진보적인 루터교

해리스의 러닝메이트인 팀 월즈 미네소타주 지사는 아주 진보적인 주류 루터교 교단인 미국 복음주의 루터교Evangelical Lutheran Church in

America에 속한 세인트폴Saint Paul의 필그림 루터교회Pilgrim Luthern Church 교인이다. 월즈가 다니는 교회 교단은 다른 주류 루터교 교단과 비교할 때 신학적으로 더 자유주의적이다. 필그림 교회는 '포용적인 기독교 예배 공동체inclusive Christian worshiping community'를 지향하며 교회의 중심 가치를 지속 가능한 삶living sustainably과 정의 실천doing justice에 둔다.[65] 미국 복음주의 루터교 교단에서는 성전환자transgender(트랜스젠더)라고 밝힌 사람을 2021년에 주교직에 임명했고, 필그림 교회는 예배 시간에 '하늘에 계신 우리 아버지Our Father, who are in heaven ……'로 시작하는 '주기도문'을 '하늘에 계신 우리 수호자, 우리 어머니, 우리 아버지Out Guardian, Our Mother, Our Father in heaven ……'로 시작하도록 권유하고 있다.[66] 교회가 하느님을 남성으로 표현하는 남성 중심의 교회 전통을 거부할 정도로 진보적임을 보여준다고 할 수 있다.

월즈는 자신을 미네소타 루터교 교인이라고 칭하지만, 1994년 결혼할 때까지는 네브래스카주의 가톨릭 신자였다. 그는 뉴딜 정책을 펼친 루스벨트와 케네디를 지지하는 민주당 당원인 부모님의 가톨릭 사회정의 전통에 심취해 왔다. 고교에서 수학을 가르치고 운동부 코치였던 아버지처럼 월즈는 20년 동안 공립 고교 교사였으며, 나이가 42세였던 2006년 연방 하원 선거에 출마해 당선되었고, 2018년에는 미네소타주 지사 선거에 출마해 당선되었으며 2022년 재선에도 성공했다.[67]

월즈는 자신의 신앙에 대해 대중매체 등에서 거의 언급하지 않았다. 그러나 그는 사회·정치적 이슈에 대한 자신의 정책 의사 결정에서 루터교의 진보적인 대사회적 입장을 따르기도 했다. 신앙을 바탕으로 하는 신념을 가지고 정책을 펼치기도 한 것이다. 예컨대 그는 로 대 웨이드 판례를 연방 대법원이 2022년 번복한 것에 대해 "미네소타주는 돕스Dobbs[68] 판결 이후 출산의 자유reproductive freedom에 대한 철통같은 권리를 확립한 최초의 주였다. 2년 후인 지금, 우리는 출산의 자유에 대한 모든 공격에 대항하는 방화벽으로 계속 서 있다"라면서 낙태권을 지지한다고 공개 표방했다. 그는 또한 일부 종교 단체와 몇몇 보수적 의원들이 제한을 둘 것을 요구한 시험관 수정IVF: In Vitro Fertilization 시술을 옹호했다. 월즈는 LGBTQ+ 권리를 옹호하는 데 목소리를 높이기도 했다. 그는 고교 교사 시절이던 1990년대에 교내 동성애 동맹 단체를 지원했고, 2006년에는 동성 간 결혼을 지지하며 연방 하원에 입성했으며, 주지사 시절에는 LGBTQ+의 자긍심을 기념하고 이들에 대한 인식을 널리 알리고자 지정된 6월을 '프라이드 몬스Pride Month'로 공식 선언하기도 했다. 월즈는 동성애자의 성 정체성을 돌려놓겠다는 전환 치료conversion therapy 금지 정책에 서명했고, 다른 주에서 법적 문제에 부딪힌 성전환자 커뮤니티 구성원을 보호하는 정책에도 서명했다.[69]

또한 월즈 주지사는 코로나19 유행 초기에 보수적인 종교 단체들의 반대에도 불구하고 예배에 제한을 가하면서 종교 지도자들과 대립하는 모습을 보이기도 했다. 쇼핑몰, 상점, 기업체에는 사회적 거리 두기 원칙을 지키고 수용 인원의 50%를 넘지 않는다면 다시 열도록 허용한 반면에, 교회 예배를 포함한 친구나 가족 모임은 10명을 넘지 못하도록 하는 행정명령을 발동했다. 이와 관련해 루터교 미네소타주 총회는 실망감을 표했고, 세인트폴과 미니애폴리스Minneapolis 대주교와 미네소타주 주교들 또한 교회를 다시 열게 해야 한다는 서한을 보냈으며, 이들을 대변하는 법률 회사는 교회에 대한 이러한 처사가 연방법과 주법 위반이라는 점이 명기된 서한을 주지사에게 보내기도 했다.[70]

한편 월즈는 여타 종교 단체들과의 관계도 유지하는 등 종교 다원주의를 수용하는 자세를 보였다. 예컨대 미네소타주의 무슬림 및 이슬람 공동체와 함께 라마단Ramadan 기간의 저녁 식사(이프타르iftar)와 라마단 종료 휴일(이드 알피트르Eid al-Fitr) 축하 행사에 참여했고, 2019년에는 메트로폴리탄 주립대학교에서 무슬림에 대한 편견을 종식해야 한다고 연설했다. 또한 지역 유대인 커뮤니티와 함께하는 시간을 보내기도 했으며, 펜실베이니아주의 한 유대교 교회에서 총기 난사 사건이 발생하자 반유대주의에 맞서는 선언문을 발표하기도 했다.[71]

제2장
트럼프의 백악관 재입성에 따른 종교·이민·인권 정책 전망

도널드 트럼프의 재집권은 이전 대통령 시절에 보였던, 그러나 조 바이든이 집권하며 철회되었던 여러 정책의 부활을 가져올 것이다. 여기서는 트럼프 집권 1기 때의 종교 정책, 이민 정책, 인권 정책을 살펴보고 이들 정책을 바이든이 비판하며 철폐한 것에 대해 검토하면서 앞으로의 트럼프 정책을 전망해 본다.

바이든은 대통령에 취임하자마자 트럼프가 자기의 독특한 삶의 의미체계에 따라, 혹은 유권자의 지지를 얻기 위한 정치 전략에 따라 대통령 재임 중에 행했던 종교 정책에 철퇴를 가했다. 미국의 진보적 시민단체 중 하나인 미국진보센터CAP: Center for American Progress는 바이든이 취임 첫해에 종교의 자유를 증진하기 위해 일곱 가지 방법을 시도했다는 보고서를 냈다. 첫째, 미국 이민 시스템에서 종교를 근거로 한 차별의 중단, 둘째, 종교를 바탕으로 한 시민권 보호 확대, 셋째, 종교의 자유를 존중하기 위한 연방 규정의 재설정, 넷째, 다양한 종교 지도자와 행정부 종교 업무 기능의 구조화, 다섯째, 원주민 공동체를 위한 성지 보호, 여섯째, 백인 우월주의가 빚은 폭력 및 종교 공동체를 대상으로 하는 증오 범죄에 맞서는 투쟁, 마지막으로 일곱째, 상호 의존적인 인권 체계를 목적으로 하는 국제 종교 자유International Religious Freedom의 신장 등이다.[1]

트럼프는 집권 과정에서 종교 우익의 지원에 힘입은 바 있어, 집권 1기 때의 종교 정책 대부분이 그들의 입맛에 맞추어 시행되었다. 그것은 크게 세 가지로 첫째, 이슬람 금지법을 통한 무슬림 입국 금지와 국내 이민자들에 대한 행정권의 차별적 적용, 둘째, 시민권의 차별적 해석과 백인 우월주의의 인종차별적 증오 묵인, 셋째, 종교의 자유에 대해 편향적 해석과 종교 정책에의 반영을 들 수 있다. 바이든 행정부는 이 세 가지 사항을 비판하고 수정을 가했다.

이슬람 금지법 철폐와 차별적 이민 시스템 중단

미국은 미국 헌법에 명시된 원칙인 종교의 자유와 관용을 바탕으로 건설되었다. 그런데도 이전 행정부는 처음에는 주로 이슬람 국가, 나중에는 주로 아프리카 국가 출신의 특정 개인의 미국 입국을 금지하는 다수의 행정명령Executive Orders과 대통령령Presidential Proclamations을 제정했다. 그러한 행동은 우리의 국가적 양심에 대한 오점이며, 모든 신앙을 가진 사람들과 전혀 신앙이 없는 사람들을 환영해 온 우리의 오랜 역사와 일치하지 않는다.[2]

이 글은 대통령 취임 첫날인 2021년 1월 20일 바이든이 전임 대통령 트럼프의 '무슬림 이민 금지' 법령을 철회한다고 발표한 대통령령의 첫 단락이다. 이를 통해 트럼프가 2017년 3월 6일 '국가 보호를 위한 외국

테러리스트의 미국 입국 금지'를 선언한 '행정명령 13780',[3] 2017년 9월 24일 '테러리스트에 의한 미국 입국 시도 또는 기타 공공 안전 위협 탐지 기능과 프로세스 강화'를 선언한 '대통령령 9645',[4] 2018년 4월 10일 차드공화국만을 규제와 제한에서 철회시킨 '대통령령 9723', 미국 입국 비자 금지 국가로 미얀마, 에리트레아, 키르기스스탄, 나이지리아, 수단, 탄자니아를 추가한 2020년 1월 31일의 '대통령령 9983' 등이 모두 무효화되었다.

따라서 바이든 행정부의 첫 번째 종교 정책은 미국의 이민 시스템에서 종교를 이유로 이루어진 차별을 중단하는 것이었다. 이는 교회와 국가의 분리 원칙을 복원하고, 무엇보다도 근대 민주주의의 원칙, 즉 정부의 간섭 없이 신앙생활을 하거나 종교를 갖지 않을 수 있는 권리 모두를 회복시키는 것이기도 했다. 이때 처음으로 행한 것이 무슬림 이민 금지 법령의 폐지였다. 하지만 바이든의 법령 폐지가 이슬람 종교와 무슬림의 미국 입국 허용에만 방점이 찍힌 것은 아니다. 그것은 특정 종교를 선호하고 옹호하는 편파적 행태이자 타인others으로 간주되는 사람들, 예컨대 여성, LGBTQ+, 소수 종교인, 무종교인 등까지도 차별하고 해를 끼치는 기준으로 종교를 활용했던 트럼프 행정부의 행태를 폐지하는 것이기도 했다. 또한 트럼프의 배타적 이민 정책으로 추방의 공포에 시달리던 미등록 이민자undocumented immigrants 또는 불법 체류자들의 두려움을 덜어주는 것이었다.

트럼프의 무슬림 입국 금지 법령이 아무런 저항 없이 만들어진 것은 아니다. 이 법령은 2016년 대선 캠페인이 한창이던 때부터 거론되어 행정명령과 대통령령을 거쳐 발동되었지만, 연방 대법원의 거듭된 차단으로 발목이 잡히기도 했다. 그러나 결국에는 트럼프가 추천한 인물이 대법관으로 임명되어 공화당 추천 판사가 연방 대법원 전원 합의제에서 다수가 되자 합법화하기에 이르렀다. 트럼프가 처음 주장한 때부터 바이든에 의해 폐지될 때까지의 과정은 다음과 같다.

2015년 12월 7일 트럼프 대선 후보는 '무슬림 미국 입국의 전면적 차단'을 촉구했고, 2016년 3월 9일에는 "이슬람교는 우리를 증오한다"라며 무슬림 입국 금지를 거듭 강조했다. 대통령이 된 트럼프는 2017년 1월 27일 '행정명령 13769'에 서명하며 무슬림 입국 금지 법령을 통해 이란, 이라크, 리비아, 소말리아, 수단, 시리아, 예멘 출신 여행자의 미국 입국을 90일 동안 금지했고, 이들 국가로부터의 모든 난민의 입국을 최소 120일 동안 중단시켰으며, 시리아 난민의 입국을 무기한 금지했다. 하지만 같은 해 2월 3일 '행정명령 13769'의 집행이 연방 대법원에서 차단되었다.

그러자 트럼프 행정부는 같은 해 3월 6일 '행정명령 13780'을 통해 이라크를 금지 국가 목록에서 제외하면서 두 번째로 무슬림 입국 금지 법령을 제정하려고 했다. 하지만 3월 15일 연방 대법원은 '행정명령 13780'의 집행 또한 차단했다. 그러자 9월 24일 트럼프 행정부는 '대통령령 9645'를 통해 세 번째로 무슬림 입국 금지 법령의 제정을 시도하면서 수단을 목록에서 제외하고 차드, 북한, 베네수엘라의 일부 성부 관료를 입국 금지 대상에 추가했다.

그런데 해가 바뀐 2018년 6월 26일 연방 대법원은 트럼프의 이 세 번째 무슬림 입국 금지 법령을 지지하는 판결을 내렸다. 5 대 4로 트럼프의 손을 들어준 것이다.[5] 이전까지 트럼프가 발동한 행정명령과 대통령령을 모두 차단했던 연방 대법원이 판결을 뒤집으면서 미국 사회에 커다란 논란을 불러왔다. 판결이 바뀐 것은 무엇보다도 몇 달 전에 대법관 구성에서 변화가 있었기 때문이다. 당시까지는 로널드 레이건이 지명한 안토닌 스칼리아 Antonin Scalia 대법관이 2016년 2월 13일 사망한 이후 공석이 되어 공화당과 민주당 출신 대통령의 지명으로 임명된 대법관 수가 4 대 4로 동률이었다. 하지만 2017년 4월 10일 트럼프의 추천으로 닐 고서치Neil Gorsuch가 대법관으로 임명되자 균형이 무너졌다. 결국 이듬해 6월 26일에 행해진 입국 금지 법령에 찬성concurring한 대법관은 대법원장 존 로버츠John Roberts(조지 W. 부시 지명)를 비롯해 앤서니 케네디Anthony Kennedy(로널드 레이건 지명), 클래런스 토머스(조지 H. W. 부시 지명), 새뮤얼 얼리토 주니어(조지 W. 부시 지명), 닐 고서치 다섯 명이었다. 빌 클린턴의 지명으로 임명된 루스 베이더 긴즈버그Ruth Bader Ginsburg와 스테판 브레이어Stephen Breyer, 버락 오바마의 지명으로 임명된 소니아 소토마요르Sonia Sotomayor와 엘레나 케이건Elena Kagan 등 네 명의 대법관은 입국 금지를 반대dissenting했다. 특히 소토마요르는 소수 의견에서 트럼프의 대통령령이 정부가 설명하는 국가안보의 정당성 때문이라기보다는 주로 반이슬람 증오심에 의해 추동되었다고 주장했다.[6] 그 후 2020년 1월 31일 트럼프는 미얀마, 에리트레아, 키르기스스탄, 나이지리아, 수단, 탄자니아 출신 사람들에게 추가 제한을 두는 '대통령령 9983'에 서명했다. 트럼프의 무슬림 입국 금지 법령 탓에 최소 4만 2650명의 미국 입국이 금지된 것으로 알려졌다. 미국진보센터는 트럼프의 무슬림 입국 금지 법령이 미국 역사상 가장 커다란 종교 자유 침해 중 하나였다고 평가했다.[7]

트럼프의 무슬림 입국 금지는 종교나 테러의 위협을 이유로 외국인의 미국 입국을 금지하는 것이지만, 이러한 입국 금지는 곧 그의 이민 정책과 연계되었으며, 특히 미국 내부의 사회적 안전망을 위협하는 결과를 가져오기도 했다. 트럼프 집권 이후 이민 관련 체포가 늘었으며, 그의 행정부는 법을 준수하는 공동체 구성원인지 아닌지에 관계없이 모든 미등록 이민자들을 우선 추방하는 정책을 선택했다. 그 결과 미등록 이민자 또는 불법체류자들은 그들이 범죄의 희생자가 되었을 때도 추방당할지 모른다는 두려움 탓에 경찰에 신고할 확률이 낮아졌다. 트럼프 행정부의 거친 이민 정책 전개가 이들을 공포가 가득한 환경의 어두운 그늘로 몰아넣었고, 이들에게 범죄 신고나 증언이 불가능하게 만들었다.

무슬림을 대하는 정책과 마찬가지로 불법 이민자들을 겨냥한 트럼프의 적대적 이민 정책은 그의 대선 캠페인에서 이미 예고되었다. 그는 불법 이민자들은 범죄자라는 언급을 반복했고, 미국·멕시코 국경에 장벽을 세우고 멕시코 정부에 장벽 건설비 지급을 강제하겠다고 공약했으며, 영주권 발급의 일시 중지와 '합법적 이민과 이주 노동자 비자 제한'도 지지했다. 특히 대통령이 된 후 트럼프는 '미성년 입국자 추방 유예 제도DACA: Deferred Action for Childhood Arrivals'(이하 DACA)[8]를 종료하려고 했다. 불법으로 이민을 온 사람들의 청소년 자녀들이 체류 자격 서류는 미비하지만 추방되지 않고 취업 허가를 얻을 수 있도록 오바마 행정부가 2012년 만든 DACA를 트럼프 행정부는 2017년 9월 단계적으로 폐지하겠다고 발표했다. 하지만 이 계획에 대해 여러 건의 소송이 제기되자 미등록 이민자에 대한 기타 입법적 보호를 통과시킬 시간을 확보하고자 계획의 시행을 6개월 동안 연기했다. 그러나 의회는 입법을 위한 아무런 조치도 취하지 않았다. 그 결과 2018년 3월 5일에 연장 기간이 만료되었다. 하지만 세 곳의 지방법원은 DACA의 폐지가 행정절차에 따라 자의적이고 변덕스러울 가능성이 있다는 이유로 이 날짜까지 DACA의 단계적 폐지를 금지하는 명령을 내렸다. 법적 문제의 대상이 되는 동안 DACA 정책은 유지되었지만, 트럼프는 불법적으로 국경을 넘는 이들을 체포하도록 요구하는 '무관용' 정책을 시행했고, 결국은 어린아이들이 가족, 특히 불법체류자로 판명된 부모와 분리되는 심각한 결과가 발생했다.

부모와 자식의 분리는 극심한 인권침해라는 사회적 비판과 함께 분리가 아동들에게 입힌 정신적 상처와 극단적 스트레스가 "아동의 뇌 구조를 교란하고, 장·단기적으로 건강에 영향을 미쳐 회복할 수 없는 상해를 입힐 수 있다"라는 미국소아과학회 American Academy of Pediatrics 회장 콜린 크래프트 Colleen Kraft 박사의 경고도 있었다.[9] 또한 깨진 가정을 경험하거나 어릴 때 범죄를 목격하거나 직접적으로 범죄 피해에 노출되었을 경우 독성 스트레스 toxic stress 를 유발할 수 있다는 비판적 보고서도 나왔다.[10]

이러한 비판에 굴복했는지 트럼프는 2018년 6월 20일 가족 분리 절차 종료를 위한 '행정명령 13841'을 내렸다. 가족 분리 문제의 해결책을 의회에 제안하는 이 문서에서 트럼프는 "또한 적절하고 법과 이용할 수 있는 자원에 따라 외국인 가족 alien families 을 함께 가두는 등 가족 단결을 유지하는 것이 이 행정부의 정책이다. 의회의 조치 실패와 법원 명령 때문에 행정부가 법을 효과적으로 집행하기 위해 외국인 가족을 분리해야 하는 상황에 놓이게 된 것은 불행한 일이다"라면서, 국토안보부 DHS: Department of Homeland Security 장관은 "외국인 부모와 함께 외국인 아동을 가두는 것이 아동의 복지에 위험을 초래할 수 있다는 우려가 있는 경우 외국인 가족을 함께 가두어서는 안 된다"라고 명령했다. 하지만 이것으로 문제가 끝난 것은 아니었다. "법이 허용하는 한도 내에서 그리고 예산 가용성에 따라 불법 입국 범죄나 가족 구성원이 관련된 이민 절차가 진행되는 동안 외국인 가족에 대한 보호를 유지해야 한다"라고 함으로써,[11] 부모와 자녀를 분리하는 대신 외국인 가족들을 무기한 감옥에 가두기로 한 것이다.

2021년 1월 20일 바이든은 대통령에 취임하자마자 무슬림 이민 금지 법령 철회와 함께 DACA를 재개하는 행정명령을 발표함으로써 종교의 자유와 인권 보호가 바이든 행정부의 최우선 과제임을 분명히 했다. 그는 "DACA 보존과 강화Preserving and Fortifying DACA"를 통해 "국토안보장관은 법무장관과 협의해 DACA를 보존하고 강화하기 위해 해당 법률에 따라 적절하다고 판단하는 모든 조처를 해야 한다"라고 명시했다.[12]

이후 민주당의 주디 추Judy Chu 연방 하원 의원은 2021년 2월 25일 '국적에 따른 비이민자 차별 금지법NO BAN Act: National Origin-Based Antidiscrimination for Nonimmigrants Act'을 발의했고 같은 해 4월 21일 하원에서 통과되었다. 그러나 4월 22일 상원에 접수되어 사법위원회Committee on the Judiciary에 넘겨졌지만 아직도 계류 중이다.[13] 트럼프 대통령의 무슬림 입국 금지 법령이 적개심에 근거한 것이기에 의회는 이러한 행정권의 차별적인 남용이 계속되도록 허용해서는 안 된다는 내용을 함축하고 있다.[14] 다음은 이 법안의 요약 내용이다.

이 법안은 외국인의 미국 입국을 중단하거나 제한하는 대통령의 권한을 제한한다. 또한 이민 또는 비이민 비자 발급 여부 등 다양한 이민 관련 결정에서 종교적 차별에 대한 법적 근거가 없는 한 종교적 차별을 금지한다. 대통령은 국무부가 해당 제한이 미국의 이익, 예를 들어 안전이나 공공의 안전을 위협하는 구체적이고 신뢰할 수 있는 사실을 해결하는 데 도움이 된다고 판단한 후, 외국인 또는 외국인 범주에 속한 사람에 대한 입국을 일시적으로 제한할 수 있다. 이 법안은 또한 대통령, 국무부, 국토안보부가 첫째, 강력한 정부 이익을 해결하는 데 필요한 경우에만 제한을 가하고, 둘째, 그러한 이익을 달성하기 위해 가장 제한이 적은 수단을 쓰도록 권리정지suspension를 협소하게 조정한다. 제한을 부과하기 전에 국무부와 국토안보부는 의회와 협의해야 한다. 국무부와 국토안보부는 제한이 부과된 후 48시간 이내에 제한에 관해 의회에 보고해야 한다. 신고가 이루어지지 않은 경우, 제한은 즉시 종료된다. 미국에 거주하며 그러한 제한 때문에 불법적으로 피해를 당한 개인이나 단체는 연방 법원에 소송을 제기할 수 있다. 국토안보부는 위조된 여행 서류의 적발이 관련된 규정을 준수하지 않은 상업용 항공사를 통해 미국으로 여행하는 외국인의 입국을 중단할 수 있다.[15]

바이든 행정부의 지지 선언을 받기도 한 이 법안은 미래의 어느 대통령이든 이민 정책을 결정하는 권한을 행사할 때 종교를 기반으로 하는 차별을 할 수 없도록 하기 위한 것이었다. 이에 대해 ≪로스앤젤레스타임스Los Angeles Times≫는 트럼프 행정부가 행한 최초의 비인도적이고 인종차별적인 행위 중 하나가 무슬림이 다수인 7개국에서 온 여행자에 대해 90일 동안 국경을 폐쇄하고 전 세계 난민에 대해서는 120일 동안 국경을 폐쇄한 것이라면서, 이 차별 금지법은 트럼프가 차기 대통령이 되더라도 그의 권력을 제한할 것이라고 평가했다.[16] 그러나 앞에서 언급했듯이 이 법안은 아직도 상원의 문턱을 넘지 못했다.

시민권 확대와 백인 우월주의의 폭력과 증오 범죄에 맞선 투쟁

미국에서 시민권을 보호하기 위해 마련된 법령은 '1964년 민권법 Civil Rights Act of 1964'이다. 이 법령을 업그레이드하기 위한 법안이 '평등법Equality Act'이다. 민주당의 데이비드 시실리니David Cicilline 연방 하원의원이 2015년에 처음으로, 그리고 2017년에 다시 이 '평등법'을 제안했다. 하지만 두 번 다 상·하원의 위원회 단계에서 폐기되었다. 그러자

2년 후인 2019년 시실리니는 세 번째로 법안을 제안했고, 이번에는 하원을 통과했지만 상원에서는 위원회의 문턱을 넘지 못했다. 바이든이 대통령이 된 2021년 시실리니는 이 법안을 네 번째로 발의했다. 하지만 이번에도 하원은 통과했지만 상원 위원회에서 폐기되었다. 그리고 2023년 민주당의 마크 타카노Mark Takano 연방 하원 의원이 법안을 발의했지만, 현재 하원과 상원 위원회에서 검토하는 중이다.

'평등법'은 '1964년 민권법'에 공공시설이나 편의 시설, 교육, 연방 기금, 고용, 주택, 신용, 배심원 제도 등을 포함한 영역에서 성별, 성적 취향, 성 정체성에 근거한 차별을 금지한다는 내용을 추가한 법안이다. 따라서 '레즈비언, 게이, 양성애자, 성전환자, 간성間性, 퀴어, 플러스 개인lesbian, gay, bisexual, transgender, queer, intersex, and plus(LGBTQI+) individuals'을 보호하기 위해 발의되었고, 더 나아가 종교, 젠더, 인종, 국적 등에 기초해 기존의 민권 보호를 확대하기에 소수 종교인과 비종교인의 권리 보호를 지향하기도 한다. 따라서 '평등법'이 통과된다면 일반 대중이 이용하는 상점에서 더 이상 '무슬림 불허'라는 표지판을 내걸 수가 없게 된다.

하지만 이 법안에 반대하는 종교 단체들 때문에 미국의 종교 단체들은 크게 분열했다. 여전히 결혼과 성에 대해 보수적인 종교 단체들은 '평등법'으로 인해 자신들이 고수하는 신념에 따른 차별 행위로 처벌될 수 있다는 두려움을 갖고 있다. 따라서 주류 개신교 교단과 기타 진보적인 신앙 단체들은 이 법안을 지지했으나, 전국복음주의협회National Association of Evangelicals, 미국가톨릭주교회의, 모르몬교, 제칠일안식일예수재림교회Seventh Day Adventist Church, 정통파 랍비들을 대표하는 유대가치연합Coalition for Jewish Values 등은 반대했다.[17]

2021년 바이든 행정부는 의회에서 '평등법'에 관한 성명을 발표했다.

바이든은 법안 발의자인 시실리니 의원과 '하원 LGBTQ+ 평등위원회 Congregational LGBTQ+ Equality Caucus'에 박수를 보냈으며 상·하원을 향해 통과를 촉구했고 '평등법' 통과를 정책의 우선순위로 정했다.[18] 이를 위해 백악관은 "백악관에 자부심이 돌아왔다Pride is back at the White House"는 제목의 메시지를 전달하고 법안에 찬성하는 다양한 종교 지도자들과 함께 '평등법을 위한 신앙 목소리Faith Voices for the Equality Act'를 조직했다.[19]

한편 바이든은 종교를 이용해 미국인들을 분열시킨 트럼프 행정부의 4년을 비난하며, 종교적인 미국인들과 다른 공동체 간의 소통 역할을 분명히 할 것이라고 밝혔다. 트럼프 행정부가 주로 복음주의 개신교인들과 교류하면서 연방 정부가 특정 종교 공동체만 선호한다는 강력한 신호를 보냈기 때문이다. 따라서 바이든은 20년 전 조지 W. 부시가 만든 후 트럼프 행정부가 들어서면서 없앤 '백악관 신앙 기반 및 이웃 파트너십 사무국White House Office of Faith-Based and Neighborhood Partnerships'을 다시 설립했다. 그러면서 도움이 필요한 사람들에게 더 나은 서비스를 제공하는 다양한 종교 단체나 세속 단체와의 파트너십 촉진을 목표로 설정했다. 또한 교회와 국가의 분리 원칙과 종교의 자유 보장 원칙을 위해 특정한 신앙을 선호하거나 세속 조직보다 종교를 더 선호하지는 않을 것이라는 점을 분명히 했다.

또한 바이든 행정부는 미국 원주민 공동체에 대한 차별적 행태를 금지했다. 2021년 10월 8일 바이든 대통령은 '베어스 이어스 국립기념비 Bears Ears National Monument' 재건을 위한 '선언문 9558Proclamation 9558'을 복원했다. 이 선언문은 미국의 여러 원주민 부족이 영구적으로 보존하기를 바라면서 모두 같은 이름으로 부르는 조상들의 고향인 유타주의 베어스 이어스 지역의 신성한 풍경과 문화 자원을 보호하고 보존하기 위해 2016년 12월 28일 오바마 대통령이 이 기념비를 세우면서 발표한 것이었다. 그런데 트럼프 대통령이 2017년 '선언문 9681 Proclamation 9681'을 발표하며 기념비 구역 내의 10만 에이커 이상의 토지를 줄였고 보호 조치도 해제했다. 하지만 바이든 행정부는 신성한 땅의 보호를 미국에서 종교의 자유를 보호하는 필수적인 요소로 간주하면서 '선언문 9558'이 제공한 경계와 보호를 확인, 복원, 보완하고, 베어스 이어스 내의 토지에 대한 연방 보호를 재개했다.[20]

대통령이 되었지만, 바이든이 가장 경계해야 할 국내의 커다란 정적은 트럼프와 그의 추종 세력, 그중에서도 백인 우월주의자들이었다. 그들은 트럼프 재임 중 때로는 그의 묵인하에 소수 종교 단체를 향해 크고 작은 테러를 전개했고, 급기야는 대선에 불복해 의회를 폭력으로 점령했을 정도였다.

폭력적인 백인 우월주의자들의 주된 표적 중 하나는 소수 종교 단체와 교회당이었다. 완전한 종교의 자유는 폭력의 위협이 없을 때 실현된다는 신념을 가진 바이든은 2021년 6월 15일 이 사안을 미국의 국가 안보 문제로 다루고 연방 정부의 대응을 개선하기 위해 「국내 테러 대응을 위한 국가 전략National Strategy for Countering Domestic Terrorism」을 내놓았다. 이 전략서에서는 미국 연방법에 따라 '국내 테러'를 "미국 또는 각 주의 형법을 위반하고 인간의 생명을 위협하는 행위, 민간인을 겁주거나 강요해 위협하거나, 강요를 통해 정부의 정책에 영향을 미치거나, 대량 파괴, 암살 또는 납치를 통해 정부의 활동에 영향을 미칠 목적으로 보이는 행위 등 주로 미국 영토 내에서 발생하는 행위"로 정의하고 있다.[21]

이에 앞서 같은 해 5월에 바이든은 증오 범죄의 신고 방식 개선에 필요한 주 정부가 운영하는 핫라인 개설 보조금을 지급하기 위한 '코로나

19 증오범죄법COVID-19 Hate Crime Act'에 서명했다. 이미 1월 3일 상·하원에서 처음 열린 법안 논의 세션에서 의회는 하원 의장과 상원 의장(부통령)의 이름으로 다음의 사실을 밝혔다. 첫째, 2020년 코로나19의 확산 이후 아시아계 미국인과 태평양 섬 주민에 대한 증오 범죄와 폭력이 급격히 증가했다. 둘째, 최근 보고서에 따르면 2020년 3월 19일부터 2021년 2월 28일까지 50개 주와 워싱턴 D.C.에서 코로나19와 관련된 반아시아 차별 사건이 거의 3800건 보고되었다. 셋째, 이 기간에 벌어진 차별의 주요 요인으로 '인종'이 지목되었으며, 이는 사건의 90% 이상을 차지한다. 미국은 어떠한 형태든 아시아와 태평양 섬 주민에 대한 반감을 모두 규탄하고 비난한다.[22]

트럼프의 대선 출마 때부터 증가하기 시작한 미국의 증오 범죄는 (이에 대한 자세한 내용은 이 책의 제2부 제2장에서 다룸) 주로 유색인종과 무슬림 등 소수 종교인을 대상으로 했다. 하지만 코로나19 팬데믹의 전파 이후 미국인들은 아시아인들을 전염병의 매개체로 지목했고, 증오 범죄 또한 주로 아시아계로 향했다. 이러한 상황이었기에 상·하원 모두 앞의 법안을 압도적으로 지지했다. 2021년 4월 상원은 거의 만장일치로 통과시켰고(유일한 반대자는 공화당의 미주리주 상원 의원 조시 홀리였음), 5월 18일 하원은 364 대 62로 통과시켰다(반대한 62표는 모두 공화당 의원임). 그리고 바이든은 5월 20일 아시아계를 향한 폭력 증가에 대한 우려와 함께 코로나19 팬데믹 전반에 걸쳐 일어난 증오 범죄를 다루는 이 법안에 서명했다.

종교의 자유에 대한 연방 규정의 재설정

트럼프 1기 재임 시절에 발생한 가장 커다란 종교 정책의 오류는 종교의 자유에 대한 종교 우익이나 근본주의적 복음주의자들의 해석을 지지하고 정책에 반영한 것이었다. 보수적인 복음주의 추종자들은 헌법이 보장하는 종교의 자유에 대한 아전인수식 해석, 즉 종교의 자유에는 종교적 신념을 근거로 다른 사람을 차별적으로 대할 수 있는 자유가 있다고 주장하면서, 이러한 생각을 실제로 그들이 행사한 사회적 차별을 정당화하는 근거로 삼았다. 종교 자유의 명분으로 인권침해를 주저하지 않은 것이다. 예컨대 동성애 반대가 자신의 종교적 신념임을 내세우며 동성애자 결혼에 쓰일 케이크 주문을 거부한 제과점 주인이 있었고, 복음주의 위탁 보호 기관인 '미러클힐 목회Miracle Hill Ministries'가 개신교인이 아니라는 이유로 유대교와 가톨릭 예비 위탁 부모들foster home parents에게 위탁을 거부했음에도 트럼프 행정부의 보건복지부HHS: Department of Health and Human Services에서 연방 자금을 받을 수 있도록 구체적인 면제를 제공한 예가 사우스캐롤라이나주에서 있었다. 트럼프 행정부의 이러한 차별적인 행태 지지는 소수 종교인과 비종교인의 권리와 안전에 대한 위협의 묵인과 허용을 종교의 자유라는 이름으로 행한 것이다.

이에 대해 바이든 행정부는 연방 규정은 종교에 근거한 차별로부터 미국인을 보호해야 한다는 원칙을 앞세워야 한다고 함으로써 종교의 자유에 대한 의미를 새롭게 했다. 즉, 종교의 자유는 다른 형태의 차별과 맞서지 않아야 하며, 종교의 자유가 차별을 정당화하는 면죄부가 될 수 없다고 주장했다. 그러면서 종교의 자유를 차별 정당화를 위한 허가로 간주하는 것 자체가 종교의 자유에 대한 공격이라는 점을 분명히 했다.

따라서 바이든 행정부는 연방 계약에서 차별 금지 보호 조치를 회복했다. 구체적으로 2021년 11월 8일 바이든 행정부의 '연방 계약 준수

프로그램 사무소OFCCP: Office of Federal Contract Compliance Programs'는 차별 금지 보호와 관련된 트럼프 시대의 규정을 철회할 것이라고 발표했다. 연방 정부와 사업을 하는 고용주가 차별 금지를 요구하는 법률과 규정을 준수하도록 감독하는 이 사무소의 발표는 2020년 12월 9일 발표된 트럼프 행정부의 최종 규칙을 역전시키는 것이다.[23] 트럼프 규칙은 연방 정부와 계약을 체결할 때 모든 기관, 특히 영리단체들이 소급해 종교적 정체성을 주장함으로써 납세자 자금을 사용해 광범위한 차별을 행사할 수 있는 권한을 갖도록 해주었다. 이는 종교 단체가 '종교자유회복법RFRA: Religious Freedom Restoration Act'을 모호하게 해석한 결과로, 조직의 종교 활동과 관련한 직책에 대해 종교를 기준으로 삼아 고용 결정을 내릴 수 있도록 허용한 것이었다. 2021년 1월 8일 발효된 이 트럼프 규칙은 정부 계약자가 수백만 명의 미국인, 특히 여성, 소수 종교인, LGBTQ+ 등을 고용에서 차별할 수 있도록 허용한 것이 되었다.

이어 바이든 행정부는 공립대학에서 종교에 기반한 차별의 종식을 추진했다. 트럼프는 2019년 3월 발표한 '행정명령 13864' 또는 '자유로운 질문 규칙Free Inquiry Rule'에서 모든 학생 동아리에 적용되는 비차별 조항에서 종교 동아리는 면제되도록 했다. 그 결과 공식적으로 대학의 승인과 자금 지원을 받는 동아리가 차별을 위해 종교를 이용해도 괜찮다는 식으로 종교의 자유를 해석함으로써 소수 종교인, 비종교인, LGBTQ+ 학생에 대한 차별을 불러왔다. 따라서 바이든 행정부는 2021년 8월 19일 트럼프 시대의 '자유로운 질문 규칙'을 검토하겠다고 발표했다. 모든 공립대학은 LGBTQ+ 학생 보호 조항을 포함해 캠퍼스에서 차별 금지 조항을 시행할 권리를 갖고 있으며, 학생 동아리들이 종교의 자유를 핑계로 차별 행위를 하는 것을 허용해서는 안 되기 때문이었다.

다음으로 바이든 행정부는 연방 자금 지원 프로그램에서 종교 자유 보호의 복원을 이루었다. 2021년 2월 14일 바이든은 앞에서 언급한 '백악관 신앙 기반 및 이웃 파트너십 사무국 설립'에 관한 '행정명령 14025'를 통해 이전에 트럼프가 내린 '행정명령 13831'을 철회했다. 트럼프의 이 행정명령에는 "행정부는 종교에 기반을 둔 조직이나 지역사회조직이 법이 허용하는 최대한의 기회를 활용해 보조금, 계약, 프로그램, 기타 연방 자금의 지원 기회를 놓고 공평한 경쟁의 장에서 경쟁하기를 원한다"라는 내용이 있다. 바이든은 이것이 연방 자금을 종교 단체들에도 전달하려는 의도가 다분히 들어간 시도로 보고 철회한 것이다. 물론 오래전부터 연방 정부는 여러 종교 단체나 공동체 조직과 협력해 왔다. 그러나 그것은 난민 재정착 서비스나 도움이 필요한 사람들을 위해 주택을 마련해 주는 등 정부가 수행해야 할 일을 정부의 지원 아래 이 단체들이 대신하게 하기 위해서였다. 그러므로 연방 자금을 종교의 이름으로 설립한 단체에 특별히 지원한다는 것은 수정헌법 제1조를 위반하는 것이기에 잘못된 정책이라는 것이다. 따라서 바이든 행정부는 연방 자금 지원 프로그램은 연방 차별 금지 보호 원칙과 일치해서 시행되어야 하고, 프로그램 참여 단체의 종교적 또는 비종교적 성격이 프로그램 공급에 영향을 미쳐서는 안 된다는 기본 원칙을 설정했다.

한편 바이든 행정부는 의료 분야에서 비차별 보호 정책도 복원했다. 트럼프 행정부는 2020년 6월 19일 발효된 최종 규정에서 과거 오바마 행정부가 성전환자들을 차별로부터 보호하고, '출산건강관리결정Reproductive Health Care Decisions'에 기반한 차별을 방지하기 위해 제정했던 규정을 삭제했다. 또한 비차별 조항에서 면제되는 기관의 수와 유형도 늘려놓았다. 이미 2019년 5월 2일에도 트럼프 행정부는 인간의 근본적이고 양도할 수 없는 권리인 양심과 종교의 자유를 보호한다는 명분을 앞세워 '의료분야에서의 법적양심권리보호Protecting Statutory Conscience

Right in Health Care'라는 규정을 발표했다. 이 규정은 "보건복지부 자금의 수혜자가 개인과 기관에 종교적 신념이나 도덕적 신념 때문에 강요나 차별을 받지 않을 권리에 관해 공지할 것을 권장한다"[24]라고 함으로써 양심 또는 종교적 신념을 가지고 낙태, 피임, 불임수술과 같은 서비스의 제공을 원치 않는 의료 서비스 제공자는 치료를 거부할 수 있고, 환자를 차별할 수 있는 여지를 남겨 놓았다.

이에 대해 바이든 행정부는 의료 분야에서 모든 사람이 필요한 접근권을 갖도록 보장하는 조처로 2021년 5월 10일 보건복지부 민권국이 성차별 금지 조항에 성 정체성과 성적 지향을 포함할 것이라고 발표했다. 이는 트럼프 행정부의 오바마케어 차별 금지 보호 약화에 따른 피해를 완화할 수 있기 때문이었다.

종교의 자유에 대한 트럼프 행정부의 잘못된 해석은 미국의 외교정책에도 나타났다. 미국은 종교의 자유를 국내 문제에만 국한하지 않고 이미 1998년에 '국제종교자유법'을 제정해 매년 세계 여러 나라의 종교 자유 실태를 조사해 발표해 왔다(이에 대한 자세한 논의는 이 책의 제5부 제1장에서 다룸). 바이든 행정부는 여전히 세계 여러 나라에서 종교의 자유가 심각하게 위협받고 있는 상황에서 종교의 자유에 대한 미국의 접근 방식을 모든 보편적 인권과 상호 의존적인 관계가 있다고 수정했다. 이러한 시도는 트럼프 행정부의 다음과 같은 모순적인 인권 정책에 대한 비판적 정정 노력과 무관하지 않다.

'양도할 수 없는 권리위원회'의 해체

트럼프 행정부에서 벌어진 최악의 퇴행 정책regressive policies 중 하나는 2019년 7월 인권에 대한 차등적 분류를 선언한 국무부의 '양도할 수 없는 권리위원회Commission on Unalienable Rights'를 설치한 일이다. 전년 도인 2018년 7월 국무부가 개최한 '종교 자유 증진을 위한 첫 번째 연례 장관 회의Ministerial to Advance Religious Freedom'에서부터 논의가 시작되었다. 특히 헤리티지 재단The Heritage Foundation 패널 토론에서 기독교 보수 변호사 벤저민 불Benjamin Bull은 좌파가 기독교인들이 인정한 "전통적" 권리와 "자연적" 권리를 "압박"하기 위해 "새롭게 제조된 인권"(LGBTQ+ 관련 권리 등)을 내세우고 있다고 주장하며 본격화했다. 이후 2019년 5월 30일 국무부는 이 위원회를 창설하겠다는 의사를 발표하고 연방 관보에 게재했다. 위원회의 목적은 국제 인권 문제에 관해 국무장관에게 조언과 권고, 그리고 특히 자연법과 자연권의 건국 원칙에서 벗어난 인권 담론을 개혁하기 위한 새로운 생각의 제공에 두었다.[25]

같은 해 7월 7일 마이크 폼페이오Mike Pompeo 국무장관은 ≪월스트리트저널The Wall Street Journal≫에 게재한 글에서 미국 건국자들의 원칙이 전 세계적으로 자유민주주의를 활성화하는 데 도움이 될 수 있다고 주장했다. 건국자들은 양도할 수 없는 권리 또는 천부적인 권리를 '생명, 자유, 행복 추구'로 정의했고, 헌법을 개인의 존엄과 자유를 보호하기 위해 설계했다고 했다. 하지만 냉전이 끝난 후 많은 인권 옹호자가 권리의 항목에 거룩하고 정당한 것처럼 들리는 여타의 권리를 포함했고, 정치인과 관료들 또한 새로운 권리를 만들어냄으로써 '양도할 수 없는 권리'와 '정부가 부여한 임시적인 권리' 간에 구별이 흐려졌다고 주장했다. 그러면서 "양도할 수 없는 권리는 본질적으로(by nature) 보편적이다. 모든 선한 것 또는 정부가 부여한 모든 것이 보편적 권리가 될 수 있는 것은 아니다. '권리'라는 말을 남발하면 우리는 자유민주주의 원칙에서 벗어나게 된다"라고 했다.[26] 따라서 '양도할 수 없는 권리위원회'는 인권에 대한 기본적인 이해를 군건히 하고 보호해야 할 본질적

자유essential freedom가 무엇인지 알려주어야 한다는 것이다.

그러면서 폼페이오는 오늘날의 다양한 인권 운동을 비판했다. 그는 인권 옹호가 도덕적 나침판이 아니라 하나의 산업이 되었을 정도로 방향을 잃었다고 주장했다.[27] 그렇다면 '결코 침해될 수 없는 인권'의 '양도할 수 없는' 그래서 절대적인 천부적 인권은 무엇이고, 방향을 잃고 산업 생산품이 되어버렸다는 그래서 본질적이지 않은 인권은 무엇이며 그것이 존재하는 것인지 묻지 않을 수 없다. 이와 관련해 폼페이오는 인권 옹호가들이 주장하는 인권 모두가 본질적이지 않다고 본다. 그 근거로 그는 인권에 관한 주장이 확산하면서 일부 주장들이 서로 상충하고 있다는 사실을 들었다. 보편적이라면 충돌이 일어날 수 없다는 것이다. 그러면서 그는 유엔UN: United Nations의 세계인권선언Universal Declaration of Human Rights이 발표된 후 70년이 지났지만, 전 세계에서는 아직도 심각한 인권침해가 이어지고 있으며, 그것도 때로는 인권의 이름으로 자행되고 있다고 한탄했다.[28]

2019년 7월 8일 '양도할 수 없는 권리위원회'가 설립되었다. 다시 한번 폼페이오 국무장관은 위원회의 임무가 "우리나라의 건국 원칙과 1948년 세계인권선언의 원칙에 기반을 둔 인권에 대한 조언을 제공하는 것"이라고 강조했다.[29] 그러자 많은 인권 운동가와 민권 운동가, 외교정책 단체와 종교 단체, 그리고 학자들이 위원회 설립은 매우 위험한 발상이라고 경고했다. 예컨대 국제앰네스티Amnesty International의 조앤 린Joanne Lin 국장은 이 위원회가 개인의 권리는 물론이고 정부의 책임까지 훼손할 것이라고 평가하며, 결국 이 방식은 다른 국가들이 기본적인 인권 기준을 무시하도록 할 것이라고 비판했다. 그러면서 위원회 설립이 "여성과 LGBTQ를 겨냥한 혐오 정책을 강화하려는 시도로 보인다"라고 했다.[30]

개인의 자유, 제한된 정부, 자유 시장, 평화로운 국제 관계를 기반으로 하는 자유의지주의libertarianism 공공 정책 싱크 탱크인 카토 연구소Cato Institute의 헌법학 연구 책임자 로저 파일런Roger Pilon은 이미 위원회 설립 전에 "신학적으로 기반을 둔 자연법과 자유에 대한 자연권의 구별이 매우 눈에 띈다"라고 지적했다.[31] 그러면서 그는 자연권은 건국 당시의 입법자가 전해준 규범적 자연법prescriptive natural law이나 종교적 신념에 근거한 것이 아니라, 존 로크John Locke와 건국자 대부분이 반복적으로 주장했듯이 보편적인 인간 이성에 근거한 것이라고 기술했다. 그러면서 건국의 아버지들은 자유, 즉 다른 사람의 동등한 권리와 일치하는 우리 자신의 주관적 관점에 따라 행복을 추구할 권리가 우리의 자연적 권리의 본질이라고 주장했음을 강조했다. 미국독립선언U.S. Declaration of Independence의 두 번째 문단에서 명확히 밝히듯이 권리, 즉 모든 사람의 동등한 권리, 아무도 다른 사람에게 구속되지 않는 권리가 먼저이고 정치와 법은 그 권리를 확보하기 위해 두 번째에 위치하기 때문이다.

파일런은 이 위원회에 대한 커다란 우려 중의 하나로 LGBTQ+와 여성의 권리에 대해 언급하면서, 위원회 설립 계획에서 중요한 역할을 맡은 프린스턴 대학교의 로버트 조지Robert P. George가 오랫동안 동성애자 권리에 반대해 온 가톨릭계의 보수적인 인물로서 자연법의 부활을 주장하는 사상가임을 지적했다. 위원회가 국무장관에게 동성애자 권리를 축소하라고 촉구한다면, 특히 동성애자에 대해 법률적으로나 관행적으로 엄격하게 조처하는 국가를 상대로 하는 미국 국무부의 인권 활동이 저해될 수 있다는 우려를 제기한 것이다. 트럼프 행정부의 미국 내에서의 인권에 대한 차별적 조치나 인권에 대한 선택적 접근 방식이 전 세계 독재자들의 소수 종교인 등에 대한 심각한 차별 정책을 지지하는 것과 다르지 않을 것이기 때문이다. 특히 중국과 러시아는 몇몇 종교만을 인정하는 선택적이고 차별적인 종교 정책을 펼치고 있는 것이 현실이다.

이러한 반대에도 불구하고 2020년 7월 16일에 '양도할 수 없는 권리위원회'는 보고서 초안을, 이어서 8월 26일에는 최종 보고서를 내놓았다. 보고서와 관련해 폼페이오 장관은 미국이 옹호하는 인권의 범위를 제한해야 한다고 주장했다. 그는 "자기 노동의 결실을 소유할 수 없다면 누구도 행복을 추구할 수 없다. 또한 종교의 자유 없이는 어떤 사회도 정당성을 유지하거나 도덕적 성격을 지킬 수 없다"라면서 보고서가 인권 정책에서 재산권과 종교를 우선시하고 있다고 평가했다. 하지만 보고서를 분석한 전문가들은 낙태와 동성 결혼을 권리가 아니라 '분열을 초래하는 사회적·정치적 논쟁'으로 간주한다고 지적했다. 또한 시민단체 '인권캠페인Human Rights Campaign'의 데이비드 스테이시David Stacy 국장은 "처음부터 분명하게 보였듯이 폼페이오 장관의 '양도할 수 없는 권리위원회'는 인권에 대한 편협한 관점을 가지고 국제적 합의에 도전하려는 의도로 설계되었으며, 이는 LGBTQ 사람들이 폭력과 차별에 더욱 취약하게 만들 우려가 있다"라고 지적했다.[32] 한편 보고서 작성에 참여한 학자와 활동가들은 "낙태, 소수자 우대 조치affirmative action, 사형 등과 같은 문제들에 인권 기준을 적용하는 데 대해서는 합의하지 못했다"라고 밝혔다. 이에 대해 인권 활동가들은 어떤 인권이 다른 인권보다 더 중요하다는 식으로 인권의 위계를 확립하려고 한 시도라고 비판했다.[33]

결국 바이든 행정부는 '양도할 수 없는 권리위원회'를 공식적으로 해체했다. 바이든 행정부의 국무장관 앤터니 블링컨Antony Blinken은 집권 직후인 2021년 3월 30일에 발표한 「2020년 인권 관행에 관한 국가 보고서2020 Country Reports on Human Rights Practices」에서 인권은 분리될 수 없다고 주장했고, 종교의 자유와 재산권을 다른 권리들보다 우선시한 트럼프 행정부가 세운 '양도할 수 없는 권리위원회'를 비판했다.[34] 블링컨은 보고서의 '출산 선택권Reproductive Rights'[35] 서문에서 "인권은 상호의존적이며, 한 가지 권리의 박탈은 사회의 더 넓은 구조를 약화시킬 수 있다"라고 주장했다.

아울러 바이든 행정부는 트럼프 행정부 때 탈퇴했던 유엔인권위원회UN Human Council에 다시 가입했다. 당시 유엔 미국 대사 린다 토머스-그린필드Linda Thomas-Greenfield는 미국의 목표가 "인권 옹호자들과 함께 서서 인권침해와 남용에 반대하는 목소리를 내는 것"에 있다는 성명을 발표했다.[36]

바이든 행정부는 트럼프 행정부 아래에서 왜곡되고 상실된 종교의 자유, 특히 복음주의 종파에 대한 특별한 선호와 소수 종교인이나 비종교인 공동체에 대한 차별 등을 함축한 종교 정책을 수정하고 복원하려고 했다. 바이든 행정부의 이러한 노력은 종교 자유의 오용을 통해 벌어진 역사적 후퇴에 대한 방향 전환이라는 의미에서 높이 평가할 수 있다. 그러나 아직도 '비이민자 차별 금지법'과 '평등법'은 의회에서 통과되지 못하고 있다. 그만큼 보수적인 정치 우익과 종교 우익의 힘이 여전히 미국에서 강력하기 때문이다. 트럼프가 다시 백악관의 주인이 되면서 바이든이 폐지한 종교, 이민, 인권 관련 법안이나 정책을 부활시킬 가능성이 있고 역사에서 흔히 나타나는 반동과 퇴행이 우려되고 있다.

재취임 첫날의 트럼프 행정명령

백악관 탈환에 성공한 트럼프의 반동적 행태는 2025년 1월 20일 취임식 당일에 이루어진 행정명령 서명을 통해 시작되었다. 일련의 행정명령 대부분은 바이든 시대의 정책에서 후퇴해 미국을 MAGA 방식으로 쇄신하겠다는 대선 공약의 내용을 담고 있다. 이는 행정 권한의 급진적인 확대로 수백만 명의 삶에 커다란 악영향을 미칠 것이며 수많은 법적 도전 또한 불가피하게 할 것이다.

불법체류자에 대한 이민 행정명령은 미국·멕시코 국경을 향한 비상사태 선포였다. 트럼프는 국가방위군National Guard[37]을 포함한 군대를 이 지역에 배치하겠다고 다짐하며 국방장관과 국토안보장관에게 국경장벽의 추가 건설을 지시했다. 멕시코와 관련한 또 다른 행정명령은 멕시코만Gulf of Mexico을 아메리카만Gulf of America으로 이름을 바꾼다는 것이었다.

트럼프의 이민 정책 중 가장 두드러진 것은 불법 이민자에게서 태어난 사람들의 출생 시민권birthright citizenship을 종식하려는 시도로, 산모가 불법체류자이고 신생아의 아버지가 영주권이나 시민권이 없을 때는 출생 등록을 할 수 없도록 관련 공무원에게 명령했다. 이는 산모가 합법적인 임시 체류자일지라도 아버지가 합법적인 영주권이 없을 때도 적용된다. 이 행정명령은 미국 영토에서 태어난 사람은 누구에게나 시민권을 보장한다는 수정헌법 제14조가 보호하는 출생 시민권에 저촉하기에 위헌이라는 법적 도전에 직면했다. 예컨대 이 행정명령에 서명한 지 이틀 만에 시애틀 연방 법원의 존 코페노John Coughenour 판사는 행정명령을 "뻔뻔할 정도로 위헌적"이라며 임시 금지 명령을 통해 시행을 차단했다. 같은 공화당 출신인 레이건 대통령이 임명한 코페노

판사의 판결에 대해 트럼프는 항소할 것이라고 했다.[38] 한편 하원 공화당은 트럼프의 출생 시민권 폐지를 놓고 의견이 나뉘었다. 폐지 반대파는 공화당이 히스패닉계 유권자들의 지지를 얻고 있고, 150년 이상 존재해 온 헌법적 권리를 트럼프가 일방적으로 없앨 권한은 없다며 반발하고 있다. 반면 보수파는 미국에 불법적으로 거주하는 사람들이 출생 시민권을 남용하고 있다며 이 정책이 공화당의 MAGA 결집을 위한 중요한 기반이라고 주장한다.[39]

환경과 관련해 트럼프는 집권 1기 때처럼 파리기후협약 탈퇴에 다시 서명했다. 동시에 그는 전국에너지비상사태National Energy Emergency를 선포하면서 신속하고 규제가 완화된 석유 시추를 명령했다. 이 명령은 특히 알래스카주의 에너지 생산을 목표로 한 것으로 바이든의 해안 지역 보호 정책을 철회한 것이다. 트럼프는 또한 코로나19 팬데믹과 여러 국제 보건 위기에 제대로 대처하지 못했다고 비난하면서 세계보건기구WHO: World Health Organization 탈퇴에도 서명했다. 취임일 이후 12개월 내에 미국은 세계보건기구를 떠날 것이며 재정 지원도 멈추겠다는 것이다.

젠더 이슈와 관련해 트럼프는 미국의 공식 문서에서는 남성과 여성의 두 가지 성만을 인정한다면서 행정명령에 "이러한 성은 바뀔 수 없으며 근본적이고 논란의 여지가 없는 현실에 근거한다"라고 적었다. 이 정책은 다양성, 형평성, 포용성 조치와 성전환 미국인을 주요 표적으로 한 것이다.

가장 거친 행정명령으로 많은 논란을 부른 것은 이미 대선 캠페인에서 공약한 것처럼 4년 전인 2021년 1월 6일 국회의사당 난입에 가담해 형을 받고 복역 중인 1500명이 넘는 죄수에 대한 사면 조치다. 아울러 법무장관에게 이 폭동과 관련해 재판 중이거나 조사 중인 모든 사건과 조사를 종결하라는 지시를 내렸다. 이 사면에 대해 일부 공화당 정치인들까지도 불편한 기색을 보였다. 공화당의 톰 틸리스Thom Tillis 연방 상원 의원(노스캐롤라이나주)은 사면에 "전혀 동의할 수 없다"라면서 사면은 의회의 안전에 문제를 불러온다고 주장했다. 공화당의 제임스 랭크포드James Lankford 연방 상원 의원(오클라호마주)은 CNN에 "우리는 계속해서 법과 질서의 정당이라고 말해야 한다고 생각한다"라고 말하며 "경찰관을 공격한다면 그것은 매우 심각한 문제이며, 그들은 그에 대한 대가를 치러야 한다"라고 덧붙였다.[40] 심지어 폭동에 참여해 형을 받고 복역했던 당사자들 몇몇은 그날의 행동이 잘못된 것이라며 사면을 반대했다.

제2부
―
트럼프와 '미국 백인 기독교 국가주의'

(……) 구세주 미국 교회The Church of America the Redeemer. 이 교회는 가상 신자 집단virtual congregation이지만 전통적인 종교의 많은 속성을 지니고 있다. 교회는 고유의 성서Holy Scripture를 지니며, 이는 1776년 7월 4일에 56명의 예언자가 모인 자리에서 공인되었다. 또한 성인들도 있으며, 그중에서 가장 두드러진 인물은 성서의 주 저자였던 토머스 제퍼슨Thomas Jefferson(노예를 소유하고 임신시키기도 했던 나쁜 토머스 제퍼슨이 아니라), 그리고 노예를 해방하고 성금요일Good Friday에 순교한 에이브러햄 링컨Abraham Lincoln이다. 물론 세상을 악으로부터 구하는 데 가장 큰 공로가 있다고 여겨져 정식으로 시성諡聖된 윈스턴 처칠Winston Churchill과 프랭클린 루스벨트는 기독교의 성인 베드로Peter와 바울에 버금가는 인물의 지위에 있다. 구세주 미국 교회는 또한 포토맥Potomac강 기슭에 위치를 정한 그 나름의 예루살렘과 그 구성원들이 다양한 건축적 특징을 지닌 높은 성전High Temples에 자리한 성직자단團, hierarchy을 지니고 있다.[1]

미국 대선은 선거가 있는 해의 11월 둘째 주 화요일에 치러지는데 2024년에는 11월 5일이었다. 선거 결과는 민주당 후보 카멀라 해리스 부통령을 상대로 한 공화당 후보 도널드 트럼프 전 대통령의 승리였다. 이 선거일 몇 주 전인 10월 11일 트럼프의 부분적 전기傳記 영화biopic 〈어프렌티스The Apprentice〉²가 미국 전역의 극장에서 개봉되었다. 영화가 다루는 시기는 30대의 트럼프가 뉴욕에서 부동산업으로 상당한 부를 축적했던 1970~1980년대였다. 이 영화는 5월 20일 칸Cannes 영화제에서 상영되었을 때 8분간 기립박수를 받을 정도로 극찬받았다. 하지만 미국에서는 수개월 동안 영화 배급사를 찾는 일조차 힘들어 개봉이 불투명했었다. 또한 트럼프 측의 소송 위협 등 영화에 대한 비난과 공격 또한 만만치 않았다. 예컨대 트럼프 대선 캠페인 본부의 커뮤니케이션 디렉터인 스티븐 청Steven Cheung은 "영화 제작자들이 오늘날 사실이 아닌 것으로 드러난 트럼프 대통령에 대한 어지럽혀진 이야기에 맞추기 위해 장면을 조작하고 가짜 이야기를 날조했다. 이 쓰레기는 오랫동안 정체가 폭로되어 온 거짓말을 선정적으로 만든 순전한 허구다"라고 비난했다. 트럼프 또한 "2024년 대선 직전에 등장한 이 영화는 우리나라 역사상 가장 위대한 정치 운동인 '미국을 다시 위대하게'를 해치려는 싸구려 명예훼손이며 정치적으로 역겨운 난도질이다"라고 혹평했다.³ 그는 또한 영화를 "쓰레기 더미(pile of garbage)"라고 했고, 감독을 "저질의 재능 있는 삼류 작가(lowlife and talented hack)"라고 공격했다.⁴

영화에서 주인공은 물론 트럼프지만 또 다른 주인공은 뉴욕의 악명 높은 변호사 로이 콘Roy Cohn이다. 영화 제목 '어프렌티스'는 '도제徒弟' 또는 '수습생'을 의미한다. 도제 트럼프가 인생이나 사업 또는 법정 다툼에서 주저 없이 행했던 잔인하고 비열하며 때로는 악랄하고 무자비하게 싸우는 방법을 스승인 콘 변호사로부터 배웠다는 이야기다. 영화 줄거리는 상당 부분 사실에 근거하지만, 각색을 통해 사실이 포장된 경우도 있다.

따라서 사실에 근거한 저술을 바탕으로[5] 트럼프와 콘의 관계, 콘이 트럼프에게 끼친 영향의 실체에 대해 알아보고, 트럼프의 타고난 기질, 콘에게서 전수받은 일종의 전술 등이 그가 2016년과 2024년 대선에 출마할 때 여기서 다루는 '미국 백인 기독교 국가주의'와의 접점을 어떻게 형성했는지를 살펴볼 필요가 있다.

트럼프와 콘이 처음 만난 때는 1973년 1월 15일 미국 법무부가 임대 사업체인 트럼프 그룹Trump Organization에 인종적 편견을 이유로 소송을 제기한 직후다. 본래 검사였던 콘은 1950년대 조지프 매카시Joseph McCarthy 상원 의원과 함께 미국 정부 내와 할리우드Hollywood에서 공산주의자를 색출하는 작업을 했고, 매카시의 반공산주의 청문회에서도 중요한 역할을 했다. 이후 매카시즘McCarthyism은 시들해졌고 매카시도 간질환으로 1957년 사망했지만, 이후에도 콘은 해결사이자 법정 싸움꾼으로 이름을 날렸고 뉴욕에서 상당한 영향력을 행사하는 인물이 되었다.[6]

콘의 삶은 모순으로 가득했는데, 유대인이면서도 반유대주의자였고 노골적인 인종차별주의자였다. 또한 동성애자이면서도 동성애를 비난했으며, 개인적인 행동에는 엄격했지만 미국 사회나 법원의 윤리적 기준과는 거리가 먼 퍼스낼리티를 지닌 괴짜eccentric였다. 죽은 사람의 손에 펜을 쥐어주고 유언장을 고치게 한 적도 있었다.[7]

콘은 트럼프 그룹에 소송을 건 연방 정부를 상대로 1억 달러의 손해배상 소송을 제기했고 이를 기자회견에서 발표했다. 이에 앞서 정부와 합의하도록 권고하는 다른 변호사들과 달리 콘은 트럼프에게 법정에서 싸워야 하며, 정부가 인종차별을 입증하도록 압박해야 한다고 설득했다. 그러면서 잔인하게 "야구 방망이로 무릎을 쳐야" 한다고 주장했다. 트럼프 또한 먼저 치고, 아주 강하게 치며, 상대가 항복할 때까지 쳐야 한다는 콘의 잔인한 싸움 방식에 전적으로 동의하면서 그 자리에서 콘을 자신의 변호사로 고용했다. 그러자 콘이 제기한 소송처럼 악랄하고 공개적인 반격을 받은 경험이 전혀 없던 연방 정부의 변호사들은 충격을 받을 정도로 당황하며 트럼프 측과 합의하기에 이르렀다. 트럼프 그룹은 이 합의를 통한 해결을 자신들의 승리로 포장하며 크게 선전했다.[8]

콘의 법정 싸움 방식은 '총력전total war'으로 트럼프가 원하는 스타일이었다. 또한 콘이 트럼프의 멘토였던 것도 사실이다. 트럼프는 잔인하고, 무자비하며, 겁을 모르는 콘을 좋아했다. 그는 항상 콘의 악랄해 보이는 모습을 찍은 사진을 책상 서랍에 넣어두고 있다가 상황이 여의찮으면 사진을 꺼내 상대방에게 보여주며, "이 사람이 내 변호사야. 당신이 입장을 바로 하지 않으면, 이 사람과 상대해야 할 거야"라고 위협했다.[9]

영화 〈어프렌티스〉는 콘이 트럼프와 의기투합하고 강철 같은 유대 관계를 형성한 것으로 묘사한다. 또한 제자인 트럼프가 스승 콘으로부터 싸움꾼 기질을 배웠다고 보여준다. 상당 부분 맞는 말이다. 하지만 작가 스티븐 맨스필드는 본래 트럼프가 태어날 때부터 그런 성격을 지녔다는 점도 인정하고 있다. 트럼프의 격렬한 삶의 방식, 나르시시즘적이고 복수심에 불타며 남에게 고통을 주는 인격을 갖게 된 것은 한편으로는 타고난 것이며, 다른 한편으로는 다른 사람이나 환경의 영향을 받았다는 것이다. 예컨대 그의 아버지는 세상을 남들이 나를 이용하려고 드는 곳으로 보이게 했고, 어릴 때부터 트럼프를 '왕'이나 '킬러'라고 부르며 최고가 되고 지배자가 되도록 만들었다. 한편 그가 고등학교로 다녔던 뉴욕 군사학교New York Military Academy 또한 적자생존을 결정하는 메커니즘으로서의 경쟁을 학생들에게 부추겼고, 승리만이 삶의 가장 중요한 의미라고 가르쳤다.[10]

사회학에서는 한 인물의 퍼스낼리티 형성에서 사회적·정치적·경제적 등 주변 환경의 역할을 더 강조한다. 그러나 맨스필드는 타고난 본성innate nature 또한 무시할 수 없다면서 "그는 세상과 전쟁하는 중이던 자궁에서 나온 것 같았다"라고 적고 있다. 소년 시절에는 초등학교 교실에서 교사들에게 저항하는 모습을 보였는데, 음악 교사의 얼굴을 주먹으로 때리기도 했다. 아버지가 트럼프를 군사학교에 보낸 것은 그의 강한hard-bitten 성격 때문이었다. 엄격한 학교에서 그는 마음속의 분노를 다루는 법을 배웠지만 정복하지는 못했다.[11]

트럼프의 『거래의 기술The Art of the Deal』[2004(1987)]은 출간되고 13주 동안 ≪뉴욕타임스The New York Times≫ 베스트셀러 1위에 오른다. 이 책의 대필자ghostwriter로 트럼프를 유명인으로 만든 언론인 토니 슈워츠Tony Schwartz는 이 책을 쓴 것이 자기 인생에서 가장 후회스러운 일이었다고 고백했다. 트럼프의 성격이 병적으로 충동적이고 자기중심적이라고 생각했기 때문이다. 슈워츠는 2016년 트럼프의 공화당 대선 후보 수락 연설을 들은 후 침묵을 깨고 인터뷰에 나섰다. 그는 "돼지에게 립스틱을 발랐다", "나는 트럼프가 더 많은 관심을 끌고 실제보다 더 매력적으로 보이는 방식으로 트럼프를 소개하는 것에 이바지했던 데 대해 깊은 후회를 느낀다", "트럼프가 승리해 핵 코드를 갖게 되면 문명이 종말을 맞이할 가능성이 매우 크다는 사실을 진심으로 믿는다"라고 했다. 더 나아가 그는 지금 다시 이 책을 쓴다면 제목을 '소시오패스Sociopath'라고 붙이겠다고 했다.[12] 물론 트럼프는 이 책을 가장 자랑스

러운 책으로 꼽으며 성서 다음으로 좋아하는 책이라고 했다.[13]

타고난 본성도 있고 또 아버지나 군사학교에서 받은 영향 때문에 트럼프가 공격적이고 복수심에 불타는 행태를 그가 벌인 다양한 사업에서 보인 것도 사실이다. 그리고 그가 대선에 출마하고 당선되어 펼친 막무가내의 정책에서, 그리고 재선에서 패배해 추종자들을 선동하고 국회의사당에 난입하게끔 한 일련의 정치적 행위에서 드러난 것 또한 우연이 아니다. 특히 보수적인 기독교인들이 트럼프를 지지하고, 그를 대통령으로 만든 것이 트럼프의 정치적 전략에 따라 이루어진 것만은 아니다. 트럼프의 타고난 기질과 아버지, 군사학교, 콘 변호사 등과의 만남이 제공하고 만들어낸 환경을 통해 사회적으로 형성된 성격 등이 미국 백인 기독교 국가주의에서 나타난 백인 우월주의와 선민의식으로 가득한 복음주의 종교 우익의 세계 구원자로서의 미국 국가주의와 선택적 친화력elective affinity을 갖게 했기 때문이다.

앤드루 바세비치는 미국을 하나의 종교로 간주하고 '구세주 미국 교회'라고 칭했다.[14] 21세기에도 계속해서 '팍스 아메리카나Pax Americana'를 주장하는 미국 또한 '팍스 로마나Pax Romana'처럼 세계 평화를 위한 구세주를 자처하고 있다는 것이다.

역사적으로 전 세계를 한 단위로 삼아 정치와 종교적 신념 또는 정치적 이념을 제도적으로 일치시키려고 한 시도가 두 차례 있었다. 세계를 하나로 정치 단위 아래로 통합하려는 정치적 보편주의와 추상적 종교 신념이나 정치철학이 내세우는 관념적 보편주의의 일치가 시도된 경우를 말한다. 때로는 정치 세력이 종교나 정치적 이념을 빌려 세계 패권 장악의 정당성을 확보하기도 했고, 반대로 종교 권력이 정치 세력에 힘입어 자신들의 신앙체계를 전 세계로 확대하기도 했다. 첫 번째 시도로는 기독교가 로마제국의 국교가 된 후 이러저러한 제국의 팽창주의에 힘입어 그리스도교의 세계 전파를 사명으로 여겼던 로마 가톨릭교의 전 세계 선교 활동을 들 수 있다. 두 번째 시도로는 마르크스·레닌 사회주의 이념을 정치적 강령으로 삼으면서 전 세계를 붉게 물들이려는 소련이나 중국 등에서의 공산주의 혁명을 들 수 있다. 전자가 종교적 차원의 세계 장악 시도라면 후자는 세속적 차원의 세계 장악 시도라고 할 수 있다. 이때 대부분의 세계 종교나 정치적 이념은 모든 사람을 위한다는 명분하에 처음에는 보편주의를 내세우고 지향한다고 말하지만, 정치권력과의 만남encounter과 정치적 실천 과정에서 특정한 정치 세력 또는 종교 세력의 이해관계와 연루되면서 이데올로기로 전락한다. 이데올로기는 이해관계와 연루된 사상이다.

프랑스혁명을 기점으로 제국에 힘입었던 종교적 세계 장악 또는 세계 종교 패권주의는 근대사회가 수용한 정교분리 원칙과 각 나라의 주권sovereignty을 인정하는 근대 민족국가nation state의 출현에 따라 더 이상 수용되지 않고 있다. 물론 거부하는 국가들도 존재하지만, 세계 대부분의 국가는 종교 다원주의를 실질적으로나 또는 헌법적 차원에서나마 명목상으로 수용하고 있다. 한편 20세기 내내 동서 냉전, 즉 미국을 중심으로 한 자유주의 진영과 소련을 중심으로 한 사회주의 진영 간의 대립이 지난 세기말에 소련과 동유럽 사회주의 국가들의 몰락으로 종식되면서 전 세계의 적화통일을 주장하던 공산주의 사상 또한 종말을 고했다. 물론 마르크스·레닌주의와 함께 사회주의 정치체제를 그대로 유지하면서 부분적으로 사유재산을 인정하는 시장경제를 수용한 중국 등의 사회주의 국가도 존재하고 있다.

그런데 미국은 냉전에서의 승리감에 취해 21세기에 접어들면서 세계 민주주의의 선도 국가를 자처하며 정치는 물론이고 경제 분야에서도 패권 장악의 가속도를 붙이기 시작했다. 세계화의 확대와 신자유주의 물결 속에서 미국은 마치 민주주의의 본보기인 양 세계 도덕 군주의 역할을 자처했다. 하지만 미국의 국가 정의는 다른 나라에 대한 경제적·군사적 우위의 선점을 전제로 한 것이었다. 영화 〈어프렌티스〉의 마지막 장면에서 트럼프는 슈워츠 작가를 만나 책 제목을 『거래의 기술』이라고 하면서 인간은 모두 부자가 되고 승리하기를 원하는 동물이라며 자신이 인생의 모토로 삼은 '세 가지 승리 규칙three rules of winning'[15]을 강조한다. 첫째, '공격하고, 공격하고, 공격하라(Attack, attack, attack)'. 누가 공격하면 반격하고 칼로 공격하면 바주카bazooka포로 갚아주어야 한다. 둘째, '아무것도 인정하지 말고, 모든 것을 부인하라(Admit nothing, deny everything)'. 이 세상에서는 누구나 진리를 주장할 수 있다. 그러나 진짜 진리는 존재하지 않는다. 나의 진리를 진짜 진리로 믿고 끝까지 밀고 나가라(No Truth. Push yours as the Truth). 셋째, '절대 패배를 인정하지 말라(Claim victory, and never admit defeat)'. 영화 속에서 슈워츠는 이 세 가지 규칙이 미국의 외교정책과 다르지 않다고 답한다. 영화이기에 각색되었겠지만, 이 장면은 미국이 세계를 상대로 보이는 패권적인 행태를 감독이 적절하게 표현하고 있다고 하겠다.

트럼프가 내세우는 승리 규칙은 그의 삶에 체화된 생존 방식으로 첫 번째 규칙은 강자가 정의라는 약육강식의 동물 생태계의 논리를 트럼프가 인간 사회에 그대로 적용한 것이다. 두 번째 규칙은 절대 진리 또는 보편 윤리, 즉 대문자로 시작하는 진리Truth는 없다는 것이다. 세 번째 규칙은 온갖 수단과 수사를 동원해 패배를 인정하지 말고 뒤집으라는 것이다. 구체적인 예로 2020년 대선 패배를 인정하지 않고 추종자들을 선동해 미국 의회를 장악하려는 폭거를 유도한 사건을 들 수 있다.

바세비치에 따르면 트럼프의 교회는 '미국 우선주의 교회Church of

America First'다.[16] 이는 '구세주 미국 교회'와는 다르다. 무엇이 다른가? 보기에는 거의 차이가 없다. '미국을 다시 위대하게 만들자'는 표어는 트럼프가 입에 올린 것이지만 '구세주 미국 교회' 신자들의 생각과 다르지 않다. 다만 선점의 기회를 잃었을 뿐이다. 차이는 트럼프가 다른 나라 사람들을 구원하는 것이 미국의 책임이 아니라고 믿는 데 있다. 국경 너머에서 벌어지는 사건이 미국의 안녕에 영향을 미치지 않는다면 중요한 일이 아니다. 따라서 '구세주 미국 교회'의 소명은 중동, 동아시아, 동유럽 등 멀리 떨어진 지역에서 생겨나지만, 트럼프의 '미국 우선주의 교회'의 소명은 먼 곳에 있는 사람들을 최대한 멀리하기 위해 이민 통제 정책을 행하고 국내의 이방인들을 멀리 추방하는 것에서 생겨난다.[17]

대안적 사실alternative fact을 중심으로 스스로가 고안한 우주에서 사는 트럼프의 자기중심적 세계관은 국제정치에서 강대국과 패권주의의 노골적인 지향으로 확대된다는 점에서, 그리고 그 표현 방식에서의 천박함 때문에 사기꾼charlatan이라는 비난을 받는다. 그러나 구원이 필요한 세상을 보고 바로 구원하는 것이 소명이라고 믿는 '구세주 미국 교회'의 세계관은 미국의 존재 이유와 목적을 신의 섭리로 끌어올린 결과로 만들어진 것이기에 포장만 그럴듯한 미국 패권주의로의 지향에 있어서는 트럼프와 다르지 않다. 이는 미국 백인 기독교 국가주의와 트럼프가 일치함을 보여주는 것이다.

트럼프와 미국 백인 기독교 국가주의의 결합이 노골적으로 드러난 것은 그가 2016년 대선에 뛰어들면서, 그리고 대통령의 권좌에 앉아서 보인 사회적·정치적·경제적 언술과 행태를 통해서다. 여기서는 그가 보인 외국인 혐오와 인종차별, 이슬람 혐오 등을 포함한 백인 우월주의 세력과의 동맹,[18] 국내의 경제적 양극화 심화를 빙자한 공포와 증오 정치,[19] 복음주의 종교 우익과의 결합[20]에 대해 살펴본다. 그리고 복음주의와 국가주의가 결합하는 맥락을 제공하는 미국식 기독교 종말론 eschatology[21]에 대해 논한다. 트럼프의 미국 백인 기독교 국가주의와 종교 우익과의 결합이 불러온 오명으로 가득했던 집권 1기 때의 사회·정치적 행태가 그가 백악관에 재입성한 후 다시금 재현될지, 설상가상으로 더욱더 악화할지는 두고 보아야 한다.

제1장
트럼프와 백인 우월주의의 동맹

'물러서서 대기하라'

재선 승리를 노리는 도널드 트럼프의 인종주의적 인식의 실체가 여실히 드러난 것은 2020년 대선을 앞두고 9월 29일 열린 민주당 조 바이든 후보와의 토론회에서였다. 트럼프가 백인 우월주의 단체 프라우드 보이스Proud Boys에게 '무장하고 대기하라'라는 명령으로 해석되기에 충분할 정도로 충격적인 발언을 했다.[1] 프라우드 보이스는 2016년 대안 우파alternative right의 외곽에서 도발적인 광대 역할을 하던 개빈 매키니스Gavin McInnes가 시작했으며, '서양이 최고다The West is the Best'를 모토로 하는 서구 우월주의자Western chauvinists 단체다. 이들은 극단적인 남성 우애 조직fraternal organization으로 남자들이 뒤처지고 우울해졌으며 소외되었다고 힌탄히며, 이 황폐함의 주요 원인은 여성들이 성평등이라는 그럴듯한 논리로 어울리지 않게 남성 역할을 맡도록 부추기는 페미니즘과 좌파 사상에 있다고 주장한다. 따라서 이들이 바라는 것은 "여자는 여자였고 남자는 남자"였던 시대로 돌아가는 것이고, 그 해결책은 남성·여성의 '생물학적 이분법'의 완전한 복원이다.[2] 이들은 칠레의 독재자였던 아우구스토 피노체트Augusto Pinochet가 좌파를 학살한 것을 찬양하는 문구가 인쇄된 셔츠를 입고,[3] 안티파Antifa: Anti-Fascist Action(반파시즘을 위한 무력 저항 단체)와 좌파에 대한 정치적 폭력을 미화하거나 조장하고 참여하는 증오 단체다.[4]

지금까지 트럼프는 인종주의 논란을 불러온 많은 언행으로 여론의 비난을 받았다. 하지만 그때마다 인종주의에 강한 거부감을 표명했다. 따라서 심정적으로만 그의 태도를 의심할 수밖에 없었다. 그러나 여론조사에서 바이든에게 밀리자 초조함 때문이었는지, 트럼프는 핵심 지지 세력인 백인 우월주의 단체에 대한 비판 요구를 거부함으로써 자신의 인종주의적 지향을 노골적으로 드러내고 말았다.[5] 열흘 후 트럼프 추종 세력의 물리적 행동 계획이 폭로되고 주모자들이 체포되면서 그의 인종주의적 인식이 백인 우월주의자들과의 공조를 통해 구체화된 사건이 일어났다. 2020년 10월 8일 백인 우월주의 단체 울버린 워치맨Wolverine Watchman 회원을 포함한 극단주의자 13명이 체포되었다. 연방수사국에 따르면 이들은 미시간주 지사를 납치하고 미국에 내전을 유발하려는 음모를 꾸몄으며 이를 위해 무장하고 실행 계획까지 철저하게 세웠다고 한다.

역사의 뒤안길로 사라졌다고 여겨졌던 백인 우월주의가 트럼프가 대통령이 된 후 여전히 그리고 이전보다 더 강력한 모습으로 재등장했다. 인식론적 차원의 급속한 확산과 함께 도발적인 차별 행태가 밖으로 드러났다. 의식 속에 잠재해 있던 백인 우월주의가 표면화되어 인종차별적인 증오 범죄행위가 매사추세츠주, 메릴랜드주처럼 진보적이고 자유주의적인 에토스ethos가 지배하는 지역에서도 일어나기 시작했다.[6]

백인 우월주의자들이 버지니아 대학교 같은 공공장소에서 흰옷과 흰 모자의 쿠클럭스클랜KKK: Ku Klux Klan단(이하 KKK단) 복장을 하고 대규모 집회를 열었을 뿐만 아니라, 이슬람 모스크mosque나 유대교회당에 총기를 난사하는 등 무자비한 테러를 저질렀다. 반유대주의, 이슬람 혐오, 외국인 혐오 등이 다시금 불거졌다.[7]

이에 대해 에리카 윌슨Erika K. Wilson은 일반적으로 인종 이슈가, 그리고 구체적으로는 백인 우월주의가 대부분의 사회제도 내에 이미 착상되고 구체화되어 왔기 때문이라고 주장했다.[8] 그러나 컬럼비아 대학교의 정치학 교수 셰리 버먼Sheri Berman은 인종주의에 대한 신념이 곧바로 행동으로 분출되는 것은 아니기에 촉발 요인에 대한 다양한 분석이 필요하고, 신념을 자극하는 동기적 상황에 대한 이해가 선행되어야 한다고 했다.[9] 심리학자 캐런 스테너Karen Stenner는 불관용intolerance 성향의 사람들이 외부로부터 자극을 받으면 그러한 성향이 행동으로 전이될 수 있다고 주장한다.[10] 행위의 동기적 상황은 인식의 토대가 되는 종교적 의미체계와 함께 행위자의 행위를 촉발하는 주요 요인으로 연구 대상이 된다.

이 장에서는 트럼프의 등장 이후 급증한 백인 우월주의자들의 인식론적 배경과 극단적 인종주의의 사회·정치적 동기 상황에 대한 사회학적 추적을 시도한다. 이를 위해 첫째, 트럼프의 등장 이후 더 과격해진 백인 우월주의의 인식론적 배경으로 인종주의의 종교적 정당화와 백인 우월주의의 총체적 의미체계를 제공하는 크리스천 아이덴티티Christian Identity 신학의 역사적 형성과 전개 과정을 추적한다. 둘째, 트럼프의 등장 이후 백인 우월주의의 달라진 사회적 위치와 역할을 살펴본다. 셋째, 트럼프와 백인 우월주의자와 보수적인 기독교 우익 간의 접점이 어떻게 가능했는지를 추적한다.

피상적인 차원에서 비평가들은 트럼프 자신이 인종주의자이며, 특히 대선 캠페인에서 보인 무슬림과 이민자에 대한 차별적인 언행이 인종주의를 촉발했고 백인 우월주의자들의 공공연한 등장을 부추겼다고 본다. 하지만 이 연구는 이러한 피상적인 추론을 넘어 트럼프의 인식 체계를 들여다보고, 또한 구체적으로 보수적인 기독교 중심의 백인 우월주의자들과 트럼프가 어떠한 심정적 공조를 벌이며 인종주의 행태를 보였는지를 살펴본다.

'크리스천 아이덴티티': 백인 우월주의의 이념적 토대

사상이 역사 속에서 생동할 때 그것은 이데올로기가 되기 쉽다. 사상은 본질적으로 추상화된 개념이기에 관념적 차원에서는 '보편성'을 지닌다. 하지만 실천 과정에서 보편성을 상실하면서 '개별성'을 지향한다. 특히 특정 정치 행위나 사회 운동을 정당화하는 철학적 가치로 제시될 때 그것은 특정 집단의 이해관계와 연루된 사상, 즉 이데올로기로 전환한다. 예컨대 대부분의 고등 종교는 보편주의로 시작했지만, 역사를 보면 정치나 경제 세력과 결합하거나 타협하면서 개별주의적 이데올로기가 되고는 했다. 개신교 근본주의자들이나 이슬람 원리주의자들처럼 극단적인 형태의 종교 이데올로기도 있지만, 긴장과 타협의 역사로 점철된 종교의 정치, 경제와의 관계는 역사적으로 종교의 이데올로기화를 수없이 보여주었다.

하나의 이데올로기가 조직적인 의미체계로 발전해 사회·정치적인 지배 이념으로 정착할 때 그 성공 여부는 상당 부분 카리스마적인 행위자에 달려 있다. 그러나 많은 신흥종교와 정치 집단이 카리스마를 중심으로 출현했다가 카리스마의 죽음으로 소멸한 것처럼 이데올로기도 쉽게 사라질 수 있다. 이때 살아남는 방법은 카리스마의 언행을 문서로 남기는 것이다. 막스 베버가 말하는 일상화routenization 작업으로, 이는 카리스마적인 권위가 전통적 권위로 이행하는 것을 말한다.

그러나 일상화가 카리스마와의 경험을 통해서만 만들어지는 것은 아니다. 인종이나 민족 중심의 집단 감성 또한 합리화 과정을 통해 일상적인 의미체계로 전환될 수 있다. 백인 우월주의는 막연하고 감성적인 백인 중심의 인종 우월주의 전통에 의존해 후대로 전해져 왔다. 그러나 논리와 체계를 수반한 하나의 의미체계로, 또는 도그마dogma로 만들어지면서 견고한 신념, 또는 신앙체계가 되었다. 백인 우월주의에 기독교가 개입하며 소위 기독교 백인 우월주의가 만들어진 것이다. 이 중 가장 조직적인 의미체계로 '크리스천 아이덴티티'를 꼽을 수 있다. 크리스천 아이덴티티는 인종주의와 반유대주의 폭력을 위한 신학적 합리화[11]로, 아리안 네이션스Aryan Nations, 포세 코미타투스Posse Comitatus(민병대), 네오나치Neo-Nazi, KKK단 등이 주장하는 백인 우월주의와 이들이 여타 인종에 대한 폭력을 정당화하기 위해 성서를 이용하거나 오용한 결과로 생겨난 신학 체계다.

17세기 영국의 '영국 이스라엘주의British Israelism'의 미국판인 크리스천 아이덴티티는 19세기 미국에서 백인 우월주의 운동의 신학적 보강책으로 정교화되었다. 그런데 크리스천 아이덴티티는 종교인을 인종주의 운동과 접촉하게끔 하는 한편, 각기 다른 성격의 다양한 인종주의 단체들을 신앙적으로나 이데올로기적으로 일치하게 만드는 등 이중적 역할의 강력한 자력을 지녔다.[12] 예컨대 크리스천 아이덴티티는 20세기 초에는 KKK단의 추진 동력이 되었으며, 1970~1980년대에는 아마겟돈Harmagedon 전쟁을 준비하는 크리스천 서바이벌리스트Christian Survivalist 같은 준군사 공동체 집단에 세상을 지배하는 적그리스도를 상대로 싸워야 한다는 명분을 제공했다. 따라서 크리스천 아이덴티티는 인종주의적 폭력을 신학적으로 뒷받침하는 의미체계가 되어 트럼프가 등장하기 전에도 크고 작은 인종차별 사건의 배경이 되었다.[13]

영국 이스라엘주의는 백인종을 우선하면서 백인의 정체성을 밝히고 있다. 영국인이 진정한 야훼Yahweh의 선민이며 성서는 유대인의 역사 기록이 아니라 아리아Arya인, 즉 비유대계 백인의 역사 기록이라고 주장한다. 특히 북유럽의 백인 앵글로색슨Anglo-Saxon계야말로 이스라엘의 '사라진 족속'의 후손이며, 현재의 유대인들은 사탄의 자녀들이라고 주장한다. 사라진 지파들은 소아시아를 거쳐 유럽으로 갔고, 마침내 스칸디나비아반도의 나라들과 영국제도 등 북유럽에 정착했으며, 선민 이스라엘 민족의 비교적 순수한 상태를 유지해 왔다고 한다. 반면 현재 유대인의 조상인 남왕국 족속은 바벨론Babylon 유수의 포로 생활을 겪으며 이교도와 결혼하는 등의 결과로 혈류의 변이를 일으켰기에 야훼의 참된 후손이 아니라는 것이다.[14]

영국 이스라엘주의 신학은 19세기의 인종 계보학과 우생학eugenics 등 과학적 인종주의와 결합해 유대인은 물론이고 흑인과 유색인종도 백인종보다 열등하다는 인종 이데올로기를 발전시켰다.[15] 우생학은 생물학과 유전학에 근거해 사회적 불평등을 정당화하는 한편 유대인 같은 비우생학적 인종의 증가를 억제해야 한다는 논리를 제공했다. 결국 종교사와 문화사를 인종사로 바꾸는 데 성공하며 제국주의의 팽창과 아시아와 아프리카의 식민 지배를 정당화했다. 앵글로색슨이나 켈트Celt 국가들이 유일하게 성공적인 식민지 개척 국가가 된 것은 자신들이 진정한 이스라엘로서 세상을 지배할 권리의 축복을 받았다고 생각했기 때문이다.

백인종 중심의 이 이데올로기는 미국으로 고스란히 전해져 크리스천 아이덴티티 운동으로 발전했다. 방대한 인구와 부, 풍부한 자원, 국가적 탁월성, 세계 패권을 보유한 미국은 신의 축복의 증거가 되기에 충분했다. 그 결과 미국의 국가 정체성은 명확한 종교 정체성과 인종 정체성을 수반하게 된다. 즉, 미국의 주인공인 앵글로색슨족이나 켈트족은 지구상에 하느님의 왕국을 완성해야 할 인종적 운명을 지닌다. 따라서 이 정체성을 유지하는 가장 기본적인 자세는 '종족 혼합의 망령specter of miscegenation'에 대한 공포다. 신의 의지를 수행할 책임은 오로지 그들 백인에게만 있기 때문이다. 인종의 순수성을 지켜야 함은 물론이고 문화와 종교 차원의 순수성을 유지하기 위해 다른 인종을 배격하는 것이 당연하게 되었다. 여기서 백인 우월주의의 사회·정치적 행위가 시작된다.

크리스천 아이덴티티 운동의 시작은 자동차왕 헨리 포드Henry Ford(1863~1947)와 관계가 있다. 그는 1920년 자신이 소유한 신문 ≪디어본인디펜던트The Dearborn Independent≫에 반유대주의적 음모론인 「시온 장로 의정서The Protocols of the Elders of Zion」[16]를 번역해 싣기 시작했다. 그리고 이들 글을 한 권의 책으로 묶어 출판했다.[17] 이 책은 공산주의와 러시아혁명의 책임과 고리대금업과 금융자본주의 등장에 대한 책임을 유대인에게 돌린다. 유대인이 금융 통제권을 행사하고 있으며, 노동조합 운동을 시작했고, 농업 문제의 배후에 있다고 주장한다.

1940년대에 변호사 버트런드 콤파렛Bertrand Comparet, 더글러스 맥아더Douglas MacArthur의 부관 출신인 윌리엄 게일William Porter Gale, 초기 아이덴티티 교회Identity Church의 설립자 웨슬리 스위프트Wesley Swift 등이 만든 우익 극단주의 모임에 의해 크리스천 아이덴티티 운동과 교리가 발전했다. 이후 크리스천 아이덴티티의 개념이 형성되는데 다음의 다섯 가지 요소가 융합되었다. 첫째, 전통적 영국 이스라엘주의 이론, 둘째, 곡해된 근본주의 교리, 셋째, 백인 인종 말살 공포에 바탕을 둔 반정부적 준군사 조직인 크리스천 서바이벌리스트, 넷째, 음모 이론 사고방식, 다섯째, 백인 우월주의다.[18]

이에 덧붙여 성서 문자주의 해석에 따라 기독교 근본주의 종말론이 크리스천 아이덴티티 체계로 스며들었다. 여기서 종말의 재난이 인종 전쟁으로 치환된다. 즉, 적그리스도와의 전쟁은 백인과 유색인 간의 전쟁이 되고 결국은 백인의 승리로 귀결되어 백인을 중심으로 세상의 질서를 회복하고 사회를 재구성한다는 것이다. 인종 전쟁을 종말론의 필연적 과정으로 만든 것은 백인 인종 말살에 대한 광적인 공포 때문이다. 즉, 종족 혼합의 절대적 금지와 함께 백인을 상대로 한 조직적인 음모에 대한 두려움이 연방 정부와 유대인을 반백인anti-white 운동의 주모자로, 흑인, 자유주의자, 동성애자, 가톨릭, 히스패닉 등은 이들의 조력자로 보고 타도의 대상으로 간주했다. 연방 정부와 정부 공무원을 민병대 같은 준군사 조직으로 공격하는 것은 크리스천 아이덴티티 전략의 일환이다.

생물학적 멸종에 대한 백인종의 두려움은 인종 혼합에 대한 혐오와 함께 여성 차별anti-feminism을 수반한다. 악마와 연결된 이브Eve는 성차별의 이원론적 원천이 된다. 백인 여성은 가장 아름다운 피조물이지만, 여성성은 악마와 불온한 행실을 저지른 이브의 망령을 지닌다. 따라서 여성은 나약하고 부도덕하며 타락할 수 있는 존재로 남성의 지도와 힘을 절대적으로 필요로 한다. 또한 여성은 아내와 어머니의 역할을 다할 때 완성된다. 여성의 유일한 목표는 남편을 위해 안락한 가정을 유지하고 '아름답고 건강한 백인 아기'를 낳는 것이다. 따라서 생산성의 증대를 위한 일부다처제 유지, 낙태 시술 의사와 진료소 공격, 동성애자에 대한 테러, 종족 혼합의 전형인 유대인 종족 공격 등은 당연한 행위가 된다.

지금까지 살펴본 것처럼 크리스천 아이덴티티는 하나의 이데올로기로서 백인 우월주의의 행위 동기를 제공한다. 베버의 개신교 윤리에서처럼 추상적인 개념이 상대적인 독립성을 지니고 '역사로의 카리스마적 침투'를 한 것이다. 더 나아가 크리스천 아이덴티티는 역사와의 변증법적 조응 관계도 보여준다. 크리스천 아이덴티티 신학이 특정 교단의 교리로 화석화되지 않고, 하나의 종교운동으로 각기 다른 여러 인종주의 집단 간의 상호작용을 통해 신학적이고 조직적인 어법으로 발전했기 때문이다. 다시 말해 백인들이 수용하는 일반적 개념으로서 백인 우월주의 운동의 활력으로 작동하고 있다는 것이다. 백인 우월주의를 내세우면서 조직화한 인종주의자들의 사회·정치적 활동을 살펴보면 크리스천 아이덴티티 신학은 지리적으로 각기 다른 조직이나 집단 사이에서 실질적인 활동 일치를 도모했다. 물론 크리스천 아이덴티티 신학에 대한 신념 체계를 지닌 것에 만족하고 인종주의 유산을 세대 간에 전달하는 일에만 전념하는 자들도 있지만, 직접적으로 정치 행위에 가담하고 때로는 폭력이나 테러를 벌이는 자들도 있다. 후자의 행태가 다시금 활기를 띠기 시작한 것이 트럼프가 등장한 이후부터다.

트럼프 등장 이후 준동하는 백인 우월주의

백인 우월주의는 대통령 트럼프, 보수주의 종교, 정치적 극우 등과 맥을 같이하는 새로운 사회현상이다. 즉, 근본주의적 '종교 우익', 미국 패권주의적 '정치 우익', 백인 우월주의적 '대안 우파' 등이 트럼프를 중심으로 '미국 백인 기독교 국가주의'를 지향하면서 오늘날 미국 내부의 사회·정치적 지형은 물론이고 세계적으로도 새로운 갈등의 중심축으로 등장한 것이다. 문제는 백인 우월주의가 단순한 인종주의에 그치지 않는다는 데 있다. 종교적 정당성을 확보하고 문화적 우월성을 앞세우며 국가주의의 정치 이데올로기가 되었기 때문이다. 인종은 백인, 종교는 개신교, 문화는 서구 문명, 정치는 미국 우선주의로 그 중심에 백인 우월주의가 자리하고 있다.

    미국에는 건국 이후 계속해서 백인 중심의 인종주의, 복음주의 개신교 중심의 선민주의, 세계 패권을 지향하는 미국 국가주의 등이 혼재해 왔다. 그러나 1960년대 시민권 운동 이후 인종주의가 규제되기 시작하면서, 인종차별적 언행이 법적 처벌과 사회적 비난의 대상이 되면서 소수 인종에 대한 편견은 어느 정도 줄어들었다. 버락 오바마가 대통령에 당선되자 '초인종주의post-racial 시대'가 시작한 것으로,[19] 또는 '점진적인 백인성 퇴색'의 신호탄이 쏘아진 것으로 해석되기도 했다.[20] 한편 지배 종교였던 개신교는 특정 종교에 특권을 허용하지 않는 헌법적·제도적 장치와 미국 사회의 종교 다원화에 따라 여러 종교 중 하나가 되었다. 지금까지는 미국 국가주의가 겉으로 드러나기보다는 이면에 숨겨져야 했는데 미국이 내세워 온 다원주의적 민주주의와 세계 평화의 선도자 역할에 따른 국제 공조와 협력 관계라는 명분 때문이었다.

    그러나 트럼프의 정치적 등장과 백악관 입성은 특정한 인종·종교·정치 집단 간의 밀접한 동맹 관계를 낳았고, 배타성과 불관용의 인식론적 심화와 차별적 언행의 노골적인 표현 등으로 이어졌다. 국제적으로는 보호무역주의를 확대해 역사상 미증유의 '미국 국가주의'를 표방했고, 국내에서는 인종·종교·젠더·성 정체성 등에서 '우리와 그들'의 이원론적 구별과 차별을 더욱 심화시키는 '백인 우월주의'가 다시 등장했다. 2019년 퓨 연구소 여론조사에 따르면 대선 캠페인이 본격적으로 시작된 2016년 이후 유대인, 무슬림, 흑인, 히스패닉 등의 소수자에 대한 차별이 급증했다.[21] 이는 초인종주의의 꿈이 허무하게 끝났음을 의미한다.

또 다른 문제는 인종주의의 재등장이 반동적인 모습을 띤다는 것이다. 즉, 대선 캠페인 전부터 인종적 편견을 드러낸 트럼프가 대통령에 당선되자 백인 우월주의자들이 굳이 정체성을 숨기지 않고 물리력을 과시하는 집회를 개최했으며 때로는 테러도 서슴지 않았다. 제2차 세계대전 때 나치즘, 파시즘 등에서 통용되었던 '비정상적' 행태가 다시 등장한 것이다. 일례로 2018년 11월 메릴랜드주 볼티모어에서는 유대인이 주인공인 뮤지컬 〈지붕 위의 바이올린Fiddler On The Roof〉 공연 중간의 휴식 시간에 한 남성이 "하일 히틀러, 하일 트럼프!(Heil Hitler, Heil Trump!)"를 외쳐대는 소동이 일어났다. 이미 트럼프 당선 직후인 2016년 11월 워싱턴 D.C. 로널드 레이건 빌딩에서 국가정책연구원National Policy Institute 연례 회의 중에 극단적인 백인 우월주의자 리처드 스펜서Richard B. Spencer가 '트럼프 만세, 우리 국민 만세, 승리 만세!(Hail Trump, hail our people, hail victory!)'라고 외치며 나치식 경례를 하자 200여 명의 참석자가 이에 호응하며 화답하는 일이 벌어졌다.[22]

트럼프의 대선 출마 이후 증가하기 시작한 백인 우월주의 운동과 백인 우월주의자들의 준동 요인으로 다음의 세 가지를 들 수 있다. 첫째, 트럼프의 인종주의를 함축한 발언에 자극받아서, 둘째, 인종주의 단체의 사회·정치적 활동을 통해서, 셋째, 미디어와 온라인의 백인 우월주의 선전을 통해서 등이다. 그 결과 작게는 백인 우월주의 단체에 가입하고, 크게는 소수자나 소수자 단체와 모임에 대한 테러 공격을 감행한다. 물론 이 세 요소는 독립적으로 작동하기도 하지만 때로는 두 요소끼리, 때로는 세 요소가 함께 작동하기도 한다.

트럼프는 인종주의와 폭력을 조장하면서도 기본적으로는 이러한 조장 사실을 부인하는 수사법을 활용했다. 이에 대해 언론인 데이비드 네이워트David Neiwert는 트럼프가 "부인否認 탱고Deniability Tango"를 추고 있다고 주장했다. 이것은 3단계를 거치며 추종자들의 인종주의적 폭력에 반응하는 것이다. 첫 번째 단계에서는 그들의 폭력 행위가 인종주의적이지 않다고 주장하며 그들을 변호한다. 그 결과 인종주의와 폭력을 수용하는 것으로 비쳐 여론의 비판에 노출된다. 하지만 추종자들의 트럼프 지지는 유지된다. 두 번째 단계에서는 자신은 인종주의와 폭력을 거부하고 수용하지 않는다고 짤막하게 언급한 후 문제의 인물과 행위를 공식적으로 인정하지 않는다는 간단한 성명만 내놓는다. 세 번째 단계에서는 인종주의와 폭력에 대한 언론의 질문에 대해 "형식상의 *proforma*" 불인정을 반사적으로 언급한다.[23]

인종주의와 폭력과 관련된 트럼프의 형식적인 수사법은 추종자들의 행위를 묵인하고 정당화하는 결과를 낳았다. 실제로 트럼프 지지자 두 명은 히스패닉계 남자를 폭행한 후 증오 범죄로 체포되었을 때 불법체류자를 추방해야 한다는 트럼프의 말이 옳기 때문에 폭력을 행사했다고 주장했다.[24] 이 사건과 관련해 트럼프는 자신의 지지자들은 열정적으로 미국을 사랑하는 이들이며 자신의 MAGA에 동의하는 이들이라는 반응을 내놓았다. 자신의 선거 집회장에서 지지자들이 반대 시위자들을 향해 폭력을 행사한 일도 있었다. 하지만 트럼프는 우선은 그들을 방어하다가 비판 여론에 밀려 마지못해 그들에 대한 비난 성명을 간단히 발표했을 뿐이다.

《워싱턴포스트The Washington Post》의 저널리스트 앨리슨 마이클스Alison Michaels는 트럼프가 인종차별적인 언어를 자주 쓰는 것과 백인 우월주의에 대해 비난 대신 옹호 발언을 하는 것이 그가 인종 관계에 관한 기존의 미국적 편견에 상당히 기울어져 있기 때문이라고 주장했다.

역대 미국 대통령들 또한 인종 관계에 긍정적·부정적 영향을 미치는 정치 행위를 보였다. 예컨대 우드로 윌슨Woodrow Wilson은 자신의 권력을 활용해 인종차별을 강화했고, 존 F. 케네디와 드와이트 아이젠하워Dwight D. Eisenhower는 대통령의 행정력을 발동해 인종차별과 맞서 싸웠다.[25] 트럼프의 인종 관계에 대한 발언, 특히 인종주의적인 발언은 미국 사회에 적지 않은 영향을 미쳤는데 예컨대 증오 범죄의 급증, 공공 매체에서의 "경멸적 감정 표현의 정상화와 일상화"를 들 수 있다.[26]

트럼프가 백인 우월주의자들을 막기는커녕 인종주의를 확장하고 지지하는 것은 강경파 보수주의에 어필하기 위해서지만, 미국의 인구학적 변화에 낙담하고 절망한 백인들을 격려하고 동원하기 위해서라는 주장도 있다. 백인들이 백인 중심의 미국 사회로 회귀하기를 원하고 있기 때문이다. 펜실베이니아 대학교의 저넬 웡Janelle S. Wong 교수는 경제적 불안이 트럼프 지지를 확산시킨 것이 아니라 아시아계와 라틴계 이민이 급증하면서 백인 복음주의자들 사이에서 정치 분야에서 영향력을 잃을 것이라는 두려움이 더 커졌기 때문이라고 주장한다.[27]

트럼프와 백인 우월주의의 접점

트럼프와 백인 우월주의자들의 접점의 장을 마련해 준 것은 보수적인 기독교 지도자들이었다. 물론 트럼프의 세속성 또는 그의 천박한 삶의 여정에도 불구하고 이들이 트럼프를 만난 것은 트럼프가 대통령으로 적합한지 테스트하기 위해서였다. 하지만 이 테스트는 곧바로 자신들의 명분을 위한 종교 정책 요구나 정책 제안으로 대체되었다. 지금까지 미국인 상당수는 대선 후보가 갖추어야 할 조건으로 신앙심과 윤리성을 우선시했다. 이제는 위대한 미국을 다시 이루어낼 수 있는 능력이 신앙심과 윤리성보다 중요한 것이 되었다.

　여기서 기독교의 오랜 논쟁 주제인 신앙과 행위 또는 신앙과 일faith and work의 간극이 다시 거론된다. 종교개혁 이후 형성된 개신교 윤리는 마르틴 루터Martin Luther의 '오직 믿음Sola Fide'에서 출발한다. 루터에게는 선행보다 우선시되는 것이 신앙이었고, 칼뱅Calvin주의자들에게는 신앙의 증표를 보이기 위해 근면이 금욕과 절제와 함께 강조되었다. 개신교, 특히 복음주의자들은 신앙의 측면에 방점을 두어왔다. 아무리 근면하고 선행을 많이 하더라도 기독교 신앙체계에 대한 믿음이 없으면 구원에 이르지 못한다는 것이다.

　번영 신학에 따르면 트럼프는 신의 축복을 받은 자이고 구원의 약속을 받은 자일 수도 있다. 그러나 트럼프의 신앙 여부가 불확실한 것이 문제였다. 트럼프는 잘못된 행위나 죄에 대해 용서를 구한 적이 한 번도 없다고 할 정도다. 그의 부친 프레드 트럼프는 베버가 말하는 근면, 금욕, 절제를 바탕으로 하는 개신교 윤리를 철저하게 실천해 사업에 성공했다. 도널드 트럼프는 비즈니스에서 거둔 성공을 인정받아 근면은 내세울 수 있지만 금욕과 절제는 상당히 부족한 상태였다. 그러나 이 문제는 간단히 해결되었다. 회개를 통해서다. 2016년 뉴욕에서 있었던 목회자들과의 비공개 모임에서 트럼프에게 주어진 권고는 구원에 이르는 유일한 길은 우리의 죄를 대신 짊어지고 십자가에 달려 죽은 그리스도의 희생을 인정하고 그를 구원자로 받아들이면서 죄를 고백하라는 것이었다.

　문제는 트럼프를 향한 이러한 신앙고백 요구가 미국인의 신앙생활에서 그다지 절박하지 않다는 데 있다. 많은 미국인이 기독교인으로 자처하면서도 기독교적인 행위 또는 기독교적인 것과 거리가 먼 삶을 살고 있다. 미국 사회가 가장 종교적이면서 가장 세속적이라는 사실은 미국인들이 기독교의 종교적 정체성은 지니지만, 종교적 삶과는 거리가 있는 세속적 삶을 산다는 것을 의미할 수 있다. 그렇다면 이들이 원하는 대선 후보는 신앙 여부에 크게 좌우되지 않을 것이다. 신앙에 대한 종교인들의 권고를 트럼프가 무조건 수용하는 모습을 보이는 것만으로 충분하다. 트럼프의 영적 지도자 폴라 화이트 목사는 트럼프를 성장하고 있는 기독교인이라고 불렀다. 이들에게 필요한 것은 오바마의 민주당에 맞설 수 있는 후보였다. 종교 우익을 비롯한 다수의 보수적인 종교인들은 오바마 행정부를 단지 무능하다는 식으로 비판하기보다는 싸워서 물리쳐야 할 하나의 적으로 간주했다.

한편 《애틀랜틱The Atlantic》의 저널리스트 타네히시 코츠Ta-Nehisi Coates는 보수적인 종교인들이 표출한 분노와 그들이 강하게 요구한 변화가 그저 민주당에서 공화당으로의 정권 교체만이 아니라고 주장한다. 오바마는 민주당을 대표하지만 또한 유색인종의 상징적 존재이기에 종교 우익은 백인으로의 정권 교체 욕구를 강하게 가지고 있었고, 여기에 원래부터 백인 우월주의를 마음속에 지니고 있던 트럼프가 적임자였다는 것이다. 트럼프가 "호전적이고 성스러운 힘을 지닌 백인 우월주의" 이데올로기를 이미 지니고 있었기 때문이다.[28] 따라서 트럼프를 최초의 백인 대통령The first white president이라고 불렀는데 이는 최초로 백인성을 지키거나 회복하기 위한 대통령이라는 의미를 함축한다. 결국 트럼프의 출발은 반오바마, 반흑인, 반유색인종, 즉 인종주의 또는 백인 우월주의라고 할 수 있다.

그런데 트럼프의 인종주의는 이데올로기가 지니는 추상성('real'의 반대인 'ideal')에 기반한 것이 아니다. 그의 백인성이 상징적이거나 추상적이지 않고 구체적인 것처럼 인종주의도 그의 삶 속에서 그의 성장과 함께 자라난 것이다. 코츠는 트럼프가家의 선조들이 백인성을 하나의 부적처럼 달고 다녔지만, 트럼프는 그 빛나는 부적을 꺼내 기묘한 에너지를 방출했다고 말한다.[29] 《워싱턴포스트》의 백악관 담당 기자 필립 러커Philip Rucker는 부친 프레드처럼 트럼프도 인종 문제에 있어서 매우 얼룩진 역사를 지니고 있다고 말한다. 부동산 개발업을 하며 그는 수많은 소송을 치를 만큼 임대 사업 지침과 임대자 선정 과정에서 상당한 인종차별적 모습을 보였다.[30] 물론 트럼프는 반복해서 자기야말로 인종주의적 생각이 가장 없는 사람이라고 항변했다.[31] 하지만 트럼프의 실제 언행 기록은 상당한 인종주의적 편협함bigotry을 보이는 것이 사실이다. 따라서 백인 중심의 인종주의적 편견을 내재한 트럼프와 백인 우월주의적이고 미국 국가주의를 지향하는 보수적인 기독교 우익과의 만남은 매우 자연스러운 것이었다고 할 수 있다.

트럼프를 통한 인종, 종교, 국가의 결합

트럼프의 대선 승리는 인종, 종교, 국가가 결합한 새로운 정치·종교 패러다임의 출현을 상징적으로 보여주었다. 이제까지 대부분의 정치·종교 관계가 자유의지주의[32]로 대표되는 정치 우익과 기독교 근본주의의 종교 우익 간의 동맹을 중심으로 했다면, 이제는 여기에 백인 우월주의자까지 가세하게 되었다. 더 놀라운 사실은 이들 삼자 동맹의 동조 세력이 확장하는 데 있다. 트럼프의 등장 이후 많은 청년이 백인 우월주의에 포섭되었는데 밀레니엄 세대뿐만 아니라 그들보다 훨씬 어린 Z세대까지 모이고 있다. 예컨대 트럼프의 대선 승리 소식이 알려지자 젊은이들이 키보드를 버리고 거리로 뛰어나와 극우 단체의 행진과 집회에 참여하기 시작했다. 백인 우월주의가 청소년의 우상이 되었으며, 이제 더는 KKK단의 두건을 쓰거나 나치 십자 기장을 찬 장년 세대만의 운동이 아니게 되었다. 이미지와 스타일을 중시하는 젊은 세대들은 파시fashy 스타일 머리[33]를 하고 카키색 바지와 폴로셔츠를 입고 거리를 활보한다.[34]

이러한 현상은 미국인의 잠재적 의식인 백인 중심의 기독교 국가 패권주의가 트럼프의 등장으로 촉발되었음을 알려준다. 연방 정부는 기독교 가치를 옹호해야 하고, 공공 영역에서 종교적 상징이 허용되어야 하며, 미국의 성공은 신의 섭리이기 때문에 미국이 기독교 국가라는 인식을 수용하고 공공 영역에서 기독교에 특권을 부여해야 한다는 다수 백인의 숨겨진 신념이 표출되기 시작했다. 이는 트럼프가 경제적 불만, 성차별주의, 반흑인 편견, 반이슬람, 반이민 정서 등을 덧붙이고 노골적으로 표방한 데 힘입은 것이라고 할 수 있다.

문제는 백인 우월주의의 확산이 단순한 심리적 또는 감성적 동의에 따른 것이 아니라는 데 있다. 이들의 인식을 합리화하고 정당화하는 크리스천 아이덴티티 같은 의미체계가 건재하고, 1995년 오클라호마 연방 청사 폭파 사건Oklahoma City Bombing처럼 백인 우월주의자들의 테러 행위의 배경에 백인의 우월성과 지배를 정당화하는 기독교 신앙체계가 존재한다는 것이다.[35] 2020년 대선에서 패배하고 나서도 트럼프와 그의 지지 세력은 꿋꿋이 살아남아 전투성을 고양하고 투쟁을 독려했다. 바이든이 대통령에 취임하기 전에 발생한 2021년 1월 6일 미국 국회의사당 난입 사건 등은 미국 사회의 분열은 물론이고 민주주의 사회의 퇴행을 불러왔다. 의미체계와 사회·정치적 상황과의 변증법적 조응 관계가 역사적으로 어떻게 전개될지 종교사회학적 시각을 가지고 계속 주목해야 할 것이다.

제2장
공포와 증오 정치: 트럼프와 폭스뉴스

도널드 트럼프의 언행이 복음주의의 내재적 목표와 신앙적 지향과 모순됨에도 불구하고 2016년 대선에서 그에게 투표했던 81%의 백인 복음주의자들은 2018년 중간선거에서도 계속해서 그를 지지했다.[1] 그러자 빌리 그레이엄 목사가 1956년 창간한 ≪크리스처니티투데이Christianity Today≫의 편집장 마크 갈리Mark Galli는 탄핵 청문회를 앞두고 있던 2019년 12월 대통령 트럼프의 하야를 주장했다.[2] 그의 '총체적 비도덕성'이 거듭 드러났다는 이유에서였다. 하지만 하원이 탄핵을 결정한 후에도 복음주의 종교 지도자들은 트럼프의 거칠고 비도덕적인 대내외 정책에 침묵하거나 옹호하는 태도를 보였으며, 상원의 트럼프 탄핵 청문회 중에도 대중의 지지율은 46~50%로 임기 중 최고를 나타냈다.[3] 이 장에서는 트럼프와 복음주의자들 사이의 내재적 모순을 해결하고 불일치를 해소하는 연결 고리가 공포와 증오의 기제였다는 사실을 밝히고자 한다. 또한 미국 복음주의가 이 공포와 증오의 기제를 어떻게 역사적으로 내재화했는지를 추적하고, 트럼프와 그를 지지한 폭스뉴스Fox News가 대선 캠페인에서 이 기제를 전략적으로 어떻게 활용했는지를 살펴보고자 한다.

과거 미국 보수 진영의 중심 어휘는 자유, 민주주의, 애국 등이었지만, 냉전 종식 이후 '이데올로기의 종말'에 이은 '문명의 충돌' 시대에 접어들면서 증오, 공포 또는 분노 등으로 바뀌었다. 이는 다양한 국내외적 갈등이 정치를 넘어 종교적 차원으로 승화되었음을 의미한다. 로널드 레이건의 '악의 제국empire of evil', 조지 W. 부시의 '악의 축axis of evil' 발언처럼 피아의 개념이 정치적 차원 너머의 선악의 이원론적 종교 도그마 차원으로 상승했다. 특히 트럼프 등장을 전후로 다시금 백인을 '우리'로, 이민자, 난민, 무슬림, 유색인종 등을 '그들'로 대립시키고, 페미니스트와 LGBTQ+ 등을 증오의 대상인 '타인'으로 차별하는 여러 사건이 일어났다.

중요한 것은 종교 우익이 정치 우익과 동맹을 맺을 때 주로 종교 교리에 들어 있는 증오가 사회적으로 표출된다는 데 있다. 물론 과거에도 정치와 종교의 동맹은 있었다. 예컨대 '미국 기독교 국가주의'의 등장을 들 수 있다.[4] 그러나 과거에 종교 우익의 움직임은 이데올로기 갈등이나 국제 경쟁에서, 그리고 국내의 세속화 현상과의 대립 등에서 선언적인 형태로 표출되었었다. 하지만 트럼프가 부추기고 복음주의자들이 동조한 공포와 증오의 에토스는 인종, 성, 종교 등에서 노골적인 차별을, 그리고 '미국 우선주의'와 '미국을 다시 위대하게' 선언을 가능하게 했다. 결과적으로 트럼프가 야기한 공포와 증오 기제의 정치적 활용은 기본적으로 백인 중심의 사회·정치적 패권주의와 미국 중심의 정치와 경제 패권주의를 지향하기에 사회 통합과 세계 평화를 위협하는 공격적 배타성만을 드러내게 되었다.[5]

트럼프는 유럽과 멕시코로부터의 이민과 무슬림 유입을 차단했고,

중국과의 무역 전쟁, 나토 안에서의 갈등, 파리기후협약 탈퇴 등 미국의 이익을 위해서라면 어떠한 갈등이나 조약 폐기도 불사해 왔다. 미국 안에서는 트럼프의 도발적인 인종, 여성, 종교에 대한 차별적인 언행에 힘입은 백인 우월주의자들의 노골적인 준동과 활보가 나타났고, 인종과 종교를 대상으로 하는 증오 범죄가 급증했다. 나아가 폭스뉴스 등 보수적인 미디어는 국가주의와 인종주의를 앞세운 공포와 증오 에토스를 전국에 송출하기에 이르렀다. 이를 에이미 설리번Amy Sullivan은 '폭스 복음주의'라고 했다.[6] 로널드 프랭코Ronald Franco 신부는 "기독교 신앙과 무관하거나 정반대되는 명분을 위해 신자들을 정치적 이익집단으로 탈바꿈하려는 시도는 미국의 공적 담론의 장에서 진정한 신앙을 제거하거나 악화시키는 결과를 가져올 것이다"라고 비판했다.[7] 이는 로버트 벨라가 말하는 시민 종교의 왜곡이다. 관용과 포용의 시민성과 달리 비시민성은 억압과 배타성에 기초한다.

트럼프와 종교 우익에 의한 공포와 증오의 사회·정치적 에토스 형성의 맥락을 추적하기 위해 트럼프의 정치적 등장 이후 나타난 증오 범죄의 증가와 증오 에토스의 확대, 공포와 증오를 활용한 트럼프의 전략과 이에 대한 복음주의자들의 응대와 수용, 폭스뉴스의 공포와 증오를 통한 백인 정체성 정치의 조장 등에 대해 추적할 필요가 있다.

증오와 편협한 감정 표현의 일상화와 대안적 사실의 절대화

트럼프가 2016년 대선에서 승리하자 사회적 편협bigotry이 고조되고 증오 범죄가 늘어났다. 연방수사국에 따르면 트럼프가 대선 캠페인을 시작한 2015년에 증오 범죄가 2014년보다 6% 증가했고, 사건 장소도 학교, 상점, 거리 등으로 확대되었다. 무슬림이나 유대인에 대한 위협과 공격도 늘어나 2001년 이후 최고조에 달했다. 무슬림에 대한 증오 범죄는 257건이 발생해 전년도보다 67% 증가했다. 뉴욕시에서는 증오 범죄가 2015~2016년에 31.5% 증가해 증오가 전염병처럼 보일 정도였다.[8] 대선 기간 동안 외국인 혐오와 이슬람 혐오를 트럼프가 부추겼기 때문이다.[9]

남부빈곤법률센터Southern Poverty Law Center는 트럼프 당선 직후 "증오의 전국적인 분출"이 일어났으며 이에 대한 책임은 전적으로 트럼프에게 있다고 주장했다. 2016년 11월 8일 선거일 이후 열흘 동안 증오 범죄가 약 900건 발생했다. 괴롭힘과 협박이 자주 발생한 곳은 학교였다. 교사와 직원 1만 명을 대상으로 한 설문에서 응답자의 80%가 대선이 학생들의 분위기와 행동에 부정적인 영향을 미쳤다고 답했고, 10명 중 8명은 "이민자, 무슬림, 흑인, LGBT 등 소수자 학생들에게서 불안이 고조되고 있음"을 인지했다고 답했다. 또한 거리, 상점, 주택가에서도 트럼프의 이름으로 괴롭힘이 일어났다. 예컨대 어느 집 문에는 '고향으로 돌아가라'는 문구와 함께 '#trump' 해시 태그가 붙었다.[10] 또한 비교적 합리적인 화이트칼라가 많이 거주하는 워싱턴 D.C. 외곽의 몽고메리Montgomery 카운티에서는 성공회 교회의 스페인어 안내문이 찢기고 '백인만의 트럼프 국가Trump Nation White Only'라는 글귀가 붙었다. 한 해 전만 해도 인종주의적 편견을 가진 자는 대통령이 될 수 없다는 공론이 지배적이었는데, 이제 인종차별주의 정체성의 공공연한 노출이 허용되었다.[11] 트럼프라는 대선 후보가 만들어낸 인종적 증오의 추상적 표현이 학생과 시민들 사이에서 구체화하고 노골화된 것이다.

어빙 고프먼Erving Goffman은 일상생활에서 자기표현self-presentation과 상호작용에서 예의, 존중deference, 품위demeanor를 담은 언어 사용은 중요한 사회적 덕목이며, 개인 정서의 공적 표현에서는 품위 유지와 자제가 필요하다고 주장했다. 그러나 트럼프는 대선 캠페인 때부터 유색인종, 무슬림, 외국인, 여성 등에 대한 증오와 혐오의 차별적 용어를 남발하는 동시에 증오 감정을 공공연하게 표출했다. 대선 캠페인 때도 거침없던 트럼프의 거친 수사는 경멸적 감정 표현의 정상화와 일상화, 그리고 대안적 사실의 절대화를 가져왔다.[12] 다시 말해 개인 정서의 공적 표현에서 품위를 유지하기보다는 증오 감정을 노골적으로 표현하고, 부분적인 실체를 전체로 설명하는 방법론적 환원주의를 통해 희망을 절대적인 사실로 둔갑시켜 대중을 현혹하는 일을 일상화한 것이다.

트럼프의 거친 언어 표현은 현대사회에서 계급 차별을 넘어 문화적 차별을 당하고 있는 저소득 계층을 위한 정체성 정치identity politics 전략으로 사회 엘리트의 자유주의 정체성identity liberalism과 대립을 유도한 것이다. 인격적 차별을 전제로 했던 전근대사회의 신분status이 현대사회에서는 소유 정도에 따른 계급class으로 바뀌었고, 헌법적으로 보장되는 인격적 평등에 대해 모두가 인식의 차원에서는 동의한다. 하지만 새로운 차별 방식인 문화적 차별이 또 다른 인격의 차별을 불러오고 있다. 문화적 차별은 교양 수준의 차별로 대표적인 기제는 개인이 표출하는 언어, 구체적으로 어휘 수준이다. 대체로 부유한 이들과 지식인들은 자기들만의 내밀하고esoteric 특유한idiosyncratic 어휘를 쓰며, 고급 어휘를 사용하는 신문을 구독함으로써 대중과의 거리를 유지한다. 트럼프의 입에서 나오는 거칠고 대중적인 어휘는 고프먼이 말하는 '언어의 규범적 안정 구조normatively stabilized structure'로부터의 노골적인 일탈을 통해 저소득층의 문화적 박탈감을 해소하는 효과를 낼 수가 있는 것이다.

그러나 의료 전문가들은 2016년 대선에서 트럼프가 승리하자 대선과 연관된 환자들의 불안 수준이 증가했고 위기 지원 서비스가 늘었다고 보고하며 트럼프 때문에 나타난 가장 커다란 위협은 '지나친 반동적 감정 표출의 정상화normalization of exceedingly reactionary sentiment'의 사회적 현실화 가능성이라고 주장했다.[13] 트럼프의 반동적인 정서 자극을 통한 대중 오도를 지적한 것이다.

일례로 트럼프는 대통령에 취임한 후 총기 문화를 더 격렬하게 하고 전미총기협회NRA: National Rifle Association of America 세력을 강화시켜 주는 역할을 했다. 2018년 5월 트럼프는 8만여 명이 운집한 전미총기협회 연례 회의에 참석했다. 그해 2월 플로리다주의 한 고교에서 터진 총기 사건 때문에 여론은 대통령의 참석에 부정적이었다. 하지만 대선에서 트럼프에게 3000만 달러를 지원한 전미총기협회의 초청에 트럼프는 응했고 협회의 활동을 지지하는 연설까지 했다. 그는 "민주당은 '총기 불법화'를 원하지만, 그것은 광폭 운전 '테러리스트'의 새로운 무기가 될 수 있다며 밴과 트럭을 모두 금지하자는 말과 마찬가지다"라고 주장했다. 트럼프는 총기 소유 권한을 지지하는 명분으로 수정헌법 제2조를 내세웠다.[14]

트럼프의 지원에 힘입어 그로부터 이틀 후 열린 전미총기협회 조찬 기도회는 신앙과 무기를 내세운 공포와 증오의 담론으로 가득 찼다. 전 메이저리그 야구 선수 애덤 라로쉬Adam LaRoche는 연설 중에 스웨터를 벗고 "예수는 나와 나의 총을 사랑한다"라는 문구의 티셔츠를 드러냈다. 그다음 1980년대 이란·콘트라 사건Iran-Contra affair의 주역이었던 올리버 노스Oliver North 퇴역 해병 중령은 기조연설을 통해 우리의 일상이 전시 상태와 다르지 않고 주변에는 적들이 편재해 있다고 주장했다. 노스의 연설 내용을 보도하면서 폭스뉴스는 그의 일화를 소개했다. 노스에게는 손자들이 17명 있는데 이들이 14세 생일을 맞을 때마다 성서, 나침판, 엽총20-gauge shotgun이 든 상자를 선물한다는 것이다. 노스는 연설에서 "나는 손자들이 할아버지로부터 선한 싸움을 하는 법, 싸움을 끝내는 법, 신앙을 지키는 법을 배웠다고 말하기를 원한다"라며 "가장 중요한 교훈은 우리는 전쟁 중이며, 주께서 우리에게 선물로 주신 자유를 보전하기 위한 냉혹한 전투의 한가운데에 우리가 서 있다는 사실"이라고 말했다.[15] 노스의 행위는 미국의 총기 문화가 공포심에 기반하고 있음을 보여주며, 상자 속에 총기와 나침판과 함께 성서를 넣은 것은 세속적인 총기와 나침판에 성스러움을 부여한 행위라고 할 수 있다.

설리번에 따르면 전쟁 무기에 대한 성화聖化 작업의 주체는 폭스뉴스다. 노스를 통해 드러난 미국의 총기 문화는 복음주의, 트럼프, 폭스뉴스가 함께 어우러진 공포와 증오의 사회·정치적 에토스를 보여주는 상징적 사건이라고 할 수 있다. 폭스뉴스와 전미총기협회는 '신앙적 권위'를 부여받고 트럼프는 이를 적극적으로 지원한 것이다.

대안적 사실[16]의 절대화는 진실에 대한 종교적인 주장 방법이 현실 정치에도 반영되고 있음을 보여준다. 대부분의 종교는 비실재적인 세계를 전제로 하면서 절대적인 진리를 주장한다. 하지만 종교의 절대성은 보편주의적인 가치를 지향한다. 종교가 지니는 사고 논리의 절대성이 행위 논리에서는 보편성으로 전환되기 때문이다. 그러나 정치는 절대적이기보다는 상대적이고 보편적이기보다는 특수적이다. 일찍이 카를 마르크스는 군주가 보편의지를 지닌다는 게오르크 헤겔Georg Hegel의 주장을 비판하며 군주는 특수 의지 또는 변덕으로 가득한 존재일 뿐이라고 주장했다. 그런데 트럼프는 인식에 있어서 그리고 정치적인 행위를 통해 자기주장을 절대화하는 모습을 보였다. 버클리 연합신학대학원의 종교사회심리학자 아치 스미스 주니어Archie Smith Jr.는 트럼프를 인민사원Peoples Temple of the Disciples of Christ의 짐 존스Jim Johns와 비교하며 카리스마의 이면에 숨겨져 있는 자기중심의 나르시시즘, 엄격한 계층별 권력 배열, 자기중심적인 정보 조작 등에서 둘이 유사하다고 주장했다.[17] 심지어 짐 존스의 아들 스테판 존스Stephan Jones도 자기 아버지처럼 트럼프도 나르시시스트이고 유사한 착취 전략에 의존하고 있다면서, "도널드 트럼프와 우리 아버지는 남을 괴롭히는 데 뛰어난 사람들bullies이다. 다른 모든 방법이 실패하면 그들은 자신들이 가진 모든 수단을 동원해 당신의 입을 막으려고 할 것이다. 그들에게 동의하지 않는다면 그들에게 반대하는 것이고 그들에게 반대한다면 그들의 적이다. 그들은 자신들이 하는 모든 일이 정당하다고 믿는다"라며 점점 더 변덕스럽고 편집증적이며 남을 통제하려고 한다고 주장했다. 신앙이 없는 트럼프는 불가지론자agnostic라고 스스로 인정한 짐 존스와 영적이라기보다는 정치적인 이데올로기를 공유하고 있다. 그러면서도 대중의 추종을 받아 일종의 트럼프교를 만들 정도로 교묘한 전략가가 되었다.[18]

트럼프는 대안적 사실의 절대화 또는 정보의 이기적 조작을 위해 종교의 논리와 언어를 자주 사용한다. 짐 존스처럼 "그건 진리야(It is true)"라는 말을 자주 한다. 자기가 한 말을 진리로 고양하고 다른 생각에 대해서는 갈등을 유도하는 한편 논쟁을 선악의 차원으로 상승시키는 것이다. 이는 자신의 논리를 종교의 차원으로 끌어올리는 동시에 종교의 선악 이원론을 현실 정치에 쉽게 적용한 것이다. 구체적으로 그는 대선에서 기독교 근본주의처럼 배타적인 종교가 지니는 공포와 증오의 기제를 사회·정치적 영역으로 끌어들여 표를 얻는 데 성공했다. 사람들을 승리자와 패배자로 나누고, 우리와 그들의 대립을 당연시하는 트럼프의 인식이 종교 우익의 절대적인 선악 투쟁의 세계관과 선택적인 친화를 이룬 것이다. 대안적 사실의 절대화는 종교인들의 건강부회 결의론決疑論, casuistry 조성과 다르지 않다.

문제는 트럼프의 대안적 사실 강조에 힘입어 대중 사이에서 차별적인 행태가 벌어진다는 데 있다. 미국 사회가 겪는 도덕적 기준의 균열이 대통령에서부터 일반 대중, 특히 백인 복음주의자들의 인식에까지 확대된 것이다. 다양한 가치의 공존과 수용 대신에 부분적 가치의 절대화가 대중을 오도하기에 이르렀다. 이처럼 대안적 사실의 절대화는 여타의 생각을 부정하고 다른 견해의 소유자를 증오의 대상으로 간주하게 한다. 이러한 문제는 정치가 종교 차원으로 고양될 때 주로 발생한다. 예컨대 트럼프는 죄를 고백하거나 용서를 구한 적이 없다고 밝혔을 정도로 종교와 거리가 먼religiously unmusical 인물이지만, 이슬람과 무슬림에 대해서는 극도의 혐오를 표출했다. 정치학자 브라이언 클라스Brian Klaas는 트럼프를 "광적인 이슬람 혐오자(islamophobic bigot)"라고 평하며 트럼프가 증오를 확산시키기 위해 이슬람 혐오적인 발언을 오랫동안 반복했다고 주장한다.[19] 기독교 우익을 끌어들이기 위해 그들의 이슬람 혐오를 활용했는지, 아니면 트럼프 스스로가 어떤 확신을 지니고 있는지는 불분명하다. 그러나 결과적으로 이슬람 혐오를 활용한 대중의 분노 유발에는 어느 정도 성공을 거두었다.

트럼프는 2010년에 TV 토크쇼에서 미국이 무슬림과 전쟁을 치르고 있다고 했고, 2011년 폭스뉴스 인터뷰에서는 무슬림이 전 세계 문제의 주범이라고 했다. 그해 4월 기독교계 방송인 CBNChristian Broadcasting Network 인터뷰에서는 코란Koran이 사람들에게 매우 부정적인 생각을 주입한다고 주장했다. 2012년에는 트위터Twitter(지금의 엑스X)를 통해 뉴욕시 경찰의 이슬람 공동체 활동 감시가 합법적이라며 지지를 표명했다.[20] 트럼프의 이슬람 혐오가 대중의 관심을 끌기 시작한 것은 대선에 뛰어들면서부터다. 2015년 5월 아이오와주 집회에서 트럼프는 오바마 행정부가 무슬림의 미국 이민은 허용하고 기독교인의 이민은 불허하고 있다는 가짜 뉴스fake news를 대안적 사실로 내세웠다. 같은 해 9월 19일 뉴햄프셔주 집회에서 한 청중이 버락 오바마는 무슬림이며 미국인이 아니라고 주장하자 앞으로 이슬람 문제에 주시하겠다고 답했다. 11월 19일 야후뉴스Yahoo News 인터뷰에서는 미국에 거주하는 무슬림에 대한 영장 없는 수색을 옹호했고, 같은 달 앨라배마주 버밍햄Birmingham 집회에서는 9·11 테러로 세계무역센터World Trade Center가 무너질 때 수만 명의 무슬림이 환호하는 모습을 보았다고 주장했다. 여론의 비난이 들끓었지만 다음 날 ABC 방송 인터뷰에서 아랍인들이 많이 거주하는 강 건너의 뉴저지주에서 환호하는 사람들을 보았다고 강변했다. 급기야 트럼프는 12월 7일 사우스캐롤라이나주 집회에서 무슬림 전체의 완전한 미국 입국 금지를 요구했고, 며칠 뒤 폭스뉴스 인터뷰에서는 무슬림들을 '정신이상자'라고 불렀다. 2016년 1월 4일 시작한 트럼프의 첫 번째 대선 광고는 무슬림의 미국 입국 금지를 테마로 삼았고, 3월 9일 CNN 방송에서는 이슬람에는 미국인에 대한 극도의 증오가 존재한다고 주장했다.

　트럼프의 이슬람 혐오가 결정적으로 드러난 것은 참모와 고문 임명에서였다. 반이슬람 사이트 브라이트바트뉴스Breitbart News의 스티브 배넌을 선거 총책임자로 임명했고,[21] 동성애 혐오와 백인 토착민 중심 정책nativist policies을 펼치고 KKK단에서 연설했던 제프 세션스Jeff Sessions 공화당 상원 의원을 자신의 국가안보고문위원회 수장으로 삼았다가 이후 법무장관으로 지명했다. 대통령 취임 후에는 반이슬람 극단주의자들을 자기 주변에 포진시켰다. 서배스천 고카Sebastian Gorka 대통령 고문은 이슬람 혐오 혐의로 연방수사국에서 해고된 적이 있었으며, 마이클 플린Michael Flynn 국가안보보좌관은 이슬람을 암과 같다고 말한 적이 있고, 마이크 폼페이오 국무장관과 존 볼턴John Bolton 국가안보보좌관은 이슬람에 대해 강한 증오를 표현했던 인물이었다.

이처럼 트럼프는 이슬람에 대한 편향적인 인식을 복음주의자들의 신앙 차원의 이슬람 혐오와 결합했다. 이로써 거짓말과 조작을 일삼으며 악한 의지로 가득한 채 충동적으로 행동하는 자신의 세속적인 삶을 종교적으로 정당화하고, 삶의 모호성과 우발성에서 파생되는 부분적인 진실을 대안적 사실로 포장해 절대화함으로써 권력을 쟁탈하고 유지하는 데 성공했다.

공포와 증오 정치와 복음주의의 만남

백인 복음주의자들은 공립학교에서의 기도, 낙태, 동성애 등의 이슈를 기준으로 후보를 선택했었다. 그러나 2016년 대선에서는 그들의 삶을 위협하는 정책으로부터 자신들을 지켜줄 수 있는 지도자를 원하기 시작했다. 물론 근본주의 운동의 공격성이 사라지지는 않았지만 이제 그들은 방어적인 사고방식에 휩싸이게 되었다. 동성애 결혼 합법화와 LGBTQ+ 권리 신장 등이 추진된 오바마 행정부 시기의 문화전쟁 패배에 따라 자신들의 가치에 일치하는 삶을 살아갈 역량이 사라지는 데 대해 두려움을 갖게 되었기 때문이다.

복음주의 종교 지도자들은 기독교 구조 해체와 복음주의 정신 지주의 약화에 대해 누구보다 강한 위기의식을 느꼈다. 따라서 악의 세력이자 공포의 대상인 비기독교인, 페미니스트, 동성애자들로부터 그들을 보호해 줄 수 있는 인물, 특히 강력한 남성 지도자를 필요로 했다. 한편 점점 주변화되는 기독교 신앙에 대한 복음주의자들의 두려움을 인지한 트럼프는 먼저 종교 다원주의 시대를 반영한 오바마의 "해피 홀리데이스!(Happy Holidays!)"를 "메리 크리스마스!(Merry Christmas!)"로 환원시켜 종교인들의 환심을 얻고자 했다. 또한 조찬 기도회에서는 레이건이 복음주의자들과의 동조를 보장했던 것처럼[22] 복음주의자들의 편에 설 것을 약속했다. 예컨대 여성의 낙태권을 인정한 로 대 웨이드 판례를 뒤집기 위해 보수적인 판사를 연방 대법원에 임명하겠다고 했다. 또한 미국에서 종교의 자유가 침해받고 있다는 복음주의자들의 논리에 동의하며 공적 영역에서 기독교가 상실한 특권의 회복을 약속했다. 보수적인 종교인들 사이에서는 종교의 자유가 LGBTQ+의 권리보다 못하다는 정서가 팽배해 있었다. 트럼프는 교회의 정치적 지지나 반대 표명을 금지하는 존슨 수정안의 폐지를 공약으로 내세우면서 '두려움 없는 예배'를 약속했다. 두려움과 공포, 그리고 이에 수반되는 증오 에토스를 활용한 트럼프의 백인 복음주의자 공략은 대선 캠페인을 거치며 더 많은 추동력을 얻게 되었다. 복음주의의 공포가 청교도의 북아메리카 진출 때부터 축적되었다고 주장하는 존 페아 John Fea는 "진정한 종교는 의심에서 시작해 영적인 탐구를 계속 추구하며, 천박한 종교는 공포에서 시작해 확신으로 종결된다"라는 닐 가블러 Neal Gabler의 말을 인용하며 미국 복음주의의 전체 역사는 두려움을 극복하는 데 실패한 기독교인들의 역사라고 규정했다.[23]

따라서 신앙, 특히 복음주의의 경건함과는 거리가 먼 트럼프는 종교의 지지를 얻기 위해 힘겨운 노력을 보이기도 했다. 자칭 장로교 출신이라지만 복음주의와 연결을 지으려는 노력은 우스꽝스럽기도 했다. 리버티 대학교 연설에서 「고린도 후서 The Second Epistle to the Corinthians, or 2 Corinthians」를 "2 고린도서(Two Corinthians)"라고 불렀고,[24] 가장 좋아하는 책을 묻자 "성서"라고 답했지만, 어떤 구절을 좋아하는지의 질문에는 답을 하지 못했다. 그러다가 8개월 후 한 라디오 토크쇼에서 '눈

에는 눈, 이에는 이'(「출애굽기」 제21장 24절)라는 구절을 가장 좋아한다고 답했다.[25]

이러한 트럼프와 복음주의자들 간의 친화가 이루어진 것은 트럼프가 정책 공약을 통해 과거의 미국에 대한 복음주의자들의 향수를 자극하면서부터다. 연방 대법원의 보수주의 판사 임명, 멕시코 국경에 장벽 설치, 불법 이민자 체포와 추방, 무슬림 입국 금지, 오바마케어와 존슨 수정안 폐지, 미국 우선주의 외교정책 추구, 이스라엘 주재 미국 대사관의 예루살렘 이전, 파리기후협약 탈퇴 등의 정책은 모두 MAGA를 달성하기 위한 것으로 오랫동안 복음주의자들을 지배해 왔던 심리적 기제, 즉 공포 정치, 권력 추구, 과거의 향수 등을 자극하는 것이었다. 페아는 공포, 권력, 향수가 백인 복음주의자 81%의 트럼프 지지를 유도한 결정적인 요소라고 주장했다.[26] 공포는 복음주의 종교 지도자들이 가장 잘 인식하고 있는 정치 언어다. 그들은 신자들에게 두려움을 심어줄 필요를 늘 느끼고 있다. 오바마 행정부가 가져온 문화 변동, 예컨대 동성애 결혼 합법화는 성sexuality의 사회·정치적 위치와 역할 변화와 관련해 적잖은 두려움을 불러일으켰다. 기독교 국가인 미국의 도덕적 근간이 흔들리기 때문이다. 그런데 공화당 대선 후보 중 공포를 활용한 정치에서 가장 적극적인 이는 트럼프뿐이었다. 트럼프는 대중이 가볍게 느끼는 우려를 절박한 위협으로 탈바꿈시키는 데 기민했고 탁월했다.

한편 저넬 웡은 백인 복음주의자들이 지니는 불안을 복음주의 내의 인구학적 변화와 연관시킨다. 복음주의의 13%를 차지하고 있는 남아메리카계와 아시아계가 복음주의 성장의 유일한 동력이 되면서 백인 복음주의자의 숫자가 급격하게 하강하고 있다. 이러한 인구학적 변화가 부추기는 인종적 불안 때문에 백인 복음주의자들은 빈자를 위한 연방 정부 지원, 기후변화 방지를 위한 규제, 부유세 증액, 이민 문제 등에서 다른 보수적인 백인이나 아시아계, 남아메리카계, 흑인보다 훨씬 더 보수적인 태도를 보였다. 결국 복음주의 공동체 안에서 진행 중인 백인의 인종적 위상 상실이 '반백인 차별anti-white discrimination'의 두려움을 불러왔다. 윙에 따르면 백인 복음주의자 중 50%가 차별에 직면해 있다고 느낀다는데 이는 미국의 무슬림이 지니는 차별감보다 높은 수치다.[27]

두려움은 필연적으로 권력을 지향하게 한다. 정치력의 확보만이 복음주의의 사회·문화적 영향력 확대를 보장하기 때문이다. 문화전쟁에서의 패배는 미국 기독교의 종말에 대한 두려움을 조장했고 결국은 근본주의의 출현을 낳았다. 근본주의는 기독교의 사회적 영향력을 확대하기 위해 정치권력의 힘을 빌리는 운동이기에 정치 지도자의 종교성보다는 그들의 요구에 대한 호응을 더 중요하게 여긴다. 근본주의가 정치 전면에 등장한 것은 세속적인 레이건 행정부 때였으며, 정치권력에 가장 가깝게 다가선 것은 아들 부시 행정부 때였다. 그러나 레이건이나 부시는 종교 지도자들과의 관계에서 한계를 분명히 설정했고 상식과 여론을 벗어나는 종교 관련 정책은 실행하지 않았다. 반면에 트럼프는 대안적 사실을 근거로 삼아 때로는 무모할 정도로 친종교적인 정책을 펼쳤다. 예컨대 존슨 수정안의 폐지가 의회를 통과할 가능성이 희박해지자, 행정명령을 통해 강단에서 특정 후보를 지지하거나 반대하는 교회에 대해 국세청의 조사를 금하도록 했다. 종교인들에게 대단한 사회·정치적 발언권을 부여함으로써 복음주의의 권력 욕구를 어느 정도 해소한 결정이었다.

복음주의자들의 향수는 미국 기독교 국가에 대한 향수다. 그러나 역사적으로 미국 기독교 국가가 존재한 적은 없었다. 다만 '미국 기독교 국가주의'만이 이념적으로 존재할 뿐이다. 청교도의 북아메리카 진출 때부터 행해져 온 종교인과 정치인의 역할과 기능 분리, 그리고 미국 독립 후에 제정된 교회와 국가의 헌법적 분리 원칙이 종교 국가를 인정하지 않기 때문이다. 하지만 미국 기독교 국가의 역사적 실체의 존재를 주장하는 복음주의자들은 과거에 대한 향수를 버리지 않았으며 시대의 변화를 인정하지 않고 있다. 여전히 그들은 천국을 '미국 왕국Kingdom of United States'과 동일시한다. 트럼프의 MAGA 또한 추상적이지만 복음주의자들은 그의 비전을 믿는다. 과거 미국의 실체라고 여기기 때문이다.

복음주의자들의 기저에 있는 두려움, 권력, 향수 등의 심리적 요소와 트럼프의 권력 장악을 위한 현실 정치와의 선택적 친화를 가장 잘 나타내는 것이 그의 반이민 정책이다. 이른바 정체성 정치로 컬럼비아 대학교의 셰리 버먼에 따르면 집단이 위협을 느낄 때 우리네 집단in-group의 구성원들은 개별적으로 무관심한 상태에 있다가 갑작스럽게 집단으로 결속해 공격적인 방어 자세를 취하게 된다.[28] 트럼프는 2015년 11월 13일 파리에서 테러가 일어나 130명이 사망하고, 12월 2일 캘리포니아주 샌버너디노San Bernardino에서 14명이 살해되는 테러가 벌어지자 테러리스트들의 가족을 몰살해야 한다고 주장하는 한편, 미국 내 이슬람교 사원의 전면 폐쇄와 무슬림의 미국 입국 완전 금지를 주장했다. 많은 복음주의자가 이에 동의하면서 트럼프는 복음주의자들의 불안에 편승하는 데 성공을 거두었다. 또한 이슬람 혐오의 대명사로서 트럼프는 기독교 수호의 화신이 되었다.

하지만 트럼프와 복음주의자들 사이에는 건널 수 없는 근본적인 간극이 남아 있었다. 적지 않은 복음주의자가 트럼프의 천박할 정도의 세속적인 이미지와 그가 제시하는 환상적인 정책 사이에서 딜레마에 빠져 있었기 때문이다. 트럼프의 삶을 적나라하게 파헤친 스티븐 맨스필드는 항상 '복수'를 미덕으로 간주하며 지금까지 살아온 데 대해 트럼프는 부끄러워하지도 주저하지도 않았다고 주장했다.[29] 트럼프의 성공 신화는 개신교 윤리의 신뢰에 바탕을 둔 사업을 근간으로 이룬 것이 아니라 뉴욕의 악명 높은 변호사 로이 콘을 낀 투기적인 부동산 사업으로 이룬 것이다. 또한 사업의 바탕에는 부당한 임대료 인상이나 인종차별적인 편견 등과 함께 약육강식의 논리가 깔려 있다.[30] 자신에 대한 이러한 부정적인 인상을 해소하기 위해 트럼프는 먼저 마이크 펜스를 부통령 후보로 지명했다. 독실한 복음주의자인 펜스는 공화당 내에서도 강경한 보수파로 오바마 재선을 반대한 티파티 운동Tea Party Movement에 참여하기도 했고, 인디애나주 지사였던 2015년에는 사업주가 종교적 신념을 이유로 LGBTQ+를 배척할 수 있도록 하는 '종교자유법'에 서명하기도 했다.

한편 트럼프는 백악관으로 전례가 없을 정도로 많은 복음주의 종교 지도자들을 불러들였다. 거물 목회자 마크 번스Mark Burns, 리처드 랜드Richard Land, 로버트 제프리스Robert Jeffress, 랄프 리드Ralph Reed 등이 트럼프의 '복음주의 고문단'에 포진했다. 이들 '궁중 복음주의자들court evangelicals'[31]은 견강부회의 결의론을 조성해 트럼프의 이미지 세탁을 꾀했다. 트럼프와 가깝게 지내온 폴라 화이트 목사는 오래전에 자신이 트럼프가 예수를 구원자로 받아들이게끔 인도했다고 주장했고, 댈러스에서의 한 기도 집회에서 유명한 TV 복음주의자들이 트럼프를 둘러싸고 안수기도를 하는 장면을 연출하기도 했다. 제리 폴웰 주니어는 트럼프가 '거듭난' 후 도덕적 삶을 시작했다고 주장했고, 제임스 돕슨James Dobson 목사는 힐러리 클린턴Hillary Clinton과는 다르게 트럼프는 '종교의 자유와 태아의 존엄성'을 지키겠다고 약속했음을 상기시키며 '베이비 크리스천'인 트럼프를 복음주의로 인도하자고 권고했다.

트럼프의 세속적 이원론과 반엘리트 대중주의

2008년과 2012년 미국 대선은 후보 간의 도덕성 여부와 이슈 중심의 정책 대결로 진행되었다. 그러나 2016년 대선 캠페인에서 트럼프는 정책 대결보다는 유권자들의 정파적인 감정과 반감을 활용했다. 특히 복음주의 백인 유권자에 내재된 공포와 증오의 성향을 자극했다. 과거 대선에서 결정적으로 작용했을 지식이 많은지 적은지, 합리적인지 비합리적인지, 사회적 책임감이 있는지 없는지 등은 문제가 되지 않았다. 트럼프의 비윤리성이나 거친 퍼스낼리티도 선거에 아무런 영향을 미치지 못했다. 피터 키비스토Peter Kivisto는 트럼프 현상을 분석하면서 트럼프 정서의 핵심에는 분노가 있으며 이 분노가 그의 유머와 정치적 수사법에 스며들어 있다고 주장했다.[32] 분노는 늘 대상이 필요하고 그 대상에 대한 부정적인 태도를 함축하고 있는데, 이는 '우리'와 '그들'의 이원론적 대립을 전제로 하는 증오가 트럼프의 삶에 고스란히 녹아 있음을 말해준다. 일례로 트럼프는 사람을 '훌륭한 사람'과 '패배자loser'로 구분하는데, 자기편을 들거나 자기에게 유용한 사람은 훌륭한 인물이며 자기에게 도전하거나 자기를 비판한 사람은 패배자로 간주했다.[33] 그러면서 패배자에게는 "구역질이 나는(disgusting)" 등의 형용사를 덧붙였다. 트럼프는 공감 능력이 없고 생존을 위해 끊임없이 투쟁하며 투쟁에 방해가 되는 자는 누구든 제거해 버리는 냉혹한 세계관을 갖고 있다고 비판받기도 했다.[34] 실제로 그는 "사람들 대부분을 존중할 수는 없다. 왜냐하면 많은 사람은 존중할 가치가 없기 때문이다"라고 말한 적도 있다.[35]

퓰리처Pulitzer상 수상자 유진 로빈슨Eugene Robinson은 트럼프의 정책 대부분이 비헌법적이고 비미국적이기에 커다란 비극을 잠재하고 있다고 주장했다. 그는 트럼프의 일상이 거짓말, 신경질적인 반응, 골목대장 기질로 가득하다고 평가했다. 예컨대 트럼프는 러시아의 블라디미르 푸틴 대통령을 만났으면서도 만난 적도 없고 알지도 못한다고 거짓말했고, 백만장자 코치Koch 형제의 미팅 제안을 거절했다고 했는데 코치 측에서 트럼프에게 만나자고 요구한 적이 없다고 발표하면서 그의 말이 허세였음이 드러나기도 했다. 또한 자신은 이라크 전쟁에 반대했다고 주장하지만 찬성에 대한 언급이 드러나기도 했다. 한편 트럼프는 민주당 전당대회에서 자신을 비판한 자들을 때려주겠다고 했다. 특히 마이클 블룸버그Michael Bloomberg를 혼내주겠다고 했는데, 이는 억만장자인 블룸버그가 던진 트럼프의 사업 재능 비하 발언에 대한 신경질적인 반응이라고 로빈슨은 지적했다. 한편 이라크 전쟁에서 전사한 한 무슬림 미국 병사의 아버지 키즈르 칸Khizr Khan이 민주당 전당대회에서 연설할 때 그의 옆에 묵묵히 서 있던 그의 아내에 대해 트럼프가 던진 발언은 최악의 골목대장이나 할 수 있는 짓이라고 로빈슨은 지적한다. 칸의 아내가 말없이 서 있었던 것은 할 말이 없었거나 아무 말도 하지 못하도록 했기 때문이라고 트럼프가 말했기 때문이다. 로빈슨은 자식을 잃은 어머니의 슬픔에 대한 공감 능력이 없는 트럼프가 정상인지 건강한 상태인지 묻지 않을 수 없다고 했다.[36]

키비스토에 따르면 트럼프의 선거 전략은 반엘리트주의적 대중주의를 수반한 파시즘과 음모론에 의존하는 것이었다. 트럼프는 미국 역사상 처음으로 주류 정당의 대선 후보가 파시스트가 아닌지 하는 질문을 정치 평론가들이 던지게 했다. 클린턴 행정부에서 노동장관을 지낸 버클리 대학교의 로버트 레이Robert Reich 교수는 21세기의 파시즘은 강력한 인물을 내세워 민주적 토론장에서 합리적인 논쟁 대신 '인물 숭배 컬트cult of personality'를 만들어놓고 반대자에 대한 협박과 폭력을 조장하며, 외국인 혐오를 부추기고, 국제법을 무시해서라도 국력을 증진해야 한다는 신념을 조장한다고 설명했다. 트럼프 또한 이러한 파시스트 유형에 속하기에 미국과 세계의 미래에 심각한 위험이 될 수 있다는 것이다.[37]

대중주의의 이면인 반엘리트주의 또한 증오를 활용하는 트럼프의 선거 전략이었다. 자유주의 엘리트는 시민의 적이고 대중은 엘리트에 의한 희생자로 몰아갔다. 반면 트럼프는 제도 정치권에 들지 않은 외부자이며 그 스스로가 평범한 사람들의 욕구와 바람에 근접해 있다고 주장했다. 동시에 대중주의를 통해 국민 정체성 논쟁을 불러일으켰고, 백인 복음주의자들을 중심으로 한 극우 정체성 정치를 통해 문화, 인종, 종교 등의 다원주의를 배격하고, '타인들'을 국가 구성원에서 배제하는 백인 중심의 국가주의를 암묵적으로 지지했다.[38]

한편 대중주의는 체제, 예컨대 정치체제나 경제 시스템을 일종의 사기로 간주하는 음모론을 추종하기도 한다. 역사적으로 복음주의자들은 당국의 권위를 축소하고자 하는 음모론에 익숙한 경험을 지니고 있다. 예컨대 1798년 찰스타운Charlestown의 한 회중교회 목사는 바이에른 일루미나티Bavarian Illuminati라고 불리는 비밀 조직이 기독교 폐지와 시민 정부의 전복을 도모한다면서, 배후에 자코뱅Jacobin 운동, 토머스 제퍼슨의 민주공화파, 예수회, 볼테르Voltaire, 프리메이슨Freemason, 이신론자 등이 있으며, 이들이 자살을 정당화하고 정욕을 추구하며 결혼을 부정하고 간음을 미덕으로, 결혼을 어리석은 일로 여긴다고 주장했다.[39] 복음주의자들에게 음모론은 쉽게 통했고, 트럼프도 스스로 음모론을 만들기도 했으며, 음모론자와 접촉하며 자신과 대중의 거리를 좁

히려고 했다. 그가 선거 패배를 대비해 투표 조작을 주장하려고 준비했던 것이 알려지기도 했다. 이를 위해 가짜 뉴스를 활용했다. 예컨대 그는 힐러리가 글로벌 금융 세력이나 선거 자금 기부자들의 이익을 위해 음모를 꾸미고 있다고 비난했다.[40] 그리고 오바마의 미국 출생에 대해 의문을 제기하는 버서birther 운동을 주도하기도 했다.

한편 트럼프는 미국에서 가장 유명한 음모론의 대가인 앨릭스 존스Alex Jones의 라디오 토크쇼에 출연하기도 했다. 웹사이트 인포워스Infowars의 소유자인 존스는 9·11 테러 사건, 오클라호마 연방 청사 폭파 사건, 보스턴 마라톤 폭파 사건 등이 모두 미국 내부의 계획이라고 주장했다. 연방 정부가 총기를 장악해 억압적인 권력을 증대하고자 비밀리에 수행한 위장 작전이었다는 것이다. 인터뷰에서 존스는 자기 방송 청취자의 90%가 트럼프를 지지한다며 트럼프를 부추겼고, 트럼프는 존스의 명성 역시 대단하다면서 절대로 실망하게 만들지 않겠다고 약속했다.[41]

대중이 트럼프에 동조한 또 다른 이유는 트럼프의 권위주의적 태도와 사고방식 때문이었다. 권위주의는 강력한 힘을 전제로 하고 단순한 이원론적 논리에 바탕을 두기에 피아의 구분을 확실히 하고 싸움에서 승리를 장담한다. 따라서 권위주의가 국가주의로 발전하는 것은 필연적이다. 특히 트럼프가 되살려낸 국가주의는 박탈감을 활용한 것이다. 미국이 박탈당했다는 느낌은 사회주의 정책이라고 여겨진 뉴딜 정책과 오바마케어 등에 대한 반감과 함께 형성되었다. 따라서 대중의 트럼프 지지는 박탈감과 두려움, 흑백논리, 우리와 그들 등의 대립 구도에 바탕을 둔 권위주의의 공유 때문이다. 트럼프를 적극 지지한 집단은 복음주의자들처럼 소도시 거주자, 남부인, 고교 이하의 교육을 받은 사람들이었다. 자신들에게 익숙한 거친 말투를 스스럼없이 내뱉는 트럼프를 주류가 아닌 외부자로 여기면서 동질성을 느낀 것이다.

결국 트럼프는 대선 캠페인을 통해 대중의 증오와 희망을 동시에 불러일으키는 데 성공했다. 증오는 클린턴과 민주당(반엘리트주의를 통해), 정치 시스템(음모론을 통해), 주류 미디어, 타인들(여성, 이민자, 무슬림, LGBTQ+)을 향한 것이었다. 희망은 미국의 경제 회복, 낙태 금지 등의 보수적인 법률 부활, 자유주의 엘리트 지배의 현상現狀, státus quó 타개, 대중의 박탈감 제거 등이었다. 이를 위한 트럼프의 '우익 정체성 정치'는 힐러리의 소수자와 다문화 옹호, '정치적 공정성political correctness' 지지 등의 '자유주의 정체성'에 대한 경멸을 기초로 한 것이다.

폭스뉴스를 통한 공포와 증오의 정치적 활용

손자들에게 성서, 나침판, 총기를 선물한 노스의 이야기가 폭스뉴스를 통해 방송되었다는 사실은 복음주의, 트럼프, 폭스뉴스가 함께 만들어낸 공포와 증오의 사회·정치적 에토스가 미국의 총기 문화를 통해 상징화되었음을 보여준다. 폭스뉴스는 총기 규제를 목소리 높여 반대해 왔다. 정치와 종교의 관계 패러다임에 폭스뉴스 같은 방송 매체가 개입한 것은 이 관계에서 새로운 패러다임이 등장했음을 의미한다. 물론 정치와 종교의 타협은 역사적으로 자주 나타났고, 거기에 방송 채널이 더해진 것은 새로운 일이 아니다. 복음주의가 성장하는 과정에서 종교 방송의 라디오와 TV 채널이 복음주의 TV 설교자들(텔레반젤리스트televangelists)을 통해 상당한 역할을 해왔기 때문이다. 문제는 폭스뉴스가 종교 방송이 아닐 뿐만 아니라 NBC, CBS, ABC 등의 주류 방송과 경쟁하는 케이블 TV 방송이라는 사실에 있다.[42] 폭스뉴스는 정치와 경제 우익을 대변하는 세속적인 채널이며, 글로벌 미디어 거물 루퍼트 머독Keith Rupert Murdoch이 지원하는 보수적인 상업 방송이다.

주목할 점은 폭스뉴스가 복음주의자는 물론이고 미국의 백인들에게 상당한 영향을 미치고 있다는 사실이다. 예컨대 폭스뉴스의 주된 역할은 시청자들이 백인의 정체성을 유지하면서 진정한 미국인이 되고자 한다면 사회·정치적으로 보수적이어야 하고 종교적으로는 복음주의를 신봉해야 한다는 메시지를 끊임없이 내보내는 것이다. 2017년 12월 라이프웨이 연구소LifeWay Research 조사에 따르면 미국인의 4분의 1은 자신을 '복음주의자'로 간주한다. 그러나 이들 중 절반 이하만이 전통적인 복음주의 신앙체계를 믿고 따른다고 했고, 나머지는 신학이나 신앙과는 무관하게 하나의 문화적 라벨로서 복음주의를 자신의 정체성에 수용했다고 털어놓았다. 설리번은 이 후자를 '폭스 복음주의 개종자'로 칭하며 폭스뉴스가 만들어낸 새로운 복음주의 집단이라고 했다. 그렇다고 폭스뉴스가 전통적인 복음주의자들에게는 영향을 미치지 않는다는 것은 아니다. 오히려 이들 대부분은 폭스뉴스 때문에 전통적인 '복음'으로부터 소외되기 시작했다. 신자들이 목사에게서 듣는 설교는 기껏해야 주당 30분 정도지만, 이들 대부분도 폭스뉴스에는 적어도 매일 서너 시간 정도는 노출되기 때문이다.[43] 대부분의 백인은 복음주의자든 복음주의 라벨만 갖고 있든 폭스뉴스를 매일 접하기에, 그들의 의미체계가 폭스뉴스에서 제공하는 공포와 증오를 중심으로 형성될 수밖에 없게 되었다는 것이다.

폭스뉴스가 폭스 복음주의자들을 만들어내면서 정치와 종교 사이에 개입해 왔다는 사실[44]에서 트럼프의 폭스뉴스를 통한 백인 우월주의나 공포와 분노의 에토스 활용이 효과적이었음을 알 수 있다. 실제로 트럼프는 2016년 공화당 대선 후보 경선을 치르면서 다른 후보들보다 더 많이 폭스뉴스에 출연했다. 특히 가장 치열한 경쟁자였던 테드 크루즈Ted Cruz보다는 두 배 이상 더 많이 등장했다.[45] 트럼프의 폭스뉴스와 복음주의자들과의 공생이 시작된 것이다.

한편 폭스뉴스는 오래전부터 앞에서 언급한 지나친 증오 표현의 정상화와 일상화 작업을 실행해 왔다. 1996년 로저 에일스Roger Ailes의 도움으로 폭스뉴스가 설립된 후 공화당 정치인에게 제공된 전략 중 하나는 이슈를 불러일으키고 그 이슈를 선점하거나 바꾸고자 한다면 폭스뉴스를 활용하라는 정보였다.[46] 에일스는 정치 공작에 익숙한 인물로 TV를 통해 경력을 만들어내거나 없앨 수 있고 정치적 스토리를 만들 수도 있을 정도였다. 그는 오바마에 대한 무차별적 공격을 하나의 특별한 방송 상품으로 만들기도 했다. 그것은 분노와 편협을 바탕으로 한 공포fear의 활용을 통해서였다. 그는 폭스뉴스를 통해 시청자들의 정서를 자극하려고 했으며 특히 공포와 분노를 불러일으켜 대안적인 정치 세계를 조장하려고 했다.

따라서 폭스뉴스는 버서주의birtherism 같은 가십거리를 정치적 이슈로 둔갑시킨 후 공적 주제로 끌어올리고 논쟁에 정당성을 부여하면서 끈질기게 이슈를 장악해 왔다. 그만큼 정치 담론에 미치는 영향력은 아주 크고 효과적이었다. 부시 행정부 때는 대통령이 관심을 두지 않던 이슈까지도 폭스뉴스가 끄집어내면 의회가 그것을 토론 주제로 삼았고 부시 행정부 또한 그것을 우선적인 문제로 다루고는 했다. 오바마가 대통령이 되자 폭스뉴스는 오바마를 아주 거칠고 소란스럽게 다루었다. 오바마의 재임 8년 동안 매일 같이 그가 미국 역사상 최악의 대통령이라고 주장하면서 우익 성향의 전문가들을 동원해 반복해서 비판하도록 했다. 가짜 뉴스와 대안적 사실의 절대화는 이미 폭스뉴스가 시작한 것이었다.

예컨대 이라크의 폭력 사태, 아프가니스탄의 탈레반Taliban 준동, 시리아 내전, 세계 곳곳에서의 테러 조직 확산 등이 전임 대통령 부시와는 아무 상관이 없는 것처럼 말하며 모든 혼란의 주범은 오바마라고 주장했다. 오바마가 너무 빨리 이라크와 아프가니스탄에서 병력을 철수했기에 이슬람국가가 그 빈틈을 치고 들어갔다는 것이다. 또한 오바마가 군사력 강화에 실패하고 나약하게 굴면서 미국의 적들을 대담하게 만들었다며 미국은 이제 서구 문명에 대한 실존의 위협과 맞서 싸워야 한다고 주장했다. 폭스뉴스는 오바마 행정부의 결함이 무능의 결과이거나 아니면 반역의 결과가 아닌가 하면서 시청자의 뇌리에 오바마에 대한 부정적인 이미지를 집요하게 주입하려고 했다. 트럼프가 오바마의 출생지에 대해 의문을 제기하면서 '버서'가 된 것은 2011년 3월 폭스뉴스를 통해서였다. 폭스뉴스는 즉각 논쟁에 뛰어들었고 이후 3개월 동안 폭스 TV는 80여 편의 방송 프로그램에서 버서들의 논쟁을 다루었다. 그것은 오바마 행정부가 시작하기도 전에 오바마의 정당성을 훼손하려는 노력의 일환이었다. 오바마가 대통령에 취임한 후에도 폭스뉴스는 오바마가 미국인이 아니며 케냐에서 태어난 무슬림이라고 확신했다.[47]

폭스뉴스가 제공한 이런 사실들은 거의 다 사실에서 벗어난fact-free 것이지만, 그렇다고 해서 그냥 무시할 수 없기도 했다. 중요한 질문을 던지고 거기에 약간은 타당성이 있는 비판을 섞으며 혼란을 부추기는 부분적인 진실half-truth을 내용에 담고 있기 때문이다. 예컨대 폭스뉴스는 이란이 핵 프로그램의 정지를 약속하는 대가로 오바마 행정부가 수천억 달러를 제공했는지 질문했는데, 실상은 과거 미국이 제재를 통해 동결시켰던 수백억 달러의 이란 재산에 대한 접근을 허용했을 뿐이었다. 2015년에도 제기되었다가 사실이 아닌 것으로 판명된 이 문제를 트럼프는 이란과 갈등이 일어나자 다시금 거론했다. 물론 CNN 방송이 팩트 체크를 통해 금액도 과장되었고 미국 소유의 달러도 아니라는 사실을 밝혀냈다.[48] 폭스뉴스는 힐러리에 대한 악의적인 가짜 뉴스도 계속 송출했다. 예컨대 힐러리와 자유주의 엘리트들은 시리아 출신 무슬림 난민들의 미국 입국을 더 많이 허용하려고 하는데, 이들 난민 중 몇 명이 테러리스트일지 알 수 없고 무슬림들은 미국에 동화하려는 의지가 없으며 다만 샤리아Sharia 법을 미국 전역에 퍼뜨리려고 한다고 주장했다.[49]

폭스뉴스는 정치 우익이 주류 언론과의 회의적이고 적대적인 관계의 대척 정점에 이르렀을 때 생겨났다. 방송이 정치 우익만큼 보수성을 표방하기에 폭스뉴스의 등장 자체가 반가운 일이었다. 그러나 더 매력적인 것은 주류 매체와 달리 폭스뉴스는 그들의 언어를 여과 없이 전달하고 발언에 대한 자기 검열을 불필요하게 해준다는 사실이었다. 예컨대 폭스뉴스는 주류 매체가 불법체류자에 사용하는 '미등록 이민자'라는 표현 대신에 '불법적인 외국인illegal alien'의 사용을 허용했다. 이후 이 단어는 공적인 정치 담론에서 일반적인 용어로 쓰이게 되었다.[50] 보수적인 공간에서는 일반적이지만, 공중파에서는 편협한 차별적 용어로 간주해 금기시되던 용어를 주저하지 않고 말할 기회를 폭스뉴스가 보수적인 정치인들에게 부여함으로써 지나칠 정도의 증오 감정 표현이 폭스뉴스를 통해 공공 영역에서 일상화된 것이다.

폭스뉴스의 거친 담론은 보수 정치 엘리트뿐만 아니라 일반 시청자들의 흥미도 자극했다. 앞에서 언급한 격렬한 감정 표현의 일상화는 저학력·저소득 노동자들의 사회·문화적 차별로부터의 해방을 유도했다. 경제적 차이를 넘어 문화적 차별을 유도하는 현대사회의 엘리트들은 차별 기제로서 특유의 내밀한 언어와 어휘를 사용하면서 대중과 거리를 두려고 하는 동시에 일상의 상호작용에서 고프먼이 말하는 '언어의 규범적 안정 구조'를 지키려고 한다. 그런데 폭스뉴스에서 보여준 트럼프의 거칠고 저속한 어휘는 마초적이고 투박한 언어에 익숙한 노동자들에게 문화적 동질감을 부여하는 동시에 자유주의 엘리트나 힐러리 같은 지식인 여성에 대한 혐오를 공유하게 했다. 일상생활의 자기 표현에서 노골적인 일탈을 허용함으로써, 트럼프와 노동자들의 정치적 동질성은 소셜 엘리트들의 자유주의 정체성과 대립 구도를 형성할 만했다.

한편 주류 매체를 신뢰하지 않는 복음주의자들은 폭스뉴스를 통해 공적으로 드러나지 않은 상식과 진실의 비밀스러운 목소리에 접근하고 있다고 느낄 수 있게 되었다. 폭스뉴스는 "자기 검열과 '정치적 공정성'에 의해 통제가 이루어지는 세상의 균질성과 뚜렷하게 대비되는 실재에 대한 계시적 발견의 전율을 투사해 준다".[51] 자유주의 미디어와 지배 엘리트에 의해 무시되거나 조롱받던 내용을 폭스뉴스가 주저 없이 전달해 주기 때문이다.

하버드 대학교의 역사학자 질 르포어Jill Lepore는 여과되지 않고 검열되지 않은 용어의 공적 담론화가 인터넷 시대의 산물이라고 주장한다. 사적 공간에서만 허용되던 용어를 공적 영역에서 아무런 거리낌 없이 사용하게 된 것은 케이블 방송을 가능하게 한 인터넷의 등장과 무관하지 않다. 산업사회 때와 다르게 인터넷은 출발부터 정부의 통제를 받지 않았기에 공적 영역과 사적 영역의 경계를 무너트렸다. '익명성과 조급함을 허용하는 인터넷의 무정형성'이 역사를 하나의 음모로 이해하게끔 했고, 대답을 구하는 일련의 방식처럼 보이는 온라인 세계는 사람들이 어떠한 권위도 신뢰하지 않으면서 자신들만이 선호하는 분별없고 스릴만을 제공하는 정치적 상상력에 스스로를 맡기게끔 해주었다.[52] 폭스뉴스의 사적 담론 어휘의 적나라한 송출 행태와 트위터를 통해 감정적 반응을 즉각 표출하는 트럼프의 행태는 인터넷 시대의 산물이자 반영이다. 중요한 것은 트럼프와 폭스뉴스의 미디어 활용 전략은 복음주의자들의 감성적 욕구에 충실히, 그리고 신속하게 반응함으로써 상당한 정치적 효과를 낳고 있다는 사실이다.

* * *

지금까지 2016년 대선을 전후로 떠오른 공포와 증오의 사회·정치적 에토스의 형성과 전개에서 트럼프와 복음주의 중심의 종교 우익, 그리고 폭스뉴스 등의 삼각 편대가 상당한 역할을 했음을 살펴보았다. 또한 비윤리적인 트럼프와 복음주의자들 간에 존재하는 모순을 해결한 연결 고리가 공포와 증오의 기제였으며, 이 기제는 미국의 복음주의에도 내재되어 왔고, 트럼프가 대선 캠페인에서 이 기제를 적극적으로 활용했음을 다음과 같이 확인했다. 첫째, 트럼프의 등장 이후 미국 사회에 증오 에토스가 확산했고 증오 범죄 또한 증가했다. 그의 여성 차별, 외국인 혐오, 인종주의를 수반한 거친 수사가 지나친 증오 감정 표현을 정상적인 행위로 보이도록 했고 대안적 사실의 절대화를 유도했다. 둘째, 오바마 행정부하에서의 문화전쟁 패배로 위기의식을 느낀 복음주의자들은 신앙이 없어도 자신들의 종교적 가치를 보호하고 주변화된 기독교의 위상을 회복시켜 줄 수 있는 강력한 남성 지도자를 필요로 했다. 이들의 욕구를 감지한 트럼프는 그들의 증오 에토스를 북돋우면서 반엘리트주의와 대중주의를 선거 전략으로 활용했다. 셋째, 궁중 복음주의자들이 행한 트럼프 이미지 세탁이나 복음주의의 도덕적 딜레마를 해소하기 위한 결의론 조성 작업도 트럼프의 당선에 한몫했다. 마지막으로 폭스뉴스는 복음주의 신앙체계에 사회·정치적 보수성을 혼합한 백인 정체성 정치를 조장하고 방송에서 거친 증오 감정의 표현을 허용함으로써 트럼프와 함께 지나친 감정 표현이나 담론의 정상화와 일상화, 공공 영역으로의 확산에 이바지했다. 한마디로 트럼프와 폭스뉴스의 미디어 활용 전략은 복음주의자들의 공포와 증오 정서의 충실하고 신속한 반응을 유도했고 그들의 정치적 선택에 결정적인 영향을 미쳤다.

제3장
트럼프와 복음주의 종교 우익의 결합

막스 베버의 종교사회학은 종교의 역사성을 드러내는 작업이라고 해도 무방할 정도로 시대의 독특한 사회상을 해석하는 데 중점을 두었다. 그런데 종교의 역사성이 가장 두드러지게 나타나는 것은 종교가 정치와 관계할 때다. 그러나 각 영역의 내재적 목표와 운영 원리를 보면 정치와 종교는 근본적으로 긴장 관계를 지닌다. 보편주의를 지향하는 종교와 달리 정치는 특수주의를 지향하기 때문이다. 하지만 역사 속에서 정치와 종교는 긴장과 타협의 관계로 점철되었다. 물론 타협이 더 지배적이었다.[1]

이 장에서는 2016년 미국 대선 전후로 나타난 복음주의자들과 도널드 트럼프의 동맹에 대해 살펴보고자 한다. 이전에도 종교 지도자들이 대선에 깊숙이 개입한 적이 있었다. 로널드 레이건이나 조지 W. 부시 등은 이들의 도움을 받고 대통령에 당선될 수 있었다. 하지만 2016년 대선에서 나타난 복음주의자들의 트럼프 지지는 양상이 다르다. 세속적 삶의 전형이라고 할 수 있는 트럼프와의 종교 윤리적 불일치에도 불구하고 복음주의자들이 그를 전격적으로 지지했기 때문이다.

트럼프는 정치적으로나 신앙적으로 복음주의와는 조화할 수 없는 인물이었다. 공직 경험이 없었으며 그가 지닌 부와 명성 또한 부동산 거래와 카지노 운영 등을 통해 형성되었다. 또한 규범 파괴적이며 무례한 언사를 남발하는 일탈적인 인물이었다. 무엇보다도 그는 죄에 대한 고백이 필요하지 않다고 말할 정도로 신앙과는 거리가 먼 삶을 살아왔다.[2] 당내 경선부터 대선 캠페인 내내 트럼프를 따라다닌 것은 도덕성 문제였다. 그는 두 번 이혼했고, 혼외 관계를 자랑삼아 떠벌리기도 했으며, 성인용 방송 쇼에 나가 전통적인 부부 관계로부터의 일탈에 정당성을 부여하기도 했다. 또한 성추행 경험을 자랑스럽게 이야기하고 장애인을 조롱하며 소수 인종을 모욕했다. 트럼프의 비도덕적인 행태는 대선 후보의 도덕성을 매우 중시하는 복음주의의 가치와 상당히 어긋나는 것이었다.[3] 하지만 복음주의자들은 그를 지지했고 그는 대통령에 당선되었다. 어떠한 도덕적 비난도, 심지어 성추행에 관한 녹음 기록 폭로도 그에게 치명타를 입히지 못했다. 더 놀라운 것은 백인 복음주의자의 81%가 그를 지지했다는 사실이다.[4]

복음주의자들과 트럼프 간 동맹의 사회·정치적 맥락을 추적하고 그것의 사회학적 의미에 대한 해석이 필요하다. 특히 중요한 것은 트럼프를 지지한 복음주의자들 대부분이 백인이고, 흑인이나 유색인들은 뚜렷한 흔적을 남기지 않았다는 점이다. 이는 동질적인 가치 지향과 함께 사회·정치적 또는 경제적 동기 상황 motivational situations[5]을 제공한다. 따라서 트럼프와 복음주의자라는 두 세력이 어떻게 선택적인 친화력 elective affinity을 발휘하게 되었는지를 추적하기 위해 여기서는 첫째, 백인 복음주의자들의 지지를 이끈 동기 상황 추적의 하나로 트럼프 지지의 다양한 요인에 대한 사회과학적 분석을 논의한다. 둘째, 복음주의와 트럼프를 결정적으로 이어준 미국 기독교 국가주의에 대한 상징적 차원과 전략적 차원의 논의를 전개한다. 지금까지 종교 우익은 하나의 문화적 코드로서, 미국이 다른 나라보다 더 번성한 기독교 국가였다면서 백인들이 지배하던 시절에 대한 향수를 자극해 왔다. 그런데 트럼프가 미국 우선주의를 내세우며 이에 동조하고 나선 것이다. 셋째, 이러한 과정에서 복음주의의 도덕적 당위와 트럼프와의 동맹 관계에서 나타나는 정치적 현실 간의 모순을 종교 지도자들이 어떻게 해결했는지를 살펴본다. 즉, 정치와 종교의 타협에 정당성을 부여하기 위해 어떻게 모순 해소의 의미 해석을 끌어냈는지 살피는 것이다. 베버는 이를 결의론이라고 했다.[6]

트럼프 지지에 영향을 미친 요인

왜 백인 복음주의자들 대부분이 2016년 대선에서 트럼프에게 표를 던졌는가? 이미 영화감독 마이클 무어Michael Moore는 대선 수개월 전에 트럼프를 사이코패스라고 칭하면서도 그의 당선을 예견했는데, 여기에 다섯 가지 이유를 제시했다. 첫째, 트럼프가 러스트벨트인 미시간주, 오하이오주, 펜실베이니아주, 위스콘신주를 집중해서 공략하고 있었기 때문이다. 트럼프는 힐러리 클린턴 후보가 지지하는 북미자유무역협정NAFTA: North American Free Trade Agreement이 이들 지역의 산업을 황폐화시켰다면서, 자신이 대통령이 되면 멕시코로 공장을 옮긴 포드Ford의 멕시코산 자동차에 35% 관세를 부과할 것이며, 중국으로 건너간 애플Apple 공장을 미국으로 돌아오게 할 것이라고 공약해 노동자들의 환심을 사는 데 성공했다. 제2차 세계대전 이후 수십 년 동안 호황을 누렸던 미국 경제가 침체하면서, 중산층이 몰락하자 트럼프는 이를 대선 전략에서 자기에게 유리한 쪽으로 활용한 것이다.

제2차 세계대전 이후 미국은 30년 동안 호황기를 맞으며 기업들의 생산성이 97% 늘었고 이에 발맞추어 노동자의 시간당 급여도 91% 늘었다. '제대군인보호법GI(Government Issue) Bill/Servicemen's Readjustment Act of 1944'을 통한 무상교육이 경제성장에 필요한 생산성의 향상에 한몫했다. 중요한 것은 그 당시에는 경제성장의 혜택을 모두가 공유했다는 사실로, 세계에서 가장 커다란 규모의 중산층이 미국에서 형성되었다. 하지만 1970~1980년대에 소득 불평등이 심화했고, 중·저 소득을 얻는 미국인들의 생활수준이 만성적으로 둔화하는 문제가 나타나기 시작해, 실질적인 소득 불평등 증가에 따른 실망스러운 생활수준이 오늘날까지 계속되고 있다.[7]

무엇보다도 이는 미국 기업들이 수익 분배에서 다른 길을 택했기 때문이다. 수익 대부분을 수익 창출에 실질적으로 이바지한 노동자들에게 배분하는 대신, 대기업에 투자해 지분을 소유한 주주들에게 지급한 것이다. 소유와 경영의 분리로 회사 경영에 대한 책임도 없이, "아무것도 하지 않고 투자만으로 돈을 버는(get something for nothing)", 그야말로 돈이 돈을 버는 시대가 도래한 것이다. 1973~2013년 일반(생산·비관리) 노동자의 시급은 9% 증가했다. 그러나 같은 기간 생산성은 74%나 증가했다. 이는 노동자들이 고용주로부터 받는 급여와 혜택 패키지보다 훨씬 많은 것을 생산해 왔음을 의미한다.[8]

기업과 주주 친화적인 정치권의 움직임이 소득 불평등 심화에 불을 붙였다. 1980년대에 공화당 출신의 레이건 대통령은 법인세를 인하하고 주주들의 세금을 감면해 주었다. 최저임금 인상도 반대했고, 정부의 감독권을 유명무실하게 했으며, 노동조합의 해체를 적극 지지했다. 따라서 기업의 수익은 급성장했지만 노동자의 임금 인상은 정체되었고, 성과급이라는 명목으로 최고 경영자들은 노동자보다 300배 이상 많은 임금을 챙기면서도 아무런 도덕적 수치를 느끼지 않게 되었다. 탐욕이 정당화되면서 더 커진 파이는 주주와 고위 경영자들이 나누어 가졌고, 노동자들은 파이의 부스러기만 자기 몫으로 가져야 했다. 최고 경영자 대 고용자의 임금 격차CEO-to-employee pay gap가 중산층 붕괴의 단면을 보여준다.[9]

국내의 분배 메커니즘에 더해 21세기에 들어서면서 시작된 제조업의 해외 이주와 외주화, 그리고 대공황 이후 최악의 침체recession 탓에 경제가 하강기에 접어들자 갑자기 일자리가 사라져 실직자들이 늘고 지역공동체는 유령도시로 변하면서 러스트벨트가 형성되었다. 트럼프는 이러한 상황을 유리하게 활용했다는 것이다.

무어 감독이 트럼프의 승리를 예견한 이유로 둘째, 남성 중심의 성 정체성이 오바마 행정부 8년 동안 위기에 처했다고 느낀 백인 남성들을 트럼프가 달래는 데 성공했기 때문이다. 이 기간 동안 여성, 유색인종, 동성애자, 성전환자 등이 240여 년에 걸친 백인 남성들의 지배를 종결시켰다고 트럼프는 주장했다. 셋째, 인기가 없는 힐러리 때문이다. 많은 유권자가 그녀를 정직하지 않다고 여기며 신뢰하지 않았고 젊은 여성들로부터도 외면받고 있었다. 넷째, 힐러리와 경선을 치른 버니 샌더스Bernie Sanders의 지지자들이 투표에 적극적이지 않을 가능성 때문이다. 버락 오바마가 당선될 때처럼 친구들을 독려해 투표장으로 이끌었던 열정을 젊은 민주당 지지자들이 보일 가능성이 적어졌다. 마지막으로 다섯째, 제시 벤추라Jesse Ventura 효과의 가능성 때문이다. 1990년대에 미네소타주 주민들이 프로 레슬러인 벤추라를 주지사로 뽑은 것은 그가 훌륭한 정치인이어서가 아니라 그가 되면 어떨지 하는 장난스러운 호기심에서였다. 트럼프가 대통령이 되면 어떤가, 될 대로 되라

는 식의 유권자들 때문에 그의 승리가 가능하다는 것이다.[10]

한편 사회과학자들은 트럼프 당선을 이끈 요인으로 경제적 불만, 여성 혐오(성차별주의), 인종주의(흑인에 대한 편견), 이슬람 혐오(테러리즘과 난민 문제), 외국인 혐오(불법 이민자와 멕시코 국경 장벽 설치) 등을 제시했다. 이들 요인은 개별적이라기보다는 융합되어 작동했다.

첫째, 경제적 불만과 관련해서는 우선 러스트벨트 지역의 백인 노동자 계급 유권자들이 강력한 트럼프 지지자라는 사실이 중요하다. 지난 두 차례의 선거에서는 오바마를 찍었지만, 자신들의 불안한 사회경제적 위치 때문에 트럼프 지지로 돌아선 것이다. 페니 에드겔Penny Edgell은 트럼프 대선 캠페인의 진수는 경제적 불황에 대한 감성에의 호소였다고 한다. 감성은 동질성의 동원을 이끄는데, 특히 잃어버린 경제적 안정에 대한 향수를 지닌 노동자들을 좌파와 우파 엘리트에 대한 분노로 이끌었다. 수십 년 동안 이어진 경제 침체에 대한 대중의 분노는 신자유주의하에서 이루어진 임금 정체, 일자리 상실, 노동조합 해체 등을 정치와 경제 엘리트에 대한 분노로 이끌었다. 약 85% 이상의 미국인들은 숙련된 노동자 계급의 일자리 상실, 작업장 혜택의 저하, 의료비 급등 등을 경험하며 미국의 경제적 허약함을 체감하고 있었기에 트럼프의 분노 자극에 취약할 수밖에 없었다.[11]

한편 경제적 불만과 관련해 2016년 대선 유권자 성향 연구를 진행한 브라이언 샤프너 등Brian F. Schaffner et al.은 대학 학위 소지 백인과 미소지 백인을 구분하면서 학위 미소지자들의 트럼프 지지에 대해 경제, 인종주의, 성차별주의 등의 소주제로 나누어 설명한다.[12] 백인들 사이에서 교육 정도에 따라 경제적 기회의 부여 여부가 결정되는 것은 최근에 나타난 현상이다. 이미 로버트 퍼트넘은 대학 학사 이상의 교육을 받은 미국인과 고교 이하의 교육을 받은 미국인 사이에 존재하는 경제 자본, 문화 자본, 사회 자본의 급격한 차이에 대해 설명하며 이러한 차이가 자녀들에게 유산으로 대물림한다는 주장을 펼친 바 있다.[13] 트럼프는 2016년 봄 "나는 교육받지 못한 사람들을 사랑한다"라며 실직한 블루칼라에 대한 지원을 약속한 바 있다. 이는 저교육이 저소득으로 이어짐을 트럼프가 간파하고 있음을 말해준다. 노동자에 대한 전략적 캠페인으로 그는 보호무역주의를 표방하면서도 서민을 위한 의료보장제도나 사회보장제도와 같은 정부 프로그램 예산은 삭감하지 않았다.

샤프너 등에 따르면 1980년 이후 대선 투표에서 대학 교육 수혜자와 미수혜자 사이의 차이가 가장 크게 나타난 것이 바로 2016년 대선이다.[14] 대학 학위를 지닌 백인들로부터 트럼프가 얻은 표는 힐러리에 4%p 앞섰지만(2012년 밋 롬니Mitt Romney는 오바마에 10%p 앞섰음), 학위 미소지자로부터 얻은 표는 무려 40%p나 앞섰다. 백인 노동자 계급이 오바마 집권 시기에 경제적 혜택을 받지 못했기에 보호무역주의 등의 정책을 약속한 트럼프의 대중주의적 경제 메시지에 동의할 수밖에 없었다. 실제로 트럼프는 대학 학위가 없는 백인 유권자 70%의 지지를 받았다. 특히 선거 결과를 결정짓는 지역으로 유명한 위스콘신주, 미시간주, 펜실베이니아주 세 개 주에서 유권자의 40% 내지 47%가 대학 학위가 없는데 이들의 트럼프 지지가 힐러리 지지를 30%p 정도 앞섰다.[15] 이 세 개 주에서 발생한 백인 노동자 계급의 민주당 지지 철회의 원인으로 과거에는 문화적 요인을 꼽았었다. 낙태, 총기 규제, 동성애 결혼, 사형 등의 이슈에서 민주당과 입장 차가 컸기 때문이었다. 하지만 2016년 대선에서는 경제적 이유가 공화당 후보인 트럼프 지지의 중요한 또 다른 요인으로 등장했다.[16]

둘째, 성차별주의와 관련된 요인이 있다. 이는 경제보다는 문화적 신념에 무게를 두는 것으로 남성 우월주의를 대선 캠페인에서 기꺼이 드러내는 트럼프의 어필이 통했음을 의미한다. 샤프너 등의 연구에 따르면 이 요인은 백인 우월주의와 복합적으로 작용했다. 흑인 대통령의 8년 지배와 최초의 여성 대통령 후보의 출현에 대한 반감이 성차별주의와 인종차별주의가 대학 졸업자와 미졸업자 간의 분명한 구분 선이 되도록 해주었다. 즉, 교육을 적게 받은 백인 남성들은 성차별주의와 인종주의를 더욱 선호하는 경향이 있기에 트럼프를 더 지지했지만, 교육을 많이 받은 백인들은 힐러리를 더 지지했다.

그렇다면 왜 여성에 대한 트럼프의 성차별주의적인 태도가 교육을 덜 받은 백인 유권자들에게 경제적 불만이나 인종차별주의 요인보다 더 어필할 수 있었는가? 표면적으로는 트럼프의 직설적이고 대중적인 호소력이 자유주의 엘리트를 대표하는 힐러리 지지를 능가했다고도 볼 수 있다. 그러나 심리학적으로 보면 힐러리에 대한 트럼프의 공격은 대학 학위 미소지 백인 유권자들의 의식에 뿌리박힌 남성우월주의적인 사고방식을 자극한 것이었다. 특히 후보 토론회에서 트럼프가 힐러리를 "고약한 여자(nasty woman)"라고 언급한 것은 힐러리가 여성들의 행동 방식에 대한 백인 남성우월주의자들의 고정관념에서 벗어나 있다는 인식을 심어주기에 충분했다.[17]

한편 에드겔은 전통적인 젠더 역할에 대한 트럼프의 감성적 호소가 그의 승리에 한몫했다고 주장한다. 여성 혐오에 대한 공개적인 지지 등의 행동에도 불구하고 42%의 여성이 트럼프에게 표를 던졌기 때문이다. 이들에게 의미 있는 것은 유리 천장을 부수거나 남성과 동등한 봉급을 요구하는 데 있지 않고 경제적 위기 상황에서 안정된 가정과 전통적인 젠더 아이덴티티를 유지하는 것이었다. 이는 동시에 백인 남성들의 가치와도 상당히 일치하는 것으로 여성을 독립된 정치·경제 주체로 보고 동등한 기회와 보상을 요구하는 자유주의 페미니즘적인 백인 중산층 여성들의 생각을 거부하는 것이었다.[18]

셋째, 또 다른 문화적 요인인 인종차별주의, 특히 반흑인 정서와 편견을 들 수 있다. 이는 흑인들에 대한 백인들의 전통적인 인식 유산 때문이기도 하지만, 1960년대 시민권 운동 이후 달라진 흑인들의 사회적 위상에 대한 백인들의 두려움 때문이기도 하다. 즉, 백인들은 흑인들 때문에 자신들이 사회적으로 불이익을 겪고 있다고 생각하는 한편, 흑인들의 사회적 영향력 확대에 위협을 느끼고 있다는 것이다. 과거의 선거 캠페인에서 인종주의적인 발언은 대중에게 당연히 거부되었지만, 최근 들어 "백인들은 자신들이 공격에 노출된, 포위된 인종 집단이라고 여기고 있으며, 그 결과 강한 우리네 집단의 정체성이 생겨났고, 동시에 다른 집단에 대한 증오 표현을 더욱더 묵인하게 되었다".[19] 인종차별적인 태도 또한 교육의 정도와 관련된다. 교육을 덜 받은 백인들은 다른 인종 집단에 덜 관대하고 더 차별적인 태도를 지니고 있다. 따라서 트럼프의 인종차별적인 발언은 교육을 덜 받은 백인들에게 호소하는 데 더 효과적이다.[20]

넷째, 이슬람 문화와 테러리즘에 대한 두려움 또한 트럼프 지지의 동기가 되었다. 이미 당 예비 경선 때부터 공화당 후보들은 무슬림들을 문화적 차원의 적, 국외자 등으로 틀 지음으로써 이슬람 혐오를 조장했다. 특히 트럼프 지지자들은 무슬림 난민과 무슬림에 부호화된 테러리즘에 대한 두려움을 표방했다.[21] 한편 에밀리 에킨스Emily Ekins는 트럼프에게 투표한 유권자를 다섯 집단으로 나누어 각 집단의 성향을 분석했다.[22] 연구 결과를 보면 무슬림에 대한 부정적인 태도와 다음에 논하는 이민자 거부 입장에서 다섯 집단이 교집합이 되어 트럼프 지지로 연결됨을 알 수 있다. 특히 공화당이나 트럼프에 대한 지지 여부와 정치에 대한 정보 소유 여부와 관계없이 이들이 트럼프에게 표를 던진 것은 이민자, 특히 무슬림 이민자들에 갖는 크고 작은 두려움 때문이라고 할 수 있다.

다섯째, 인종주의 또는 외국인 혐오를 들 수 있다. 트럼프의 멕시코 국경에 장벽을 세우자는 주장과 불법 이민자에 대한 단호한 입장은 많은 노동자 계층과 보수적인 미국인들의 외국인 혐오 정서를 자극했다. 에드겔에 따르면 트럼프의 대선 캠페인은 이미 존재하던 강력한 문화적 이야기narrative를 끄집어냈다. 이는 정치와 경제 엘리트들이 수십 년 동안 귀 기울이지 않던 이야기로, '타자들'과 구별되는 백인 '노동하는 사람들'의 이야기였다. 여기서 타자는 사회복지의 수혜자 또는 국경을 불법적으로 건너와 그들의 일자리를 빼앗는 자들이다.[23] 트럼프는 '우리'와 '그들'의 대립 구도를 설정해 경제문제와 연계했다. 또한 백인의 인종적 분노와 경제적 공포를 충분히 활용해 많은 백인 보수주의자, 백인 복음주의자, 백인 노동자를 성공적으로 결집했다. 미국의 엘리트들이 흑인과 라틴계 유권자들에게 구애하고 유럽인들에게 국경을 여는 데 열중하느라고 미국 백인들의 일자리를 보호하는 데는 주의를 기울이지 않았다는 것이다.[24]

트럼프가 유발한 노동자들의 분노는 분노 표출의 대상을 잘못 잡도록 사실상 트럼프가 유도한 결과다. 그들이 분노해야 할 지점은 유입된 이민자와 외국인 노동자들이 자신들의 일자리를 차지했다는 사실보다 미국 사회의 불평등한 소득분배 구조였어야 한다. 미국 증시에 상장된 시가총액 상위 500개 기업의 주식을 모아 지수로 묶어 주기적으로 수정하고 발표하는 스탠더드앤푸어스 글로벌S&P Global에 따르면 미국의 500대 기업들은 2003~2012년에 수익의 91%를 자사주 매입과 주주 배당금으로 사용했고, 연구개발R&D과 노동자 임금 등 기업의 전반적인 운영을 위해서는 나머지 9%만 사용했다. 그 결과 '연방소비자 금융조사The federal Survey of Consumer Finances'에서 나온 울프스 데이터 Wolff's data를 바탕으로 경제학자 에드워드 울프Edward N. Wolff가 쓴 논문에 따르면 미국 사회의 상위 1% 부자들이 미국 부富의 40%를 차지하고 있으며 이는 1962년 이후 가장 높은 비율이라고 한다.[25] 소득 불평등과 경제 양극화의 문제를 탓하기 위해 이민자와 외국인 노동자를 끌어들인 트럼프의 대중 선동에 넘어간 미국 노동자들은 "어떤 희망에 그토록 교묘하게 회유당했을까?"[26]라는 질문을 하지 않을 수 없다.

미국 기독교 국가주의의 등장

미국 종교 우익은 정치 우익과 함께 '미국 기독교 국가주의'를 발전시켜 왔다. 정치 우익의 국가주의에 대한 기독교 우익의 화답이 이루어진 시기는 대체로 1980년 대선에서 공화당 후보인 레이건을 '도덕적 다수'의 제리 폴웰 목사 등 종교 우익이 지지하면서부터다. 이때 하느님에게 선택받은 강력한 기독교 번영 국가라는 문화적 코드가 형성되었다. 이는 종교적 담론, 상징, 정체성 등이 세계를 지배하는 미국의 경제와 정치 시스템을 향해 미국인들이 인식하고 반응하게끔 해주었음을 말해준다. 미국 기독교 국가주의는 앞에서 다룬 트럼프 지지 요인 모두와 교차하지만, 독립적으로 작동하는 독특한 이데올로기이기도 하다. 그리고 그 영향력은 미국 시민들에게 뚜렷한 기독교 유산과 미래에 대한 신화를 제공함으로써 대중의 정치적 행동을 유발할 수 있을 정도로 강력하다.[27]

백인 복음주의자들과 트럼프의 동맹은 미국 기독교 국가주의의 또 다른 역사적 표상이 아닐 수 없다. 이미 복음주의자들은 번영 신학을 만들어내기도 했고, 경제적·물질적 번영이 미국에 내려졌던 축복이라고 함으로써 그 회복을 위해 트럼프의 등장을 환영할 수밖에 없었다. 트럼프가 표방한 '미국 우선주의'는 미국의 종교적 정체성과 종교적 유산에 대한 특별한 비전 제시와 그것의 완성에 대한 헌신 약속이었다. 한마디로 그것은 미국 기독교 국가주의의 세속적 표현이었다.[28]

그러나 이 새로운 형태의 정치와 종교의 동맹은 과거와는 달랐다. 레이건과 트럼프 모두 신앙의 깊이가 없는 세속적인 인물이라는 점에서는 같지만 복음주의자들과 가진 관계의 깊이는 달랐다. 영화배우 출신인 레이건은 훌륭한 연기력으로 복음주의자들의 요구를 들어주는 척하면서도 실제로는 그들이 요구한 평등 권리 수정안 폐지, 공립학교에서 기도 재개, 동성애 권리와 낙태 허용 법안 폐지 등을 거의 들어주지 않았다. 복음주의자들은 단지 대통령이 자신들과 뜻을 같이했다는 사실에만 만족해야 했다. 반면에 트럼프는 거듭남과 같은 신앙 체험은 없었지만, 복음주의자들과 사회적 관점을 공유하고 심지어 체현한 인물이다. 이른바 남성 우월주의와 백인 우월주의, 이슬람 혐오와 외국인 혐오 등에 대한 인식을 복음주의자들과 공유할 뿐만 아니라 실제 행동으로 표출하기까지 했다. 기독교 우익이 쉽사리 드러내지는 못하지만 내면에 깊숙이 감추어 둔 인식을 트럼프가 노골적으로 표현한 것이다.

구체적으로 보면 여성에 대한 차별적인 태도는 성서 문자주의를 선호하는 복음주의자들의 신념이고(모든 여성은 가정으로 복귀하라는 것이 복음주의자들의 신념임), 인종차별주의적인 태도 또한 보수적인 종교 우익의 생각이며, 이슬람교는 9·11 테러 이전부터 기독교와 상극인 종교로 인식해 왔다. 외국인 혐오 또한 '광야로의 심부름Errand into the Wilderness'에서 '새로운 이스라엘' 건설의 주역이었던 백인들이 세운 사회를 회복하고 유지해야 한다는 생각에서 비롯한 것이다.

기독교 국가주의는 오랜 세월 동안 기독교 근본주의나 기독교 우익에 의한 문화전쟁의 형태로 미국 사회에 등장해 왔다.29 기독교 국가주의는 국가 정체성을 기독교적으로 해석하면서 종교와 애국심을 동일시하기에 '팍스 아메리카나'라는 세계 패권주의를 부추기지만, 국내적으로는 미국의 현실과 미래에 대해 종교적으로 해석한다. 또한 백인 우월주의를 전제로 하기에 인종주의적이다. 예컨대 백인과 유색인 간의 결혼을 반대하는 데는 기본적으로 다른 종족과의 혼합의 망령에 대한 두려움이 깔려 있다. 따라서 미국 기독교 국가주의는 '영국과 유럽의 개신교 전통을 따르는 많은 백인'이 지지한다.30 트럼프의 신앙이 높든 낮든 그것은 문제되지 않는다. 인종주의와 외국인 혐오를 불러일으키는 불법 이민자를 막고 멕시코 국경에 장벽을 세우겠다는 트럼프의 주장은 미국의 역사와 미래를 기독교와 연결하는 것과 다르지 않기 때문이다.

기독교 국가주의가 트럼프 지지의 결정적 요인으로 작동했다고 주장하는 앤드루 화이트헤드 등Andrew L. Whitehead et al.은 먼저 시민 종교와 기독교 국가주의를 구별한다. 시민 종교는 자유와 정의의 사회적 완성에 대한 신과의 계약covenant을 강조하는 반면, 기독교 국가주의는 전쟁이나 정복을 통해 문화와 혈통의 순수성을 유지하는 데 헌신하면서 새로운 이스라엘로서의 미국 국가를 강조한다. 또한 시민 종교와 달리 기독교 국가주의는 명백한 복음주의를 표명하기에 다른 종교와 문화에 대해 배타성이 강하고 인종주의적인 정서를 지닌다.31 따라서 시민 종교는 담론 모델의 모습을 띠지만 기독교 국가주의는 투쟁 모델의 전형이라고 할 수 있다.

대통령 후보를 향해 복음주의가 높은 도덕성을 요구한다고 일반적으로 알려진 것과는 달리 최근에는 기독교 국가주의가 전통적인 도덕성과는 단절된 채로 종말론적 전쟁과 정복만을 강조하는 경향이 있다고 화이트헤드 등은 주장한다. 다시 말해 기독교 문명을 수호하는 것은 모든 복음주의자의 절대적인 의무인 '복음을 땅끝까지 전하라'는 그리스도의 지상 명령을 완수하기 위한 전제 조건이고 이를 위해서는 전쟁과 폭력도 무방하다고 믿는 것이다. 대통령 후보에 대한 도덕성 요구가 낮아진 경향과 트럼프의 호전성 때문에 복음주의자들이 비도덕적이고 세속적인 트럼프에 실망하지 않게 되었다. 더 나아가 기독교 국가주의가 보수적인 개신교인에게는 물론이고 신앙과 관계없는 보수주의 집단에도 수용될 수 있는 상징을 제공하게 되었다.[32]

트럼프 또한 명시적으로 기독교 국가주의 정서를 활용했다. 그는 반복해서 미국이 기독교 유산을 포기하고 있다고 말하는 한편, 기독교에 대한 공격이 만연하고 있기에 그것을 멈추어야 한다고 주장했다.[33] 결정적으로 그는 교회를 포함한 비영리조직에서 정치적 발언을 금하는 존슨 수정안이 기독교인들의 표현의 자유를 억누르고 있다고 비난했다.[34] 종교 기관의 공개적인 정치 견해의 표명을 면세 지위 상실과 연계하는 것은 종교의 자유를 억압하기에 이 수정안은 폐기되어야 한다는 것이다. 실제 트럼프는 대통령이 된 후에 존슨 수정안을 폐기하지는 못했지만 그 대신에 행정명령을 발동해 미국 국세청IRS: Internal Revenue Service에 종교 기관의 정치적 발언에 대해 느슨하게 조치할 것을 지시했다.

트럼프가 전개한 기독교 국가주의 논리는 경제 이슈, 불법 이민자, 테러리즘 등의 이슈와 연결되어 세속적인 차원으로 확대되었다. 트럼프는 미국이 한때는 위대한 국가였음을 상기시키면서 오바마의 집권이 가져온 테러 공격과 불법 이민의 증가 때문에 미국이 급속하게 힘을 상실했다고 주장한다. 따라서 기독교 국가주의는 인종 경계를 분명히 하고 비백인 이민자, 비기독교인, 특히 무슬림 등을 성전환자나 동성애자와 함께 미국 사회에 위협적인 문화적 외부자들로 간주하고 혐오한다. 특히 이슬람은 전통적으로 미국인·기독교인 정체성의 안티테제로서 트럼프 지지는 곧 기독교 국가주의를 이슬람 혐오와 연계시킨다.[35] 기독교 국가주의는 국가적 차원의 기독교 정체성 보존이기에 트럼프에게 투표하는 것은 이 정체성의 위협에 대한 적극적인 대응이 아닐 수 없게 된다.[36]

트럼프가 제시하는 강력한 미국의 회복, 즉 미국 기독교 국가주의로의 복귀는 현재에 대한 종말론적 위기의식을 강조함으로써 더 많은 대중의 지지를 얻어내는 데 성공했다. 국제정치에서는 물론이고 경제적인 차원이나 종교적인 차원에서도 대중 선동에 성공한 비결 가운데 하나는 현실에 대한 지나친 종말론적 진단과 미래에 대한 달콤한 환상의 제시였다.

트럼프의 공화당 대선 후보 수락 연설을 분석한 종교 칼럼니스트 E. J. 디온 주니어E. J. Dionne Jr.는 트럼프가 없는 실재를 가공해 공포를 조장한다고 비판한다.[37] 트럼프는 강경하고 맹렬한 어조로 스스로 결론 내린 '국가 위기의 순간'을 마치 종말의 위기처럼 제시했다. 그는 미국이 거리의 폭력과 공동체의 혼란으로 점철되었다고 주장하며 죽음, 파괴, 테러리즘, 허약함 등의 책임을 힐러리 후보에게 전가했다. 또한 미국이 범죄의 물결 한가운데에 있다면서 불법 이민자들이 대거 미국으로 몰려오고 있다고 주장했다. 그러나 당시 미국은 역사적으로 볼 때 범죄율이 상당히 낮았으며 이민자 유입 또한 오랫동안 낮은 상태를 유지하고 있었다. 이처럼 트럼프는 자신의 주장을 펼치기 위해 새로운 실재를 만들어냈다. 또한 개별적인 사건을 일반화해 마치 미국 전역에 이러한 사건들이 만연한 것처럼 사실을 호도했다. 그러면서 자신의 사회적 위치를 왜곡하기도 했다. 예컨대 억만장자인 자신은 "잊힌 남자들과 여자들을 위한" 반면에 힐러리는 거대 사업가, 미디어 엘리트, 주요 기부자들의 꼭두각시에 지나지 않는다고 헐뜯었다. 오바마 또한 비난의 화살을 비켜나지 못했다. 오바마가 인종과 색깔로 미국을 분열시켰으며 미국을 더 위험한 환경에 노출시켰다는 것이다. 결국 트럼프는 범죄와 이민에 대한 강경 노선을 통해 대중주의와 경제적 국가주의를 결합했다.[38]

한편 ≪뉴욕타임스≫의 보수적 칼럼니스트 데이비드 브룩스David Brooks는 트럼프가 대선 후보 수락 연설을 통해 기독교의 헌신 소명을 불만을 투덜대는 검투사의 에토스로 대체했다면서 모두가 정복, 성공, 패권, 지배 등을 향하게 만들었다고 비판했다. 복음주의에 고무되던 공화당의 도덕적 에토스가 극단으로 치닫는 국가 패권주의가 지배하는, 그래서 트럼프식의 산酸이 에이브러햄 링컨과 로널드 레이건의 정당인 공화당을 녹여 없애고, 공화당을 인물 숭배의 컬트 집단으로 바꾸고 있다는 것이다.[39]

한마디로 트럼프의 기독교 국가주의 표명은 허구적인 실재를 제시해 위기의식을 조장하고 해결의 적임자로 자신을 내세우는 선거 전략이라고 할 수 있다. 국제적 차원의 위기는 미국의 경제력 약화를 가져왔고, 국내의 법과 질서의 위기는 범죄의 증가를 가져왔으며, 이민자의 증가는 미국의 일자리 상실을 가져왔다고 선동함으로써 세속적 종말론 이미지를 조성했다. 이의 해결책은 미국의 국가 패권주의 회복이다. 이를 위해서는 강력한 지도자가 필요한데 트럼프 자신만이 그 적임자다. 기독교 국가주의는 이러한 세속적 패권주의에 종교의 옷을 입힌 것으로 미국이 지향해야 할 것은 결국 기독교 정체성의 회복이며 이와 함께 백인 중심의 인종적 정체성을 회복하는 것이다. 트럼프는 미국 기독교 국가주의에 동조함으로써 기독교 문명의 수호를 하느님이 미국인에게 부여한 지상 명령으로 여기는 복음주의자들과 자신을 동일시하는 데 성공했다.

트럼프와의 동맹에 대한 복음주의의 결의론

2016년 대선 예비 경선부터 트럼프의 공격적인 언행이 계속되자 보수와 진보할 것 없이 미디어 전문가와 지식인 등이 트럼프를 비판하고 나섰다. 저명한 복음주의 엘리트들도 트럼프를 멀리하거나 그를 비난했다. 거짓말하고 이민자와 난민을 비하하며 성추행 경험을 자랑하는 등의 행태 때문이었다. 예컨대 텍사스주 샌안토니오San Antonio의 오크힐스Oak Hills 교회 목사 맥스 루케이도Max Lucado는 "트럼프의 (타인에 대한) 무신경성은 중학교 학생회장 선거에서조차 수용될 수 없는 것"이라고 했고,[40] ≪크리스처니티투데이≫ 편집인 앤디 크라우치Andy Crouch는 "누구보다도 복음주의자들은 트럼프의 뻔뻔한 비도덕성에 대해 침묵해서는 안 된다"라고 주장했다.[41] 2016년 9월 ≪워싱턴포스트≫가 실시한 조사에 따르면 ≪크리스천포스트Christian Post≫와 같은 기독교 저널에 의한 트럼프의 "뻔뻔한 비도덕성(blatant immorality)"에 대한 비난이[42] 트럼프에 대한 지지를 약화시킬 것으로 예상되었다.

그러나 다른 한편에서는 많은 복음주의 지도자가 트럼프를 지지하고 나섰다. 예컨대 제리 폴웰 목사의 아들 제리 폴웰 주니어는 트럼프 지지를 전격 선언했고, 빌리 그레이엄 목사의 아들 프랭클린 그레이엄은 트럼프가 내보인 도덕성 결핍 등을 이유로 지지하기를 주저했지만 2016년 6월 뉴욕에서 1000여 명의 종교 지도자가 트럼프와 비공개 모임을 가졌을 때 대표 기도를 했다. 물론 그 자신은 모임 참여가 트럼프 지지를 의미하지는 않는다고 강변했지만, 참여자 대부분은 그가 트럼프를 지원하고 있음을 알 수 있었다고 했다.

그렇다면 세속주의적인 대중과 달리 신앙은 물론이고 개인의 도덕성을 매우 귀하게 여기는 복음주의자들이 신앙의 깊이는커녕 삶의 방식에서도 회의를 불러일으키는 트럼프를 지지한 까닭은 무엇인가? 더 나아가 이들이 어떤 방법으로 세속적인 정치인과의 결합을 위한 결의론을 만들어냈는가? 이는 정치와의 타협에서 드러나는 종교의 내재적 모순이 어떻게 의미적 차원에서 극복되고 정당성이 부여되는지에 대한 질문이기도 하다.

트럼프 지지의 정당성 주장에서 가장 일반적인 논리는 트럼프가 대통령이 되면 그의 도덕성 문제를 상쇄하고도 남을 정도로 기독교에 유익한 결과가 도출될 수 있다는 것이었다. 그것은 단순하게는 세상에서 기독교 가치의 영향력 확대일 수도 있고, 극단적으로는 베버가 말하는 정치의 단위와 종교의 단위가 일치하는 '공동체 종교'로의 회귀일 수도 있다. 그러나 일단은 낙태나 동성애자 이슈 등을 놓고 오랫동안 진보 진영과 치러온 '문화전쟁'에서 승리하는 일일 것이다. 낙태 반대와 동성애 저지가 복음주의가 세상을 바꾸고자 하는 시도의 첫걸음이기 때문이다. 1980년대 이후 몇 차례 시도가 있었지만 성공적이지 못했다.

진보 진영과의 문화전쟁에서 선봉에 섰던 이들이 기독교 근본주의자들이다. 근본주의는 복음주의 정치 운동이다. 정치권력을 통해 사회적인 영향력을 행사해 사회를 신앙 중심적으로 만들려고 하는 것이 근본주의 운동의 핵심이다. 예컨대 선거에 깊숙이 개입해 우익 후보들이 당선되게 하고, 이 우익 후보들이 입법부, 행정부, 사법부를 장악하게 하는 것이다. 그러나 선거 과정이 만만치 않았다. '도덕적 다수' 운동을 통해 레이건을, 근본주의 운동을 통해 부시를 행정부 수반이 되게 했고, 티파티 운동을 통해 많은 의원을 하원에 진출시켰지만, 그들의 요구를 만족시키기에는 충분치 않았다. 결국 그들은 트럼프에게 희망을 걸었다. 트럼프가 낙태 인정에서 반대로 돌아섰고, 연방 대법원에 보수적인 대법관을 임명하겠다고 약속했기 때문이다. 이후 실제로 트럼프는 세 명의 보수적인 대법관을 임명했다. 그중 성추행 전력이 있는 브렛 캐버노는 논란 끝에 가까스로 상원의 인준을 받아 임명되었다.

연방 대법원의 대법관 구성은 복음주의자들에게 매우 중요한 문제다. 가정중심연대Focus on the Family 총재 제임스 돕슨은 이것이 미국인의 삶의 모든 영역에 영향을 미칠 수 있기 때문이라고 주장한다. 특히 2016년 대선으로 선출되는 대통령은 세 명 또는 그 이상의 대법관 지명권이 있기에 새로운 법관들의 법철학이 앞으로 몇 세대 동안 미국 사회를 좌지우지할 수 있게 된다는 것이다. 연방 대법원에서 가장 중요하게 처리해야 할 사안은 캐버노의 임명 과정에서도 논란이 된 1973년에 낙태의 권리를 인정한 로 대 웨이드 판례다. 복음주의자들은 이 판례를 폐기하고자 했다. 돕슨은 이 판례가 나라를 분열시키고 5400만 명의 죄 없는 아기를 살해했다고 주장했다. 애리조나주 피닉스 신학교Phoenix Seminary의 성서학자 웨인 그루뎀Wayne Grudem은 트럼프가 보수주의자를 연방 대법관에 임명한 것이 낙태권 제한을 포함하는 복음주의의 요구에 도움을 줄 것이라고 주장했다.[43]

그리고 마침내 2022년 6월 24일, 전년도 12월 1일에 새로 시작한 돕스 대 잭슨여성보건기구Dobbs v. Jackson Women's Health Organization 재판에서 49년 전 여성 낙태권을 인정한 로 대 웨이드 판례와 가족계획연맹 대 케이시Planned Parenthood v. Casey 판례가 연방 대법원에서 모두 번복되었다. 연방 대법원의 결정은 미국 헌법이 낙태의 권리를 부여하지 않으며 연방법에 따라 보호되지 않는 낙태의 모든 측면을 규제할 수 있는 권한을 각 주에 반환하는 것이었다. 중요한 것은 당시 트럼프는 재선에 실패해 대통령 자리에 있지 않았지만, 자신이 재임하는 동안 새로 임명한 연방 대법관 세 명이 모두 낙태권을 반대하는 보수적인 인물들이어서, 앞에서 돕슨이 예상하고 기대했던 바가 실현되었다는 점이다.

재판의 쟁점은 임신 15주 이후의 낙태를 금지한 2018년의 미시시피 주법의 합헌constitutionality 여부에 관한 것이었다. 미시시피 주법은 법적 싸움을 유발해 연방 대법원을 움직여 결과적으로 로 대 웨이드 판례를 뒤집으려는 의도를 지닌 자유수호동맹Alliance Defending Freedom의 모델에 기반을 둔 것이었다. 당시 미시시피주에서 유일하게 낙태 시술소를 운영하고 있던 잭슨여성보건기구가 미시시피주 보건국 보건 담당관 토머스 돕스Thomas E. Dobbs를 상대로 소송을 제기했다. 하급법원들은 잭슨여성보건기구의 손을 들어주며 법 집행을 명령했다. 금지 명령은 1992년의 가족계획연맹 대 케이시 판례에 기초한 것인데, 이 판례는 주 정부가 태아의 생존 가능성 이전에, 즉 일반적으로 첫 24주 이내에 낙태를 금지하지 못하도록 했으며, 그 기간 내의 낙태에 대한 여성의 선택은 미국 수정헌법 제14조의 정당한 절차 조항에 따라 보호된다는 점을 근거로 했다. 그러나 2022년 6월 24일 연방 대법원은 하급법원의 판결을 6 대 3으로 뒤집었다. 다섯 명의 대법관은 로Roe와 케이시Casey의 승리를 가져왔던 판결 모두를 뒤집었으며, 결과적으로 거의 반세기 동안 이어져 온 낙태에 대한 연방 정부의 기준, 즉 합법적 권리로 간주한 낙태권이 공식적으로 폐기되었다.

대법관 임명과 함께 종교 우익이 제기한 또 다른 이슈는 종교의 자유 문제였다. 돕슨에 따르면 2016년 6월 뉴욕에서 종교 지도자들이 '도널드 트럼프와의 대화'를 열었을 때 행사에 앞서 30여 명의 복음주의자와 가톨릭 보수주의자들이 트럼프와 사적인 대화를 나누었다. 이때 돕슨이 트럼프에게 종교의 자유에 대해 묻자 트럼프는 종교의 자유를 보호할 것이며 그 증거로 자신이 대통령이 되면 지명할 대법관 후보의 명단을 보여주었다.[44]

강대한 미국 건설

종교 우익의 트럼프 지지에 대한 또 다른 이유는 근본주의적 입장을 2대에 걸쳐 내세운 제리 폴웰 주니어가 말했듯이 강력한 미국 국가를 다시 만들기 위해서다. 미국을 세계에 다시금 우뚝 솟아나게 하는 것이 복음주의의 영향력을 세계로 확대하는 것보다 더 중요하기 때문이다. 폴웰 주니어는 미국이 필요로 하는 대통령은 도덕군자가 아니라 미국을 강대국으로 돌려놓을 수 있는 지도자라고 주장했다. 병이 났을 때 경험이 많고 유능한 의사를 선택해야지 신앙이 깊고 윤리적인 의사를 선택할 수 없듯이 미국을 다시금 위대한 나라로 만들기 위해서는 경험이 많고 강력한 지도력을 갖춘 인물이 필요하다는 논리로, 이는 트럼프가 도덕적 흠결이 있지만 자수성가한 경험이 많고 뚝심도 있는 인물로 많은 후원자의 지원이 필요한 힐러리와는 달리 경제력도 출중하다는 것이다. 과거에 자신의 아버지가 '도덕적 다수' 운동을 통해 같은 복음주의자인 지미 카터 대신 로널드 레이건을 지지한 것도 강력한 미국을 위해서였다고 주장했다.[45] 그러나 아버지 폴웰은 윤리를 앞세웠지만, 유능한 의사를 내세운 아들의 극단적인 실용주의는 윤리적인 삶을 포기해도 좋다는 것과 다르지 않다.

아버지에 이어 백인 학생들이 주로 다니는 보수적인 리버티 대학교의 총장이 된 폴웰 주니어는 트럼프를 공개적으로 지지한 후 부인과 함께 트럼프와 찍은 사진을 트위터에 올려 논란을 일으켰다. 뉴욕의 트럼프 사무실에서 찍은 사진의 배경에 ≪플레이보이≫(1990년 3월 호) 표지를 넣은 사진 액자가 있었기 때문이다. 더군다나 트럼프와 같이 사진을 찍은 여성 모델은 그 무렵 코카인 밀수와 관련되어 6년 형을 받고 수감 중이었다. 논란이 일자 폴웰 주니어는 자신이 받은 비난을 예수가 겪은 고통에 비유하며 "영광스럽게도 죄인들의 친구가 된 예수를 비난했던 자들과 똑같은 위선자들이 수십 년 전의 잡지 표지를 가지고 나를 표적으로 삼았다"라고 주장했다.[46]

여기서 폴웰 주니어는 트럼프 또한 죄인임을 시사했지만, 미국을 강대한 국가로 만드는 일은 죄인과는 아무런 상관이 없다는 논리를 전개했다. 왜냐하면 천상의 왕국heavenly kingdom에서의 지배 논리와 지상의 왕국earthly kingdom에서의 지배 논리가 다르기 때문이다. 지상 왕국 또는 오늘날 국가는 자기 이익self-interest 추구의 원칙으로 운영되고 천상 왕국은 자기희생self-giving의 원칙이 지배하는데, 트럼프의 삶을 보면 그는 전자의 원칙에 따라 미국 국가를 지배하기에 적합한 인물이라는 것이다. 그러면서 폴웰 주니어는 "선한 사람(nice guy)"을 공직자로 뽑아서는 안 된다고 했다.[47] 여기서 그는 두 왕국으로의 분리 근거로 "가이사의 것은 가이사에게"(「마태복음」 제22장 21절)라는 구절을 든다. 더 나아가 예수는 결코 로마가 어떻게 다스려져야 한다는 지침을 내리지도 않았고 간섭하지도 않았다고 주장했다. 이 논리에 따르면 기독교인도 이 세상에서는 자유롭게 자기 이익을 추구하며 사는 것이 당연하게 된다. 더 나아가 국가도 나라의 이익 추구를 위해 작동되어야 한다. 따라서 "이 세상의 왕국에서는 지도자를 뽑을 때 나라를 최고로 만들 수 있는 사람을 뽑아야 할 책무가 있다". 이를 위해서는 "대통령을 뽑을 때 그가 얼마나 선한지가 아니라 그의 정책이 무엇인지가 기준이 되어야 한다"⁴⁸라고 강변했다.

한편 폴웰 주니어는 "예수가 우리에게 '네 이웃을 네 몸같이 사랑하고 가난한 자를 도우라'고 한 말씀을 국가에 적용하는 것은 예수의 가르침에 대한 왜곡이다"라고 주장했다. 또한 "예수가 사랑과 용서에 대해 가르쳤기에 미국이 한 나라로서 사랑하고 용서하며, 세계 여러 나라들에 우리가 지닌 것을 모두 넘겨주라고 하는 것 또한 그리스도의 가르침을 왜곡하는 것이다. 그것은 예수가 가르친 것이 아니다. 그러한 생각은 물론이고 예수의 가르침에 따라 공공 정책이 펼쳐져야 한다는 주장은 신정정치theocracy에서나 가능한 일이다"라고 말했다.⁴⁹ 곤경에 처한 이웃을 도우라는 예수의 가르침에 따라 국경을 열어야 한다는 민주당의 주장 또한 왜곡이라며 트럼프의 이민이나 난민 수용 거부와 멕시코 국경 폐쇄를 지지했다.

폴웰 주니어의 주장은 기독교와 성서에 근거한 조잡한 미국판 경영 철학이라는 비판을 받았다. 그가 말하는 기독교적 관점에서 보면 로마법에 따라 예수를 정치범으로 간주하고 십자가형에 처한 것도 정당한 행위가 되기 때문이다. 또한 아우구스티누스Augustinus가 "신의 도성City of God"을 언급한 것은 자기 이익을 추구하지 않는 행위가 기독교인을 더 좋은 시민으로 만든다는 것을 주장하기 위해서라는 사실을 폴웰 주니어가 망각한 것에 지나지 않기 때문이다.⁵⁰

도덕성을 중시하는 복음주의자들의 트럼프 지지는 트럼프와 복음주의자들의 가치 지향이 일치했기 때문이다. 특히 백인 복음주의자들이 느끼는 경제적 박탈감, 성적 우월감 상실, 인종적 우월주의 쇠퇴, 외국인 혐오, 이슬람에 대한 공포 등에 대해 트럼프가 자극한 분노가 그들에게 수용된 것이다. 그리고 이들 요인을 포괄하는 '미국 기독교 국가주의'를 트럼프가 '미국 우선주의'로 확인하고 보장을 약속했기 때문이다. 결론적으로 복음주의자들의 트럼프 지지에는 여러 요인이 교차해 작동하지만, 종교 지도자들이 내세우는 결의론을 통해서도 알 수 있듯이 무엇보다 중요한 것은 미국 기독교 국가주의를 위한 문화전쟁에서 주도권을 쟁탈하기 위해서일 것이다. 그러나 복음주의자들과 트럼프 간의 이런 정치와 종교 동맹은 트럼프가 대통령이 되어 펼친 여러 정책이 보여주듯이 절대적이고 보편적인 지향을 가진 복음주의가 상대적이고 특수주의적인 이데올로기로 전락하게 만들 뿐이라는 비판을 받게 했다.

제4장
미국 국가주의와 복음주의 종말론

　사회나 국가 구성원의 종교성 정도를 나타내는 지표는 다양하다. 하지만 종교의 공공성 테제 차원에서 또는 구체적으로 정치와 종교의 관계에서 보면 그 지표는 다음의 몇 가지 항목으로 나눌 수 있다. 종교의 정치 참여를 인정하는지 여부와 그 정도, 종교 단위와 정치 단위의 일치 여부와 그 정도, 민족이나 나라의 정치적 현실과 미래 운명에 대한 종교적 해석의 여부와 그 정도, 국가 정체성에 대한 종교적 인식의 여부와 그 정도 등이다.
　대부분의 근대국가는 특정 종교와 국가의 동일시를 헌법적 차원에서 허용하지 않는다. 하지만 때로는 종교가 국가의 운명에 대해 종교적인 해석을 시도하며 정치에 영향력을 행사하는 경우가 있고, 종교 세력이 정치 세력과 동맹 관계를 맺고 정치권력의 장악 또는 유지에 이바지하기도 하며, 그 반대로 정치권력에 대한 투쟁을 전개하기도 한다. 정치와 종교 간의 협조와 갈등 관계는 정치적 보수와 진보 진영 간은 물론이고 종교적 보수와 진보 세력 간에도 나타날 수 있다. 결국 정교분리 원칙에도 불구하고 정치와 종교의 관계에서 나타나는 여러 가지 지표는 여전히 유효하다고 할 수 있다.

하지만 이들 지표 중에 가장 두드러지는 것은 '종교 국가주의religious nationalism'다. 이는 한 나라의 운명이 신의 섭리에 따라 결정되며 자국을 신이 선택한 선민의 나라로 간주하는 신념을 바탕으로 한다. 따라서 종교 국가주의는 신의 섭리에 따른 선민의식과 함께 신의 계율을 충실하게 따른다는 윤리의식을 자부하게 한다. 한마디로 종교 국가주의는 국내적으로는 종교에 바탕을 둔 사회윤리 실천을 강조하고, 국제적으로는 자국 중심의 세계 선도를 신으로부터 부여받은 사명으로 간주한다. 특히 정치적으로는 세계 경찰이라는 역할 수행을 통해 악의 세력을 제거하고 경제적으로는 지배적 주체로서 안정된 세계경제를 주도하는 등 국내 지배는 물론이고 세계 지배를 목표로 하는 하나의 정치 이데올로기라고 할 수 있다.

종교 국가주의가 가장 잘 드러나는 나라가 미국이다. 미국 역시 교회와 국가의 분리가 헌법적으로 명시되어 있다. 하지만 역사적으로 정치와 종교의 관계가 매우 민감하게 그리고 밀접하게 작동해 왔다. 특히 미국의 기독교 우익은 '기독교 국가주의'를 지향함으로써 근대의 사회적 동의에 기초해 설정된 정교분리 원칙에서 벗어나 전근대사회처럼 종교 단위와 정치 단위가 일치하고 종교는 정치 공동체의 유지를 위해 존재하는 '공동체 종교'[1]로의 회귀를 도모한다. 더 나아가 미국 기독교 국가주의는 기독교인들이 국내의 비신자들은 물론이고 세계인들을 통치할 권리를 가진다는 교리인 '지배주의dominionism'에 바탕을 두고 있다.[2]

이 장에서는 미국의 복음주의 종교 우익이 기독교 국가주의라는 의미체계를 어떻게 형성하고 실천해 왔는지에 대해 살펴본다. 기독교 국가주의는 정치 단위와 종교 단위의 일치를 지향하며, 미국의 정치적 현실과 미래 운명에 대한 종교적 해석을 시도해 왔고, 국가 정체성을 기독교적으로 해석하면서 종교와 애국심을 일치시켜 왔다. 더 나아가 미국을 새로운 이스라엘로 간주하면서 '팍스 아메리카나'라는 미국 중심의 세계 패권주의를 정당화하고 부추기는 모습을 보여왔다. 여기서 문제는 기독교 복음주의자들이 어떻게 세속적인 국가주의와 동맹 관계를 형성하게 되었는지에 있다. 원칙적으로 이들은, 특히 전前천년왕국설pre-millennialism의 지지자들은 세속적인 정치 문제에 대해서는 초연한 태도를 유지했었다. 그런데 어느 시점부터 정치적으로 보수적인 색채를 띠기 시작했고 미국 국가주의의 선봉이 되었다. 급기야 복음주의 세력은 미국 정치권에서 간과할 수 없는 집단이 되었고 정치인들 또한 기독교 우익의 사고방식에 맞게끔 수사적 표현을 만들어내는 상황이 되었다.[3]

물론 미국에서 정치와 종교의 밀접한 관계는 청교도들의 신앙체계와 사회·정치적 환경에 따른 독특한 삶에서부터 시작했다. 그러나 미국의 건국 과정과 수정헌법 제1조를 거치면서 국가의 세속화를 가져온 종교의 헌법적 탈제도화, 즉 정교분리 원칙이 세워졌다.[4] 그렇지만 미국 사회에 대한 종교의 영향력이 사라진 것은 아니다. 종교는 미국인의 도덕적 삶의 지침이 되기도 하고, 사회·정치적 제도와 관습에 침투해 사회윤리의 준거를 제공하기도 하며, 사회·정치적 의례儀禮의 일부로 편입되어 실천되기도 한다. 또한 종교는 정치적 수사법과 대중문화 원천의 일부가 되었을 정도로 미국인의 일상생활에 깊이 스며들어 있다.[5] 이러한 신앙에 바탕을 둔 국민적 에토스를 로버트 벨라는 '시민종교'라고 했다.

미국 기독교 국가주의 또한 시민 종교라고 할 수 있지만 그것은 시민 종교의 변질로 간주되어 비판받았다. 예컨대 미국이 인도차이나반도에서 전쟁을 치르면서 기독교가 신정정치적인 행태의 시민 종교로 바뀌자 벨라가 적극적으로 비판하기도 했다.[6] 또한 9·11 테러 이후에 부시 행정부가 기독교와 이슬람교를 '좋은 종교'와 '위험한 종교'로 구분하는 극단적인 행태를 보이자, 시민 종교의 왜곡이라는 비판을 받았다.[7] 국가주의와 연루된 시민 종교는 사회 통합을 강조하기보다는 전투적 배타성을 더 지니기 때문이다. 그리고 종교를 정치적인 차원, 즉 이데올로기적인 차원으로 퇴보시켰기 때문이다. 벨라 등 많은 학자에 따르면 시민 종교에서는 정치 영역과 종교 영역이 "독립적이지만 연관되는" 반면에 기독교 국가주의는 두 영역이 융합한 것이다.[8]

어떻게 복음주의가 투쟁 모델의 시민 종교로 변모했는가? 복음주의와 국가주의의 결합이 기독교 종말론과 밀접하게 연관된다는 사실을 밝히고 이 관계를 통해 미국 기독교 국가주의가 역사적으로 형성된 과정을 추적할 필요가 있다. 종말론은 복음주의와 국가주의 간의 연결 고리가 된다. 특히 종말론에서도 전천년왕국설은 국가주의의 신학적인 의미체계를 발전시켜 왔으며, 때로는 대선과 총선 등을 통해, 때로는 내전(남북전쟁)을 통해, 그리고 다른 나라와의 전쟁을 통해 미국 기독교 국가주의를 실천해 왔다. 물론 이 연결 고리는 미국의 독특한 사회·정치적 맥락에서 역사적으로 형성되어 왔다. 따라서 먼저 종말론에 대한 이론적 분석을 시도하고, 이를 통해 드러난 종말론이 전천년왕국설을 중심으로 미국 사회에서 역사적으로 어떻게 전개되었는지를 살펴보고자 한다.

세 가지 차원의 종말론

아서 아사 버거Arthur Asa Berger는 현대사회에서 광고는 두려움을 이용한 사업이라고 말한다. 광고는 두려움을 유발하고 불만을 만들어내 소외감을 느끼게 한다. 또한 소비문화를 조장하고 대중이 소비를 통해 소외를 극복하게 한다.[9] 두려움을 활용한 사업은 오래전부터 있어 왔다. 신화를 연구한 클로드 레비스트로스Claude Lévi-Strauss는 인간은 불확실성이 가져오는 무질서를 가장 두려워한다고 했다.[10] 미래에 대한 막연함, 자연현상이 불러오는 공포감, 인간 사회에서의 불가결한 모순 등이 사람들을 의식적인 차원의 무질서, 즉 불확실성에 떨게 했으며 이 불안감의 해소가 신화의 시대를 이끈 것이다.

신화의 세계는 이야기narrative의 세계로서 현실의 문제를 이야기 속으로 유도한다. 신화는 '지상의 세계'에서 나타나는 여러 모순, 즉 건강과 질병, 삶과 죽음, 풍년과 가뭄 등의 자연적 모순은 물론이고 정의와 불의, 부와 빈, 지배와 피지배, 사랑과 증오 등의 사회적 모순을 '천상의 세계'로 옮겨 가 해결한다. 하지만 실질적으로 모순이 해결된 것은 아니다. 다만 이야기를 전달하고 나누는 사람들에게 모순이 해결될 수 있다는 희망을 줄 뿐이다. 이런 방식으로 신화는 인간의 실존적 불확실성과 모순에 의미를 부여해 불안감을 해소한다. 신화를 통한 카오스chaos에서 코스모스cosmos로의 전환은 고등 종교에서 더욱 분명해진다. 기독교의 섭리와 불교의 불법은 불확실성과 모순에 의미를 부여하고 정당화하기도 하는데, 이로써 고등 종교는 확고한 삶의 의미체계를 사람들에게 제공해 준다.

삶의 불확실성과 미래에 대한 두려움에 바탕을 두는 종말론에는 첫째로 개인적 종말론, 둘째로 공동체적 종말론, 셋째로 세상의(또는 우주의) 종말론 등이 있다. 첫째, 개인적 차원의 종말론은 죽음과 죽음 이후를 다룬다. 여기서 종말의 단위는 개인이다. 죽는 것은 개인이기 때문이다. 따라서 죽음에 관한 관심과 두려움은 누구나 갖고 있다. 인간은 모두 죽기에 이성적으로는 죽음을 수용하지만 정서적으로는 죽음을 두려워한다. 결국 개인적 차원의 종말은 사후 세계에 관한 의미체계가 필요하다. 세계 종교는 삶의 목표가 이 세상에 있지 않고 죽음 이후에 있음을 강조함으로써 생물학적 종말이 인간 생명의 끝이 아니라고 가르친다. 영혼 불멸과 내세의 존재 등을 주장한다. 또한 종말론은 개인의 삶을 온전히 죽음의 문제에 매달리게 한다. 죽음에 대한 종교적 의미체계에 전적으로 의존하게 만든다는 것이다. 이는 종말론이 사회·정치적인 차원으로, 즉 세속적인 차원으로 확대된다는 것을 의미한다. 죽음의 단위는 개인이지만 이 개인은 사회·정치적이며 세상 속에서 사는 존재이기 때문이다.

둘째, 공동체적 차원의 종말론은 국가 또는 민족의 멸망을 다룬다. 따라서 종말의 단위는 민족 공동체나 국민 공동체 등의 정치 공동체가 된다. 정치 공동체의 소멸이 종교적 차원의 소멸과 관련해서 나타난 것이 성서적 종말론인데, 특히 「요한계시록」은 예루살렘의 멸망을 둘러싼 이스라엘의 국가 운명을 다룬다. 정치 공동체의 소멸 주제는 여전히 역사 속에서 유효하다. 국가 간의 전쟁이 계속 일어나고 있으며 나라를 잃은 난민이 계속 증가하고 있는 것이 현실이다. 마치 예루살렘이 멸망한 이후 떠돌이 집단이 된 유대인들처럼 말이다. 한국인들도 나라의 소멸을 경험한 적이 있다. 일제강점기가 그러했다. 지금도 몇몇 학자는 19세기에 소멸한 대한제국의 운명을 거론하며 미국, 일본, 중국, 러시아에 둘러싸인 한반도의 운명에 대해 염려한다. 수년 전에는 최순실·박근혜 게이트가 야기한 헌정 중단을 경험했다. 이 또한 나라의 종말, 한민족 공동체의 운명에 대한 염려를 포함한다.

셋째, 세상의(또는 우주적 차원의) 종말론은 지금 우리가 사는 세계와 세계인의 최후 운명에 관한 것을 다룬다. 기독교권에서 제기된 세상의 종말 이슈는 예루살렘 멸망과 곧 이어질 메시아의 출현에 의한 이스라엘의 주권 회복이 이루어지지 않은 결과 「요한계시록」에 대한 새로운 신학적 해석 과정에서 생겨났다. 이스라엘의 멸망과 관련된 초기 성서적 종말론의 시효가 지나면서 그 후의 역사와 앞으로 이어질 미래의 인류 역사에 대한 해석적 예측과 관련된다. 이 세 번째 차원의 종말론이 여기서 우리가 다루는 천년왕국설millennialism의 중심 주제가 된다. 공간적으로는 세계와 우주 전체를, 시간적으로는 미래의 어느 때에 대한 논의를 포함한다.

한편 자연재해나 인재人災를 중심으로 한 세속적 차원의 여러 종말 이슈도 존재한다. 엘니뇨El Niño 현상에 따른 지구온난화, 북극과 남극의 빙하 감소, 지구촌 곳곳의 대규모 홍수, 가뭄, 지진 등의 이상 징후를 세상 종말의 전조로 판단하기도 한다. 한편 인재 또한 종말에 대해 우려하게 만든다. 국가 간의 전쟁은 특정 정치 공동체의 소멸에 그치지만 핵무기는 인류 전체의 소멸을 가져올 수 있다. 전쟁 억제책으로 보유하고 있는 핵무기가 언제 공격 수단으로 쓰일지 아무도 장담할 수 없다. 이것이 북한의 핵무기 개발을 둘러싼 논쟁의 핵심이다. 북한은 체제 생존을 위한 최후의 방어 수단, 즉 미국의 공격 억제책으로 핵무기를 만든다고 하지만, 미국은 북한의 권력층이 핵무기를 억제 수단으로만 쓸 만큼 인격적으로 성숙하지 못하다고 믿고 있다. 2016년 미국 대선에서 도널드 트럼프에 반대하는 목소리 중에는 성숙한 인격을 결핍한 그에게 핵무기 버튼을 맡길 수 없다는 주장도 있었다.

최근에는 자연재해와 인재가 혼재된 재앙에 대한 염려 또한 증가했다. 2011년 일본 후쿠시마福島 원전 사고의 발단은 지진이라는 자연재해였지만 안전 시설 미비와 미흡한 후속 대책 준비 등은 인재로 판명되었다. 한국에서도 사람들은 경주 지역에서 발생하는 지진을 두려워하지만 더욱 두려운 것은 지진 지대에 자리한 원전 시설의 안정성 여부다.

전쟁이나 독재자의 출현이라는 인재를 세상 종말의 전조로 해석하기도 한다. 예컨대 몇몇 개신교 종말론에서는 마호메트Mahomet, 교황, 나폴레옹 보나파르트Napoléon Bonaparte, 아돌프 히틀러Adolf Hitler 등의 출현을 종말 과정에서 등장하는 적그리스도로 간주한다.[11] 한편 이스라엘의 건국 등 정치적 사건 또한 종말을 향한 전개 과정으로 해석하기도 한다.

전천년왕국설과 세대주의 종말론

종말론은 앞에서 언급한 개인적·공동체적·우주적 차원의 종말을 이야기하면서 종말이 가져올 결과 또는 종말 이후에 대한 비전과 어떻게 해야 할지에 대한 지침을 제시해 준다. 이미 개인적 차원의 비전은 사후 세계에 관한 종교의 의미체계를 통해 설명했다. 정치 공동체의 종말은 대부분 역사적인 사건을 의미하기에 나라의 회복 또는 독립을 위한 몸부림 등이 해결책으로 제시된다. 그런데 기독교 종말론은 공동체적 종말과 세상의 종말을 혼재해서 다룬다. 또한 이 세상의 자연적인 종말과 초자연적인 예수 재림으로서의 천년왕국의 도래 등으로 세상의 미래를 제시하기도 한다.

여기서 주목할 것은 세상의 종말에 대해 언급하는 종말론이 역사적 사건이나 자연현상에 관한 해석과 인간과 신의 역할에 관한 해석에서 다양한 모습을 보인다는 사실이다. 특히 기독교 종말론은 주로 「요한계시록」의 예언에 대한 해석을 바탕으로 한다. 따라서 인간과 세상의 종말에 대한 여러 가지 기독교적인 담론은 예수의 재림, 죽은 자의 부활, 영혼의 불멸, 최후의 심판, 천국과 지옥 등 순서상의 전개 과정을 포함한다.[12] 그러나 기독교 사상의 역사는 종말론에 관한 내용과 강조점에 있어서 다양한 해석의 모습을 보여준다.

이러한 해석의 차이는 과거주의, 역사주의, 상징주의, 미래주의 등의 종말론에 관한 네 가지 접근 방법을 만들어냈다. 과거주의는 성서의 종말론적 예언이 기원후 70년에 있었던 예루살렘의 멸망으로 이미 과거에 완성된 것으로 간주한다. 역사주의는 교황권의 계속되는 박해에서 살아남은 개신교의 투쟁에 관한 상징적이고 예언자적인 표현으로 「요한계시록」을 간주한다. 상징주의는 「요한계시록」이나 여러 종말론적인 자료를 상징적으로 해석한다. 예컨대 짐승과 바벨론은 다양한 형태의 불의를 표현하는 것이기에 종말은 실존적인 차원에서의 심판과 부활을 상징적으로 보여준다고 해석한다. 미래주의는 예언은 거의 다 아직 이루어지지 않은, 그러나 종말의 날에 곧 일어날 사건들에 관해 언급하고 있다. 따라서 대부분의 예언은 거대한 대환란으로 알려진 지구적 차원의 혼돈 시대, 그리고 그 후에 이루어질 사건 등에 관한 것으로 간주한다.

종말론을 바라보는 이러한 네 가지 해석 중에 여기서 중점적으로 관심을 두는 것은 미래주의다. 미래주의는 종말론적인 사건을 '먼 그리고 불명확한 미래'로 간주하며, 특히 이 미래에 일어날 종말의 도래에 대해 시간표를 만들어 제시한다. 미래주의의 대표적인 종말론이 바로 세대주의dispensationalism다. 세대주의는 하느님이 인간 구원을 위해 인간을 상대하기 위한 방식에 따라 세대를 구분한다고 주장한다. 다양한 해석이 있지만 일반적으로 일곱 세대로 구분한다. 첫째, 창조부터 에덴Eden에서의 타락까지, 둘째, 에덴의 타락부터 노아Noah의 홍수까지, 셋째, 홍수부터 아브라함Abraham까지, 넷째, 아브라함부터 출애굽까지, 다섯째, 시나이Sinai산부터 예수그리스도까지, 여섯째, 오순절부터 휴거携擧까지, 일곱째, 휴거부터 영원까지. 각각의 세대에서 신과 인간의 계약이 맺어졌지만 죄 많은 인간의 속성 때문에 계약이 깨졌고, 그때마다 새로운 세대를 설정하게 되었다.[13] 이 중 현재 세대는 예수의 재림으로 종결될 마지막 세대다. 사이러스 스코필드Cyrus Ingerson Scofield(1843~1921)에 따르면 신이 타락하기 전의 아담Adam과 맺은 계약은 '순진', 실낙원 이후 아담과의 계약은 '양심', 홍수 이후 노아와의 계약은 '인간 통치', 아브라함과의 계약은 선민 이스라엘과의 '약속', 모세Moses를 통한 이스라엘과의 계약은 '율법', 그리스도 안에서 그리고 그를 통한 재림 때까지의 축복 약속은 '은총', 재림한 그리스도를 통한 이스라엘 왕국의 재건과 지배는 '천년왕국의 약속'이다.[14]

세대주의 중심 천년왕국설은 「요한계시록」의 문구를 텍스트로 사용한다.

나는 또 많은 높은 좌석과 그 위에 앉아 있는 사람들을 보았습니다. 그들은 심판할 권한을 받은 사람들이었습니다. 또 예수께서 계시하신 진리와 하느님의 말씀을 전파했다고 해서 목을 잘린 사람들의 영혼을 보았습니다. 그들은 그 짐승이나 그의 우상에게 절을 하지 않고 이마와 손에 낙인을 받지 않은 사람들입니다. 그들은 살아나서 그리스도와 함께 천 년 동안 왕 노릇을 했습니다. 이것이 첫째 부활입니다. 그 나머지 죽은 자들은 천 년이 끝나기까지 살아나지 못할 것입니다. 이 첫째 부활에 참여하는 사람은 행복하고 거룩합니다. 그들에게는 둘째 죽음이 아무런 세력도 부리지 못합니다. 이 사람들은 하느님과 그리스도를 섬기는 사제가 되고 천 년 동안 그리스도와 함께 왕 노릇을 할 것입니다(「요한계시록」 제20장 4~6절, 공동번역).

그리고 예수의 재림 시점을 기준으로 전천년왕국설과 후後천년왕국설post-millennialism로 나눈다. 전천년왕국설은 천년왕국의 시작 전에 그리스도가 재림한다고 믿지만 후천년왕국설은 천년왕국이 이 땅에 세워진 후에야 그리스도가 재림한다고 믿는다. 따라서 전천년왕국설은 예수의 재림 후에 이 땅에 천년왕국이 만들어질 것이기에 이 세상을 개혁하는 데는 관심이 없다. 세상을 개혁하려는 노력은 마치 바닥이 구멍 난 배의 갑판을 색칠하는 것과 다르지 않다. 예수의 재림과 그의 통치를 강조하는 전천년왕국설은 복음주의나 보수주의 진영의 주된 도그마를 구성한다.[15] 반면 후천년왕국설은 복음화의 결과로 지구촌의 많은 사람이 기독교를 신앙으로 받아들이게 됨으로써 세상이 천년왕국으로 만들어지고, 그것이 지속되다가 천 년의 마지막 날에 그리스도가 다시 나타나 그의 백성들을 천국의 도시, 즉 새로운 예루살렘으로 이끌어갈 것이라고 여긴다. 따라서 재림한 그리스도의 통치에 따라 천년왕국이 완성된다는 전천년왕국설과 달리, 후천년왕국설은 천년왕국은 미래의 어느 시점에 격변을 통해 형성되는 것이 아니라 그리스도의 지배가 인간의 마음 안에서 이루어진다고 강조한다.[16]

이 두 가지 천년왕국설 중에서 세대주의 역사 전개를 수용하면서 사회·정치적으로 강력한 실천력을 발휘하고 있는 것이 전천년왕국설이다.[17] 예수의 재림이 이 세상에 천 년 동안 지속되는 왕국의 시작을 가져올 것이고, 이때 죽은 자들이 부활해 살아 있는 하느님의 백성들과 하늘에 올라(휴거) 재림하는 그리스도를 만나게 된다. 천 년 동안 평화의 시대가 계속되며 그리스도의 지배 아래서 사탄은 어둠 속에 갇히게 된다. 그런데 그 과정은 예수 재림의 전과 후라는 시간의 흐름 속에서 전개된다. 예수 재림의 전조 현상 중 하나가 유대인들의 팔레스타인Palestine 귀환이다. 예수의 재림 후에 이루어질 천년왕국 건설 전 마지막 7년 동안 일련의 비극적인 사건들이 생겨난다. 예컨대 적그리스도와 짐승으로 알려진 정치 지도자들이 출현한다. 이 대환란 직전에 그리스도가 공중 재림한다. 그리고 이 대환란이 끝나면 그리스도가 지상으로 내려와 아마겟돈 전쟁을 통해 악의 세력을 정복하고 사탄을 결박해 암흑에 가둔다. 결국 「요한계시록」에 기록된 것처럼 재림한 그리스도가 천년왕국을 건설해 왕이 된다는 것이다.

전천년왕국설은 묵시론적인 『구약』과 『신약』의 「요한계시록」을 종합해 천년왕국설에 대한 일종의 구원적 해석을 제공한다. 따라서 기독교 종말론의 핵심은 전천년왕국설에 있다. 이 땅의 현실에 대한 대안 세계의 도래에 있는 것이다. 즉, 기독교 종말론의 핵심은 죽어서 가는 천국이 아니라 이 땅에 예수의 재림을 둘러싼 천년왕국의 실현에 있다. 따라서 이 세상의 사회질서를 해체하고 새롭고 완벽한 새 질서로 대체하기를 기대하는 신앙체계라고 할 수 있다. 한편 종말론이 출현한 배경으로 아노미anomie적 사회 상황이 제시되기도 한다. 사회 구성원의 행동을 규제하는 규범이 무너져 사회질서가 붕괴할 때나 현재의 사회질서가 붕괴해야 한다는 판단이 내려질 때 전체 사회의 새 질서로의 재통합과 재질서화의 믿음이 생겨나면서 천년왕국설이 등장할 수 있다는 것이다.[18]

미국 국가주의와 전천년왕국설의 역사적 결합

국가주의는 다른 나라와의 경쟁 관계를 전제로 한다. 주로 경제적인 차원에서지만 그 결과는 정치적인 경쟁 관계로 이어진다. 이 정치적인 경쟁이 국제정치의 핵심을 이룬다. 그리고 이 경쟁이 심해질 때 다른 나라와의 관계는 적대적인 관계로 발전하고 극단에 이르면 전쟁으로 이어진다. 전쟁까지 이르지 않더라도 국제정치는 국가 간의 우위 선점을 도모한다. 이를 위해 국가주의를 내세운다. 이데올로기가 창출되는 것이다. 국가주의는 자국 중심의 국제정치 또는 국가 패권주의를 지향한다.

국제정치에서의 미국 패권주의는 실질적인 차원과 상징적인 차원에서 행해진다. 실질적인 패권주의는 군사적 패권주의를 말하며 상징적인 패권주의는 이를 뒷받침하는 이데올로기적 패권주의를 말한다. 미국은 세계에서 가장 강력한 최첨단의 군사력을 보유하고 있으며 미국의 중추 산업은 군수산업이다. 그런데 역사 속의 제국들이 늘 그랬듯이 힘으로 패권을 장악한 제국은 그 힘을 유지하기 위해 이데올로기가 필요하다. 하지만 이데올로기가 합리성의 범주 내에 있을 때는 그 감추어진 이해관계가 쉽게 폭로된다. 이데올로기는 이해관계와 연루된 사상이다. 따라서 제시된 사상이 아무리 이상적이라도 그 사상을 내세우는 사람들이나 사상과 연루된 사람들의 이해관계를 감추고 있다는 사실이 쉽게 노출될 수 있다. 이런 의미에서 이데올로기 시대는 종말을 거두었다. 따라서 이러한 이데올로기의 한계를 넘어서는 의미체계와 이것의 정당화가 필요한데 그것은 종교의 차원에서만 가능하다.

국가주의를 지탱해 주는 의미체계가 이데올로기 차원에서 종교 차원으로 넘어갈 때 전쟁은 성전으로 승화되고 적은 악으로 간주된다. 선악 구도로 관계가 설정될 때 전쟁은 비판 대상의 범주를 벗어난다. 합리적인 논의의 차원이 아니라 신앙적인 신념의 차원에서 다루어지기 때문이다. 미국인들이 종말론적인 성향을 지니게 된 것은 이러한 국가주의 때문이다. 즉, 전쟁의 필요성과 불가피성에 대해 미국인들은 종교적으로 수용하고 있는 것이다. 세계 패권주의를 바탕으로 하는 국가주의와 선택된 나라 미국을 중심으로 하는 종말론 사이의 선택적 친화가 이루어지는 것이다.

물론 미국 기독교 국가주의가 미국의 세계 패권주의만을 지향하는 것은 아니다. 국제적인 차원에 앞서 국내적으로는 백인 우월주의를 바탕으로 하기에 기본적으로 인종차별적이다. 그 결과 백인과 유색인 간의 결혼 반대가 중심 주제이기도 하다. 따라서 '미국 기독교 국가주의'라는 종교적·국가주의적 정체성의 바탕에는 백인 우월주의가 있다. 이 인종주의를 정당화하는 의미체계를 기독교가 제공하고(예컨대 크리스천 아이덴티티에 의해) 있기에 현실적으로 기독교 국가주의는 미국의 구성원 중에서 '영국계·유럽계 개신교 유산을 물려받은 다수의 백인'에 의해 만들어져 유지되고 있다.[19]

종말론은 미국인의 의식 속에 깊이 자리하고 있다. 2010년 퓨 연구소가 전체 미국인을 대상으로 가진 여론조사를 보면 응답자의 41%가 2050년 무렵에는 예수의 재림이 있을 것이라고 대답했다.[20] 2014년의 공공종교연구소Public Religion Research Institute 여론조사에 따르면 미국인 중 49%가 현재 지구상에서 벌어지는 자연재해를 종말의 전조로 생각한다.[21] 이 두 조사의 응답자들에 대한 종교적 배경은 알 수 없다. 그러나 전천년왕국설자든 후천년왕국설자든 아니면 둘 다 아니든 간에 상당수 미국인의 의식 속에 종말론이 자리하고 있음을 알 수 있다. 근본주의로 대표되는 종교 우익의 사회·정치적 활동과 세상 종말과 재림

예수의 통치를 주장하는 전천년왕국설자들의 주장이 미국 내부의 사회·정치적 위기의식과 국제사회에서의 정치적·경제적 패권주의 등과 결합한 결과다.

한편 트럼프는 미국의 보수적인 종교 집단에 자주 접근하는 모습을 보여주었다. 두 차례의 이혼 등 세속적이고 비도덕적인 삶의 태도를 보여온 트럼프가 미국의 종교 우익을 향해 손을 내밀고 어필해 온 이유는 무엇일까? 그것은 스스로가 벌이고 있는 미국 우선주의라는 또 다른 형태의 미국 국가주의에 대한 종교적 차원의 정당화를 끌어내기 위해서라고 할 수 있다. 미국 기독교 국가주의는 이러한 식으로 계속 만들어지고 있으며 앞으로도 그럴 것이다.

전천년왕국설의 역사적 전개 과정

'종교는 본질이 없고 역사만을 지닌다'는 명제는 종교사회학의 기본적인 전제다. 이는 종교 교리는 그 형성과 전개 과정에서 역사성을 지닌다는 것으로 다양한 사회·정치적 상황이 종교 의미체계가 형성되는 동기적 상황을 제공함을 의미한다. 이는 각 종교가 보유한 경전의 형성 과정에서도 마찬가지다. 사회·정치적 상황과 편집자의 다양한 이해관계에 따라 정전과 외전이 나뉘기도 한다. 종교의 역사는 정사 논쟁正邪論諍의 연속인데 이는 모두 경전의 해석과 실천 과정에서 나타나는 차이 때문이다.

미국 기독교 종말론의 핵심인 천년왕국설도 마찬가지로 그 내용과 실천에 있어 역사성을 띤다. 조지 마스든George Marsden에 따르면 '종말'에 관한 논쟁은 19세기 후반에 시작된 서구 기독교 세계의 근본적인 의미체계에 대한 위기의식에서 비롯했다. 계시에 근거한 진리는 확고한 위치를 상실했고 과학적 질문이 자연현상의 변화와 과정을 설명하는 가설이나 인과법칙에 집중하기 시작했기 때문이다. 전통적인 기독교 신념 체계에 대한 도전은 진화론과 성서 고등 비판에서 비롯했다.[22] 하지만 이러한 세속적인 학문의 위협에도 불구하고 하느님이 인간과 문명의 발전 과정에 개입하고 있다는 신념은 여전히 유효했다. 따라서 문명의 발전은 하느님 나라에 대한 계시이고 왕국의 도래 주체는 기독교의 근본적인 이슈로 간주되었다. 또한 미국인들은 미국이 이러한 문명 발전을 주도해야 하는 운명에 처해 있다고 믿었다.

하지만 이러한 입장을 고수한 것은 주로 후천년왕국설자들이었다. 반면 소수의 전천년왕국설자들은 진리에 관한 인본주의적 인식의 불가함을 내세우는 한편 문명 발전과 기독교의 연관성에 의구심을 품기 시작했다. 이들은 문자적인 성서 해석의 입장을 택하면서 문명의 진보에 대한 희망을 포기하고 급기야는 세속적인 인본주의에 제동을 걸면서 대중의 지지를 확보하기 시작했다.[23]

앞서 언급한 것처럼 전천년왕국설과 후천년왕국설의 분류 기준은 예수의 재림에 있다. 재림이 있고 나서 천년왕국이 세워진다는 것이 전천년왕국설의 주장이고, 천년왕국이 세워져야 예수가 재림한나는 것이 후천년왕국설의 주장이다. 따라서 그리스도에 의한 악의 심판 이후에나 천년왕국이 이루어진다고 보는 전천년왕국설자들은 정치와 경제 개혁을 통해 사회 변화를 도모하는 사회복음주의자들이나 종교는 물론 과학과 예술 등의 발전으로 결국은 천년왕국이 완성될 것이라고 보는 후천년왕국설자들의 노력을 헛된 것으로 여긴다. 이들의 주요 관심사는 예수의 재림 때 누가 그리고 얼마나 많은 사람이 선택될지에 있다. 따라서 정치와 경제 등 사회문제에는 관심을 기울이지 않았다.

하지만 전천년왕국설은 역사 속에서 사회·정치적 상황과의 변증법적 조응 관계에 따른 변화를 피할 수 없었다. 세상사에 관여하는 쪽으로 인식의 태도 전환이 이루어졌고 이에 대한 결의론도 만들어졌다. 대표적인 정치적 사건이 남북전쟁과 제1차 세계대전이다. 남북전쟁이 종말론의 현실 정치화의 시발점이 되었다면 제1차 세계대전은 종말론이 현실 정치에 안착하는 결과를 낳았다. 벳시 하트만Betsy Hartmann에 따르면 남북전쟁이 병사는 물론 민간인까지 살해 대상으로 삼는 전면전으로 치달으면서 정치인과 성직자들 모두가 살해를 정당화하기 위해 신의 권위를 내세웠다. 그 결과 남북전쟁의 죽음은 미국을 '고통의 공화국'으로 바꾸어놓았다.24 내전을 통해 미국인들은 동료 기독교인들을 살육하는 극단적인 정치 행위를 경험했다. 정치는 피아를 구별하게 하고 선악의 차원으로 전쟁을 몰고 가게 했다. 결국 종교와 정치 또는 전쟁의 간극이 좁아지는 경험을 했다.

제1차 세계대전은 전천년왕국설과 종말론을 연결하면서 미국을 기독교 국가주의로 향하게 하는 결정적인 사건이 되었다. 제1차 세계대전 전에는 전천년왕국설자들이 사회나 정치 문제에 분명하게 입장을 펼치지 않았었다. 그러나 미국이 참전하면서 의견이 분분해지기 시작했다. 전천년왕국설자인 윌리엄 제닝스 브라이언William Jennings Bryan 국무장관은 미국의 세계대전 참전에 반대하며 장관직을 사임했다. 반면 전쟁에 관심이 없었던 프로야구 선수 출신의 부흥목사 빌리 선데이Billy Sunday는 미국이 참전하자 지옥은 "독일제(Made in Germany)"라고 주장했다.25

급진적인 반세속적 성향에 따라 정치인이나 세속 정부를 신뢰하지 말라고 가르쳐왔던 전천년왕국설자들이 참전 반대에서 찬성으로 돌아서게 만든 사건이 있다. 전천년왕국설의 메카인 시카고의 무디 성서연구원Moody Bible Institute과 자유주의 신학의 시카고 신학대학원Chicago

Theological Seminary 사이에서 논쟁이 벌어졌다. 1917년 봄에 미국의 참전이 시작되자 시카고 신학대학원의 자유주의 신학자들이 참전에 반대하는 전천년왕국설자들을 비난했다. 이에 무디 성서연구원의 전천년왕국설자들은 자유주의 신학의 성서 고등 비판이 독일에서 시작되었다고 비난했다. 이후 참전을 둘러싼 애국 논쟁은 기독교 문명 보전의 이슈로 확대되었다. 전천년왕국설자들은 진화론의 결과물인 '강자가 정의다'는 명제에서 독일의 군국주의가 시작되었다면서 기독교 문명 보전의 필요성을 인식하기 시작했다.

상황이 반전되어 전천년왕국설자들이 정치화되었는데 기독교 문명 수호를 위한 미국의 전쟁 참여에 적극적으로 동조하기 시작했기 때문이다. 이제 미국은 지구상에서 계속되는 선과 악의 전쟁에서 세계를 구원하는 스타로 등장했다. 미국 패권주의를 바탕으로 하는 국가주의가 태동했고 이를 종교가 승인한 것이다. 아울러 세속적 패권주의와 결합하며 세상사에 대한 무관심의 원칙을 변경한 전천년왕국설의 결의론 또한 제시되었다. 기독교 문명의 수호는 '복음을 땅끝까지 전하라'는 그리스도의 지상 명령 수행의 전제 조건이며 이를 위해서는 전쟁과 폭력도 불사하다는 것이다.

이처럼 전천년왕국설을 중심으로 하는 복음주의의 종말론은 제1차 세계대전을 겪으며 미국 국가주의와 연결되었다. 십자군 전쟁 때와 마찬가지로 새로운 예루살렘을 약속받은 선택된 자들은「요한계시록」이 말하는 파멸적인 폭력과의 투쟁을 주저할 필요가 없게 되었다. 전천년왕국설자들은「요한계시록」을 정복 정당화와 제국 옹호의 이데올로기적 도구로 만드는 데 성공했다. 새로운 예루살렘을 위해 피를 불러오는 수단을 요한John이 정당화했다는 논리가 만들어진 것이다. 이러한 종교적 원리가 미국의 정치 문화에 스며들기 시작했다. 최고의 권위를 지닌 야훼가 인간사를 주도하고 있고 선택된 사람들로 구성된 미국은 그 신을 대신해 섭리의 길을 따르면서 신의 의지를 완수해야만 한다. 결국 전천년왕국설이 주장하는 종말론은 상당수 미국인의 의식 속에 전쟁의 필요성과 불가피성을 자리 잡게 했다. 퓨 연구소의 조사에 따르면 2050년 무렵에는 또 다른 세계대전이 올 가능성이 있다고 믿는 미국인이 10명 중 6명에 이른다.[26] 그렇다고 해서 미국 기독교 국가주의가 지속해서 유지된 것은 아니다. 때로는 역사적 상황에 따라 사회 전면에서 후퇴해 사적 공간으로 침잠했고, 때로는 근본주의 이름으로, 때로는 티파티 운동 등을 통해 사회 전면에 다시 등장하는 모습을 보여왔다.

제1차 세계대전을 겪은 미국인들은 국가와 기독교 중심의 문명에 대한 새로운 시각과 태도를 지니게 되었다. 신이 선택한 미국의 문화와 전통을 지켜야 한다는 신념은 애국적 행위를 향한 관심과 함께 미국 사회의 문화적 이슈에도 관심을 쏟도록 만들어, 문화전쟁은 전천년왕국설이 주장하는 종말론의 한 축을 구성하기에 이르렀다. 예수 재림에 앞서 가능한 많은 미국인이 세속화의 타락에서 벗어나야 하기 때문이다. 따라서 세속적인 가치를 가지고 미국을 위협하는 인본주의 사상이나 진화론 등은 신 중심의 기독교와 창조론에 대한 도전이 아닐 수 없었다. 그 결과 미국 남부의 몇몇 주에서는 진화론 교육 반대 법령이 통과되었고, 1925년에는 스콥스 재판Scopes Trial이 열렸다. 고교 교사인 존 스콥스John Scopes가 학교에서 진화론을 가르쳤다는 이유로 전천년왕국설자들이 재판에 부친 것이다. 판결에서는 전천년왕국설자들이 이겼지만 재판 내내 시대에 뒤진 근본주의적인 태도로 일관했고, 라디오가 보급되던 시기라 재판 과정이 미국 전역에 생중계되면서 이들은 전국적인 조롱거리가 되었다.

스콥스 재판에 앞서 1919년에는 금주법이 제정되어 실행되었을 정도로 전천년왕국설자들의 사회·정치적 참여는 절정에 이르렀다. 하지만 금주법이 프랭클린 루스벨트 대통령의 취임 후 수정헌법에서 삭제되는 과정을 거치며 이들은 공적 영역에서 후퇴한다. 그러나 1960년대에 접어들면서 미국이 사회·정치적 소용돌이에 휘말리자 다시금 전면에 등장한다. 인종차별 철폐를 주장하는 시민권 운동과 베트남 전쟁 반대 운동, 존 F. 케네디 대통령과 마틴 루서 킹Martin Luther King 목사의 암살, 이어진 로버트 케네디Robert Kennedy의 암살 등을 거치며 미국은 시위와 도시 폭동으로 혼란에 빠진다. 그러자 기독교 문명의 쇠퇴와 사회윤리 위기의 두려움을 느낀 전천년왕국설자들이 다시금 세속 정치와 사회문제에 개입한다. 특이한 점은 이때부터 이들이 세속적 이데올로기와 동맹을 맺었다는 사실이다. 종교 우익이 세속적인 미국 패권주의를 지향하는 정치 우익과 손잡는 초유의 사태가 벌어졌다. 제1차 세계대전을 겪으며 형성된 전천년왕국설자들의 사회·정치적 참여가 때로는 복음주의적 근본주의 운동으로, 때로는 티파티 운동으로 나타나면서, 오늘날 종교 우익 전통의 일부가 되었다.

일례로 제리 폴웰 목사와 그가 세운 '도덕적 다수' 운동을 들 수 있다. 1960년대 초에 폴웰 목사는 전천년왕국설의 전통에 따라 정치 참여 불가 원칙을 선언했다. 하지만 1960년대 후반과 1970년대 초반을 거치면서 사회·정치적 이슈에 대한 간섭과 참여를 선포한다. 그가 결정적으로 세상사에 간섭하게 된 것은 1961년 연방 대법원의 공립학교에서의 기도 금지 결정과 1973년 낙태 허용 결정 때문이었다. 한편 앞서 말한 반전운동은 물론이고 리처드 닉슨의 워터게이트 사건, 사회 폭동, 이혼율과 미혼모의 증가, 마약과 음란물의 만연 등은 기독교 문명과 하느님이 선택한 미국 국가 공동체에 대한 종말론적 위기감을 불러일으컸다.

자유주의 신학자들은 이러한 사회 혼란의 원인으로 경제적 불평등을 지적하며 부의 재분배와 사회복지 프로그램의 확대를 주장했다. 그러나 전천년왕국설자들은 전통적인 기독교 중심의 도덕성 회복을 유일한 해결 방식으로 제시하며 세속적 휴머니즘과의 전쟁을 선포했다. 그러자 자유 시장경제를 주장하는 경제 우익과 정치 우익이 이들 종교 우익에 접근했다. 이들은 미국 행정부와 사법부에서 인본주의자들을 몰아내야 한다고 주장했다. 자유주의 시장경제를 주장하는 미국의 경제 집단과 미국 중심의 패권주의자들은 1976년 대선에서 군수산업을 축소하려는 지미 카터 대통령 대신 로널드 레이건을 선택하면서 선거에서 복음주의자들이 레이건을 지지하도록 유도하는 데 성공한다. 이제 미국 복음주의 중심의 종교 우익은 정치 우익 및 경제 우익과 뗄 수 없는 관계로 발전했다.

레이건을 대통령으로 만들었지만, 복음주의자들은 그에게서 기대했던 평등 권리 수정안 폐지와 동성애 권리 및 낙태 허용 법안 폐지 등의 목표를 달성할 수 없었다. 레이건 자신이 세속주의자였기 때문이다. 아울러 복음주의 TV 설교자들의 스캔들로 전천년왕국설자들은 투쟁적이라는 오명만을 안은 채 다시금 사회 전면에서 후퇴한다. 그러다가 9·11 테러 사건이 일어나면서 조지 W. 부시 대통령을 중심으로 전천년왕국설자들이 다시금 사회 전면에 등장해 목소리를 내기 시작했다. 미국 국가 또는 정치 공동체의 종말에 대한 위협을 느낀 부시와 복음주의자들은 오사마 빈 라덴Osama Bin Laden을 생포하기 위해, 그리고 악의 축의 하나인 이라크의 사담 후세인Saddam Hussein이 지녔다는 대량살상 화학무기를 빌미로 해서(훗날 허위 정보로 판명되었음) 아프가니스탄 전쟁과 이라크 전쟁을 전개한다. 스스로가 전천년왕국설을 신봉하는 근본주의자인 부시는 근본주의적 성향을 띤 목사들과 집무실에서 매일 저녁 기도회를 열었고 백악관 안에서 『구약』을 중심으로 한 성서 읽기 붐을 일으키며 전쟁을 성전으로 격상시켰다. 그러나 부시는 빈 라덴의 생포를 명분으로 시작한 아프가니스탄 전쟁에서 그를 잡지 못했고 이라크에서 화학무기의 보유를 입증하지도 못했다. 부시와 함께 그의 전쟁 정책과 전쟁 포로 고문 등을 지지했던 복음주의 목사들도 다시금 추락하고 만다.

부시와 공화당의 몰락은 최초의 흑인 대통령 버락 오바마의 등장을 가져왔다. 하지만 2010년 중간선거에서 전천년왕국설자들과 정치 우익은 티파티 운동을 전개한다. 영국과의 전쟁의 시발점이었던 역사적 사건을 오바마 행정부에 대한 거부 운동으로 연결시키는 데 성공한 티파티 운동은 오바마를 사회주의자로 지칭하고, 노골적으로 인종주의적 색채를 드러냈으며, 오바마를 미국에서 몰아내자고 선동했다. 미국 정치 공동체의 소멸과 다름없는 백인 공동체의 소멸에 대한 두려움이 한몫을 차지했다. 그러나 2012년 대선에서 오바마가 재선되면서 티파티 운동은 인기를 잃었고 근본주의자들은 다시금 사적 영역으로 침잠했다.

이후 트럼프의 대선 참여에 따라 다시금 복음주의자들이 정치 전면에 등장한다. 제리 폴웰 목사의 아들 제리 폴웰 주니어가 전격적으로 트럼프 지지를 선언했다. 이들이 트럼프를 지지한 이유는 도덕성 문제에 앞서 강력한 미국의 국력 회복이 더 절실했기 때문이다. 이는 하느님의 선택을 받은 미국이 종말하는 것은 세상의 종말로 이어질 수 있다는 생각과 함께 미국 국가주의에 대한 노골적인 지지 표현이 아닐 수 없다.

대통령이 된 트럼프가 지향하는 미국 우선주의는 세속적인 패권주의다. 하지만 전천년왕국설을 지향하는 복음주의자들로서는 기독교 문명을 수호하려면 도덕적 비난을 면치 못하는 트럼프라도 잡아야 하는 절박한 처지에 놓인 것이 현실이다. 8년 동안 세속적이고 진보적인 민주당과 유색인종 출신의 오바마에게 정권을 내주었기 때문이다. 미국과 미국 문화의 탈기독교화에 대한 두려움은 트럼프 개인의 비도덕성을 넘어서는 것이었다. 아울러 미국의 기독교 문명을 유지하고 이를 세계에 확대 전파하는 것은 물론이고 적그리스도로부터 미국을 보호하는 것이 최후의 종말에 대비해 복음주의자들에게 맡겨진 마지막 사명이기 때문이다. 기독교 국가주의는 세속적 패권주의에 대한 종교적 채색이라고 하겠다.

종말론에 의한 정치의 선악 대립 구조로의 상승

미국에서 종말론이 사회적으로 등장한 것은 기독교 중심의 의미체계에 대한 위기의식으로부터다. 시간이 지나며 미국 사회의 세속화에 대항하는 기독교 문화전쟁의 맥락에서 발전했다. 더 나아가 미국인들이 수행해야 하는 기독교 문명의 수호라는 미션과 정치와 경제에서 세계 패권주의라는 세속적 가치가 선택적 친화를 보이면서 미국 중심의 기독교 국가주의로 발전했다.

종말론은 합리성을 바탕으로 하는 인간의 자기 조절 능력에 대한 부정 및 회의와 함께 존재한다. 물론 합리성이 현대사회의 지배적인 기제라고 해서 모든 문제의 해결책이 될 수는 없다. 더군다나 비인간적이고 몰가치적인 행태로 인해 인간과 자연을 파괴함으로써 인류의 미래에 불확실성을 더해주기도 한다. 지금 인류가 두려워하는 기온과 해수면 상승 등은 근대과학의 합리성에 바탕을 둔 인간 활동의 결과물이다. 핵무기에 대한 두려움과 함께 원전의 위험성에 대한 두려움은 인류의 미래에 대한 불안을 배가시킨다. 개인적 차원의 종말에 대한 두려움은 체념적으로 수용하지만, 공동체적 차원의 종말에 대한 두려움은 국가 간 전쟁의 가능성에 대한 염려를 불러일으킨다. 자연재해와 인재의 위험성으로 두려움이 배가되기에 결국 불확실성은 합리적 판단을 포기하게 만들고 종말론을 자극한다.

인간 실존 자체가 불확실성과 불안이다. 인간은 제한된 존재이기 때문이다. 문제는 종교의 종말론이 정치를 자극할 때 생겨난다. 정치가 활용하는 최상의 무기 중 하나가 적의 존재를 이용한 안보 불안감의 형성이다. 그리고 정치적 차원의 피아 구분이 종교적 차원에서의 선악 대립으로 상승할 때 불안감은 최고조에 이른다. 미국은 세계 평화의 수호자를 자처하지만 동시에 세계 불안의 근원이 되기도 한다. 미국 국가주의에 덧붙여 표방된 트럼프의 미국 우선주의는 미국 패권주의를 심화하고 가속한다.

미국은 국내외적으로 위기에 처할 때마다 사건을 해결하기보다 그 사건에 의미를 먼저 부여하고는 했다. 문제는 의미 해석이 종말론과 같은 종교에 바탕을 둔다는 것에 있다. 세속적 국가 패권주의가 종교의 옷을 입는 것이다. 이때 패권주의는 종교 국가주의가 된다. 결국 미국인들은 최상의 권위인 하느님이 인간사를 지도하고 있으며 미국의 역사는 신의 섭리를 따르고 있다고 믿게 되었다. 아울러 기독교 문명의 수호가 하느님이 부여한 지상 명령이기에 전쟁을 종교적으로 정당화하기에 이르렀다. 군산 복합체 중심의 미국 경제구조 또한 이를 부추긴다.

한국 등 세계는 미국의 역할과 위치에 대해 보다 냉철하고 객관적인 시각을 가질 필요가 있다. 중국 및 러시아와 경쟁하며 갈등과 긴장을 이어가는 미국은 한국의 우방이지만 "끝없이 참여해야 하는 전쟁에 대한 전망은 어떤 종류의 마지막에 대한 강렬한 소망을 유도한다. 미국인들은 미국에 의한 전쟁 제작의 종결보다도 세상의 종말을 상상하기 쉽게 만들었다"[27]라고 지적한 하트만의 분석에 귀를 기울이며 미국을 직시해야 할 것이다.

제3부
—
푸틴의 '러시아 세계' 프로젝트와
우크라이나 침공

우크라이나를 상대로 전쟁을 일으킴으로써, 편협하고 굳어진 패거리 정치 및 교회 지도자들로 이루어진 늙은 근위대old guard는 러시아와 러시아 정교회의 운명을 결정지었다. 이 늙은 근위대는 나이만 많은 것이 아니다. 예컨대 푸틴 대통령은 70세, 키릴 총대주교는 76세, 전 국가안보회의National Security Council 비서인 니콜라이 파트루셰프Nikolaj Patrushev는 71세다. 이들은 또한 소비에트의 '실지 탈환주의revanchism', 민족주의, 군국주의에 뿌리박힌 세계관을 가지고 있다. 이 세계관에서 종교의 위치는 이데올로기를 위한 의례적·정신적 포장의 제공자이자 러시아 민족의 과거, 현재, 미래를 연결하는 시간의 고리에 한정된다. 늙은 근위대는 독립적인 종교적 사고를 위한 자리를 마련하지 않으며 권위, 통제, 복종 그리고 소련 시절의 보안 기관에게서 깊게 영향을 받은 것으로 보이는 적과 아군의 구분 논리를 따른다. 실제로 이 늙은 근위대는 교회를 전쟁을 위한 준비 상태로 만들었다.[1]

2022년 2월 24일 블라디미르 푸틴 러시아 대통령은 우크라이나 침공을 명령함으로써 2014년에 시작한 러시아·우크라이나 전쟁을 최고조로 상승시켰다. 푸틴과 함께 러시아 정교회 모스크바 총대교구의 키릴 총대주교[2]도 침공을 지지했는데, 침공의 여러 명분 중에서 우크라이나를 통해 점점 더 심각해지는 미국과 서유럽의 대러시아 위협을 가장 중요한 구실로 앞세웠다.[3][4] 푸틴은 서유럽에서 넘어온 여러 신나치 세력이 우크라이나 동부 돈바스Donbas 지역의 러시아어 사용 인민을 공격하고 있다고 주장했다.[5] 키릴은 동성애자들의 사회적 권리 주장 운동인 프라이드 퍼레이드Pride Parade 등을 거론하며 우크라이나가 서구의 영향을 받아 도덕적으로 타락했기에 교정할 필요가 있다고 주장했다.[6] 미국을 비롯한 서유럽 사회에서 횡행하는 백인 우월주의자들의 인종차별과 LGBTQ+의 도덕적 타락이 우크라이나를 통해 러시아와 동유럽으로 확산하는 것을 막아야 한다는 것이다. 두 사람이 제시한 가치 지향적 명분은 대중적 정서를 향한 호소였고, 이에 대중은 감성적으로 때로는 열광하며 호응했다. 적을 전제로 하는 명분은 우리네 집단의 결속in-group solidarity과 함께 타 집단에 대한 증오out-group hostility를 불러올 수 있기 때문이다.

한마디로 푸틴과 키릴은 구체적이고 잔인한 전쟁을 추상적인 가치로 환원해 증발시키고 있다. 관념적ideal 명분은 실재하는real 비참함을 넘어서고 정당화해 줄 수 있기 때문이다. 흔히 정치 엘리트들은 추상적인 가치와 실질적인 이해관계 사이에 연결 고리를 만들어내는데, 그것이 바로 이데올로기다. 이해관계와 연루된 사상으로서의 이데올로기는 자신의 이익을 추상화된 가치의 언어적 표현 뒤에 감춘다.[7] 그렇다면 푸틴과 키릴의 이데올로기는 무엇이며 이해관계는 무엇인가. 푸틴은 국가 안보national security를, 키릴은 영적 안보spiritual security를 이데올로기로 내세웠다. 푸틴의 이해관계는 러시아 국가 영역의 확대, 구체적으로는 포스트 소비에트 공간의 통합 욕구에 있고, 키릴의 이해관계는 러시아 정교회의 교회법적 관할권과 지배권 확대를 통한 종교 전체주의의 공간적 확대 욕구에 있다.

좀 더 구체적으로 살펴보면 국가 안보 개념National Security Concept으로 표출된 푸틴의 이해관계는 지정학적으로 서구 나토의 동진 위협이 지배적인 상황에서 과거 소련에 속했던 이웃 국가들에 대한 러시아 외교정책의 영향력 확장과 유라시아 지역에서의 정치적 패권의 안정적 확보에 있다. 한편 영적 안보를 내세운 키릴의 이해관계는 러시아 정교회가 과거 러시아제국 시절 누렸던 제도 종교established religion까지는 아닐지라도 현재 러시아에서 지배 종교dominating religion로서의 위상을 확인하고, 모스크바 총대교구 중심의 유라시아 종교 문화권을 확보하며, 미국과 서유럽의 다원적 종교 시장이 러시아와 동유럽에 침투할 위협을 제거하는 등 이른바 종교 패권을 둘러싼 것이다. 중요한 것은 국가 안보와 영적 안보라는 두 이데올로기가 상보적이라는 점이다. 국가 안보를 위해서는 종교적 정당성과 영적인 힘, 즉 소프트 파워의 영향력이 필요하고, 교회법적 영토canonical territory 확보와 영직 안보를 위해서는 정치적 보호막이 필요하다. 푸틴과 키릴은 공생적 상호의존관계 symbiotic interdependent relationship에 놓여 있는 것이다.[8]

소련의 몰락에 대해 유감을 공유하는[9] 푸틴과 키릴이 시급한 책무로 여긴 것은 소련 몰락으로 상실한 지정학적 영토와 교회법적 영토의 회복이었다. 푸틴은 러시아의 정치적 영향력을 러시아제국과 소련 시절의 국경으로 되돌리고자 했고,[10] 키릴은 주변 국가near abroad에 대한 모스크바 총대교구의 교회법적 관할권을 공고히 하거나 더욱 확대하고자 했다. 이러한 정치적·종교적 야망을 위한 준비 단계로 2001년에

207

푸틴이 제안하고 키릴이 주도적으로 지지하고 수행한 '러시아 세계' 프로젝트가 있다. 이는 러시아의 군사적·정치적·문화적 영향력의 영역을 설정한 정치적 개념으로, 러시아는 물론이고 우크라이나, 벨라루스, 몰도바, 카자흐스탄 등과 세계에 흩어진 러시아인 디아스포라Diaspora까지 포함한다. 이 '러시아 세계' 프로젝트를 실현하기 위한 첫 번째 단계가 2014년 3월 우크라이나 크림Krym/Crimea반도 병합 작전이라면, 두 번째 단계가 2022년 2월 우크라이나 침공이다.

2022년 우크라이나 침공에 앞서 키릴과 모스크바 총대교구의 고위 인사들을 분노하게 한 것은 2019년 1월 5일 콘스탄티노플 세계 총대주교가 우크라이나의 정교회에 교회 자치권autocephaly/self-government[11]을 부여하는 증서decree(토모스 *TOMOS*)에 서명한 일이었다. 이 자치권 부여는 대처하기에 따라서는 러시아에서 정교회가 다양한 역할과 시나리오에 개방적임을 보여주는 계기가 될 수도 있었지만, 도리어 모스크바 총대교구는 콘스탄티노플 세계 총대교구Ecumenical Patriarchate of Constantinople와 공개적인 갈등에 돌입했다. 지금까지 우크라이나에 대한 독점적 관할권을 고집해 왔고 실제로 우크라이나 내의 대부분 교구가 모스크바 총대교구에 속해 있던 상황이었기 때문이다. 이미 2014년 크림반도 병합과 돈바스 전쟁War in Donbas이 러시아 정교회 내의 급진 세력을 부추겼는데, 자치권 부여는 불에 기름을 붓는 격이 되었다.

결국 러시아 정교회는 다수의 서로 다른 목소리에 귀 기울이기를 포기했고 정교회의 다양한 역할에 대한 개방성은 사라지게 되었다. 그리고 우크라이나에 대한 푸틴의 전면적인 전쟁이 시작되자 키릴 모스크바 총대주교는 전쟁을 무조건 지지하고 전쟁에 정당성을 부여했다. 키릴은 이에 더해 전쟁을 선동하기까지 했다. 2024년 3월에 있었던 세계 러시아인민평의회World Russian People's Council에서 그는 우크라이나 전쟁을 '성전'이라고 불렀다.[12] 또한 전쟁에 반대하는 신자와 성직자들을 체포하고 파면하는 데 동조함으로써 러시아 정교회는 다양성과 개방성을 포기하고 다시금 러시아를 엄격한 이념적 통제 아래 두기 시작했으며, 더 나아가 교회와 국가의 관계를 타협 또는 조화의 관계 또는 국가에의 협조 관계로 돌아가게 했다. 교회와 국가의 조화를 넘어선 동맹 관계를 보여준 것은 푸틴이 다섯 번째 대통령 임기를 시작한 후인 2024년 5월 7일 푸틴과 키릴이 크렘린Kremlin의 성모 수태고지 대성당 Annunciation Cathedral에서 함께 기도하는 장면이었다. 이는 러시아제국의 통치자들이 총대주교의 축복을 받는 장면을 재현한 것이었다.[13]

문제는 러시아와 역사와 문화의 상당 부분을 공유하는 우크라이나가 푸틴과 키릴의 이러한 야망에 동조하지 않았다는 것이다. 결국 러시아의 침공을 불러왔을 정도로 두 나라 사이의 적대적 긴장은 최고조에 이르렀다. 구체적으로 우크라이나의 볼로디미르 젤렌스키Volodymyr Zelenskyy 대통령은 나토에 가입해 친서유럽과 탈러시아 정책을 확대하려고 했고, 우크라이나 정교회는 2019년 콘스탄티노플 세계 총대교구로부터 '교회 자치권'을 부여받은 후에 모스크바 총대교구의 우크라이나 정교회 지배에서 완전히 벗어나려고 노력하고 있었다.

따라서 러시아의 우크라이나 침공은 다차원적인 대립 구조를 지닌다. 그것은 첫째, 러시아 대 우크라이나 국가 간의 전쟁이면서, 둘째, 러시아 대 서유럽(미국을 포함함) 간의 지정학적 패권 전쟁이기도 하다. 셋째, 러시아 정교회와 독립을 주장하는 우크라이나 정교회 간의 갈등이며, 넷째, 러시아 정교회 모스크바 총대교구 대 콘스탄티노플 세계 총대교구 간의 힘겨루기이기도 하다.

결국 러시아의 정치와 종교는 러시아 내의 정치 세력과 모스크바 총대교구 간의 관계를 말하지만, 동시에 주변 국가들은 물론이고 미국을 포함한 서구와의 관계, 그리고 러시아 정교회 외의 세계 여러 정교회와의 관계와도 밀접하게 관련 있다고 할 수 있다. 또한 우크라이나 침공 등 다른 나라와의 전쟁을 통해서도 러시아의 정치와 종교 관계가 구체적으로 드러난다고 할 수 있다.

따라서 러시아의 정치와 종교의 관계에 대해 논하는 여기서는 러시아의 우크라이나 침공의 구체적인 역사적 사건을 중심으로 살펴본다. 특히 러시아 침공과 우크라이나 저항의 종교사적 의미를 제공하는 러시아와 우크라이나 간의 정교회를 둘러싼 갈등의 맥락을 러시아의 종교 전체주의와 우크라이나의 종교 다원주의의 대립 구도를 중심으로 추적한다. 이를 위해 먼저 다음 장에서는 러시아 정교회의 역사와 소련이 몰락한 이후 러시아 정교회가 차지하고 있는 사회·정치적 위치에 대해 알아본다. 그리고 러시아 정부가 취한 종교 정책을, 특히 푸틴 집권기의 정책을 중심으로 검토한다. 그다음 장에서는 본격적으로 러시아의 우크라이나 침공의 종교적 측면을 러시아 정교회의 종교 전체주의와 우크라이나의 종교 다원주의 간의 대립 구도를 중심으로 살펴보고자 한다.

제1장
러시아 종교 정책의 역사

포스트 소비에트 시기의 러시아는 러시아제국과 소련 시절의 패권적 위치를 회복하려는 국제정치적 야망에 동조하고, 러시아 사회와 국민을 통합하고 아우를 수 있도록 총체적인 인식 체계를 새롭게 할 필요가 있었다. 소련의 몰락과 더불어 체제의 지배 체계였던 마르크스·레닌주의의 이데올로기가 더 이상 작동할 수 없게 되었기 때문이다. 아니 소비에트 체제가 마르크스·레닌주의 이념의 작동 원리에서 이미 이탈했을지도 모른다. 따라서 사회주의 이데올로기를 대체하는 새로운 의미체계는 소련 시절만큼 역내에서는 물론이고 세계에서의 패권 회복을 노리는 러시아의 국가 정책을 정당화하고 지지할 수 있어야 했다. 국가 통치 이념에의 호응, 국가 발전에의 헌신, 러시아 사회의 안정과 평화 유지, 다원화된 러시아 사회의 통합 등의 역할을 할 수 있는 의미체계는 블라디미르 레닌Vladimir Lenin이 주도한 러시아혁명의 '강제적 세속화'의 피해자였던 과거 러시아제국의 제도 종교 러시아 정교회였다. 소련 치하에서 박해를 받으며 지하로 스며들기도 했고, 때로는 타협하며 근근이 명맥을 이어온 러시아 정교회 또한 과거 러시아제국 때 누렸던 사회·정치적 위상과 러시아 사회에서 정신적 구심점을 이루는 역할을 회복하기를 원했다.

과거로의 회귀를 바라며 러시아 민족주의의 부흥을 꾀하는 러시아 정교회 근본주의자들은 러시아의 정교회 복귀, 즉 러시아 정교회의 제도 종교로의 복귀를 희망했다. 하지만 형식적으로 러시아는 이미 민주주의 체제를 수용했기에 국가 종교 제도는 불가하고, 다만 지배 종교로서 러시아 정교회를 수용할 수 있다는 정치권의 동의가 만들어졌다. 물론 정교회 외에도 불교, 이슬람교, 유대교 등 전통적인 종교 공동체가 이미 존재하고 있었다. 그러나 이들은 러시아 정치권이나 러시아 정교회에 위협이 되지 않는다. 커다란 위협은 사회주의 몰락 이후 밀려들어 와 적극적인 활동을 펼치며 급속히 확산하는 개신교 세력이었다. 더욱이 개신교 선교사들은 미국을 포함한 서구를 정치적 배경으로 하고 있다. 러시아가 처한 동진하는 나토와의 대립이라는 지정학적 위치는 서구의 종교와 문화, 특히 세속적이고 다원주의적인 문화 등을 국가적 안보는 물론 정신적 안보를 위협하는 요소로 간주하게 했다. 따라서 러시아를 중심으로 여러 슬라브 민족들을 정치적이고 문화적으로 통합하려는 러시아의 정치 세력과 종교적 유라시아 지역 통합을 주장하는 정교회 종교 세력은 정치적·문화적 차원의 공적公敵과 싸워야 하는 처지에 있다고 하겠다.

결국 나토와 대립하고 있는 러시아는 서구의 개신교와 세속적인 문화를 상대하기 위해 러시아 정교회와 연합하는 것은 물론이고, 어느 정도 보수적인 형태를 띤, 그리고 어느 정도의 신자와 역사를 지닌 전통적인 종교 공동체를 아우르는 정책을 펼칠 수밖에 없었다. 따라서 러시아는 정교회를 지배 종교로 수용하면서 이슬람교, 불교, 유대교 등의 전통 종교만을 인정하고 이외 종교는 때로는 규제하고 심할 때는 활동을 금지시켰다.

그러나 중심적인 의미체계인 러시아 정교회 안에서도 이념적 다양성이 존재하기에 때로는 공격적 민족주의 등 극단주의적인 행태가 나타나기도 한다. 따라서 대외적으로는 반서구주의 정책을 어느 정도 유지해야 하고, 대내적으로는 러시아 정교회 근본주의, 특히 군주제 국가 시스템의 부활을 꿈꾸는 정교회 근본주의 세력 등도 통제할 필요가 있다. 이러한 요구가 포스트 소비에트 시기의 종교 정책 안에 나타났다. 이 장에서는 정교회의 러시아 정착과 발전의 역사를 소개하고, 소련 몰락 이후와 푸틴 통치하의 종교 정책에 대해 살펴본다.

러시아 정교회의 역사

러시아 정교회는 현재 전 세계에 9000만 명이 넘는 신자를 가진 교회 법적으로 독립된 자치권을 가진 autocephalous 동방정교회의 하나다. 9세기에 비잔틴제국 출신의 그리스 선교사들에 의해 전파된 후 키이우의 섭정regent 올가Olga(재임 945~963)가 콘스탄티노플에서 세례를 받은 후, 그의 손자인 키이우와 전 루시Kiev and All Rus'[1] 공국의 블라디미르 대공 Vladimir the Great(재위 980~1015)이 988년 세례를 받으면서 정교회는 키이우 루시Kiev Rus'의 국교가 되었다. 블라디미르의 정교회 수용은 새로운 삶의 의미체계 수용이라는 개인 신앙적 차원을 넘어 러시아와 비잔틴제국의 연계라는 새로운 정치적 발전과 함께 러시아에 비잔틴문화의 토착화라는 문화적 변화에 상당한 영향을 미쳤다.

그러나 비잔틴문화와 접촉한 결과 한편으로는 러시아 종교 문화의 독특한 발전이, 다른 한편으로는 서유럽과의 문화적 단절이 발생했다.

이는 종교 토착화가 지니는 이중성, 즉 두 문화 사이의 변증법적 조응 관계에 따른 독특한 문화의 탄생과 모母종교의 원형이나 전통의 상실 가능성 때문이다. 기독교가 토착화하는 과정에서 러시아 고유의 영성과 독특한 러시아식 공동체 신앙 형식이 생겨났지만, 성서와 전례서가 슬라브 언어로 번역되면서 서유럽 미사 의식의 중심 언어인 라틴어가 배제됨에 따라 그리스·로마의 지적 전통과의 단절은 피할 수 없었다.

러시아와 서유럽의 교류가 본격적으로 약화하기 시작한 것은 1054년 동서 교회 대분열Great Schism 때부터다. 러시아가 콘스탄티노플, 예루살렘, 안디옥Antioch을 중심으로 하는 동방정교회의 편에 섰기 때문이다. 이를 러시아 문화의 1차 분화(서유럽으로부터의 분화)라고 할 수 있다. 이러한 러시아와 서유럽의 문화적 불균형은 1237년 시작한 몽골 침략으로 더 심해졌다. 몽골이 러시아에 가한 정치적 속박으로 250년 동안 서유럽 등 외부와의 교류가 단절되었다. 하지만 이러한 정치적 차단은 동시에 러시아 내부의 결속을 유도했다. 정교회를 중심으로 민족성이 회복되고 민족 정체성이 강화되었다. 특히 몽골이 피지배 국가에서 편 종교 관용 정책은 러시아에서 정교회를 중심으로 한 내향적인 민족정신의 배양과 육성을 가능하게 했다.

러시아 정교회의 또 다른 분화는 모母교회인 콘스탄티노플 세계 총대교구와의 관계에서 나타났다. 정교회는 988년 키이우 루시의 공식 종교가 되면서 주로 키이우Kyiv를 중심으로 번창했다. 11~13세기에 성당이 1만여 곳에 이르렀고 수도원 또한 200여 곳이 설립되었다. 그러나 몽골의 침략을 받으며 키이우의 정치적·문화적·경제적 위상이 실추되었다. 블라디미르 대공이 개종할 때 키이우에 세워진 콘스탄티노플 세계 총대교구 관할의 대주교좌[2]가 1325년 모스크바로 이전하면서 모스크바를 중심으로 종교, 정치, 문화가 발전하기 시작했기 때문이다. 더 나아가 모스크바 총대교구는 1439년에 피렌체 공의회Council of Florence (1438~1445)가 선언한 동방교회와 서방교회의 재결합을 거부하면서[3] 콘스탄티노플 세계 총대교구와 단절하고 독자적 세력화를 모색하기 시작했다. 이후 선언에 동참한 러시아 수좌대주교가 모스크바 총대교구에서 추방되자 1448년 모스크바 총대교구 주교회의는 공석이 된 수좌대주교 자리에 러시아인 주교인 요나스Jonas를 세웠다. 이 결정은 콘스탄티노플 세계 총대교구의 동의 없이 이루어졌기에 콘스탄티노플과의 관계 악화는 피할 수가 없었다. 이를 러시아 문화의 2차 분화(그리스 정교회로부터의 분화)라고 할 수 있다.

모스크바 총대교구가 콘스탄티노플 세계 총대교구를 넘어 독자적이고 독립적인 정교회, 즉 러시아 정교회로 발전한 것은 1453년 오스만제국이 비잔틴제국을 멸망시킨 결과였다. 동방정교회의 모체인 콘스탄티노플 세계 총대교구의 사회·정치적 위상이 종교적 위상과 함께 추락한 것과 대조적으로 러시아는 비잔틴제국의 후계자로 부상했고 모스크바는 훗날 '제3의 로마'로 불릴 정도로 정교회 중심의 종교적 기반을 확보하게 되었다. 더 나아가 1480년 몽골로부터 해방되고 국호를 루시Rus'에서 러시아로 바꾼 후 러시아의 정치적 위세는 강화되었고, 이는 정교회 내 러시아의 교권 상승으로 이어졌다. 권좌에 오른 이반 3세Ivan III(재위 1462~1505)는 러시아 영토를 넓혀 로마 황제급 위상을 확보했고, 최초로 차르tsar'라는 명칭을 사용한 이반 4세Ivan IV(이반 뇌제, 재위 1533~1584)는 러시아 교회의 권력을 차르의 통제하에 두면서 모스크바 총대교구를 콘스탄티노플 세계 총대교구의 정통 후계자가 되게 했다. 중요한 것은 모스크바 총대주교가 전체 러시아 정교회의 수장이 되었다는 사실이다.

그러나 러시아의 키이우 지배는 아직 이루어지지 않았다. 1448년에 새로 세워진 키이우의 수좌대주교가 여전히 콘스탄티노플의 에큐메니컬 관구Ecumenical See하에 놓여 있었기 때문이다. 오늘날 우크라이나의 수도인 키이우와 모스크바의 대립은 이때부터 시작했다. 이를 러시아 문화의 3차 분화(키이우로부터의 분화)라고 할 수 있다.[4] 따라서 서유럽 문화, 그리스 정교회 문화, 키이우 문화와 동떨어진 러시아 문화는 서구 문화는 물론이고 콘스탄티노플 정교회 문화를 흡수한 키이우 중심의 우크라이나 문화와 크게 대비될 뿐만 아니라 두 나라 사이에서 벌어지는 갈등의 주된 요인으로 작동하게 되었다.

1589년 마침내 러시아 총대교구가 설치되었고,[5] 수좌대주교였던 이오프Iov가 러시아 총대주교가 되었다. 모스크바는 러시아 정교회의 본산이 되었고, 지금의 우크라이나가 된 지역의 그리스도교는 러시아화를 겪기 시작했다. 1686년 폴란드·리투아니아 연방의 동부 지역이 러시아 차르국에 편입되면서 키이우 루시 수좌대주교좌는 모스크바 총대교구 아래로 이관되었다. 이미 추락한 키이우의 정치적 위상에 이어 종교적 위상 또한 추락했다.

이에 앞서 17세기 중반에 니콘Nikon 모스크바 총대주교는 교회를 세속 권력에서 벗어나게 하고 교회와 국가의 영원한 분리를 시도했다. 그러면서 분리된 교회와 국가는 서로 조화롭게 처신해야 한다고 믿었다. 그러나 그는 영적인 권위와 세속적인 권위가 존재하지만 주교의 수장이 차르보다 높다고 생각했다.

동시에 니콘은 러시아 정교회의 개혁을 시도했다. 그리스어에서 교회 슬라브 언어로 번역된 전례 문서를 개정하고, 당시 그리스 정교회의 일반적인 관행과 일치시키고자 모스크바 고유의 일부 의식을 개정하는 작업을 했다. 콘스탄티노플 정교회의 방식이 원형이고 올바른 것이므로 러시아 교회의 의식을 모두 고쳐야 한다고 했고, 교회 지붕도 비잔틴 돔dome 양식에 따라 새로 짓게 했으며, 이콘Icon 또한 콘스탄티노플 양식으로 그리게 했다. 니콘의 가까운 친구였던 차르 알렉세이 미하일로비치Aleksey Mikhailovich(재위 1645~1676)는 처음에는 대주교의 개혁안을 지지했다. 그러나 니콘의 개혁은 그에 반대하는 수많은 적을 불러일으켰고 이들은 알렉세이에게 총대주교의 권위가 차르의 권위를 능가한다고 믿게 만들었다. 결국 알렉세이는 니콘에게 냉담해지기 시작했고 니콘은 1666년 총대주교에서 쫓겨났다. 그렇지만 러시아 교회는 니콘의 개혁을 수용하고 반대하는 사람들은 파문했다. 이 반대자들이 구교도Old Believers로 알려졌으며, 이후 두 세기 동안 러시아 정교회 내에서 활발한 반대 세력을 형성했다. 이것이 구교도의 분열Schism of the Old Believers 사건이다.

1721년 표트르 1세Pyotr I(표트르 대제, 재위 1682~1725)는 모스크바 총대주교직을 폐지하고, 국가의 통제를 받는 스웨덴과 프로이센의 루터교회 시노드Synod를 모델로 삼아 성직통치회의Holy Governing Synod를 설립했다. 이 회의는 철저히 국가가 통제했으며, 차르의 임명으로 세속적 평신도 관리가 시노드의 수석 감찰관(장관급)이 되어 교회 행정을 실질적으로 통제했다. 이런 통제가 가능했던 것은 고위 성직자 대부분이 정치적으로 세속 정부에 복종했기 때문이었다. 따라서 러시아 정교회는 세속 정부의 지휘를 받았다고 할 수 있는데, 때로는 고해성사의 비밀을 차르에게 보고해야 했고, 차르는 독점적 사목권을 쥐게 되었다. 1721년부터 계속된 교회에 대한 국가의 우위는 점점 커지는 제국주의 국가에의 교회 종속을 나타내는 것이었다.

러시아제국은 전형적인 제국적 관용 정책을 펴며 20세기에 진입했다. 독재적으로나마 평화적인 공존을 교회에 부여했는데, 어느 정도의 권위를 러시아 정교회 종교 집단에 허용하고 관용을 베푼 것이다. 이에 호응해 교회는 러시아 대중이 공동체 정체성을 지닐 수 있게 했고, 교회가 제공하는 도덕적 규제를 수용하게 했으며, 제국 군대에 동원되는 일을 쉽게 수용하도록 해주었다. 교회가 제국에 대한 충성, 사회질서에의 순응, 도덕적 자기 규제의 역할을 대신하기에 러시아 정교회에 관용을 베푼 것이다. 동시에 제국은 러시아 정교회 내의 특정 종파나 여타 종교에 대해서는 잔인하게 박해했다. 예컨대 러시아 정교회 내의 전통주의자인 구교도들은 200년 이상 차별을 겪었고, 1874년 알렉산드르 2세Aleksandr II(재위 1855~1881)는 우크라이나 그리스 가톨릭교회 UGCC: Ukrainian Greco-Catholic Church를 금했으며, 1882년 알렉산드르 3세 Aleksandr III(재위 1881~1894)는 잠정 규칙Provisional Rules을 통해 유대인에 대한 차별을 강화했다.[6] 한마디로 지배적인 특권을 가진 러시아 정교회는 러시아제국의 권력 서열에서 하나의 종속적인 역할만 맡았다. 제국의 종교 정책 패턴은 종속된 러시아 정교회에 대한 관용과 여타 종교에 대한 박해로 점철되었다.

소비에트와 포스트 소비에트의 러시아 정교회

1917년 러시아혁명 후 소비에트가 강제적으로 행한 세속화는 제국적 관용을 종식하고, 거의 70년 동안 종교 박해의 물결을 일으켰다. 혁명 이후 소비에트를 세운 볼셰비키Bol'sheviki는 교회와 국가의 분리를 선언하고 모든 교회 소유 토지를 국유화했다. 하지만 블라디미르 레닌은 비교적 온건한 종교 정책을 펼쳤다. 이후 이오시프 스탈린Iosif Stalin은 전투적 무신론을 무기로 소련이 장악한 전 지역의 종교 신자들에 대한 광범위한 억압과 교회 재산 몰수 등의 정책을 펼쳤다. 그러나 세계 대전을 치르며 종교를 정치적으로 활용하고자 교회와 화해하는 모습을 보이기도 했다. 하지만 이후 니키타 흐루쇼프Nikita Khrushchev, 레오니트 브레즈네프Leonid Brezhnev 등을 거치며 억압은 계속되었다.

전반적으로 러시아 정교회의 성직자와 신자들은 1917년부터 소련 체제가 몰락한 1991년까지 공산주의 정권 아래서 네 가지의 뚜렷한 경험에 바탕을 둔 정체성을 드러냈다. 이는 정치권력과의 관계를 전제로 한 것으로 억압repression, 협력collaboration, 반체제dissidence, 타국으로의 이주emigration였다.[7]

억압을 경험한 대표적인 시기는 1920~1930년대로 볼셰비키 혁명가들에 의해 성직자 처형과 신자 박해, 교회와 수도원이 소유한 토지와 물품의 몰수 등이 자행되었다. 또한 마르크스·레닌주의 이데올로기에 의한 반종교 선전으로 러시아 정교회를 포함한 모든 종교가 붕괴할 지경에 이르렀다. 소련 정권의 후반기에는 박해가 줄었지만 교회의 자유 상실과 억압의 위협은 계속되었다.

협력 또한 피할 수 없었다. 역사적으로 대부분의 종교와 세속 권력의 관계가 그랬듯이 러시아 정교회 또한 무소불위의 볼셰비키 정권 앞에서 저자세를 보이며 타협을 택했다. 타협의 주체는 모스크바 총대교구를 이끄는 몇몇 고위 성직자들이었다. 소련 당국이나 경찰과 협력 관계를 유지한 이들은 교회가 생존을 보장받을 수 있는 유일한 길은 타협뿐이라는 명분을 하나의 신념으로 내세웠다. 현재 모스크바 총대주교인 키릴은 1970년대에 미하일로프Mikhailov라는 가명으로 국가보안위원회KGB: Komitet Gosudarstvennoi Bezopasnosti[8]와 협력한 것으로 알려져 있다.

이와 반대로 정치권력과 긴장을 계속 유지한 종교인들도 있었으니 이른바 반체제 종교 인사들이다. 여기에는 성직자는 물론이고 평신도들도 포함되는데, 이들이 비판하거나 상대해서 싸운 대상은 소련 정권은 물론이고 그 정권과 협력한 교회의 고위급 인사들이었다. 반체제 지식인들과 함께한 반체제 성직자들은 때로는 성직을 박탈당하기도 했고 몇몇은 살해되기도 했다.

그러나 소련의 지배하에서 러시아 정교회 성직자와 신자들이 가장 많이 겪은 경험은 해외로의 도피를 포함한 서구로의 이주였다. 기본적으로 이주는 억압적인 소련 치하로부터의 피난이었다. 하지만 이주를 통해 러시아 종교 및 문화유산을 수호하는 역할을 맡기도 했다. 이에 더해 새로운 러시아 정교회의 신앙체계를 발전시키기도 했다. 서구의 민주적이고 세속적인 체제와 종교 다원주의를 경험했고, 동시에 소련의 전체주의나 유럽의 파시즘 및 나치즘과 싸우는 경험도 했기에 러시아 정교회의 신학적 의미체계가 새롭게 만들어지지 않을 수 없었다. 시대와 사회 상황과의 변증법적 조응 관계를 통해 정교회의 새로운 삶의 의미체계를 형성하고 새로운 정교회의 가르침을 만들어낸 것이다.[9]

소련이 붕괴하고 냉전이 종식된 1991년 이후에는 미하일 고르바초프Mikhail Gorbachev가 레닌의 종교 자유 정책을 자신의 개혁과 연결해 종교를 개혁의 지지 세력으로 만들면서, 그리고 소비에트 사회주의 체제의 포기를 선언하면서 러시아에서 종교는 해방되었고 종교의 르네상스가 시작되었다. 러시아의 지배 종교인 러시아 정교회는 소련 체제가 붕괴하면서 '강제적 세속화'의 굴레에서 벗어나는 한편으로 몰수되었던 교회 재산을 돌려받는 경험을 했다.

그러나 여전히 러시아의 종교 부흥이 지속적인지에 대한 의문의 여지가 남아 있다. 러시아 정교회는 앞의 네 가지 경험을 토대로 국가와의 관계를 새롭게 정립해야 했다. 먼저 교회는 사회주의 체제 대신에 민주주의 체제를 수용한 러시아의 새 정권과의 관계에서 과거 반체제 인사들과 서구 민주주의를 겪은 이주민들의 경험을 바탕으로 종교의 자유, 시민사회, 민주화, 종교 다원주의 등을 내세우고, 정부와 긴장 관계를 유지하며 비판적인 목소리를 낼 수 있었다. 하지만 이와 반대로 과거 러시아제국의 종교를 재건하거나 소련 시절에 형성된 국가와의 타협 및 유대 관계 모델을 계속해서 유지할 수도 있었다.[10]

소련 몰락 이후 거의 20년 동안 러시아 정교회는 여러 가지 잠재적 행로 모두를 동시에 걷는 모습을 보였다. 교회 내에 강력한 민족주의 경향이 존재했고 근본주의자들과 개혁 반대주의자들도 있었다. 또한 자유주의적 풍조와 함께 신학적 혁신과 신학적 활동을 추구하는 세력도 있었다. 한동안 교회 지도자들은 다양한 물결 사이에서 균형을 유지하려고 했다. 특히 모스크바 총대교구는 적극적으로 국제적 의제를 만들어냈는데, 이를테면 과거의 반서구주의와 반근대주의 전통에서 벗어나는 것이었다. 한마디로 포스트 소비에트 러시아 정교회의 내부에는 다양한 정체성, 지극히 상반되는 양면적 가치, 극단으로 차이 나는 목소리들이 공존했다. 교회는 자유와 통제, 민족주의와 초민족주의 사이에서 왔다 갔다 했으며, 신자들과 러시아 국가를 상대로는 물론이고 세계 정교회와 국제정치에서 러시아 정교회 자체의 이미지를 다양하게 표출했다.[11]

이러한 러시아 정교회의 다양한 모습과 역할은 고르바초프의 개혁 운동이 한창일 때 가능했다. 그러나 보리스 옐친Boris Yeltsin이 권좌를 차지하고 1991년 12월 25일 민주주의와 자본주의 체제로 전환한 새로운 러시아연방이 등장하면서 러시아 정교회는 선택적으로 국가와 협력하는 길로 나아가기 시작했다. 그리고 법률 개정의 혜택을 보면서 러시아 정교회는 사회적 위상을 확보했다. 구체적으로 살피면 러시아 정교회가 모스크바 총대교구를 중심으로 유라시아 전체의 지배적인 종교 체제로 부상하기 시작한 것은 러시아연방 대통령 옐친이 1997년에

'양심 및 종교 단체의 자유에 관한 법률'에 서명하면서부터다. 이 법은 '다원주의 관리managed pluralism'라는 이름의 종교 정책으로 제정되었다. 하지만 지배 권력의 명령과 편애에 따라 다원주의와 선택의 자유에 자의적인 제한을 두는 권위주의적 통제의 의미를 강하게 지녔다.

특히 법이 기술하는 전통적인 종교 공동체(정교회, 이슬람교, 불교, 유대교)에 속하지 않는 소수 종교는, 예컨대 로마 가톨릭교, 오순절교회, 복음주의 교회, 여호와의증인 등은 전통 종교가 누리는 권리에서 배제되며 차별적으로 규제받거나 심할 경우 금지된다. 다시 말해 1982년 이전부터 러시아에서 존재하면서 러시아 인민의 역사 유산과 불가분의 관계가 있다고 여겨지는 종교들만 전통 종교로 간주한 것이다. 그 후에 새로 세워진 종교 단체들은 자격이 있음을 증명해야 하고, 15년 동안 매년 재등록을 계속해야 종교 단체 유지가 가능해 기본적인 종교의 자유를 누리고 전통 종교와 동등한 권리를 부여받을 수 있다. 외래 종교를 억압하고 정교회에 헤게모니를 쥐어준 이 법률은 정교회 지지자들의 반동 선전의 결과이며 종교적 다원주의에 대한 불관용을 보여주는 사례가 되었다.

더 중요한 것은 1997년 제정된 이 법률이 같은 이름으로 이미 1990년 10월 고르바초프가 제정한 '양심 및 종교 단체의 자유에 관한 법률'에 대해 반동적인 성격을 지니고 있다는 데 있다. 고르바초프의 개방(글라스노스트glasnost)과 개혁(페레스트로이카perestroika) 정책이 한창 전개될 때 공표된 1990년 법률은 기본적으로 교회와 국가의 거의 완전한 분리, 국가의 종교적 중립, 국가가 종교 문제에 개입할 권리 부정, 모든 종교의 동등한 권리 보장을 강조했다. 특히 '국가로부터의 교회 분리'라는 제목의 제5조는 "모든 종교는 법 앞에 평등하다. 특정한 종교 신조의 장점이나 한계를 다른 종교와 관련해 설정하는 것은 허용되지 않는다. (……) 국가는 종교를 가진 시민과 그렇지 않은 시민 간의, 다른 종교를 가진 종교 단체와 신자들 간의 상호 관용과 존중의 관계 구축을 촉진한다"[12]라면서 정부가 종교 다원주의를 허용하고 지향하는 모습을 보였다.

고르바초프의 탈세속화 정책, 즉 종교의 자유 보장과 교회와 국가의 분리 원칙 표방은 억압의 대상이었던 러시아 정교회와 여러 전통 종교들이 부활하는 계기가 되었다. 그러나 종교 자유의 분위기 확산은 수많은 해외 종교의 러시아 유입과 활동의 장을 동시에 제공했다. 특히 학교와 신학교의 자유로운 운영, 종교 재산 소유, 종교 문헌 출판 등을 허용한 1990년 법률이 1997년 법률과 다른 점은 이런 모든 활동을 정부에 등록할 필요가 없다는 것이었다. 소련이 해체된 후에도 유효했던 1990년 법률은 신흥종교 단체가 출현하고 자유롭게 선교 활동을 하게 해주었다.

그러나 경쟁 종교 단체의 등장과 외국 선교사들의 활동은 러시아 정교회의 반발을 불러일으켰다. 소련 몰락 이후 밀려오는 서구의 다양한 종교에 위협을 느낀 러시아 정교회는 '영적 안보' 개념을 등장시킬 정도의 반동적 대응이 필요했다. 옐친 행정부 또한 외래 종교 유입을 통한 미국과 서유럽 세력의 러시아 침투를 염려해 서구, 특히 미국에서 들어온 모르몬교, 침례교, 오순절교회, 장로교 등을 제한하는 종교 정책을 불가피하게 추진했다. 결국 1997년 법률 개정은 러시아 역사에서 러시아 정교회의 정신적 공헌을 강조하면서 외래 종교를 억압하고 러시아 정교회를 특별히 지원하는 내용을 담아 정교회가 러시아의 유일한 지배 종교로서 위상을 확보하게 해주었다. 구체적으로 법률의 전문에 "러시아 역사와 러시아의 정신과 문화(spirituality and culture)의 확립과 발전에 대한 정교회의 특별한 기여"[13]를 명시하면서 러시아 정교회와 러시아 민족 정체성과 기억을 동일시했다. 한마디로 반동적인 성격의 1997년 법률을 통해 러시아 정교회는 러시아 역사에 대한 정신적 공헌을 이유로 특별한 지위를 갖게 되었고, 더 나아가 이에 힘입어 러시아 정교회 중심의 제도적 종교 일치 운동을 시작할 수 있었다. 사실상 독점적 지위를 확보한 러시아 정교회는 러시아 내에서 종교 전체주의를 확립하고 실천할 수 있게 되었다.

러시아 정교회의 위상을 러시아제국 시대의 위치에 버금가게끔 올려준 1997년의 법률 개정은 러시아 정교회 쪽에서 느끼는 외래 종교의 유입 확산 외에 또 다른 위기의식 때문이기도 하다. 정치권으로부터의 탈세속화에도 불구하고 거의 80년 동안 전개된 마르크스·레닌주의의 무신론에 익숙해져서인지 마치 1960년대부터 나타난 서유럽 사회의 종교 침체 또는 세속화 현상이 러시아에서도 나타난 것이다. 러시아 국민 대다수는 자신을 정교회 신자라고 밝히지만, 등록 교인 숫자는 계속해서 감소하고 있다. 2006년 통계에 따르면 소련이 붕괴한 이후 정교회 신앙을 고백한 러시아인은 전체 국민의 73.6%에 달한다. 하지만 정교회 신앙을 고백한 이들과 실제 교인의 숫자는 극명하게 차이가 나 영국의 사회학자 그레이스 데이비Grace Davie가 말하는 "믿지만 소속되지 않는(Believing without belonging)",[14] 즉 '가나안 성도'[15]의 신앙 행태가 전반적인 추세가 되었다. 더 나아가 신앙고백인 중에서 한 달에 한 번 예배 참석자는 15%이고, 한 주에 한 번 참석자는 5%, 그리고 교회에 정식으로 등록한 신자는 1~2%에 지나지 않을 정도였다.[16]

이처럼 정치권에 의한 러시아 정교회의 법률적 위상 강화는 정치권과 정교회 모두가 지닌 미국과 서유럽의 러시아에서의 정치, 문화 등 다양한 차원의 영향력 증대에 대한 우려에서 시작되었다. 다음 장에서 논하게 될 '러시아 세계' 프로젝트 또한 이러한 우려와 무관하지 않다.

푸틴 대통령과 러시아 정교회

1997년 옐친은 푸틴을 대통령 참모회의 부수석보좌관 겸 대통령 재산관리과 총책임자로 임명했다. 이후 푸틴은 급속하게 옐친의 후계자로 정치 전면에 등장했다. 1998년 5월 25일 대통령비서실 1차장First Deputy Chief of Presidential Staff으로 임명되었다가, 그날 바로 러시아연방 정부 총리 대행Acting Prime Minister of the Government of the Russian Federation이 되었다. 옐친이 푸틴을 후계자로 지명했고 푸틴이 수락한 것이다. 이후 7월 25일 푸틴은 연방안보국장Director of the FSB(Federal Security Service이 되었다. 그러다가 8월 16일 러시아 연방의회 하원인 두마Duma가 옐친 충성파인 푸틴의 총리 임명안을 통과시켰다. 푸틴은 강력한 법과 질서를 연상시키는 이미지와 함께 체첸Chechen 공화국을 상대로 한 제2차 체첸 전쟁에서 무자비하게 대처한 것으로 인기를 얻기 시작했다.

1999년 12월 31일 옐친이 갑작스럽게 대통령직에서 물러나면서 푸틴은 총리와 대통령 대행을 동시에 수행하게 되었다. 이때 옐친은 "대러시아를 부활시킬 사람들을, 자신을 중심으로 단결시킬 수 있는 인물로" 푸틴을 소개했다.[17] 이에 대한 보답인지 푸틴은 처음 발표한 대통령령 '권한을 행사하지 않게 된 러시아연방 대통령과 그 가족에 대한 보장에 관하여'를 통해 전임 대통령의 부패 혐의에 대한 추적을 금지시켰다.[18] 이듬해인 2000년 대선에서 푸틴은 53%의 득표율로 당선되어 대통령에 취임했다. 이때가 푸틴의 첫 번째 대통령 임기로 2008년까지 계속된다.

한편 러시아 정교회는 2000년에 '러시아 정교회의 사회적 개념 기초 Foundation of the Social Conceptions of the Russian Orthodox Church'를 채택한다. 이 선언문은 정교회 기관, 교구, 수도원, 본당, 기타 교회법적 교회 기관이 국가를 포함한 다양한 세속 기관, 조직, 대중매체와의 관계에서 취해야 할 지침을 알려준다. 또한 교회 당국이 다양한 이슈에 대처할 때 의사 결정을 위한 지침으로 사용할 수 있다. 전체적으로 소련이 몰락한 이후 긴박해진 제도 교회를 재건하는 임무를 달성하기 위한 지침이라고 할 수 있다.

구체적으로 이 선언의 핵심 원칙은 교회의 세상에서의 임무 확인, 즉 사람들과 세상을 구원하고 소생시키는 데서 출발해 권력과의 관계에 대해 언급한다. 즉, 권력의 절대화 거부와 교회와 국가의 영역 침해 금지 등을 이야기하면서도 도덕성, 올바른 교육과 양육, 자선 활동 등에서 관심 영역을 공유함을 인정한다. 또한 사회적 이슈 표현의 의무와 국가의 기독교 원칙 훼손을 상대로 한 저항도 강조한다. 그러면서도 에이즈AIDS, 약물 중단, 남편의 의사에 반하는 낙태 등의 경우를 제외한 이혼 금지, 낙태와 낙태약을 함유한 예방약prophylactics containing abortifacients 거부, 동성애 저주 등 보수적인 윤리를 나타낸다. 특이한 것은 문화 영역에서 전통문화를 침식하는 지구촌화globalization의 해악을 최소화할 것을 요구하는데, 이는 미국과 서구에서 유입되는 세속적 문화와 개신교 복음주의 등 대중 종교에 대한 경계이기도 하다.[19]

이때 러시아 정교회의 모스크바 총대주교는 알렉시 2세Patriarch Alexy II(재임 1990~2008)였다. 이후 2009년부터 지금까지는 키릴이 맡고 있다. 키릴의 총대주교 취임은 푸틴의 2012년 세 번째 러시아연방 대통령 취임과 함께 새로운 전환점을 가져오는데, 러시아 국가와 러시아 정교회가 종교적 차원을 넘어 법률, 정치, 권력에 보다 더 관련되는 방식으로 가까워지기 시작했다.[20]

푸틴은 1999년 권좌에 오른 이후 전통적인 정교회를 정치적으로 활용하며 협력 관계를 유지해 왔다. 그러면서 소수 종교는 억압했다. 이미 2000년 1월 당시 대통령 대행이던 푸틴이 채택한 '국가안보개념 National Security Concept'에서 특히 주목되는 것은 '전통'과 국가 안보의 연결인데, "러시아의 전통적인 정신적·도덕적 가치"가 국가 안보 전략의 필수적인 부분이라는 것이다.[21] 따라서 국가 안보 개념은 러시아연방의 국가 정책의 핵심 방향을 공식화하는 한편 개인, 사회, 국가를 내외적 위협으로부터 보호하기 위해 만들어진 것이었다. 특히 "다른 국가들의 러시아 영토로의 경제적·인구학적·문화적·종교적 확장에 대응하기 위해"라는 문구에서 볼 수 있듯이 외국 선교사들의 활동을 부정적으로 보아 소수 종교의 확산을 억제하는 한편 전통적인 러시아 정교회의 역할을 강화해 주고 있다. 이 '개념' 발표는 또한 "사회적 갈등, 공동체 간의 갈등, 종교적 갈등, 정치적 극단주의, 민족적·종교적 분리주의, 테러리즘을 유발하고 조장하는 요인을 제거"하려는 조치였다.[22] 아울러 외국 종교 단체와 선교사 활동의 차단을 포함하기에 '반극단주의법 Anti-Extremism Law'과 함께 훗날 있을 러시아 대법원의 여호와의증인에 대한 판결과 연결된다. 2017년 4월 여호와의증인은 극단주의 단체로 낙인찍혀 전면 활동 금지라는 판결을 받았다.

'반극단주의법'은 2002년 7월에 극단주의 활동을 퇴치한다는 명분으로 채택되었다. 이 법은 정부가 정부에 반대하는 개인을 침묵시키고, 해당 법률에 따라 '극단주의자' 또는 '테러리스트'로 지목된 시민사회 및 종교 단체를 지지하는 이들을 표적으로 삼으며, 이들의 공적 생활 참여를 방해하는 등의 결과를 가져왔다는 비판을 받는다. 따라서 '반극단주의법'의 주된 대상은 시민단체와 대중매체였다. 문제는 어떤 활동을 이유로 극단주의자로 결정할지에 있는데 그것은 혐의자의 동기 motivation다. 러시아 법률은 "편견에 의해 동기화된 범죄 또는 이념적·정치적·인종적·민족적·종교적 적대감이나 사회집단에 대한 증오 또는 적대감을 동기로 삼은 범죄" 등을 극단주의로 분류한다. 이는 심리적 차원 또는 의식적 차원의 자유를 침해하는 것이다. 훗날 푸틴은 2014년 연방의회 연례 회의에서 "그리스도교는 러시아 민족과 러시아 국가의 형성에 있어 하나의 강력한 영적 통합력이다"라면서 민족 통일을 위한 정신적 힘 또는 집단의식을 강조했다. 이는 종교 다양성의 근거가 되는 의식의 자유 또는 양심의 자유를 부정하며, 근대 이전의 유럽 국가들의 전통적인 '공동체 종교'로의 회귀 지향을 푸틴이 갖고 있다고 할 수 있다.

이러한 푸틴의 정교회 중심의 종교 정책은 2002년 11월에 러시아 교육부가 러시아의 공립학교 시스템에 정교회 문화와 관련된 과목을 개설하기로 결정한 데서도 잘 나타난다. 러시아 국민교육의 하나로 정교회의 가르침을 수용하는 한편 정교회에 사회윤리적 권한을 부여한 것이기 때문이다.

이후 2004년 대선에서 푸틴은 71%의 득표율로 당선되어 두 번째 대통령 임기를 시작했다. 그의 지지율은 같은 해 9월 1일 발생한 베슬란 학교 인질 사건Beslan school hostage crisis을 진압한 후 83%로 상승했다. 인질범 31명이 사살되었지만, 어린이 186명을 포함해 무고한 인명이 334명이나 죽었음에도 러시아 대중의 푸틴 지지는 견고했다.[23]

러시아 의회는 해외 비정부기구NGO: Non-Governmental Organization(이하 NGO)의 활동을 밀착 통제하는 법령을 2005년 통과시켰다. 이를 두고 '프로젝트 푸틴Project Putin' 또는 '러시아의 신세습주의 시스템의 강화Consolidation of Russia's Neo-patrimonial System'라고 부른다. 2006년 1월 푸틴은 '인종 증오와의 전쟁fight against ethnic hatred'을 위한 첫 번째 공공 회의소Public Chamber[24] 회의를 소집했다.

2007년 9월 푸틴이 의회를 해산한 후 같은 해 12월에 치른 총선에서 여당인 통합 러시아United Russia가 득표율 64.24%로 승리했다. 이는 푸틴의 지도력과 정책에 대한 대중의 강력한 지지를 반영한다. 2008년 푸틴의 대통령 임기가 끝나자 드미트리 메드베데프Dmitry Medvedev(2025년 기준 러시아 국가안보회의 부의장)가 대통령직에 오르고 푸틴은 총리를 두 번째로 맡는다.

한편 2009년 2월 알렉시 2세에 이어 키릴이 러시아 정교회 모스크바 총대교구 대주교가 된다. 키릴의 아버지가 푸틴에게 세례를 주었을 정도로 키릴과 푸틴은 절친한 친구로 알려져 있다. 이후 소련 시절 몰수당한 교회 재산이 환급되고 행정명령을 통해 공립학교에서 종교교육이 허용된다. 이에 앞서 2007년에는 러시아 정교회 신학교의 교육과정이 국가의 인정을 받게 되었다.

2011년 총선에서 푸틴의 통합 러시아 당이 승리하자 투표 조작을 주장하며 수만 명이 참여한 시위가 벌어졌다. 이는 푸틴이 집권한 이후 가장 규모가 큰 시위였다. 2012년 2월 4일에도 푸틴에 반대하는 시위가 일어났고, 2월 21일에는 러시아의 페미니스트 공연 예술 그룹 푸시 라이엇Pussy Riot이 모스크바의 구세주 그리스도 대성당Cathedral of Christ the Saviour에서 '펑크 기도회'라는 이름의 도발적인 퍼포먼스를 펼치다가 성직자들로부터 신성모독으로 비난받고 성당 보안 인력에 의해 저지당하는 사건이 일어났다. 이들의 공연은 대선 캠페인에서 푸틴을 지지한 정교회 지도자들에게 항의하기 위한 것이었다. 멤버 중 세 명이 체포되어 '종교적 증오에 의한 폭력 행위'로 2년 징역의 유죄판결을 받았다.

이 푸시 라이엇 사건과 관련해서 이듬해인 2013년 '반불경죄법Ani-blasphemy law'이 만들어졌다. 푸시 라이엇 재판이 열렸을 때 러시아 형법에는 불경에 대한 내용이 없었다. 그래서 피고들은 난동hooliganism 혐의로 형을 선고받았다. 그러자 러시아 의회는 '종교적 감정을 모욕하는' 행위 또는 종교적 장소나 물품의 모독에 대해 최대 3년의 징역형을 부과할 수 있는 일종의 신성모독법을 압도적으로 통과시켰다.[25] 이 법률의 제정은 러시아 정교회의 확대된 정치적·사회적 영향력과 함께 키릴 총대주교가 지향하는 교회와 국가 간 협력 관계를 잘 보여준다. 특히 법안 초안을 러시아 정교회가 검토할 수 있도록 기회를 주었고, 공공기관에 대한 정교회의 접근 권한을 확대해 주었다. 정교회에 대한 계속된 특권 부여는 키릴이 러시아 정교에 대한 정부의 차별적인 보호 조치를 획득한 덕분이다. 그럼에도 이렇게 조화를 강조하는 종교와 국가 관계는 푸틴이 주도적인 위치를 점하고 있기에 러시아 정교회와 정부의 관계는 비대칭적인 조화라고 할 수 있다. 이미 러시아는 '다원주의 관리'가 필요한 시대로 들어섰기에 '반불경죄법'은 국가의 종교에 대한 통제력 증가를 의미하기 때문이다.

한편 이 법률은 교회 내에서 권력 순응적이고 애국적이며 보수적인 진영의 세를 강화시켰고, 자유주의자들과 정치에 무관심한 신자들을 밀어내는 결과를 가져왔다. 문제는 실제로 분열적인 잠재력을 지닌 이 법률 때문에 극단적인 정교회 신자들의 목소리가 높아지는 사건이 발생했다는 데 있다. 바로 니콜라이 2세Nicholas II(재임 1894~1917)의 삶을 다룬 영화 〈마틸다Matilda〉에 묘사된 황제와 발레리나의 사랑 이야기를 "종교적 모욕(religious insult)"이라며 공격하기 시작한 것이다.[26] 니콜라이 2세는 러시아 정교회가 성인으로 시성한 존재이기 때문이다. 이들은 국가 및 교회 당국과 공개적으로 대립함으로써 골칫거리가 되었을 정도로 독자적으로 행동했고 결과적으로 교회는 이들을 '진정한 신자'가 아니라 '가짜 종교 급진주의자'로 간주했다.[27]

한편 '반불경죄법'이 제정된 후 종교 제휴, 신념, 실천 등과 관련해 사회적 학대와 차별 사건이 보고되었다. 소수 종교 집단은 괴롭힘과 간헐적인 신체적 학대를 계속 경험했다. 북캅카스에서 발생한 극단주의 폭력 사건과 중앙아시아로부터의 이주 노동자 유입을 다룬 미디어 보도가 이어진 후에 러시아 전역에 걸쳐 무슬림들은 사회적 차별과 적대 행위에 부딪히게 되었다.

이에 앞서 투표 조작 의혹에도 불구하고 푸틴은 2012년 대선에서 득표율 63.6%로 당선되어 세 번째 대통령 임기를 시작했다. 러시아 대통령의 임기는 전임 대통령인 메드베데프가 대통령직에 취임한 직후에 6년으로 늘어난 바 있다. 아울러 푸틴을 지지하는 세력도 늘어나 푸틴에 반대하는 시위와 그를 지지하는 시위가 동시에 벌어지기도 했다.

한편 2012~2013년에 푸틴과 그의 통합 러시아 당은 LGBTQ+ 커뮤니티를 보다 엄격히 다루고자 제안된 법안을 지지했으며, 그 결과 러시아 의회는 2013년 6월 '동성애 선전 금지 법안'을 통과시켰다. 구체적으로 이 법은 이성애자와 동성애자의 관계를 동일시하거나 동성애자 권리 자료를 배포하는 것을 불법으로 규정했다. 이 법은 미성년자를 대상으로 하는 '비전통적 성관계 선전'의 확산을 금하고, 이를 위반한 개인과 언론 단체에 벌금을 부과하며, 외국인에 대해서 특별 벌금을 부과하는 것으로 러시아 의회에서 단 한 명만 기권한 만장일치로 통과되었다. 이미 푸틴 정권은 동성애를 반대하는 폭력 사건이 급증하도록 유도해 왔다. 따라서 이 법의 제정은 매우 보수적인 가치를 의회에 강요하려는 푸틴 정권의 압력이 통한 것이었다.[28]

2014년에 들어서면서 러시아는 몇 차례 우크라이나 영토를 침공했다. 우크라이나에서 정치적 혼란이 일고 유로마이단Euromaidan 혁명 등으로 정권이 바뀌며 친러 세력이 약해지자 러시아는 크림반도를 병합했다. 2015년 9월 30일에는 시리아 정부의 공식 요청을 근거로 푸틴은 시리아 내전에 러시아가 군사 개입하는 것을 승인했다. 시리아 정부는 이슬람 원칙에 국가 기반을 두는 호전적인 이슬람 운동인 지하드주의 Jihadism를 추종하는 지하디스트 단체들 및 반군과 내전을 치르는 중이었다. 시리아 정부의 군사 지원 요청을 이유로 들지만, 이는 러시아군의 시리아 내정간섭이었다. 또한 크림반도 병합과 마찬가지로 국가 주도의 외교정책에서 소련 시절과 맞먹는 국가를 재건하고자 하는 러시아가 국제사회를 향해 공격적인 태도로 전환했음을 보여주는 사건이 아닐 수 없다.

2014년에 러시아는 공공질서를 파괴하고 극단주의 활동에 참여하는 종교 단체의 활동을 금지하는 등 소수 종교에 대한 정책을 강화했다. 예컨대 경찰은 가정 등 사적인 예배 장소를 사용하는 소수 종교 단체를 급습해 신앙 출판물과 재산을 압수했다. 또한 당국은 '반극단주의법'을 적용해 소수 종교 단체의 등록을 철회하고 토지 구매, 예배당 건립, 소련 시절에 몰수된 재산의 환수 등을 하지 못하도록 소수 종교 단체의 활동을 규제했다. 연방 차원의 공식적인 반유대주의 행위는 없었지만, 지방정부 공무원의 반유대주의 언급이 늘었다는 보고가 증가했다. 또한 종교와 관련된 폭력 사건이 발생했고, 민족주의 단체들이 반유대주의 표어를 들고 나오기도 했다. 정치인들이 주류 매체에 나와 반유대주의를 언급했고, 소셜 미디어 사이트에서 반유대주의를 노골적으로 드러내는 사건이 증가했다. 비슷한 시기 유럽에서 활발하게 전개되었던 백인 우월주의가 러시아에도 확산하기 시작한 것이다.

이때까지 러시아는 국내의 유대인이나 기독교 단체의 활동을 규제하지는 않았다. 하지만 2015년에 들어서면서 러시아 정부는 무슬림과 함께 여호와의증인, 오순절교회, 사이언톨로지Scientology 등 소수 종교 단체들의 활동을 규제하기 시작했다. 구금, 벌금, 투옥 등으로 소수 종교 단체를 압박하고, 무슬림의 저술을 극단주의 리스트에 올리는 등 소수 종교의 몇몇 종교 자료를 극단주의로 간주했다.

2016년에도 소수 종교 단체에 대한 구금과 벌금 부과는 계속되었다. 주로 극단주의 혐의를 이유로 든다. 예컨대 러시아 정부는 종교 활동에 참여한 많은 미국 시민(특히 모르몬교의 자원봉사자)에게 벌금을 부과하거나 추방 명령서를 내렸다. '종교 신자들에게 공격적인 공공 연설'을 한 몇몇 개인들은 기소당하거나 벌금을 부과받았다. 러시아의 많은 도시에서 당국은 소수 종교 단체를 향해 등록을 취소하겠다고 위협했으며, 때로는 극단주의 활동을 했다는 혐의를 들어 여호와의증인 공동체 등 소수 종교를 해체하거나 해산했다.

그리고 마침내 '야로바야법Yarovaya law'이 러시아 연방의회에서 제정되었다. 이리나 야로바야Irina Yarovaya 상원 의원 등이 2016년 4월 법안 준비 프로젝트를 시작해, 5월 13일 첫 번째 독회 후 법안이 통과되었으며, 7월 7일 푸틴이 서명하며 확정되었다. 이 법은 '반극단주의법'과 '반테러리즘법'의 수정안으로 처벌을 보다 강화하는 동시에 종교 전도 행위 등을 저지하는 조치까지 포함했다. 구체적으로 다양한 범죄행위에 대한 징역형 연장, 러시아 입출국을 거부하는 새로운 사유 도입, 다른 사람의 범죄 사실을 법 집행기관에 신고하지 않은 경우와 테러 활동 계획 및 실행에 대한 형사책임 도입 등이 포함되었다. 아울러 전도와 선교 사업에 대한 새로운 제한 사항도 포함되었는데, 예컨대 '선교 활동'은 해당 지부가 지정한 교회 및 기타 종교 장소에서만 수행할 수 있고 주거용 건물에서는 금지된다. 한마디로 이 법안에는 법 집행기관의 권한 확대, 통신 산업의 데이터 수집 및 의무적 해독에 대한 새로운 요구 사항, 비종교적 장소에서 선교 활동 금지 등 전도에 대한 규제 강화가 포함되었다.[29]

러시아 정부는 다양한 개신교 교단 교인들, 우크라이나 개혁 정교회 Ukrainian Reformed Orthodox Church 주교, 국제크리슈나의식학회 International Society of Krishna Consciousness 회원 등을 기소했다. 선교 활동에 대한 '야로바야법'의 폭넓은 정의는 러시아 정부가 개종은 물론이고 종교 자료의 배포나 설교를 이유로 개인을 기소할 수 있게 해주었다. 소수 종교인들은 러시아 지방정부가 '반극단주의법'을 활용해 종교 문서의 금지 리스트를 확대했다고 주장한다. 사회적으로는 종교 정체성 문제가 불거져 이맘imām이 살해되는 등 물리적 공격 사례가 다수 발생했다. 여호와의증인, 오순절교회, 이슬람교, 유대교를 향한 물리적 공격이 있었고 종교와 민족 문제로 개인에게 공격이 가해진 사건도 있었다.

2017년 러시아 대법원은 여호와의증인의 활동을 '극단주의'로 판결하고 그들의 활동을 금지하면서 문헌 금지와 본부 재산의 파산을 명령했다.[30] 러시아 당국은 '야로바야법'을 근거로 승인 없이 선교 활동을 하는 여러 교단의 활동가들을 기소했다. 단체 활동이 금지되면서 학교 교직원들로부터 차별당했다는 여호와의증인에 대한 보고도 있었다. 종교 활동에 참여한 외국인들이 벌금을 부과받고 추방당하는 경우가 점점 늘고 있는데, 여기에는 랍비 한 명, 한국인 침례교인, 인도 국적의 오순절교회 목사 등이 포함되었다.

러시아 정교회는 2013년 6월 의회가 통과시킨 '동성애 선전 금지 법안'을 헌법적 차원에서 보장받도록 추진했다. 특히 동성애 결혼 합법화를 무력화하기 위해 헌법을 개정해 결혼을 남성과 여성 간의 관계로만 정의를 내리게 했다. 2018년 극우 민족주의 단체인 세계러시아인민평의회 부의장이자 보수적 과두 정치인인 콘스탄틴 말로페예프 Konstantin Malofeev가 제안한 이 법안에 대해 모스크바 총대주교 대변인 블라디미르 레고이다 Vladimir Legoida가 지지를 표명하며 교회의 절실한 헌법적 요구constitutional desiderata 목록의 네 번째 항목인 '전통적 가족 가치'도 추가했다. 결과적으로 이 두 항목은 개정된 헌법에 포함되었다. 개정 헌법 제72조 1항은 '남성과 여성의 결합으로서의 결혼 제도 보호'를 명시하고 있고, 제114조 1항은 러시아연방의 목표 중 하나로 '전통적 가족 가치의 보존'을 포함했다.[31]

2018년 대선에서 푸틴은 득표율 76%를 받아 당선되며 네 번째 대통령 임기를 시작했다. 그러면서 같은 해 5월 그는 러시아 헌법을 준수하고자 2024년 대선에는 출마하지 않겠다고 발표했다. 그러나 2020년 1월 푸틴은 연방의회 연설에서 자신의 네 번째 대통령 임기가 끝난 후에도 정치적 권력을 연장할 수 있도록 하는 주요 헌법 개정안을 제안했고, 7월 자신이 6년 임기의 대통령직에 두 차례 더 출마할 수 있도록 하는 헌법 개정안을 공식적으로 삽입하는 행정명령에 서명했다. 그리고 같은 해 12월에는 러시아의 전임 대통령들에게 종신 검찰 면책권을 부여하는 법안에 서명했다. 이후 2024년 대선에서 88.48%의 득표율로 승리해 다섯 번째 대통령 임기를 시작했다.

푸틴은 국내적으로는 국가 중심의 명령 체계를 회복하고 국제적으로는 러시아의 위상을 1991년 이전으로 회복하는 것을 자신의 사명으로 삼았다. 따라서 2007년에 '루스키 미르 재단Russkiy Mir Foundation'을 설립하며 '러시아 세계' 프로젝트를 시작했고, 2022년에는 우크라이나를 침공하며 소련 시절의 패권적 지배 영역을 확보하려고 한다. 이러한 푸틴의 정치적 야망은 종교적 영역의 확보와 역내에서의 패권적인 영적 지위의 회복을 꿈꾸는 키릴 총대주교의 욕구와 맞아떨어진다. 이에 대한 자세한 논의는 푸틴의 우크라이나 침공과 이를 지지하는 키릴을 중심으로 다음 장에서 살펴보고자 한다.

제2장
러시아와 우크라이나 정교회의 종교 전체주의와 다원주의의 충돌

　이 장에서는 러시아와 우크라이나 간에 오랜 시간에 걸쳐, 그리고 집중적으로는 소련 몰락 이후 최근까지 축적된 정치적·종교적 갈등이 러시아와 우크라이나 간의 다차원적인 대립 구조와 얽히고설켜 러시아의 우크라이나 침공이 발생했음을 밝히고, 그 과정을 역사사회학적으로 추적한다. 러시아와 우크라이나는 키이우 루스라는 동질적인 국가 기원과 정체성을 가졌음에도 불구하고, 양국의 역사적 궤적historical trajectory 또는 역정歷程은 정치적으로나 종교적으로 방향을 조금씩 달리해 왔다. 그러나 영토는 물론 공유하는 역사와 문화라는 공통분모는 '쏘아 올려져project' 각각의 운행 경로로 치닫던 러시아와 우크라이나를 마침내 전쟁으로 충돌하게 만들었다.
　궤적의 충돌은 정치적·경제적·문화적 차원 등 여러 분야에서 찾을 수 있지만, 여기서는 앞의 여러 분야를 아우르면서 주로 종교적 차원을 중심으로 논한다. 가장 두드러진 두 나라의 종교적 궤적 차이는 러시아 정교회의 종교 전체주의적 지향과 우크라이나의 정교회 독립과 종교 다원주의적 지향에서 나타난다.[1] 그리고 이들 각기 다른 궤적이 충돌하게 된 것은 먼저 러시아와 우크라이나가 공유하는 과거의 역사적 사건을 놓고 서로 다르게 해석하면서부터다. 그리고 최근에 러시아가 새로운 러시아 정체성을 위한 이데올로기로 내놓은 '러시아 세계' 프로젝트와 우크라이나에서 역사적으로 축적된 종교 다원주의, 서유럽 지향의 사회적 분위기, 탈러시아 움직임 사이에서 궤적의 충돌이 생겨났다.

이러한 충돌에 대한 본격적인 논의에 앞서 공유하는 역사를 놓고 서로 다른 해석을 내리는 러시아와 우크라이나가 정교회를 둘러싸고 벌인 오랜 역사적 갈등을 다룬다. 그다음으로 러시아의 종교 전체주의와 '러시아 세계' 프로젝트의 실체를 알아본다. 마지막으로 우크라이나의 종교 다원주의와 탈러시아 운동에 관해 살펴본다.

우크라이나 정교회의 다원적 분포

역사적으로 러시아 지배 엘리트의 동반자이자 러시아 민족 정체성의 중심에서 제국주의 열망의 저장고 역할을 해온 러시아 정교회는 소련 치하에서도 유일하게 허용된 종교이며, 소련이 몰락한 후에도 거의 독점적인 지위를 지니고 있다. 반면 우크라이나의 교회는 러시아제국 시절과 소련 시절에도 러시아 정교회 모스크바 총대교구ROC-MP: Russian Orthodox Church - Moscow Patriarchate의 지배를 받아왔다. 이 교회가 우크라이나 정교회UOC-MP: Ukraine Orthodox Church - Moscow Patriarchate다. 하지만 우크라이나의 몇몇 교회는 모스크바 총대교구로부터 분리해 자체적으로 교구를 구성하는 등 교회법적 독립권을 주장했다. 결국 우크라이나에서는 정교회가 분할과 통합을 거듭하며 정교회 중심의, 그러나 특정 정교회 분파가 지배적이지는 않고 소수 종교까지 포용하는 종교 다원주의 사회를 형성했다.

우크라이나 독립 정교회UAOC: Ukrainian Autocephalous Orthodox Church 는 소비에트 시절인 1921년 러시아 정교회와 결별하며 독립을 선언했다. 그러나 1930년대부터 박해 대상이 되기 시작했고 결국 소련에 의해 강제 해산되며 지하로 잠적했다. 남은 우크라이나 독립 정교회 소속 교회 대부분은 모스크바 총대교구가 관할하는 '우크라이나 정교회(UOC-MP)'에 마지못해 등록했다. 이후 1990년 개혁·개방의 분위기하에서 소련이 몰락하기 직전에 우크라이나 독립 정교회는 스스로 복원되었고 우크라이나 서부를 중심으로 퍼져나갔다. 그러나 우크라이나 독립 정교회는 세계 정교회의 승인은 받지 못한 채 비교회법적인 교회 uncanonical church로 남아 있었다.

한편 1990년 개혁·개방이 한창일 때 우크라이나 정교회 키이우 총대교구UOC-KP: Ukrainian Orthodox Church - Kyiv Patriarchate가 세워졌다. 모스크바 총대교구의 지배를 벗어나려는 일부 우크라이나 정교회(UOC-MP) 교회들이 키이우 총대교구가 관할하는 '우크라이나 정교회(UOC-KP)'를 설립한 것이다. 이 교회 또한 세계 정교회의 승인을 받지 못해 우크라이나 독립 정교회와 마찬가지로 비교회법적인 교회로 남아 있었다. 정교회에 따르면 교회는 '기도와 다른 국가 정교회와의 교회법적 친교뿐만 아니라 신앙의 일치'에 서 있을 때 교회법적으로 합법성을 갖게 된다. 따라서 이 두 교회(UAOC와 UOC-KP)는 다른 정교회와 친교나 공식적인 관계를 맺을 수 없었다.[2]

그러나 2018년부터 상황이 바뀌었다. 교회 차원에서 보면 우크라이나 정교회(UOC-MP)가 2013~2014년 유로마이단 혁명에 이어 2014년 러시아의 크림반도 병합에서 중립적이거나 불투명한 태도를 보였을 뿐만 아니라, 우크라이나 동부의 친러시아 분리주의자들과 연루되었다는 혐의를 받게 되면서 사회적 위치와 명성이 회복 불가한 상태로 추락했기 때문이다. 정치적 차원에서는 크림반도 병합과 돈바스 지역 분쟁을 거치며 러시아의 대대적인 '러시아 세계' 운동에 위협을 느낀 우크라이나의 페트로 포로셴코Petro Poroshenko 대통령이 2018년 4월 9일 콘스탄티노플 세계 총대주교 바르톨로메오 1세Bartholomew I를 만나 우크라이나의 정교회가 모스크바 총대교구의 지배를 받지 않도록 교회 자치권을 부여해 줄 것을 요청했다. 4월 19일에는 우크라이나 의회에 '어머니 교회'의 수장인 바르톨로메오 1세에게 보내는 자치권 승인 요청 결의안을 제안했다.

마침내 2018년 10월 바르톨로메오 1세는 우크라이나의 정교회에 자치권을 부여하기로 결정했다. 당시까지 전 세계의 정교회 기독교 공동체로부터 인정받은 우크라이나의 교회는 우크라이나 정교회(UOC-MP)뿐이었는데, 이날 콘스탄티노플 세계 총대주교가 자치권을 부여하며 우크라이나 독립 정교회와 우크라이나 정교회(UOC-KP)에 부과했던 파문 선고excommunication를 거두어들인 것이다. 이에 대한 화답으로 키이우의 성 소피아 성당Saint-Sophia Cathedral에서 2018년 12월에 열린 우크라이나 정교회 통합 위원회Council of Unification of Ukrainian Orthodoxy 회의에서 우크라이나 독립 정교회와 우크라이나 정교회(UOC-KP)가 통합을 선언하며 새로 우크라이나 정교회OCU: Orthodox Church of Ukraine를 설립했다.[3] 기존의 우크라이나 독립 정교회와 우크라이나 정교회(UOC-KP)는 자진 해산했다. 그리고 새로 설립한 우크라이나 정교회(OCU)의 수장으로 에피파니 대주교Archibishop Epifanii를 키이우와 모든 우크라이나의 대주교Metropolitan of Kyiv and All Ukraine로 선출했다. 이미 10월에 바르톨로메오 1세는 과거 러시아 정교회가 우크라이나 독립 정교회와 우크라이나 정교회(UOC-KP) 지도자들을 '종파 분리자schismatics'로 규정하며 내린 징벌을 철회했다. 그리고 이듬해인 2019년 1월 콘스탄티노플 세계 총대교구가 우크라이나 정교회(OCU)에 독립 교회 자격을 인정하는 교회 자치권 부여 증서를 전달했다.[4] 이제부터 우크라이나의 정교회 교회들은 세 개의 로마, 즉 교황(첫째 로마), 콘스탄티노플 세계 총대주교(둘째 로마), 모스크바 총대주교(셋째 로마)와 각기 다른 초국가적 충성allegiances 관계를 맺게 되었다. 우크라이나 그리스 가톨릭교회 UGCC: Ukrainian Greek Catholic Church는 교황의, 우크라이나 정교회(UOC-MP)는 모스크바 총대주교의 관할권 아래에 놓이게 되었고, 우크라이나 정교회(OCU)는 콘스탄티노플 세계 총대주교의 지원을 받게 되었다.[5]

중요한 것은 우크라이나 정교회(OCU)를 설립하는 중에 유로마이단 혁명, 크림반도 병합 등의 커다란 정치적 사건이 있었으며, 이들 사건이 러시아로부터의 온전한 정치적 독립을 위한 움직임과 밀접하게 연관되었다는 사실이다. 더 중요한 것은 러시아의 정치적 영향력에서 벗어나고자 한 이러한 움직임이 우크라이나의 교회가 달성한 러시아 정교회 모스크바 총대교구로부터의 종교적 독립과 무관하지 않다는 것이다. 또한 이것이 2022년 2월 푸틴이 감행하고 키릴이 지지한 러시아군의 우크라이나 침공의 빌미가 되기도 했다는 사실이다.

한편 우크라이나 그리스 가톨릭교회는 바티칸을 지지하는 우크라이나의 정교회로 많은 역사적 사건을 거치면서 형성되었다. 예컨대 폴란드·리투아니아 연방의 지배를 받던 때는 반종교개혁Counter-Reformation의 영향을 받은 폴란드 왕이 우크라이나에서 가톨릭교회가 증가하기를 원했다. 그 결과 우크라이나 서부 지역의 성직자들은 콘스탄티노플의 지배를 받으면서도 폴란드의 가톨릭 군주에 의해 임명되는 모순이 발생했다. 그러다가 1544년 예수회의 지원으로 대주교 네 명이 브레스트 연합Union of Brest에 서명하면서 1054년 동서 교회 대분열 이후 정교

그림 우크라이나 정교회의 다원적 분포 현황

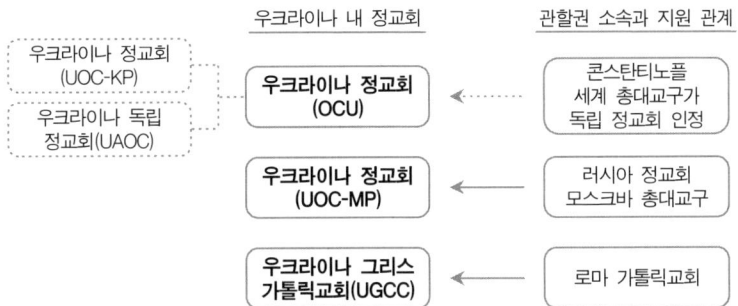

주1: ① 우크라이나 정교회(OCU)는 우크라이나 정교회(UOC-KP)와 우크라이나 독립 정교회(UAOC)가 통합해 설립되었으며 콘스탄티노플 세계 총대교구와 긴밀한 협력 관계를 유지하고 있다.
② 우크라이나 정교회(UOC-MP)는 러시아 정교회 모스크바 총대교구 관할권에 속한다.
③ 우크라이나 그리스 가톨릭교회(UGCC)는 로마 가톨릭교회 관할권에 속한 그리스 정교다.
주2: 우크라이나 정교회(OCU)의 설립 과정은 다음과 같다.
① 2018년 10월 11일 콘스탄티노플 세계 총대주교가 우크라이나의 교회에 자치권을 부여하기로 결정했다.
② 2018년 12월 15일 우크라이나 정교회(UOC-KP)와 우크라이나 독립 정교회(UAOC)가 통합해 우크라이나 정교회(OCU)를 설립했다.
③ 2019년 1월 5일 콘스탄티노플 세계 총대주교가 우크라이나 정교회(OCU)에 자치권을 부여하는 증서를 전달했다.
주3: 관할권 소속은 상위 기관의 '관할권 아래에(under the jurisdiction)' 있음을 의미한다.
주4: 지역적으로 우크라이나 서부는 우크라이나 그리스 가톨릭교회(UGCC), 중부는 우크라이나 정교회(OCU), 동부는 러시아 정교회(ROC)와 우크라이나 정교회(UOC-MP)가 강세다.

회 편에 섰던 이 교회들이 로마 가톨릭과 재결합하게 되었다. 1596년에 루테니아Ruthenia 정교회와 바티칸 사이에 브레스트 연합 조인이 최종 확정되며 우크라이나 그리스 가톨릭교회가 만들어졌다. 우크라이나 그리스 가톨릭교회는 바티칸의 지지를 받으면서도 정교회 방식의 전례를 유지하기에 혼합주의hybridism 또는 라틴화Latinization 경향에 따른 고대 민족주의 전통의 왜곡이라는 비판을 받기도 했다.

1874년 알렉산드르 2세가 우크라이나 그리스 가톨릭교회를 금지했고, 제2차 세계대전 이후 공산 치하에서는 브레스트 연합이 취소되면서 교회 재산이 모두 러시아 정교회로 이전되었다. 특히 1946년 이오시프 스탈린이 이 교회의 해산을 명령하자 교회는 지하로 잠적했다. 그러다가 미하일 고르바초프의 개혁이 한창인 1989년 12월에 우크라이나 그리스 가톨릭교회의 공식적인 활동 재개가 허용되었다. 한편 바티칸은 1963년 우크라이나 그리스 가톨릭교회 대주교에게 총대주교Major Archbishop 직함을 부여했다. 이는 정교회의 총대주교와 동등한 지위로 다른 가톨릭교회에는 없는 고유한 직함이다.

우크라이나 정교회와 러시아 정교회 간 갈등의 역사적 전개

988년 키이우와 전 루시의 국교가 된 이후 기독교는 러시아 등 동유럽 전역으로 확산되었다. 그러면서 한편으로는 여러 제국으로의 병합 등 동유럽의 잦은 지정학적 변화에 따라, 다른 한편으로는 제도권 종교 내의 세력 분열, 통합, 재분열 등에 따라 오늘날 우크라이나의 여러 정교회 분파는 정치적·문화적 차원에서 각기 위치와 역할을 달리하고 있다. 예컨대 종교 문화에서, 교회와 국가 관계에서, 서유럽과의 관계에서 다양한 태도와 입장을 보이고 있다. 그 결과 러시아의 2022년 침공은 정교회 내의 문화 충돌(동방 문화 대 서구 문화)과 러시아와 연루된 우크라이나 정교회(UOC-MP) 대 우크라이나 정교회(OCU), 우크라이나 그리스 가톨릭교회 그리고 기타 종교의 대립을 반영한다.

우크라이나와 러시아 간 종교 갈등의 배경에는 두 나라 정교회 교회의 콘스탄티노플과의 친소 관계 여부가 놓여 있다. 오랫동안 콘스탄티노플 세계 총대교구는 서구와 가치를 공유해 왔고 인권, 종교의 자유, 과학에 대한 신뢰 등을 표명했다. 반면에 모스크바 총대교구는 소련 몰락 후 정치적 영향력을 확보하면서 정교회 전통주의의 정통성 대표를 자처하며 종교 보수주의의 상징적 역할과 지원 역할을 맡아왔다. 이러한 서구와 반서구 가치 지향이라는 상징적 차원에서의 갈등이 우크라이나에 관한 콘스탄티노플 세계 총대교구와 모스크바 총대교구의 교회 관할권 분쟁에 잠재해 있다가 러시아의 크림반도 병합에 이어 우크라이나 침공으로 구체화되었다고 할 수 있다. 다양한 차원의 세력이 갈등하는 현장이 우크라이나가 된 것이다.

앞에서 보았듯이 우크라이나 안에서도 이미 정교회의 분리와 대립이 있었기에 종교 갈등과 함께 사회적·정치적·문화적 갈등의 씨앗이 자리하고 있었다. 하지만 러시아가 침공하기 전까지는 세 개 정교회는 물론이고 여러 소수 종교가 종교 다원주의 분위기 아래서 평화롭게 공존하고 있었다. 그러나 전쟁이 발발하자 교회들은 친모스크바와 반모스크바 진영으로 양분되거나, 둘 중에서 선택을 강요받았고, 상대 성직자를 향한 비난과 학대 등이 실제로 벌어지기도 했다. 정교회 분파가 취하는 교권 노선의 차이와 함께 갈등의 또 다른 잠재 요소는 우크라이나의 문화적·언어적·인구학적 구성에서 찾을 수 있다. 우크라이나 서부가 서유럽 문화에 익숙하고 인구도 여러 인종으로 구성된 반면에, 동부는 러시아어를 쓰는 러시아인이 인구의 다수를 구성하는 등 러시아 문화에 더 가깝다. 한마디로 우크라이나 자체에 다양한 차별적 요소가 복잡하고 잠재적으로 얽혀 있는 것이 우크라이나의 현실이라고 할 수 있다.

하지만 우크라이나 침공에 정당성을 부여한 주체가 모스크바 총대교구이고 제시된 명분 아래 감추어진 이해관계 또한 교회법적 관할권 문제에 바탕을 두고 있기에 여기서는 러시아와 우크라이나 내의 제도 교회 간 권력 갈등에 대해 역사적으로 추적한다. 이미 언급했듯이 가장 최근에 일어난 우크라이나와 러시아의 정교회 갈등은 2018년 콘스탄티노플 세계 총대교구가 우크라이나의 정교회에 독립적인 지위, 즉 교회 자치권을 부여하면서부터다. 갈등의 핵심은 누가 우크라이나의 교회에 독립권을 부여할 수 있는 교회 권위를 지니는지에 있었다. 그러나 이러한 종교적 갈등은 우크라이나와 러시아 간의 정치적 갈등과 뒤섞인 것이다.[6] 즉, 양국이 공유하는 역사에 대한 두 나라 사이의 해석이 정치적으로 그리고 종교적으로 갈라진 것이다.

첫 번째 해석의 차이는 블라디미르 대공이 크림반도에서 세례를 받은 사건과 정교회가 키이우 루시의 공식 종교가 된 역사적 사실에서 생겨났다. 2014년 러시아의 푸틴은 크림반도를 점령하면서 병합의 이유로 이곳이 러시아와 러시아 정교회의 성지이기 때문이라고 주장했다.[7] 러시아가 키이우 루시의 진정한 후계자이며 그 전통을 이어받은 국가라는 것이다. 러시아 정교회 또한 크림반도를 러시아 그리스도교의 '요람'이라고 부르며 병합을 축하했다.[8] 반면에 우크라이나는 모스크바가 그로부터 수 세기 후에나 하나의 권력 중심지로 떠올랐을 뿐이며 키이우 루시와는 관련이 없고 현대의 우크라이나만이 명백하게 키이우 루시를 계승한다고 주장한다.

두 번째 해석의 차이는 300여 년 전의 사건을 놓고 우크라이나의 정교회 지배 권한이 어디에 부여되었는지에 관한 질문과 관련해 생겨났다. 이미 1448년에 모스크바 총대교구 주교회의는 콘스탄티노플의 동의 없이 러시아인 주교 요나스를 키이우와 전 러시아 수좌대주교로 임명하며 갈등을 드러낸 적이 있다. 그러다가 1453년 비잔틴제국이 오스만제국에게 멸망당하자 콘스탄티노플 세계 총대교구는 정교회 안에서 영향력을 상당 부분 상실한 명목상의 정교회 본산에 불과하게 되었다. 반면에 1480년 몽골 지배에서 벗어난 러시아는 점점 영토가 늘며 국가 권력이 확대 강화되었고, 이에 힘입어 러시아 정교회 또한 세력 확산을 경험하게 되었다. 결국 세력이 약해진 콘스탄티노플 세계 총대교구는 1686년 모스크바 총대교구에 키이우의 수좌대주교 임명 권한을 위임했다.⁹ 300여 년 전의 이 역사적 사건에 대해 러시아 정교회의 모스크바 총대교구는 권한 위임이 영구적이라고 보는 반면에 콘스탄티노플 세계 총대교구는 일시적이고 불법적이었다고 본다.

이 역사적 사건에 대한 해석의 차이가 최근 다시금 모스크바 총대교구와 콘스탄티노플 세계 총대교구 간의 교권 갈등으로 발전한 것은 교회 관할권을 놓고 모스크바를 상대로 이스탄불, 알렉산드리아, 키이우가 한편이 되어 대립하면서부터다. 2018년 10월 우크라이나의 정교회에 독립적인 지위를 부여하는 과정에서 콘스탄티노플 세계 총대교구의 신성종무원Holy Synod¹⁰은 1686년의 시노드 서한을 성직매매와 중대한 법률 위반을 이유로 무효화했다. 그리고 2019년 콘스탄티노플 세계 총대주교 바르톨로메오 1세가 우크라이나 정교회(OCU)를 모스크바 총대교구로부터 독립된 교회로 인정하며 자치권을 부여했다.¹¹ 물론 러시아 정교회는 이를 정당성이 없는 결정이라며 강력하게 항의했다. 키릴 모스크바 총대주교는 자신에게 키이우 대교구와 우크라이나 전역에 대한 적법한 교회법적 관할권이 있다며 바르톨로메오 1세가 "범죄를 저질렀다"라고 비난했다. 키릴은 또한 교회법 영역에 대한 세계 총대주교의 '불법적' 개입에 대한 보복으로 바르톨로메오 1세를 일방적으로 파문excommunicate함으로써 모스크바와 콘스탄티노플 두 교회의 새로운 분열을 일으켰다.¹²

정교회는 자치권을 가진 여러 자치 교회의 공동체라고 할 수 있다. 독립 교회들 사이의 유일한 유대는 상호 간의 믿음과 완전한 친교다. 따라서 전 세계 가톨릭교회의 지배권을 갖는 교황과 달리 정교회의 콘스탄티노플 세계 총대주교는 '동등한 사람들 사이의 선두first among equals'에 있을 뿐 교황이 가지는 '보편적 관할권universal jurisdiction'은 없다. 하지만 콘스탄티노플 세계 총대주교는 명목상으로 동방정교회의 최고 권위를 지닌 존재다.

자치권 개념은 정교회 교회론의 고유한 속성으로서 원래 관습적으로 정교회는 국가 노선에 따라 조직되어 왔으며, 대주교들은 공통된 신앙에 묶여 있지만 자신들의 정치적 영토 내에서 자치권을 가진다. 다시 말해 특정 민족이나 국가의 경계 안에 독립 단위의 정교회가 존재하는 것이다. 하지만 역사를 보면 새로운 독립 교회의 형성 요구가 생길 때마다 자치권을 둘러싼 논쟁이 빈번했다. 특히 19세기부터 현대에 이르기까지 전개된 정교회의 독립 요구는 정교회 내부에 유례없는 긴장을 불러일으켰다. 근대에 시작된 새로운 민족국가 출현의 맥락에서 교회 독립의 열망 또한 생겨났기 때문이다. 따라서 '하나의 독립된 국가에서 하나의 독립 교회'라는 모토에 따라 각국의 교회는 영향력 축소를 염려하는 모교회의 반대에도 불구하고 독립을 요구하거나 과감하게 독립을 선언하기도 했다.

우크라이나 정교회가 콘스탄티노플 세계 총대주교로부터 독립의 합법성을 인정받게 되자 러시아의 정치권과 종교 지도자들은 분노했다. 1987년에 콘스탄티노플 세계 총대주교가 400년 만에 처음으로 러시아를 방문해[13] 모스크바 총대교구와 콘스탄티노플 세계 총대교구가 화해하는 모습을 보이기도 했다. 하지만 우크라이나 정교회에 독립권을 부여한 이후 모스크바 총대교구는 콘스탄티노플 세계 총대교구와 종단 교유communion를 중지했고, 두 총대교구는 다시 불화schism 상태로 돌아갔다. 한편 우크라이나 안에서 우크라이나 정교회(UOC-MP)는 러시아 정교회와 관계를 더욱 공고히 했다. 그러나 상당수의 우크라이나 정교회(UOC-MP) 본당이 새로 만들어진 우크라이나 정교회(OCU)로 이전했으며 현재까지 그 수가 700여 개에 이른다. 물론 이는 1만 2000개에 달하는 우크라이나 정교회(UOC-MP) 전체 본당 수에 비하면 매우 적은 숫자다.

  2021년 12월 러시아 정교회의 주도적인 기구인 모스크바 총대교구의 성 시노드가 아프리카 여덟 개 나라 출신의 총 102명의 성직자가 포함된 아프리카 총대교구 관할구Patriarchal exarchate in Africa의 설립 결정안을 발표하면서 또 다른 갈등이 불거졌다. 이는 러시아 정교회가 세력을 확장하려는 노력의 일환이었다. 문제는 이 관할구의 모든 성직자가 이전에 알렉산드리아 총대교구의 소속이었다는 사실과 우크라이나 정교회(OCU)의 독립을 알렉산드리아 총대주교가 인정했다는 사실에서 모스크바 총대교구와 다른 총대교구들 사이의 갈등을 보여준다. 이는 또한 러시아가 기획 중인 아프리카 천연자원 시장의 확장 노력과 무관하지 않다.[14]

러시아 정교회의 종교 전체주의와 우크라이나의 종교 다원주의

  러시아 정교회와 우크라이나 정교회 간의 역사적 갈등은 대외적으로는 서유럽과의 관계에서 서로 다른 태도를 보이게 했고, 대내적으로는 러시아에서 종교 전체주의를, 우크라이나에서 종교 다원주의를 낳는 결과로 이어졌다. 다시 말해 키이우의 위상이 추락했던 변화에도 불구하고 키이우에 대한 역사적 기억과 이에 대한 각기 다른 해석은 훗날 모스크바 총대교구와 콘스탄티노플 세계 총대교구 간의 교권 갈등, 우크라이나 내 정교회 분파 간의 갈등을 가져온 것이다. 더 나아가 모스크바 총대교구가 유라시아 역내에서 독점적 교권 지배를 획책하게 되었으며, 마침내 푸틴 러시아의 정치적 욕망과 맞물려 2014년 크림반도 병합과 2022년 우크라이나 침공이라는 결과를 낳았다. 특히 크림반도를 점령한 후에 러시아는 이 지역의 종교 다원주의를 억압했다. 구체적으로 우크라이나 정교회(UOC-MP)에만 특권을 부여하고, 우크라이나 정교회(UOC-KP)나 우크라이나 그리스 가톨릭교회 등 그 밖의 정교회는 물론이고 우크라이나 로마 가톨릭교회URCC: Ukrainian Roman Catholic Church, 개신교, 이슬람 단체 등 소수 종교 신자들은 핍박한 것이다. 종교 정책의 러시아식 모델로의 대체, 즉 러시아 정교회가 펴는 종교 전체주의가 러시아 주변 국가로 확대되는 모습이 우크라이나 크림반도에서 처음으로 나타났다고 할 수 있다.[15]

주목해야 할 것은 소련 몰락 이후 전개된 러시아와 우크라이나의 역사적 소용돌이에서 양측의 각기 다른 역사 궤적 간의 충돌을 가속화한 사건이 러시아와 우크라이나에서 발생했다는 점이다. 러시아의 '러시아 세계' 프로젝트와 우크라이나의 유로마이단 혁명이 그것이다. 여기서는 '러시아 세계' 프로젝트를 통해 러시아의 종교 전체주의가 어떻게 강화되고 또 실천으로 이어졌는지, 그리고 이에 대한 대응으로 일어난 유로마이단 혁명 이후 우크라이나의 종교 다원주의를 어떻게 발전시키고 심화했는지에 대해 살펴보고자 한다.

'러시아 세계' 프로젝트와 러시아 정교회의 종교 전체주의 강화

1997년의 법률 개정을 통해 러시아 정교회는 러시아 안에서 종교 전체주의를 확립하고 실천할 수 있게 되었다. 그리고 이 종교 전체주의는 푸틴의 '러시아 세계' 프로젝트 제안과 이 프로젝트에 대한 키릴의 주도적인 역할 수용 및 수행에 따라 인접 국가들을 포함하는 유라시아는 물론 러시아인 디아스포라까지 확대된다. 2014년 크림반도 병합과 2022년 우크라이나 침공에 대한 정당성은 이 '러시아 세계' 프로젝트를 통해 확보되었다.

푸틴은 러시아인들이 현실적으로 분할된 국가divided nation에 살고 있지만, 이들 모두가 공유하는 '광대한 러시아 문명'이 분명히 존재하고 있으며 이 문명을 서유럽 등 외부 세력으로부터 보호하기 위해 '러시아 세계'가 필요하다고 주장했다. '러시아 세계'에 대한 푸틴의 첫 언급은 2014년 러시아와 우크라이나 간의 위기 때 나왔다. 하지만 푸틴이 권력을 잡기 훨씬 전인 1995~2000년에 이미 크렘린과 가까운 관계에 있던 지식인과 언론인들에 의해 고안되었고, 이후 러시아의 정책 입안자들은 이 개념을 이데올로기적·정치적·지정학적 차원 등 다방면에 적용했다.[16]

'러시아 세계'는 러시아의 문화적·정치적·정신적spiritual 영향력 아래 있다고 추정되는 모든 영역을 포함하는 초국가적인 것으로 러시아는 물론 우크라이나, 벨라루스, 몰도바, 카자흐스탄 등 동유럽 국가와 러시아인 디아스포라까지 포함한다. 이러한 '러시아 세계'의 공간적 정의에 더해 내용적으로는 러시아 역사와 문화의 공유 경험을 강조한다. 따라서 '러시아 세계'는 러시아의 전통과 역사를 통해 러시아의 다양한 문화와 상호작용을 도모할 수 있는 러시아 사회와 문화의 총체적 개념이라고 할 수 있다. 중요한 것은 누가 '러시아 세계'에 포함되는지에 대한 것이다. 여기에는 러시아연방의 국민은 물론이고 해외에 거주하는 러시아 동포, 이주민과 그들의 후손 등 러시아어를 사용하는 모든 외국인까지 포함된다. 이때 러시아어가 강조된다. 언어는 문화의 대표적인 표상이고, 러시아어는 러시아 문화의 대표적인 공유 수단이기 때문이다.

'러시아 세계' 프로젝트는 러시아어의 위상과 러시아 문화의 보전을 가장 중요한 포스트 소비에트의 책무로 간주하는 한편, 여기에 러시아어를 구사하는 해외 동포의 정체성 회복과 인권 보호 문제를 연계한다. 소련 시절에 초민족적 위상을 지녔던 러시아어가 국내에서는 영어

등 외국어의 남용으로 쇠퇴하고 오염되고 있으며, 해외에서는 이중 국가 공용어 또는 외국어 수준으로 추락해 러시아어 구사자들의 인권 또한 저평가되고 있다는 판단 때문이다. 따라서 러시아어 등 러시아 문화의 환경에 포함되는 동시에 정신적 차원에서 러시아에 속해 있다고 여겨지는 모든 공동체를 한데 묶는 초민족적·초인종적·초종교적 네트워크가 바로 '러시아 세계'인 것이다.[17] 다시 말해 러시아어를 구사하고 러시아 문화에 익숙한 모든 사람이 러시아인이라는 식으로 확장 논리를 펼치면서 과거 소련의 영역에 속했던 모든 러시아어 구사자를 '러시아 세계'의 일원이라고 주장하기에 이르렀다.

해외의 모든 러시아어 구사자와 그들의 후손까지 '러시아 세계' 프로젝트의 대상으로 보는 것은 러시아어를 활용한 제국주의적 견강부회가 아닐 수 없다. 소련 시절에 러시아어가 지녔던 초민족적 위상을 소련 치하에서 러시아를 쓰다가 소련이 몰락하며 원래의 민족 정체성을 되찾아 독립한 국가들에까지 다시 적용하려는 것이 아닌지 의심을 사기에 충분하다. 이들 국가를 상대로 러시아가 정치적 영향력을 행사하려는 의도를 문화 운동으로 포장하려는 것으로 보이기 때문이다.

푸틴은 2007년에 루스키 미르 재단을 설립해 크렘린이 인정한 역사 해석을 보존하기 위한 프로젝트와 함께 러시아어와 러시아 문화를 전 세계로 홍보하는 일을 시작했다. 동시에 국제 무대에서 러시아 국가를 인류의 전통적이고 보편적인 정신적·도덕적 가치의 수호자로 이미지화하는 작업도 병행했다. 구체적으로는 러시아어를 쓰는 이민자와 귀향자들을 지원하는 등의 목표와 사업으로, 표면상으로는 러시아어와 러시아 문화를 증진하고 외국과 문화적 대화를 촉진하며 러시아어를 구사하는 해외 동포들과의 관계 구축을 표방하고 있다. 또한 해외에서 러시아어를 교육하는 단체를 지원한다. 전 세계 49개국에서 109개가 넘는 러시아 센터가 설립되었으며, 한국에서는 서울대학교, 고려대학교, 부산대학교가 러시아 정부와 루스키 미르 협약을 맺고 러시아 센터를 운영하고 있다.

그러나 '러시아 세계'라는 개념은 러시아연방과 독립한 여러 민족국가들 사이의 경계를 상대화하는 동시에 러시아어를 구사하는 해외의 소수자들에 대한 러시아연방의 보호를 이유로 해당 국가를 압박한다는 데 문제가 있다. 과거 소련에 속했다가 독립한 주변 국가에 거주하는 러시아인 군락 또는 언어의 섬linguistic island(한 지역의 언어가 그 주변의 언어와 달라 고립된 지역)에 대해 러시아가 보호를 이유로 간섭하려고 하기 때문이다. 이들 주변 국가에 속하는 대표적인 독립국가가 우크라이나다. 특히 우크라이나 동부 돈바스 지역과 남부 크림반도 지역은 러시아 출신과 러시아어 구사자가 상당수를 차지하고 있다. 여기에서 2014년 크림반도 병합과 2022년 우크라이나 동부의 러시아인 대량 학살을 명분으로 시작한 러시아의 우크라이나 침공이 '러시아 세계' 프로젝트와 무관하지 않다는 사실을 확인할 수 있다. 크림반도를 병합하는 과정에서 크렘린의 '러시아 세계' 정책의 선동적인 선전에 따라 크림반도 주민들은 국민투표에서 러시아와의 병합을 압도적으로 찬성했다.[18] 또한 러시아인이 다수 거주하는 우크라이나 동부의 돈바스에서도 '러시아 세계' 개념에 동조하는 친러시아 네트워크가 존재하고, 러시아는 이들을 지렛대로 삼아 2022년 우크라이나 침공을 전개할 수 있었다.

또 다른 중요한 것은 러시아 정교회가 러시아 정권과 밀접하게 협력하며 스스로 '러시아 세계' 이데올로기의 중요한 분배자가 되었다는 사실과 '러시아 세계'에 러시아 정교회의 성스러운 동슬라브 정교회 공동체를 가리키는 수사인 과거의 '신성 루스Holy Rus(Holy Russia)' 개념을 다시 불러일으켰다는 사실이다. 성스러운 동슬라브 정교회 공동체는 바로 '키이우 루스'의 국가 기원을 공유하는 러시아인, 우크라이나인, 벨라루스인 등으로 구성되었다. 결국 러시아 정교회가 '러시아 세계'에 동슬라브 공동체 개념을 채색해 러시아인, 벨라루스인, 우크라이나인은 같은 민족이라는 인상과 함께 우크라이나인들은 하나의 독립국가를 형성할 수 없다는 사상을 유도했다고 할 수 있다.[19] 푸틴이 우크라이나를 국가로 인정하지 않고 개념적으로 러시아의 변두리나 변방 지역으로 지칭하는 것도 이 때문이다. 키릴 또한 2022년 2월 27일 설교에서 중세 용어인 '루스Rus'를 사용하고 러시아, 벨라루스, 우크라이나를 하나의 단위로 봄으로써 우크라이나의 주권적 존재를 부인하는 푸틴의 관점에 동의했다.[20]

따라서 '러시아 세계'는 푸틴이 제안하고 키릴이 수용해 발전시킨 하나의 이데올로기라고 할 수 있다. 그런데 일반적으로 이데올로기는 항상 대립하는 상대나 적을 상정하는 경향을 보인다. '러시아 세계'가 전제하는 적 또는 대립의 한 축은 자유주의, 지구촌화, 기독교 혐오, 동성애 권리, 세속주의 등에 의해 타락한 것으로 간주되는 미국과 서유럽이고, 다른 한 축은 콘스탄티노플 세계 총대주교와 그를 지지하는 여러 지역의 정교회 총대주교들이다. 러시아 정교회와 모스크바 총대교구는 이들이 분열과 오류에 빠져 있다고 비난한다. 그와 대조적으로 키릴 총대주교와 푸틴 대통령은 정교회의 정통 교리와 전통적인 도덕률의 진정한 방어자로서 엄격하고 완고한 전통 해석을 통해 신성 루스의 언어와 문화를 수호하고 있다고 주장한다.

당연히 그 반대편에서는 키릴과 푸틴이 '러시아 세계' 이데올로기와 함께 우크라이나 침공 논리를 발전시켜 왔다고 비판한다. 키릴이 국가 이데올로기를 제공하고, 적을 규정하며, 국가를 신성화하는 일을 주저하지 않았기 때문이다.[21] 러시아의 침공을 비난하는 세계 지식인 342명이 2022년 3월 서명한 선언문에 따르면, '러시아 세계'는 러시아, 우크라이나, 벨라루스와 함께(때로는 몰도바와 카자흐스탄까지 포함함) 전 세계의 러시아인 및 러시아어를 쓰는 사람들까지 포함하는 신성 루스라고 불리는 초국가적인 러시아 영역 또는 문명의 존재를 전제로 한다. 또한 이 '러시아 세계'에 속한 모든 이들이 중심 성지(키이우), 중심 언어(러시아어), 중심 교회(러시아 정교회)를 공유하고 있음을 내세우며, 키릴 총대주교는 '러시아 세계'에 속한 사람들이 공유하는 영성, 도덕성, 문화를 지키는 역할을 맡고 있고, 푸틴 대통령은 이 '러시아 세계'를 통치하는 역할을 맡으며, 서로 조화를 이루어 in symphony 협력한다는 주장을 펼치고 있다는 것이다.[22]

'러시아 세계'의 중추 교회를 자처하는 러시아 정교회의 키릴과 고위 성직자들은 러시아군의 우크라이나 작전이 침공이 아니라 '러시아 세계'의 문화와 정교회 전통을 수호하고, 러시아의 언어와 문화를 공유하는 모든 유라시아인의 정체성을 보호하기 위한 작전이라고 변호했다. 신성 루스의 일부인 우크라이나와 러시아 국민의 형제적 성격을 강조하며, 두 나라 국민 간의 적대감은 서유럽 때문에 생겼다고 주장하고 평화의 필요성을 강조하며 우크라이나 침공을 지지한 것이다.

이를 통해 키릴은 '러시아 세계' 프로젝트를 교회법적 영역 이슈와 연관 지어 우크라이나 등 주변 국가로 문화적·종교적 패권주의를 확대하려고 했다. 한마디로 '러시아 세계' 프로젝트를 통해 21세기 신러시아 제국의 부활을 꾀한 것으로, 키릴의 모스크바 총대교구는 자유주의적이고 세속적인 서구 이데올로기에 대항하기 위해, 그리고 러시아를 영적·문화적·정치적 문명의 중심지로 구축하기 위해 푸틴 정권과 동맹을 맺은 것이다. 키릴은 푸틴의 지배를 '하느님의 기적'이라고 부르며 푸틴과 함께 '호전적인 종교 민족주의 militant religious nationalism'와 신제국

주의적 군국주의를 위한 수사rhetoric를 전개하며 종교 전체주의를 확장하고 있다.[23]

2022년 우크라이나 침공을 통한 키릴의 종교 전체주의 확대 움직임과 관련해 우크라이나 정교회(UOC-MP)의 안드리 핀추크Andriy Pinchuk 사제는 키릴 총대주교에 대한 규탄을 요구하는 공개서한을 고대동방교회수장평의회Council of Primates of Ancient Eastern Church(러시아 정교회도 소속해 있음)에 보냈다. 우크라이나 정교회(UOC-MP)와 모스크바 총대교구의 밀접한 관계에도 불구하고 우크라이나 전역의 우크라이나 정교회(UOC-MP) 사제 290명이 이 서한에 동조하며 연명했다. 키릴이 '러시아 세계' 독트린을 우크라이나 침공의 이데올로기적 기반으로 선전하며 전쟁을 지지했다는 이유에서다. 핀추크 사제는 또한 키릴과 푸틴을 국제종교재판소International Ecclesiastical Tribunal에 세워 이단 재판을 받도록 요청하겠다고 했다.[24] 한편 푸틴과 관련해서 미국 펜실베이니아주 피츠버그의 성 시릴과 메토디우스 비잔틴 가톨릭 신학교Saints Cyril and Methodius Byzantine Catholic Seminary의 철학 및 도덕 신학 교수인 매슈 마이너드Matthew Mynerd 박사는 《내셔널가톨릭레지스터National Catholic Register》 인터뷰에서 푸틴이 범슬라브 민족주의에 관한 19세기 러시아제국의 주장을 반복하며 러시아어 사용을 도모하고 모스크바 총대교구의 "부당한 팽창주의(unjust expansionism)"를 지원하고 있다고 비판했다.[25]

한편 '러시아 세계' 프로젝트는 민족ethnicity이 아니라 러시아의 언어와 문화가 지니는 하나의 신화적 이상에 근거를 둔 이데올로기로 서유럽 문명과는 완전히 다르고 분명히 단절된 러시아 문명이 존재한다는 주장을 통해 사실상 러시아 민족주의를 감추고 있다는 의견도 있다. '러시아 세계'의 논리에 따르면 '러시아어를 말하는 것'은 '러시아인처럼 행동'하고 '러시아인처럼 생각'하게 된다는 것인데, 이러한 주장은 '러시아 세계' 프로젝트가 민족주의 용어의 사용을 의도적으로 배제하지만 실제로는 러시아 민족주의의 영역 확장을 시도하는 것과 마찬가지라는 것이다.[26]

  '러시아 세계'의 궁극적인 목표는 정치적으로는 과거 소련의 영토를 회복하고, 종교적으로는 해외의 러시아 정교회를 통합해 교회법적 관할권을 확보하는 것이다. 이 프로젝트의 논리는 다음의 두 가지 방식으로 전개된다. 첫째, 러시아연방은 서구와 다른 독특한 '러시아 문명'의 수호자 역할을 해야 한다. '키이우 루스'를 기원으로 하는 신성 루스가 러시아 문명의 모체다. 결국 러시아, 우크라이나, 벨라루스는 성스러운 동슬라브 정교회 공동체를 구성한다. 따라서 세 나라는 같은 민족이기에 정치적으로나 종교적으로 독립해서 존재할 수 없다. 둘째, 러시아 문명의 핵심은 러시아의 언어와 문화다. 따라서 러시아어와 러시아 문화를 수호하고 확산시켜야 한다. 언어와 문화를 수호하기 위해서는 언어 구사자를 보호해야 한다. 소련 시절에 거주지를 현재의 독립 국가들, 즉 러시아 주변의 국가로 옮긴 러시아인과 그 후손들은 여전히 러시아어를 구사하고 러시아 문화를 공유하고 있다. 이들을 보호해야 할 책무를 지닌 러시아연방은 이들이 거주하는 주변 국가에 대해 정치적 영향력과 종교적 영향력을 행사해야 한다. 거주자들의 사회·정치적 안전을 보장하고, 러시아 문화의 핵심인 러시아 정교회 신앙생활을 영위할 수 있게 해주어야 하기 때문이다. 이 두 논리가 처음 전개되어 실천된 곳이 바로 우크라이나다.

유로마이단 혁명과 우크라이나의 종교 다원주의

  우크라이나의 다문화·다종교 현상은 역사적 발전 과정을 거치며 형성되었다. 예컨대 13세기에 몽골의 침략을 겪을 때도 키이우 중심의 우크라이나 지역은 몽골의 영향력에 덜 노출되었다. 그리고 폴란드·리투아니아 연방 등에 장기간 편입되었기 때문에, 종교 문화는 물론 정치에서도 서유럽의 영향을 러시아의 그것보다 많이 받았다. 또한 코사크 헤트마네이트Cossack Hetmanate(존속 1649~1764)라는 우크라이나 동부를 지배했던 우크라이나 코사크 국가Ukrainian Cossack state는 콘스탄티노플 세계 총대주교를 향한 충성심과 코사크의 민주주의를 결합하기도 했다. 그 결과 17세기 말에는 하나의 뚜렷한 우크라이나 종교 문화가 만들어졌다. 그것은 동방과 서방의 영향력을 융합하고, 교회와 국가의 분리 원칙을 지키며, 평신도에게 상당한 권위를 부여하는 것이었다.

따라서 우크라이나는 국가 종교를 가졌던 적이 없다. 지금도 우크라이나 정교회(UOC-MP), 우크라이나 정교회(OCU), 우크라이나 그리스 가톨릭교회 등 정교회 분파는 물론이고 여타의 어느 신앙체계도 우크라이나 민족과의 배타적인 연계성을 주장하지 않는다. 또한 러시아인이 다수를 이루는 동부와 달리 우크라이나 서부는 제2차 세계대전 중의 아주 짧은 기간만 소련의 지배를 받았기에 소비에트화와 러시아화가 덜 이루어졌고, 종교 인권을 포함한 다원주의 규범을 수용할 정도로 개방적이었다.[27] 이러한 문화는 훗날 소련이 붕괴한 후 유대인, 무슬림, 불교도 등 소수 종교인들에게도 동등한 권리를 부여하는 종교 다원주의의 발전에 크게 이바지했다.[28]

종교 다원주의는 두 가지 차원에서 찾을 수 있다. 첫 번째 차원의 다원주의는 현상으로서의 다원화, 즉 다양한 역사와 문화 그리고 다양한 종교 또는 교단을 배경으로 가진 종교 단체들이 국가나 사회라는 동일한 공간에 서로 별개로 존재하는 현실isness적 차원의 다원주의다. 이 경우 종교 간의 대화는 거의 없고 종교 단체들은 각자 생존을 위해 치열하게 경쟁한다. 종교 전문가religious virtuoso의 설교, 설법, 강론은 종교 시장에서 상품이 되어 때로는 주술과도 경쟁한다. 종교의 상품화는 시장경제의 논리에 종속된 것으로, 이때 종교는 사유화되고 종교의 사유화는 주술화로 이어지기도 한다. 종교 시장에서 벌어지는 종교 간 또는 종교 내의 경쟁은 종교 단체 간에 증오 표현을 주저하지 않게 해서 때로는 갈등으로 비화하고, 더 나아가 사회적 갈등으로 발전하기도 한다. 다른 한편으로는 자기네 종교 단체의 사회적 위상을 제고하기 위해 종교 지도자들이 정치 엘리트들과 타협에 적극 나서기도 한다. 이때 종교인과 정치인은 상호 도구화의 관계에 처하게 된다. 또한 종교인들은 이해관계가 없는 사회·정치적 이슈에는 응답하지 않으며, 사회에 참여할 때도 참여를 위한 장기적인 전략을 선제적proactive으로 취하기보다는 사후에 수동적이고 반사적인reactive 태도만 드러내기 쉽다.

이와 달리 두 번째 차원의 다원주의는 종교 단체들이 생존을 위한 경쟁을 넘어 상호 소통과 협력적인 관계를 통해 종교 간에 존재하는 차이를 서로 이해함은 물론이고 신앙과 영성을 앞세워 종교 너머에 있는 세속 사회의 서로 다른 갈등 집단의 대표자들까지도 화해하고 연합시키는 당위oughness적 또는 가치 지향적 차원의 다원주의다. 이러한 환경은 서로 다른 종교 단체 간에 위계적인 관계가 아닌 수평적인 관계를 보장하기에 상호 주도권mutual initiative을 행사할 수 있는 더 많은 기회와 협력적 행동의 동기를 부여한다. 한마디로 현실적 차원의 다원화가 소통과 교류가 '마비된 혼합paralyzing mix'이라면, 당위로서 소통하고 교감하는 다원화는 차이에도 불구하고 '일치unity'를 낳을 수 있다고 하겠다.

우크라이나의 문화와 종교 다원주의는 당위와 현실을 모두 포함한다. 다시 말해 다양한 문화와 종교가 현상적으로 공존할 뿐만 아니라 상호 간의 실질적인 협동을 통해 시민사회에서 함께 활동하는 명실상부한 종교 다원주의가 존재한다는 것이다. 우크라이나 정부도 국내에 등록된 모든 교회를 법적으로 인정하며 다원적인 종교 환경을 조성하고 있다.

우크라이나의 종교 단체들이 당위로서의 종교 다원주의를 지향하는 것은 역사적 위기 상황에서 겪은 공통의 경험 때문이다. 특히 소련에서 독립한 후에 전개된 정치적 격동, 즉 오렌지 혁명Orange Revolution과 유로마이단 혁명, 또는 존엄 혁명Revolution of Dignity, 러시아의 크림반도 병합 등을 겪으며 다양한 종교의 여러 단체가 종교의 자유를 위해 함께 싸우면서 우크라이나의 사회·정치적 문제에 관여하게 되었고, 종교 간 관용의 전통 또한 발전시킨 것이다.

오렌지 혁명은 2004년 대선에서 러시아의 지지를 받은 빅토르 야누코비치Victor Yanukovych가 승리하며 시작되었다. 선거 결과에 대해 동부 지역 투표에서 조작과 협박이 있었다며 선거 무효를 주장하는 시위가 벌어졌고, 결국 대법원이 선거 결과를 무효로 판결했다. 하지만 야누코비치는 2010년 대선에 다시 출마해 당선되었다. 대통령이 된 그는 2013년 11월 러시아의 끈질긴 압력에 굴복해 같은 해 2월 의회가 압도적으로 승인했던 유럽연합EU: European Union과의 정치 연합과 자유무역협정에 서명하기를 거부했다. 그 대신에 러시아 및 유라시아경제연합Eurasian Economic Union과 더 밀접한 연대를 추진하겠다고 갑자기 발표했다. 이러한 결정에 대한 반대와 함께 만연한 정부 부패, 과두 정치인들의 영향력, 인권침해 등을 비난하는 대규모 시민 저항이 2013년 11월 21일 키이우의 독립광장Maidan Nezalezhnosti에서 시작되었다. 대통령 사임과 정부 해산을 요구한 이 유로마이단 혁명은 전국으로 확대되었고, 무자비한 진압 작전을 펼친 경찰과 격렬하고 끈질긴 저항을 보인 시민

사이의 공방이 장장 93일 동안 계속되었다.

그러나 시위대가 우크라이나 전역에서 정부 건물을 장악하기에 이르자 2014년 2월 21일 대통령과 의회의 야당 지도자들은 임시 정부 구성, 헌법 개정, 조기 선거에 합의했다. 22일 대통령과 각료들은 키이우를 떠났고, 의회는 대통령 파면 투표에서 72.8%의 찬성으로 야누코비치를 대통령직에서 축출했다. 시위대 중 사망자 125명, 부상자 1890명, 실종자 65명이 발생한 이 자유와 민주주의를 위한 저항이 2014년 2월의 존엄 혁명을 가져온 것이다. 야누코비치는 푸틴의 도움을 받아 러시아로 망명했고, 곤봉에서 고무탄으로 마지막에는 실탄으로 무자비하게 시위대를 진압했던 악명 높은 경찰 특공대 베르쿠트Berkurt는 영구 해체되었다.

유로마이단 혁명에서 종교 지도자들은 종교와 교파를 초월해 거리로 나와 시위를 지지했으며, 어떤 수도원은 경찰에 쫓기는 시위자들에게 피난처로 문을 열어주었고, 시위를 독려하기 위해 교회 종을 울리기도 했다. 초종교 연합 단체인 전 우크라이나 교회 및 종교 단체협의회 All-Ukrainian Council of Churches and Religious Organizations(이하 AUCCRO)[29]는 경찰의 진압이 과격해지자 시민의 헌법적 권리와 자유를 존중하고 평화적 시위에 무력 사용을 금할 것을 행정 당국에 요구했고, 경찰의 과잉 진압에 대해 심층 조사를 벌였으며, 모든 종교인들에게 평화와 갈등 종결을 위한 기도를 호소했다. AUCCRO는 "우리는 정치적 성향과 관계없이 모든 우크라이나 국민에게 지혜와 책임감을 지니고 행동하고 모든 형태의 폭력을 자제하며 도발에 대응하지 말 것을 호소한다. 우리는 모두 같은 민족, 같은 국가의 일원이라는 사실을 잊지 말라. 우리는 정치적인 반대가 나라의 통합을 해치는 명분으로 사용되는 것을 허용하지 않아야 한다"라는 성명을 발표했다.[30] 한편 우크라이나 가톨릭 대학교의 보리스 구지악Borys Gudziak 교수는 독립광장의 시위대와 대치하는 경찰과 군대에 보낸 메시지에서 시위 군중을 향해 폭력을 명령하거나 폭력을 행사하는 자는 누구든 민족과 역사 앞에서는 물론이고 신 앞에서도 책임을 져야 할 것이라고 경고했다. 우크라이나 그리스 가톨릭교회의 이고르 오니시케비치Igor Onyshkevych 신부는 독립광장에 텐트 교회를 세워 소속 종교나 교단과 관계없이 기도할 수 있게 했고, 성 미카엘 성당Saint Micheal's Cathedral은 옷, 식량, 화목 등을 시위자들에 나누어주었으며 매일 아침 미사 후에는 광장에서 시위자들과 함께 공개 기도회를 열었다.[31] 이처럼 종교 지도자들은 시위대의 한가운데서 그들에 대한 지지와 연대를 확인하고, 평화 유지를 함께 호소하는 과정에서 종교 간 존중을 경험했다.

대통령 자리에서 쫓겨난 야누코비치는 의회의 결정이 강요로 이루어진 불법적인 투표라고 주장하며 러시아에 도움을 요청했다. 러시아 또한 야누코비치의 파면을 불법적인 쿠데타로 간주하고 임시 정부를 인정하지 않았다. 곧 러시아·우크라이나 전쟁이 발발해 러시아의 군사 개입에 이어 크림반도 병합이 일어났다. 2014년 2월 러시아군이 크림반도를 공격했고, 3월 16일 크림반도 주민들이 국민투표를 통해 러시아로의 병합에 97%로 찬성했다고 러시아 정부가 발표했다.[32] 유엔총회가 국민투표 무효를 결의했지만, 3월 18일 자치를 선언한 크림 공화국과 러시아연방 사이의 합병 조약이 체결되었다.

한편 2010년 대선에서 야누코비치를 지지했던 우크라이나 동남부 지역에서는 친러 성향의 소요가 일어났다. 동부 하르키우Kharkiv와 남부 오데사Odesa에서 발생한 시위는 진압되었지만 도네츠크Donetsk와 루한스크Luhansk는 내전에 돌입했다. 러시아의 지원을 받는 분리주의자들이 돈바스 전쟁을 일으킨 것이다. 그러자 친유럽과 반러 성향의 민병대가 나타났고 이들에 의해 동부에서 수많은 친러시아 민간인이 학살당했는데 학살의 선봉에 선 민병대가 네오나치를 표방한 아조우 대대Azov Battalion였다.33 이것이 2022년 푸틴의 우크라이나 침공의 명분인 반나치 전선 형성의 논리를 제공해 주었다. 우크라이나가 이 민병대를 지원하고 정식 군대로 흡수했기 때문이다.

2014년 러시아의 침공에 대한 우크라이나 정교회(UOC-MP)의 태도는 중립적이라고 했지만 불분명했다. 다수의 우크라이나 정교회(UOC-KP) 성직자가 유로마이단 혁명의 시위대를 적극 지지한 것과 달리 우크라이나 정교회(UOC-MP) 성직자들은 존엄 혁명에 반해 일어난 러시아의 크림반도 병합과 돈바스에서 벌인 러시아의 행태를 지지하지 않으면서도 평화와 화해만을 요구하는 데 머물렀다. 그러던 중에 이들이 분리주의 세력을 지원한 사실이 드러나면서 우크라이나 정교회(UOC-MP)에 대한 신뢰가 무너지기 시작했다. 예컨대 동부에서 봉기한 친러 분리주의 세력에 러시아 정교회 군대Russian Orthodox Army라는 군사 집단이 등장한 것이다. 이는 우크라이나 정교회(UOC-MP)를 지원하는 모스크바 총대교구의 전쟁 개입을 상징하는 것이었다. 또한 무기 은닉 장소를 제공한 혐의로 우크라이나 정교회(UOC-MP)와 연계된 조직이 우크라이나 정보부의 급습을 받기도 했다. 더 중요한 것은 우크라이나 정교회(UOC-MP)가 야누코비치와 그가 속한 정당의 거물급 인사들과 친밀한 관계를 맺어왔다는 사실이다. 설상가상으로 러시아 정교회가 우크라이나에서 벌어지는 전쟁을 정교회의 신앙을 지키기 위한 투쟁으로 표현하면서 우크라이나 정교회(UOC-MP)는 회복 불가능할 정도로 추락했다.

2018년 새로 우크라이나 정교회(OCU)가 출현하고 이듬해 우크라이나 정교회(OCU)가 교회 자치권을 부여받자 2022년 2월 러시아의 우크라이나 침공이 시작되었다. 그러자 우크라이나 종교 공동체의 거의 95%를 통합하는 AUCCRO는 볼로디미르 젤렌스키 대통령 등 정부 관계자와 연락을 유지하는 한편 러시아의 침략 중단을 촉구했다. 또한 전 세계 국가와 종교 지도자들을 향해 전쟁 중단을 도와주기를 호소하며 다양한 인도주의적 활동을 전개했다. 아울러 AUCCRO와 연결된 또 다른 NGO인 종교자유연구소Institute for Religious Freedom는 러시아가 침해한 종교의 자유를 보호하기 위한 호소문을 70개 이상의 다양한 조직의 서명을 받아 공개했다.[34]

우크라이나의 종교 단체들은 이미 유로마이단 혁명에서 AUCCRO를 중심으로 대중 설교, 기도회, 자선 행위 등을 통해 얻은 공동의 경험을 바탕으로, 혼란스러운 위기 상황에서 빠질 수 있는 경쟁 역학을 줄이는 대신 소통과 협력을 촉진해 사회 안정을 위한 도덕적 규범을 창조하는 문화적 자원이 되었다. 딜레마에 처한 사회에 새로운 의미를 제공한 것이다. 아울러 위기 상황이 야기한 여러 문제에 공동으로 대처함으로써 의식의 공유와 협업을 통해 역량이 배가하는 성스러운 체험도 공유할 수 있었다. 우크라이나 가톨릭 대학교의 무카이로 디미드Muchajlo Dymyd 교수는 유로마이단 혁명 이후 사회 변화의 신학적 의미를 인식하기 위해 마이단 신학Maidan Theology이 출범했다고 한다. '신과 인간의 상호작용을 통한 인간 성장을 위한 생명 제공'을 목표로 하는 이 신학은 존엄 혁명을 '공동의 성공 이야기'로 본다. 시위대와 경찰 사이에 놓인 바리케이드에 서서 정교회, 우크라이나 그리스 가톨릭교회, 로마 가톨릭교회, 개신교, 유대교, 이슬람교, 불교 등 각기 다른 종교 공동체 지도자들이 행한 공동의 기도와 지원이 있었기 때문이다.[35]

AUCCRO를 비롯한 우크라이나의 종교 단체들은 러시아군에 침공당한 우크라이나 사회를 공고히 하는 한편 종교 다원주의의 우크라이나 사회를 지키는 데 중요한 역할을 했다. 이미 우크라이나의 교회들은 우크라이나 정교회(UOC-MP)를 제외한 다른 정교회와 소수 종교를 대상으로 한 탄압으로 종교 다원주의의 위기를 경험했다. 2014년에 러시아의 크림반도 병합과 동부 도네츠크와 루한스크 점령이 일어났을 때였다. 당시 돈바스 지역의 불법 무장 단체들은 우크라이나 정교회(UOC-KP)와 우크라이나 그리스 가톨릭교회는 물론이고 다수의 개신교 교회(침례교, 오순절교회, 제칠일안식일예수재림교회, 우크라이나 기독교 복음주의 교회 등) 신자와 성직자들을 상대로 납치, 고문, 법정 밖 처형 등을 자행했다. 이 중 모르몬교와 여호와의증인은 박해의 집중 표적이 되었다. 러시아군에 점령된 크림반도에서도 종교 지도자와 개인 신자들, 특히 크림 타타르Crimean Tatar의 이슬람교, 우크라이나 정교회(UOC-KP), 복음주의 개신교, 여호와의증인 등이 박해받았다. 크림반도 당국은 물리적으로 압수하거나 법원 결정을 통해 종교 건물의 소유권을 박탈했다. 2002년 제정된 러시아의 '반극단주의법'을 근거로 여호와의증인을 극단주의 조직으로 몰아 교단 지도자 다섯 명을 크림반도 감옥에 가두고 이슬람 모스크를 대대적으로 급습했다.[36] 점령된 크림반도에서 우크라이나 정교회(UOC-KP) 본당 수는 49개에서 5개로 크게 줄었다. 크림반도에서 대부분의 종교 공동체는 사라졌으며 신자들은 사적으로 기도하거나 비밀리에 모여야 했다.

이러한 2013~2014년의 경험을 토대로 우크라이나의 종교 지도자들은 2022년 러시아의 침공 때, 이를 우크라이나의 종교 자유와 종교 다원주의에 대한 본격적인 침해로 받아들이게 되었다. 이에 AUCCRO는 국내에서 반전운동과 구호 활동을 펼치는 한편 전 세계에 러시아의 만행을 알리기 시작했다. 2022년 8월 키이우의 성 카타리나 루터교 교회에서 열린 세계교회협의회WCC: World Council of Churches(이하 WCC)와의

회의에서 우크라이나의 종교 간 대화와 협력의 경험을 공유하는 한편 러시아군의 성직자 납치와 고문, 종교 건물 포격, 교회 자원봉사자 살해 등을 고발하고 러시아군의 범죄행위에 대한 세계적 차원의 대응을 함께 논했다.[37] 세계적 수준의 종교 다원주의 기구인 WCC와 협력하면서 우크라이나의 종교 지도자들은 러시아의 종교 전체주의에 대항하는 한편으로 전쟁을 겪는 중에도 우크라이나의 종교 다원주의를 강화하고 있다.

종교 전체주의와 다원주의 궤적의 충돌

역사의 궤적은 정해져 있지 않다. 단선적 역사 발전lineal development of history 법칙은 존재하지 않을 뿐 아니라 다양한 사회·정치적 상황과의 조응 관계에 따라 발전에 대한 반동적reactive 이탈이 발생하기도 한다. 또한 역사의 궤적은 예측이 불가능하다. 카를 마르크스는 인간이 자신의 역사를 만들지만, 그 역사는 인간의 의도대로 이루어지지 않는다고 했다.[38] 따라서 역사의 궤적은 다만 연구 관점에 따라 소급해서 retrospectively만 볼 수 있다.

지금까지 러시아와 우크라이나에 종교 전체주의와 종교 다원주의라는 이념형을 덧씌워 소련의 몰락 이후 두 나라가 어떠한 역사적 궤적을 실제로 남겼는지 추적하는 작업을 했다. 결과적으로 러시아에서는 푸틴의 정치적 지향과 맞물려 키릴이 추구하는 종교 전체주의를 우크라이나에 확대 적용하려고 했다. 반면에 정치적으로 러시아의 영향에서 벗어나려는 우크라이나는 종교적으로도 러시아 정교회의 간섭과 압력에서 벗어나고자 저항하며 종교 다원주의로 나아가고 있음을 확인할 수 있었다. 특히 독립국가로 우뚝 서고자 하는 우크라이나의 정치적 움직임과 함께 정치적 독립이 종교적 독립과 무관하지 않다는 우크라이나 종교인들의 판단에 따라 러시아의 종교 전체주의 궤적과 우크라이나의 종교 다원주의 궤적 간의 충돌은 불가피했다. 중요한 것은 이러한 궤적의 충돌에 결정적 역할을 한 요인으로 러시아에서는 '러시아 세계' 프로젝트가 실행되었고, 우크라이나에서는 유로마이단 혁명이 발생했다는 사실이다. 전자는 우크라이나의 궤적을 러시아 쪽으로 돌리려는 노력의 일환이었고, 후자는 러시아의 압박에 저항하며 탈러시아화를 꾀하려는 움직임이었다.

  마침내 2019년 우크라이나 정교회가 콘스탄티노플로부터 교회 자치권을 부여받아 모스크바 총대교구로부터 교회법적 독립을 쟁취하면서 종교적으로 탈러시아 의지를 다졌다. 우크라이나 정부는 나토 가입 의사를 강하게 표명하며 친서구적인 태세를 더욱 진전시켰다. 이에 나토 동진의 위협을 느낀 푸틴은 우크라이나를 상대로 군사작전을 감행했고, 키릴은 종교적 정당성을 제공하며 푸틴을 도왔다. 러시아와 우크라이나의 각기 다른 정치적·종교적 궤적이 드디어 충돌한 것이다.

제4부

―

시진핑의 '종교 중국화' 정책

러시 도시Rush Doshi/杜如松에 따르면 중국의 실권자 시진핑은 중국이 현재 "한 세기에 보일까 말까 하는 커다란 변화"의 한가운데 놓여 있기에 지금이 부흥rejuvenation의 기회라고 말했다고 한다.[1] 그러나 기회는 위기를 전제로 한다. 지정학적 변화와 기술적 변화가 국제 질서를 위태로운 상황에 놓이게 했다. 따라서 전략적 조정이 필요하다. 그런데 시진핑이 보는 위기는 양면적이다. 중국의 국력 성장과 미국과 서구의 자기 파멸이 동시에 일어나고 있어서다. 서방 세력이 하강하는 구체적인 신호는 2016년 6월 브렉시트Brexit(영국의 유럽연합 탈퇴)를 결정한 영국의 국민투표와 같은 해 11월 트럼프의 미국 대선 승리 및 그의 대중주의적인 정치 행태다. 이 두 사건이 주는 의미는 민주주의의 맹주를 자처해 온 영국과 미국이 국내의 통치 문제에서 헤어나지 못하면서 지금껏 이 두 나라가 전 세계에 구축해 왔던 국제 질서가 흔들리고 있다는 데 있다. 특히 트럼프 추종자들이 벌인 2021년 1월 6일 미국 국회의사당 난입 사건은 미국의 국제적 위상을 실추시킬 만했다. 이미 역사적으로 미국의 오명은 존 F. 케네디 암살, 워터게이트 사건과 리처드 닉슨의 하야, 빌 클린턴의 르윈스키Lewinsky 스캔들 등으로 쌓여오다가 그 결정판이 트럼프에 의해 이루어진 것이다. 미국 국회의사당 난입 사건 직후 시진핑은 "시간과 힘이 우리 편에 있다"라고 했다. 에번 오스노스Evan Osnos의 말을 빌리면 "중국은 미국이 20세기를 정리한 것처럼 21세기를 정리하려고 한다".² 중국은 '역사적 기회의 시기'에 특히 과거 미국이 소련을 상대로 봉쇄containment 정책을 쓴 것처럼 미국을 배제 또는 대체displacement하는 전략을 쓸 것이라고 도시는 예측한다.³

배제 전략 중의 하나는 미국의 중국에 대한 힘을 무디게 하는 것으로 이미 중국에서 시작했다. 중국 안에서 활동 중인 미국인과 서유럽인들의 인적 청산과 함께 사상적 청산을 동시에 진행하는 것이다. 대표적인 배제 대상은 외국 선교사와 외래 종교다. 선교사들을 추방하고, 종교 유입의 역사가 짧거나 미국에서 건너온 종교와 밀접하게 연관된 교단은 폐쇄하며, 이미 자리 잡은 외래 종교는 국가의 조직적인 관리 아래 철저하게 감독하고 감시하고, 지하로 스며든 종교는 양성화해 국가의 통제를 받게 하는 것이다. 더 나아가서는 종교 내용과 실천 관습을 중국식으로 전환하는 것으로 이른바 '종교 중국화'를 펼치는 것이다.

여기서는 시진핑이 주도하는 '종교 중국화'를 통해 중국의 정치와 종교에 대한 논의를 전개한다. 이를 위해 먼저 중화인민공화국 건국 당시와 마오쩌둥毛澤東의 문화혁명 시기, 그 후 덩샤오핑鄧小平, 장쩌민江澤民, 후진타오胡錦濤 등의 통치기에 실행된 종교 정책에 대해 역사적 검토를 시도한다. 그다음에 현재 중국의 실권자인 시진핑이 '위대한 국가 부흥great national rejuvenation'의 '중국몽', 즉 '아메리칸드림'에 상응하는 '차이니스 드림'의 실현을 위한 정치적 담론으로 제시한, 이른바 '종교 중국화' 정책의 실체에 대해 살펴보고자 한다.⁴

제1장
중국공산당 종교 정책의 역사

 중국공산당은 공식적으로 무신론 정책을 추구하며 공산당 당원은 어떤 종교에도 가입해서는 안 된다는 원칙을 고수한다. 당의 기본적인 입장은 종교는 사회가 발전하면 사라지는 일시적인 역사 현상이라는 마르크스주의의 견해와 일치한다. 중화인민공화국 건국 이후 70여 년 동안 이러한 입장은 변하지 않았다. 하지만 때로 사회 발전을 위해 종교가 먼저 사라져야 한다는 주장이 펼쳐지기도 했고, 현장에서 실행된 정책 또한 끊임없이 변화했다. 예를 들어 1982년 채택된 현행 중화인민공화국 헌법은 일반 중국 국민이 '종교신앙자유宗教信仰自由'를 누린다고 명시하고 있다. 이는 무신론 정책이 곧바로 종교의 소멸 정책으로 이어지지는 않았음을 말해준다. 종교의 자유가 헌법에 따라 보장되었고,[1] 신자들은 비교적 자유롭게 신앙 행위를 할 수 있었다. 그렇다고 해서 종교 신념의 자유를 보장하는 헌법 제36조가 종교 활동을 실질적으로 보장한 것은 아니다. 종교의 자유가 주관적인 해석이 가능한 용어인 '정상적normal'인 종교에만 허용되었기 때문이다.[2] 이 장에서는 중화인민

공화국이 건국되고 나서 시진핑이 권력을 장악하기 전까지 중국공산당이 펼친 종교 정책의 역사적 전개 과정에 대해 살펴본다.

건국 이후 문화혁명까지: 전략적 관용과 전투적 무신론

1949년 중국공산당 주석 마오쩌둥(재임 1949~1976)이 중화인민공화국을 세우면서 종교는 곧바로 '인민의 아편'으로 타도 대상이 되었다. 중국공산당의 이데올로기 기반인 마르크스·레닌주의에 따르면 상부구조의 핵심인 종교는 하부구조, 즉 경제에 토대를 둔 사회의 결과물에 지나지 않기 때문에 종교의 궁극적인 소멸은 혁명을 통한 근본적인 사회 변화를 달성하기 위한 필수 과정이다. 종교 소멸이 혁명 완성의 결과가 아니라 전제 조건이라는 해석의 결과다. 따라서 중국공산당은 무신론을 주장했고 일당독재에 의해 세워진 국가는 기본적으로 무신론 정책을 채택했다.[3]

당시 정치 지도자들은 종교가 '봉건주의'나 '미신'과 연결되어 있다고 설파하는 한편 '외래문화 제국주의'와도 무관하지 않다고 주장했다. 따라서 종교 단체들은 전면적으로 박해를 받았다. 불교 승려들은 봉건 왕조 정권의 기부금을 받았다는 이유로, 기독교인들은 외국 선교사나 바티칸과 연계되었다는 이유로 박해를 받았다.

결국 1950년대에 들어서면서 당정은 외국 선교사들을 추방했고, 기독교 학교와 자선단체 등의 재산을 몰수했으며, 특히 바티칸 등 외국 기독교 단체와의 국제 관계를 단절하도록 강요했다. 이는 19세기 중엽에 시작된 외국 침입자들이 중국 국가와 국민을 착취한 역사적 사건 또는 외세에 대해 중국인들이 지닌 역사적 굴욕의 트라우마가 빚은 결과였다. 1872년 말 이홍장李鴻章은 외세의 침입에 따른 중국의 쇠퇴는

3000년 동안 볼 수 없었던 세계사적 힘의 변화를 청淸나라가 고려하지 못한 결과로 평가했다. 지정학적으로 새로워진 국제적 세력균형 속에서 혁신적인 기술로 변혁을 주도하는 강대국들에 의해 중국이 '굴욕의 세기'로 몰아붙여졌다는 것이다.[4] 외세에 대한 공포 트라우마가 외국 단체와 연결된 종교를 억압하는 정책으로 이어졌다.

따라서 한편으로는 종교를 억압하기 위해 사찰, 교회, 모스크 등의 토지와 부동산을 몰수해 국유화nationalization해서 세속적인 목적에 사용했으며, 다른 한편으로는 전략적인 종교 관용 정책을 펼치고자 종교사무국을 설치했다. 실질적으로는 종교 활동을 감시·감독하기 위해서지만 명목상으로는 종교 단체의 자율적인 활동을 장려한다는 것이었다. 이른바 삼자애국운동三自愛國運動, TSPM: Three Self Patriotic Movement을 전개하며 자치自治, self-government, 자급自給, self-support, 자전自傳, self-propagation을 독려해 외국 종교 단체로부터 독립하도록 했지만, 실질적으로는 외세의 정치적 영향력과 경제적 지원을 차단하려고 한 것으로 해석된다. 이를 위해 불교(1953), 이슬람교(1953), 개신교(1954), 도교(1957), 천주교(1957) 등 다섯 개 종교가 각각 애국종교협회를 만들도록 했다.

원래 삼자론을 먼저 펼친 것은 교회의 토착 방안을 연구한 개신교계 외국 선교사들이다. 19세기 후반에 생겨난 선교 방침 원칙으로 외국인으로부터의 정치적·재정적 독립인 자치와 자립, 토착인 중심의 선교인 자전(자기 전파)을 지향하는 것으로, 중국과 한국에서 활동한 선교사 존 리빙스턴 네비우스John Livingstone Nevius의 이름을 딴 네비우스 방법Nevius Method으로 발전했다. 중국에서는 중국 교회의 미래가 지도력의 토착화와 중국적인 예배 방식에 달려 있다는 합의에 도달한 결과 상하이에서 1892년 열린 기독교 선교 회의에서 삼자론의 공식적인 문서 초안이 작성되었다. 이 개념은 1920년대 외세 제국주의에 대항한 5·4 운동의

여파로 반기독교 운동 중에 지지를 얻기도 했다.[5]

그러나 공산화 이후 1954년에 설립된 삼자애국운동은 중국 교회에서 외국의 영향력을 제거하고 교회가 신생 중화인민공화국에 대한 애국심을 정부에 보장하기 위한 삼자 전략을 추진했다. 이에 앞서 1950년 5월 우야오종吳耀宗, 자오쯔천趙紫宸, 천총꾸이陳崇桂, 덩위즈鄧裕志 등 개신교 지도자들은 베이징에서 저우언라이周恩來 총리를 만나 개신교와 신생 중화인민공화국의 관계를 논의했고, 1950년 7월 이른바 "기독교 선언Christian Manifesto"을 발표했다. 원래 제목은 "신중국 건설에서 중국 기독교를 위한 노력 방향Direction of Endeavor for Chinese Christianity in the Construction of New China"으로 1950년대 40만 명의 개신교 신자가 이 문서를 공개적으로 지지하고 서명했다. 중요한 것은 이 선언문의 목적에 중국 기독교인들의 분명한 정치적 입장과 제국주의에 대한 경각심 향상이 들어가 있다는 사실이다. 실제로 평신도와 종교 지도자들이 적국인 미국 및 유럽 세력과 강한 우정과 재정적인 유대를 맺어왔다는 사실이 드러나기도 했으며, 몇몇 개신교 목사와 가톨릭 신부들이 목소리를 높여 공산주의 장악을 비판하기도 했다.[6]

삼자애국운동의 결과 교회에서는 마오주의자Maoists의 수사법이 전통적인 설교를 대체했고, 여러 교회가 소수의 몇몇 교회로 강제 합병되며 교단 정체성이 사라졌으며, 교회는 점점 더 정치화되었다. 합병 이전에 베이징에는 60개가 넘는 교회가 있었지만 5개 교회만 살아남았다. 이후 마오쩌둥이 주도한 대약진운동(1958년부터 1960년대 초까지) 시절에도 박해는 계속되었다. 그러나 문화혁명(1966년 5월부터 1976년 12월까지) 동안에는 전투적 무신론의 온전한 실천으로 종교는 중국의 역사 속에서 블랙홀이 되었다.

종교는 파사구破四舊, 즉 '낡은 사상', '낡은 문화', '낡은 관습', '낡은 습관'을 타파하고자 마오쩌둥이 불러일으킨 운동의 목표물이 되었다. 당시 청년들로 구성된 준군사 조직이라고 할 수 있는 홍위병紅衛兵, Red Guards은 당이나 군의 제재를 받지 않으면서 사찰, 사당, 교회, 모스크 등을 공격, 파괴, 약탈해 폐허로 만들었다. 그러자 신앙과 실천 의지를 버리지 않은 중국인들은 지하로 잠적했다. 종교에 대한 '강제적 세속화' 또는 '기관 주도의 세속화'를 행한 문화혁명은 신앙의 표현 금지, 예배 장소의 폐쇄와 파괴에 이어 신앙인에 대한 강도 높은 박해를 가져왔다.[7] 모든 종교 활동은 금지되었고 종교인은 처벌되었다. 이른바 가장 관용이 없던 세속화 정권의 전투적 무신론이 모든 종교 활동을 완전히 금지한 때였다. 전투적 무신론은 종교를 비과학적이고 후진적인 허위의식으로 간주하는 계몽적 무신론과 달리 종교를 위험한 인민의 아편으로 간주한다. 전자를 프랑스 모델이라고 한다면, 후자는 소련 모델이라고 할 수 있다.[8]

덩샤오핑의 통치기: 종교 관용과 계몽적 무신론

종교 금지는 마오쩌둥이 사망하고 3년 후인 1979년까지 계속되었다. 그러나 급진적이고 강제적인 세속화는 실패했다. 종교는 살아남았고 부흥했다. 1차 천안문天安門 사태라고 불리는 천안문 4·5 항쟁이 마오쩌둥 체제 말기인 1976년 4월 5일 일어났다. 마오쩌둥이 같은 해 9월 9일 사망하자 그로부터 28일 후에 문화혁명을 주도한 4인방[9]이 체포되었다. 이후 덩샤오핑(재임 1978~1989)이 1978년에 실권을 장악하고 경제 개혁을 시작하면서 종교는 파괴된 시설의 재건 능력을 회복하기 시작했다. 덩샤오핑은 문화혁명의 전투적 무신론 모델 대신 계몽적 무신론을 택하면서 카를 마르크스의 '인민의 아편' 명제의 원래 의미로 복귀했다. 마르크스의 "종교에 대한 비판은 끝났다. 이제 비판할 것은 사회다"[10]라는 언술에 따르면 종교는 물질적 조건이 개선될 때까지 사라지지 않는 하나의 사회심리적 바탕일 수밖에 없기에 종교 소멸에 열중하기보다 경제 발전에 집중해야 한다. 이는 물질적 평등을 통해 궁핍한 상황에서 먹을 수밖에 없는 아편으로서의 종교를 인민이 더는 찾지 않게 하는 사회적 조건을 만들어야 한다는 의미다. 덩샤오핑의 이러한 인식은 종교 허용으로 이어져 결국 1978년에 헌법에 종교의 자유가 다시 명기되었다.

이후 1982년에 '종교 활동 장소 관리 표준화'를 목표로 중국공산당 중앙위원회가 발표한 '조국 사회주의 시기의 종교 문제에 대한 기본 관점과 정책', 일명 '문서 19'[11]는 인류 역사에서 결국은 종교가 소멸한다고 주장하면서도, 종교의 역사성과 종교 신념과 정서가 시대의 사회적 산물임을 인정하고 현실적인 종교 정책의 필요성을 강조했다.[12] 이때 중요한 것은 "종교가 하나의 역사적 현상(historical phenomenon)"이라고 '문서 19'에서 표현함으로써, 중국공산당이 종교의 복잡성을 인정하고 종교와 신앙의 자유를 허용했다는 사실이다. 이는 종교 자체가 복잡하다는 것을 말하는 것이 아니다. 인간이 역사적으로 겪어온 다양한 삶과 복잡하게 결합한associated 실체로서의 종교와 종교현상을 몇 마디 단어나 언어 또는 마르크스·레닌의 이론으로 쉽게 단정하거나 파기할 수 없다는 것이다. 하나의 실재reality를 제한된 언어로 정의하는define 순간, 실재를 그 정의定義 안에 가둘confine 수 있고 실재가 지니는 여타 측면은 무시될 수 있다. 페르디낭 드 소쉬르Ferdinand de Saussure가 말한 표현하는 것(기표記表, signifian)이 뜻하는 것(기의記意, signifié)을 제한할 수 있듯이 몇 개의 단어로 구성된 구절로 종교를 정의하는 것은 그 실재의 복잡성을 단순화하는 것이며, 동시에 종교적 삶을 사는 인민들의 삶 또한 단순하게 단정 짓는 오류를 범하는 것이 된다. 기표는 하나로 나타나지만, 기의는 사람의 숫자만큼 복잡하고 다양한 의미와 해석을 가능하게 하기 때문이다.

지금까지의 종교 정책에 대한 비판적 내용의 일부는 다음과 같다.

모든 당원은 사회주의 상황에서 종교 문제의 장기적인 성격을 냉정하게 인식해야 한다. 사회주의 체제가 수립되고 경제, 문화가 어느 정도 발전하면 종교가 단기간에 사라질 것으로 생각하는 것은 현실적이지 않다. 종교적 사상과 관행을 단번에 말살하기 위해 행정 법령이나 기타 강압적 조치에 의존하려는 사람들은 종교적 문제에 대해 마르크스주의가 취하는 기본 관점에서 훨씬 더 멀리 떨어져 있다. 그것들은 완전히 틀렸고 적지 않은 해를 끼칠 것이다.[13]

또한 문화혁명이 벌였던 폭력적 행태의 결과 종교운동의 지하화를 가져온 오류를 지적하며 신앙적 자유의 존중과 보호를 기본 방침으로 제시했다. 그러나 '문서 19'는 오로지 '정상적인' 종교 활동만 허용함으로써 종교 자유의 범위를 한정했다. 물론 무엇이 '정상'인지에 대한 구체적인 정의는 여전히 없었다. 하지만 교회, 사원 그리고 기타 종교 건물의 복구와 운영을 허용하면서 도교, 불교, 이슬람교, 개신교, 천주교를 다시금 공식적인 종교로 인정했다. 아울러 모든 종교 단체에 등록을 요구했다. 여기서 미등록 단체는 불법으로 간주해 사실상 '정상적인' 종교 여부를 판단하는 기준은 당국에 의한 행정절차를 통해 결정되었다.

한편 중국공산당 당원이 종교를 믿거나 실천하는 것은 여전히 금했다. 다만 '문서 19'는 "신자건 비신자건 대중을 통일해 그들에게 모든 의지와 힘을 근대화된 강력한 사회주의 국가 건설이라는 공공의 목표에 집중할 수 있도록 한다"[14]라면서 "광범위한 애국적 종교 인물들과" 통일전선을 구축할 것을 요구해 사회주의 국가 건설을 위한 종교의 활용이 당정 종교 정책의 기본적인 조직 원칙이 되도록 했다.

문화혁명 이후 중국 정부는 경제 발전에 집중했으며 이를 위한 개혁과 개방을 추구하는 중에 종교 관용 정책은 거의 30년 동안 지속되었다. 때로는 법적 허용을 넘어서는 종교 단체나 활동이 허용된 때도 있었다. 예컨대 1980년대에 광둥廣東성에서 대규모 지하 개신교 가정 교회를 이끈 린셴가오林獻羔(일명 사무엘 램Samuel Lamb) 목사는 자유롭게 종교 활동을 펼칠 수 있었다. 또한 종교에 대한 관용의 편안한 분위기 아래 전통적인 기공氣功 수련이 널리 퍼졌다. 추산에 따르면 1980년대 후반까지 중국 전역에 6000만 명이 넘는 수련자가 생겨났다. 불교 및 도교와 관련된 일련의 운동과 명상 수련인 기공은 건강상의 이점이 있다고 공개적으로 승인되었고 고위 관료와 주요 과학자들이 이를 적극적으로 추천하기도 했다.

반면에 교육과 미디어를 통한 무신론 선전은 거의 영향력을 상실했다. 그렇지만 무신론 정책이 완전히 사라진 것은 아니었다. 오히려 종교 정책을 더 조직적으로 실행했다. 대중에 대한 종교의 심리적이고 사회적인 위안 제공 능력을 인정하면서도 종교를 정치에 활용한 것이다. 이를 위해 행정조직 차원에서 종교 문제를 담당하는 종교사무국이 국가종교사무국으로 개편되었고, 중국공산당 산하의 통일전선공작부가 종교 업무를 주도하게 했다. 이 두 조직과 이미 존재해 온 다섯 개 종교의 애국종교협회를 통해 중국공산당은 모든 종교 행위를 감시하고 감독했다.

'문서 19'와 관련해 주목해야 할 것은 종교신앙자유 정책의 핵심이 종교의 사유화에 있다는 사실이다. 즉, 종교 신념의 문제를 인민의 자유로운 선택 중의 하나, 즉 사적인 문제로 간주한 것이다. 그러나 이는 종교의 공적 또는 공공연한 활동에 대한 명백한 제한이라고 할 수 있다. 종교와 신앙의 자유를 허용하는 동시에 종교를 믿지 않을 자유 또한 보장되어야 한다면서 종교 전파 행위 또한 종교적 신념의 자유를 침해하는 것으로 금해야 한다고 강조하기 때문이다. 더 나아가 사회주의 국가 권력은 특정 종교를 장려하거나 금지할 수 없다고 함으로써 종교의 탈제도화를 강조하는 한편, 국가 행정이나 법률은 물론이고 공교육에 종교의 간섭을 허용하지 않는다고 명시하고 있다. 덩샤오핑 통치기의 종교 정책은 한마디로 종교와 신앙의 자유를 기본적인 출발점으로 하되, 강력한 사회주의 국가 건설이라는 공동 목표에서 일탈하는 종교적 활동은 단호히 반대하는 것이었다.

장쩌민과 후진타오 통치기: 행정적 종교 규제와 전투적 무신론의 재등장

장쩌민(재임 1989~2002)이 중화인민공화국 주석에 오른 것은 중국공산당이 심각한 도전을 받던 무렵이었다. 1989년 4월 중국공산당의 정치적 정당성에 대한 문제의식에 따라 민주주의를 향한 저항 운동인 2차 천안문 사태, 즉 천안문 6·4 항쟁이 일어났다. 공산당 관리들의 부패, 대량 인민 실업, 심각한 물가 상승 등의 이슈와 더불어 소련공산당의 개혁을 주도한 미하일 고르바초프의 방중(1989년 5월 15일)이 대학생들에게 중국공산당에 도전하는 기회를 제공했다. 한편 덩샤오핑의 통치 하에 설정되었던 선제적 종교 정책 또한 장쩌민이 권좌에 오르며 심각한 도전을 받게 되었다. 급속한 근대화가 탈세속화, 즉 종교의 부흥을 가져와 많은 종교 단체가 사회봉사, 미디어, 교육 등 공공 영역의 사회

제도 속으로 다시금 진입을 시도했다. 1992년에는 파룬궁法輪功 등 신흥종교가 등장해 거대한 사회단체로 발전했다.

천안문광장에서의 저항은 정부의 강력한 진압으로 종결되었고, 삶의 모든 영역에서 다시금 엄격한 규제가 이어졌다. 중국 정부는 공적 제도를 벗어난 모든 종교 단체의 활동을 억압했고, 종교 지도자와 신자들을 체포했으며, 특히 지하 교회에 커다란 타격을 가했다. 결국 장쩌민과 그를 이은 후진타오(재임 2002~2012)의 통치 기간을 포함해 20여 년 동안 당정은 종교 단체에 대해 정치적 통제를 다시 시작했다.

특히 장쩌민은 '문서 19'에서 선언한 종교에 대한 보다 관대한 접근 방법을 후퇴시키면서 1991년 초에 '문서 6'을 발표하며 강화된 종교 정책을 내세웠다. 특히 몇몇 종교 활동은 정부의 사전 승인을 받도록 했다. 예컨대 종교 시설의 신설은 군 단위 행정관청의 승인이 필요하고, 해외로부터 규모가 큰 기부금을 받으려면 성 단위 정부의 허가가 필요하며, 외국을 방문하려면 역시 성 단위 정부의 허가가 있어야 하고, 해외 업무와 관련한 주요 종교 활동은 국무원의 승인을 받아야 한다.[15] 다시금 외세와의 연결 고리 차단에 나선 것이다.

'문서 6'의 정책은 정치와 종교를 분리하는 헌법적 원칙에 어긋났지만 종교 사무관리에 대한 정부의 권한을 명시적으로 선언하는 중앙 차원의 첫 규제안이 되었다. 가장 심각한 문제는 이 법령이 종교 입법을 작성하는 임무를 전국인민대표대회가 아닌 국무원 산하의 국가종교사무국에 할당해 종교에 대한 국가의 감시를 확장시켰다는 데 있다. 결국 1980년대부터 이어진 자제력을 수반한 종교 정책은 후퇴했다.

장쩌민이 강화된 종교 정책을 택한 것은 중국공산당이 천안문 항쟁과 동유럽 공산주의 국가 권력의 몰락을 보며 대중 봉기에 대한 두려움을 갖게 되었기 때문이다. 또한 이미 거대한 사적 조직을 갖추거나 갖출 것으로 예상되는 종교 단체 또한 대중 봉기의 주체가 될 수 있다고 여겼기 때문이다. 1995년 중국 지도부는 기독교에 뿌리를 둔 12개를 포함해 모두 15개의 종교 단체를 사교邪教로 분류했다. 또한 몇몇 기공 단체도 불법으로 간주했다. 일례로 1990년대 초기에 등장한 파룬궁을 들 수 있다. 1999년 자신들의 숫자가 중국 전역에서 7000만 명에 이른다고 주장하는 파룬궁 수련생들 수천 명이 중국공산당 중앙위원회 지도부 건물 밖에서 파룬궁의 공식적인 인정을 요구하며 시위를 벌였다. 그러자 당국은 기공은 신체 운동, 자가 마사지, 호흡 조절을 결합해 건강을 증진하고 질병을 치료하는 일련의 체조로 인정하지만, 파룬궁은 사교로 간주했다. 이후 파룬궁은 거칠게 다루어졌고 전국의 파룬궁을 파멸하고자 사교문제방지 및 처리국Office for Preventing and Dealing with the Evil Cult Issue(다른 이름으로 610 사무소)이 설치되었다.

결국 종교를 향한 의심이 고조된 중국공산당은 종교 정책을 엄격히 실행해 천안문 항쟁의 위기가 빚은 후유증을 극복하고 정권 안정화를 꾀하기에 이르렀다.[16] 이후 1994년 국무원이 발표한 '종교 장소 관리에 관한 규정'과 후진타오 통치기인 2004년 11월 30일 국무원이 발표해 2005년 3월 1일 시행된 '종교 업무에 관한 규정Regulations on Religious Affairs'은 종교에 대한 관료적 통제를 강화하고 기존 종교 단체의 활동을 제한했으며 새로운 종교 단체의 설립을 금했다.

총 20개 조항으로 이루어진 1994년의 규정은 종교 활동 장소의 등록을 규정하고 있고 활동 장소도 특정하고 있다. 또한 국가 통합, 민족단결, 사회질서, 공민의 건강 등을 해치거나 국가 교육 시스템을 방해하는 활동을 위한 장소 사용을 금하는 등 종교 활동이 법률 및 규정을 지킬 것을 강조한다.[17] 총 48개의 조항을 지닌 2005년의 규정은 종교의 자유를 보장하지만, 정부의 종교에 대한 통제를 더 엄하게 규정했다. 특히 '총칙' 제4조에서는 모든 종교의 자주성과 독립성을 강조하면서도 어떠한 종교 단체, 종교 활동 장소, 종교 업무도 외세의 지배하에 놓이지 않아야 한다는 내용을 강조했다.[18] '종교 업무에 관한 규정'은 현 단위 이상의 종교사무부의 종교 단체 관리를 구체적으로 명시하고, 출판 관리 규정, 교육기관의 설립 조건 등을 세세하게 두어 종교 활동에 대한 정부 통제를 강화했다. 규정을 더욱 세밀하고 분명하게 설정한 것은 등록하지 않은 종교 단체의 활동 공간을 축소하기 위해서다.[19] 여전히 주관적인 해석의 여지가 있는 '정상적인' 종교 활동에 대해서만 국가가 보호한다고 할 수 있다.

정부의 간섭을 수용하지 않은 많은 종교인, 특히 기독교인들은 등록하지 않고 가정 교회나 지하 교회의 형태로 숨어들었다. 결국 이 문서는 다양한 직급의 종교사무부가 강제적인 감시 활동을 늘리게 해 덩샤오핑 통치기에 거의 사라진 전투적 무신론을 재등장시켰다. 다시 나타난 전투적 무신론은 1999년 시작한 파룬궁 진압 작전을 통해 힘을 얻기 시작했다. 당정은 무신론 연구에 재정적·인적 지원을 해 1999년에는 학술지 《과학과 무신론》을 발행했고 2010년에는 중국사회과학원에 '과학과 무신론 연구센터'를 설치했다.[20]

요약하면 장쩌민과 후진타오 통치기의 종교 정책은 신흥종교는 진압하지만 기존에 인정해 온 종교들은 비교적 관대하게 다루며 사회주의 사회에 적응하도록 밀어붙이는 것이었다. 그러나 실제로 이러한 규정이 지방정부 차원에서는 항상 엄격하게 강요되지는 않았다. 지방 당국자들은 선을 넘지 않는 한 불법적인 종교 활동을 보고도 못 본 체했다. 이는 후진타오가 표방한 종교는 조화로운 사회 조성에 이바지한다는 신념에서 볼 수 있듯이 후진타오 통치기 10년 동안의 종교 정책이 전임자 장쩌민의 10년과 본질적으로는 다르지 않았음을 말해준다.

제2장
'종교 중국화'를 통한 국가 부흥의 중국몽 실현

    지난 20여 년간 진척된 중국의 성장은 지구촌 정치 풍경을 재구성했다. 특히 2001년 12월 중국이 세계무역기구WTO: World Trade Organization에 가입한 이후 이 나라는 세계에 물품을 저가로 공급하는 공장 경제에서 첨단 기술을 지닌 지구촌 리더로 탈바꿈했다. 이와 함께 중국은 글로벌 차원의 공급망을 바꾸었을 뿐만 아니라, 국제 외교에서의 성공을 지렛대로 삼아 아시아, 아프리카, 라틴아메리카 등지의 신흥 경제 국가들의 우선적인 무역과 개발 동반자가 되었다.

    경제성장에 따른 중국의 이러한 국제정치적 위상 상승은 여러 가지 긴장을 만들어냈다. 경제력이 지닌 지정학적 함의는 중국군의 현대화 프로그램에 이은 남중국해를 둘러싼 영유권 분쟁을 가져왔다. 강대국을 향한 중국의 열망이 드러나자, 중국의 세계경제 합류가 온건한 대외 관계 형성으로 이어질 것이라는 낙관론은 무너졌다. 지구촌 패권을 둘러싸고 중국은 미국과 경쟁하며 무역 전쟁에 돌입하는 한편, 패권에 대한 도덕적 정당성의 우위를 놓고 다투기에 이르렀다.

흑묘백묘론黑猫白描論의 화두로 시작한 덩샤오핑의 개혁은 경제성장뿐만 아니라 헌법과 법률에 기초한 법치가 강조되었기에 인민의 시민적 권리와 인권을 강조하는 자유화에 대한 열망과 함께 정체성 정치 거물identity politics juggernaut이 이끄는 중국공산당의 패권적 지배가 약화할 것이라는 기대를 불러오기도 했다.[1] 그러나 경제성장에 수반될 것이라는 자유화와 민주화의 기대는 무너졌고 중국 안의 사회·정치적 상황도 악화되었다. 이러한 현상은 시진핑이 권좌에 오른 2012년 이후 더욱 고조되었다. 시진핑은 중국 인민에 대한 감시와 단속을 강화했고 중국공산당의 사회 전반에 대한 통제를 더욱 확대했다. 특히 시진핑이 선언한 종교 정책은 장쩌민과 후진타오 등 전임자들이 행한 규제와 통제를 넘어 '종교 중국화' 정책의 선포에 이를 정도가 되었다.

2015년의 한 연설에서 시진핑이 정치적 수사의 하나로 제기한 '종교 중국화'는 모든 종교의 신앙체계와 실천에 중국적인 성격이 반영되어야 한다고 요구한다. 좀 더 구체적으로 말하면 모든 종교 집단은 교리, 의례, 도덕 등을 중국 문화에 통합해 사회주의에 적합하게 만들어야 한다는 것이다. 이는 우주와 만물은 물론이고 인간의 존재 이유, 과정, 결과, 목적을 설명하는 종교의 사고 논리logic of thought와 함께 종교가 제시하는 목적론을 완성하기 위해 이 세상을 어떻게 살아야 하는지를 규정해 주는 윤리, 도덕 등 행위 논리logic of action까지 중국식 사회주의에 적합하도록 수정해야 한다는 것이다.

'종교 중국화' 캠페인이 특별히 염두에 두는 대상은 외래 종교다. 시진핑은 개신교, 가톨릭교, 이슬람교의 지도자들이 그들의 가르침과 종교 관습을 중국 전통에 따르도록 하고 국가에 '충성을 맹세'하기를 기대한다. 따라서 시진핑은 외래 종교와 전통 종교에 대해 양면적인 전략을 펴고 있다. 한편으로는 기독교와 이슬람교에 대한 정부 통제를 더욱 팽팽하게 하는 것이다. 개신교와 관련해 중국 정부는 공인되지 않은 예배 장소의 금지를 강화해 미등록 가정 교회들이 국가가 허용하고 장려하는 기독교종교협의회에 가입하도록 압박하고 이에 거부하는 종교 지도자들은 체포했다. 지하로 숨어든underground 가톨릭 신자들 또한 더욱 괴롭힘을 당하고 있다. 특히 2018년에 중국 정부와 바티칸의 협상으로 주교 임명에서 양측이 협력하도록 길이 트인 이후 지하 교회에 대한 탄압이 더욱 심해졌다. 바티칸은 중국 가톨릭 신자들이 겪는 긴장을 완화하기 위해 중국 정부와 주교 임명에 관한 협정을 맺었지만, 중국 정부는 가톨릭 신자들을 공식적인 중국 가톨릭 시스템에 포함시키려고 하며 압박 강도를 높였다. 이슬람교와 관련해서는 신장웨이우얼자치구(이하 신장자치구)의 위구르Uighur 무슬림 다수가 구금되었고, 지하조직으로 활동하던 코란 스터디 그룹에 대한 단속도 심화되었다. 미국 국무부는 신장자치구에서 대량 학살genocide이 일어났으며, 위구르족이 중국 무슬림의 43%를 차지하는 가운데 비공식 추정이지만 중국 무슬림 100만 명 이상이 특별히 지어진 수용소interment camp에 억류되어 있다고 주장한다.[2]

다른 한편으로 시진핑은 전통적인 중국 문화는 장려해 유교, 불교, 도교 등과 연루된 활동은 비교적 관대하게 허용했다. 예컨대 정부는 중국에서 가장 널리 확산한 한불교漢傳佛敎, Han Buddhism는 이슬람교나 기독교보다 훨씬 더 관대하게 대했다. 대다수의 중국 불교 신자는 대승불교의 한 분파인 한불교를 추종한다. 한불교는 특히 당唐나라 때 여러 황제들의 후원을 받으며 전국으로 확산되었다. 현재 중국에 등록된 불교 사찰 중 80% 이상이 한불교 사찰이다. 시진핑은 중국 불교 경전과 유교, 도교, 여타 중국 전통 신앙과 실천을 통합한 이 중국식 대승불교를 높이 평가한다. 또한 불교 석굴 등 유물을 보호하고 수리하는 데 기금을 할당했고, 도교 추종자들에게는 도교가 생태 문명ecological civilization 건설에 이바지하도록 독려했다. 하지만 중국은 티베트 불교도들에게는 탄압을 일삼는 등 관대하지 않았다. 최근 중국 당국은 시진핑에 대한 충성을 굳건히 하고 망명 중인 달라이 라마Dalai Lama에 대한 충성을 억제하기 위해 티베트인들에게 '정치적 재교육' 캠페인을 벌였다. 수도원과 동상을 포함한 티베트 불교 기념물이 철거되기도 했다.

유교, 불교, 도교 등 전통 종교에 대한 중국 정부의 특혜 제공이 정부 통제의 완화를 의미하지는 않는다. 감시 또한 증가했고, 특히 불교나 도교 단체가 눈에 띄게 문제를 일으키거나 종교 상품화 등의 혐의가 있을 때는 정부가 강력하게 제재하기도 한다.

시진핑의 '종교 중국화' 담론의 핵심은 중국의 모든 종교가 사회주의의 핵심 가치를 수용하고 중국공산당의 지배에 순응해야 한다는 것이다. 이는 종교의 사회적 위치와 역할만 제한하는 것만이 아니라 경전과 교리 등 종교의 내용에까지도 당이 영향력을 행사하려는 것으로, 정치와 종교 관계에서 새로운 패러다임이 중국에서 나타나고 있음을 보여준다.

따라서 시진핑의 '종교 중국화' 정책의 특성과 실체를 살펴보고, 정책 형성의 배경이 되는 동기적 상황을 추적할 필요가 있다. 이는 '종교 중국화' 정책의 실행 과정이나 실태에 관한 연구의 선행 작업이다. 다음에서는 '종교 중국화' 정책의 전개 과정에 대해 중점적으로 살펴볼 것이다. 이를 위해 '종교 중국화' 정책을 선포하고 지시한 시진핑의 연설문이나 정책의 집행 주체인 국무원 산하 국가종교사무국이 만들어 공표한 법령과 규제안 등의 문서를 중심으로 논의를 전개한다.

'종교 중국화' 정책 등장의 사회·정치적 배경과 내용

시진핑은 장쩌민과 후진타오의 다소 억압적인 종교 정책을 수용해 발전시켰다. 중점 사업은 마르크스·레닌주의와 마오주의Maoism 이데올로기의 핵심 요소인 전투적 무신론을 부활시켜 사회 통합과 안정을 저해하는 전복적인 정치 세력으로 단정한 종교를 정치적 수단으로 통제하는 것이다. 여기서 정치적 수단의 행사 주체는 중국공산당이 된다. 그런데 덩샤오핑의 개혁은 당과 국가를 분리하고 헌법과 법률을 강화하는 것이었다. 이러한 당정 분리는 당의 위상을 실추시켰고, 법치주의는 인민들에게 시민 의식이 싹트게 하면서 변호사가 등장하고 시민권과 인권 옹호의 움직임을 활성화했다. 그러나 이러한 사회 변화를 바라보는 중국공산당의 시각과 판단에 따르면 덩샤오핑의 개혁은 중국 사회에 커다란 혼란만을 불러왔을 뿐이다. 따라서 당면한 과업은 당을 중심으로 내세워 사회 전체의 모든 정책을 마련하고 행정조직이 위에서 아래까지 철저하게 정책을 추진하도록 지휘·감독하는 것이었다. 이를 위해 먼저 해야 할 일은 법과 규정을 제정하고 시행하기 위한 당 중심의 정책 지침 수립이다. 특히 당은 종교를 포함하는 문화 영역 전반에 걸쳐 패권을 쥐고 있어야 한다. 도덕, 취향, 예술, 미 그리고 국가주의 정서 등과 관련해서도 당이 최고의 위치에서 조정자 역할을 해야 한다고 본다.

당 중심의 정책 수렴과 시행은 시진핑의 권력 강화와 병행한다. 시진핑은 2012년에 중국공산당 총서기 및 중국공산당 중앙군사위원회 주석(군 통수권자)이 되었고, 2013년에는 중화인민공화국 주석 겸 국가 중앙군사위원회 주석이 됨으로써 당·정·군 3대 권력을 장악하게 된다. 따라서 시진핑 시대에는 정부의 행정 영역보다 당이 더 우위를 차지하고 당 총서기인 시진핑이 권력의 정점에 서게 되었다. 가장 권위가 서는 정책 공급원은 시진핑 총서기의 연설문이고, 다음은 당의 지침, 그다음이 행정 당국이 제정한 규제안이다. 물론 개혁 시대의 당정 분리 대신 당·국가 일치의 전체주의로의 회귀가 강조되었다. 그러나 더 중요한 역할 주체는 당이다. 2020년 7월 15일 시진핑은 중국공산당의 공식적인 이론 잡지인 ≪추스求是≫에서 "중국공산당의 영도는 중국 특색 사회주의의 가장 본질적인 특징"이라고 천명하며 당의 위상을 강조했다.[3] 당·국가 일치의 한 사례로 국무원 산하의 국가종교사무국을 중국공산당 중앙통일전선공작부로 흡수하고 지방정부의 종교사무국 또한 해당하는 행정 단위의 중국공산당 통일전선공작부로 편입하는 구조 조정이 있었다. 이 통일전선공작부가 중심이 되어 종교 단체를 중국공산당에 정치적으로 복종하게 만드는 정치적 차원의 운동이 바로 시진핑의 '종교 중국화'다.

1949년 중화인민공화국이 건국된 후 부침을 거듭해 온 중국의 종교는 개혁 시대를 거치며 중국공산당이 위협적인 존재의 하나로 판단할 정도로 성장했다. 종교의 자체적인 활동 때문일 수도 있고, 국내외의 정세 변화 때문일 수도 있으며, 종교의 사회·정치적 상황과의 변증법적 조응 관계 때문일 수도 있다. 중국의 종교는 때로 마르크스·레닌주의의 지배 이데올로기 아래 묶이기도 했고, 극심한 정치적 억압 때문에 소멸할 위기에 처하기도 했다. 하지만 문화혁명 때를 제외하면 모든 정권이 헌법에 종교의 자유를 명시함으로써, 그리고 억압을 피해 지하로 숨어들면서까지 끈질기게 유지된 종교성과 인민대중의 종교 실천 덕분에, 중국의 종교는 엄격한 국가의 통제하에서지만 제한적으로 허용되었다.

공산주의의 통치하에서 생존과 부흥을 겪은 중국의 종교가 정치 이슈의 한가운데에 서게 된 것은 당국의 정치적 판단 때문이다. 즉, 제도적 통제하에 있어야 하는 종교가 국가가 바라는 사적 영역의 활동을 넘어서 공적 영역으로 부상해 사회·정치적 위협이 될 수 있거나 이미 되었다는 판단이 내려졌기 때문이다. 따라서 시진핑의 '종교 중국화'는 중국공산당이 직면한 실존적 위기의식에서 비롯한 것이라고 할 수 있다. 그리고 그 이면에는 당면한 실존적 위협에 대한 문제 해결의 목표가 자리하고 있다. 중요한 사실은 당이 의식하는 위협 요소가 종교에만 국한되지 않고 복합적인 구성 요소를 가지고 있다는 것이다. 넓은 의미에서 가장 총체적인 위협은 중국공산당의 정치적 정당성에 대한 인민의 신뢰 저하다. 이것의 내부적 배경은 고위 당직자와 관료의 부정부패이고, 외부적 배경은 소련과 동유럽 사회주의의 몰락 등이다. 결국 당의 정당성에 대한 의구심은 당정 국가에 대한 신뢰 하락과 함께 사회주의 이데올로기에 대한 회의를 불러일으켰다. 이것이 이념적 공백을 초래했고, 그 결과 인민은 마르크스·레닌주의가 아닌 다른 의미체계, 특히 종교가 제공하는 신앙체계로 이 공백을 채우기 시작했다. 종교 인구의 급증과 외래 종교와 신흥종교의 급성장이 이를 말해준다.

 2012년 임기를 시작한 시진핑은 인민의 인식 변화가 가져온 위기 상황을 그대로 물려받으면서 당시의 종교 상황이 주는 문제가 자신의 통치 목표에 방해가 된다는 사실을 충분히 깨닫게 되었다. 예컨대 신장자치구의 무슬림이나 티베트 불교도들 사이에서 확산한 반중국 정서와 극단주의 운동, 중국 가톨릭 신자들이 가지고 있는 성직자에 대한 강렬한 믿음, 개신교의 가정 교회 확산과 증가 등의 현상은 공산주의와 중국공산당에 대한 신뢰 하락을 충분히 반영할 정도였다. 권좌에 앉은 시진핑에게는 인민의 신뢰를 회복하기 위한 당정 고위 관료의 부정부패 척결 등 내부 단속과 함께 중국공산당의 이념적 우위 확보가 절실히 필요했다.

이를 위해 시진핑은 장쩌민과 후진타오 등 전임자들이 펼쳤던 종교 실천에 대한 규제 및 통제 강화와 함께 종교 자체에 대한 변화를 주문했다. 즉, 종교 내용 또는 이데올로기 차원의 '종교 중국화'를 요구하는 것으로, 이는 지금까지 종교인이나 종교 연구자들이 사용한 종교의 토착화indigenization, 현지화localization, 문화화enculturalization 등과 같이 아래부터의 중국화를 의미하는 것이 아니다. 그것은 모든 종교가 "중국의 발전과 위대한 전통문화의 필요에 맞추어져야 하고, 중국 특색 사회주의 사회에 능동적으로 적합한 것"이 되게 하는 위로부터의 중국화를 의미한다.[4] 목사와 이맘들은 사회주의 가치를 반영하는 종교적 가르침에 집중하라는 요청을 받은 것으로 알려졌다. 실천적 차원의 '종교 중국화'의 일례로 종교 건축물의 중국 전통문화 양식으로의 전환을 들 수 있다. 예컨대 당국은 종교 시설을 보다 중국적으로 보이게 하려고 교회에서 십자가를, 모스크에서 돔과 첨탑을 철거했다.

내용적 차원의 중국화는 중국의 전통적 고전이나 마르크스·레닌주의의 빛 아래서in light of 종교의 신념 체계와 교리를 해석하는 것이고, 성서 등 종교 경전까지도 그 내용을 새롭게 구성하고 편집하는 것이다. 예컨대 당국은 이슬람 가르침이 '새 시대의 중국 문화'와 일치하도록 돕는 새로운 주석이 달린 코란 버전을 발행할 계획을 세워놓고 있다.[5] 종교의 의미체계와 중국 고전과 마르크스·레닌주의 사상을 결합하는 내용적 차원의 '종교 중국화'의 명분은 중국 특색 사회주의 이념의 강화에 있다. 하지만 실제로는 종교에 대한 제도화된 통제, 즉 종교를 중국 공산당의 직접적인 통제를 받는 사회주의 시스템 안에 포함시키기 위해서다. 따라서 '종교 중국화'는 시진핑의 일반적인 목표, 즉 사회의 모든 분야에 대한 당의 침투를 반영한다.

퍼듀 대학교 양평강楊鳳崗/Fenggang Yang 교수는 2017년 출범 때 '중국화中國化, Zhongguo hua'로 공식 명명된 이 정책을 영어로는 'Sinicization' 대신 좀 더 문자 그대로의 'Chinafication'으로 옮겨야 한다고 주장한다. 전자가 "중국 문화, 특히 다수 한족漢族의 언어, 관습, 규범, 국가 정체성에 동화되는 것을 의미"한다면, 후자는 중국화가 지향하는 일차적인 목표가 "문화적 동화cultural assimilation가 아니라 정치적 순화 또는 길들이기political domestication, 즉 중국공산당 국가에 대한 복종을 확실하게 함"을 드러내기 때문이다. 이는 시진핑 통치의 특징을 나타내는 것으로 전임자들의 '상호 적응mutual adaptation', '조화로운 사회'를 위한 철학으로서의 중국화 이해와는 구별된다.[6]

더 나아가 시진핑은 국가 안보를 위해 '종교 중국화' 정책을 제시했다. 즉, 위기의식을 극복하는 정도를 넘어 중국 특색의 강력한 사회주의 국가 건설, '위대한 국가 부흥', 인민의 행복을 위한 '중국몽'의 실현을 위한 정치적 담론으로 활용했다. 이는 미국을 비롯한 외세와의 대립 구도를 기반으로 설정된 중국 국가주의 정서nationalist sentiment를 구축하기 위해 '종교 중국화'를 국가 안보 차원으로 끌어올린 것이다. 이전의 장쩌민과 후진타오는 종교가 인민대중에게 심리적이고 사회석인 위안을 제공한다는 의미에서 종교를 허용하면서도 동시에 사회적 소동을 일으킬 수 있는 정치화된 세력으로 간주하고 경계했다. 따라서 종교는 사회·정치적 안정을 위한 통제 대상이었다. 그러나 시진핑은 개신교와 천주교처럼 중국 밖에서 시작한 종교나 전통적이지 않은 신종교운동은 사회·정치적 불안의 잠재적인 원천이자 중국 국가의 실존적인 안보 위협으로 간주했다. 특히 기독교는 중국에 대한 그의 새로운 비전을 위협하는 외세의 영향을 받고 있다고 보았다. 따라서 이전까지의 종교 정책이 사회·정치적 차원에서 사회의 안정을 위한 제한과 규제 중심의 종교 활용, 즉 종교의 정치화였다면, 시진핑의 '종교 중국화'는 종교를 국가 안보의 차원으로 끌어올리는 것, 즉 종교의 안보화라고 할 수 있다.[7]

따라서 '종교 중국화'에 이를 정도로 확대되고 강화된 시진핑의 종교 정책은 시민의 자유에 대한 제재 차원을 넘어선다. 그것은 1978년 개혁 시작 이후 수용한 자본주의 시장경제가 야기한 공산주의 이데올로기의 정당성 쇠퇴를 대체하는 대안 주제 담론의 일환이기도 하다. 다시 말해 '종교 중국화'는 종교와 치르는 인식론적 차원의 경쟁에서 주도권을 장악하려는 시도라고 할 수 있다. 문제는 인식론적 국가 통일 national unity을 위해서는 중국 특색 사회주의를 중심으로 국가주의 정서를 구축해 중국인들의 집단적 감성을 강화해야 하는데, 국가가 아닌 또 다른 차원의 집단적 감성을 이미 형성했거나 빠르게 형성하고 있는 종교는 걸림돌이 된다는 데 있다. 따라서 필요한 것은 종교가 통일된 국가 정체성에 대한 안보 위협이라고 몰아가는 담론을 세우는 한편, 종교 자체가 이러한 통일된 국가 정체성 쪽으로 그 실천 체계는 물론이고 의미체계까지 바꾸도록 몰아세우는 작업이다. 이것이 정서적 차원의 '종교 중국화'다.

문화혁명 2.0 '종교 중국화'

양평강은 시진핑 정권이 중화인민공화국 건국 이후 가장 혹독한 수준의 종교 탄압에 근접하는 새로운 종교 억압 시대를 예고하고 있다며 토머스 파Thomas Farr 조지타운 대학교 교수가 시진핑의 종교 탄압을 "두 번째 문화혁명"이라고 한 데 덧붙여 "문화혁명 2.0"이라고 지칭했다. 시진핑 정권의 억압 방식이 고도로 발전한 하이테크를 활용하고 있기 때

문이다.[8]

시진핑은 '종교 중국화'라는 국가주의적인 용어를 활용해 종교가 주장하는 추상적인 실존적 위협으로부터 국가 정체성과 사회질서의 안정을 확보하려고 하고, 이로써 실제 행해지고 있는 가혹한 종교 탄압의 수단을 정당화하고 있다. 이미 1989년 천안문 6·4 항쟁 때부터 중국 당국은 사회의 정치적 통제와 탄압의 강도를 높여왔고, 여기에 종교도 예외일 수는 없었다. 그러나 시진핑이 집권하면서 행정부보다 중국공산당의, 더 나아가 당보다 당 총서기의 위상이 높아짐에 따라 시진핑의 '종교 중국화'는 당과 중앙 행정부, 그리고 지역의 말단 당 조직과 행정조직까지 따르고 실행해야 할 지상 명령의 정책이 되었다.[9]

시진핑이 '종교 중국화'에 관해서 처음으로 언급한 것은 2015년 5월 18~20일 중국공산당 중앙통일전선공작부 회의에서다. 물론 '중국화'라는 단어는 1980년대부터 중국어 사전에 있었다. 그러나 처음에는 카를 마르크스, 프리드리히 엥겔스Friedrich Engels, 블라디미르 레닌, 이오시프 스탈린이 원래 정식화한 마르크스주의로부터 이탈한 중국식 마르크스주의 또는 마오주의를 정당화하기 위해 사용되었다. 이후 덩샤오핑이 '중국적인 특색을 지닌 사회주의 시장경제'라는 이름하에 자본주의로의 전환을 위해 사용하기도 했다.[10] 하지만 시진핑은 문화적 동화를 넘어 정치적 순화를 의미하는 '중국화'를 요구했다. 이는 중국화의 목적이 소수민족 집단을 한족 중심의 문화로 동화시키는 데서 더 나아가 중화인민공화국에 대한 충성과 중국공산당의 세계사적 사명으로 움직이는 새로운 초인종 정체성의 창조에 있음을 가리킨다. 이를 위해 시진핑은 '중국화된' 인민을 위한 하나의 통합 표식인 '중화민족'이라는 단어를 부활시켰는데, 2018년 헌법 전문을 수정하며 새 헌법 전문에서 '다양한 민족으로 이루어진 중국 인민中國各族人民'을 '중화민족'으로 대체

한 것이다.[11]

한편 2012년 시진핑이 집권할 무렵 장즈강張志江 베이징 대학 종교학 교수와 주신핑朱新平 중국사회과학원 세계종교연구소 소장 등 종교학자들은 기독교가 중국화되어야 한다고 주장했다. 이들은 기독교의 토착화, 현지화, 맥락화contextualization 등으로는 중국에서 야기할 심각한 도전을 해결하기에 부적절하다고 주장하며, 과거 불교에게 그랬던 것처럼 기독교도 '길들여야 한다'는 취지의 중국화를 강조했다. 이들은 또한 중국화의 성공을 위해 불교학자를 기독교 교회에 보내 훈련시키자고 제안했다. 당국의 담당자와 기독교 삼자애국운동위원회 지도자들이 동의해 마르크스주의 이론가, 종교 문제 관리 공무원, 삼자교회 지도자들의 실험과 공동 노력 끝에 2015년 '종교 중국화' 슬로건이 마련되었고 이를 시진핑이 채택했다.[12]

이후 시진핑은 장쩌민이 참석한 이래 당 총서기가 처음으로 참석한 2016년 4월 22~23일의 당정 국가종교사무회의에서 중국화에 관해 자세히 설명하며 '종교 중국화'를 자신만의 독특한 종교 정책 표제로 삼았다.[13]

시진핑은 종교의 독립과 자체 운영의 원칙 등 종교 자유 정책의 시행을 온전히 보장한다고 천명하면서도 종교 문제는 중국공산당과 중앙 정부가 감당해야 하는 "특별한 중요성"을 지닌다고 함으로써 종교가 공적인 이슈의 대상이 된다고 강조했다. 그러면서 그는 종교인이 나라를 사랑하고 조국의 통일을 수호해 중국 국가의 전체 이익에 이바지할 것을 강조했다. 또한 종교 단체는 당의 지시에 따라야 하고 중국 특색 사회주의를 지지해야 한다면서 "종교 교리를 중국 문화와 융합하고, 중국의 법과 규정을 준수하며, 국가 부흥의 중국몽 실현에 공헌해야 한다"라고 했다.

문제는 종교 교리와 규범을 중국의 문화에 맞추어 해석하라는 것과 정치와 종교의 분리를 강조하면서도 "종교는 정부 행정, 사법제도, 교육을 어떠한 식으로든 간섭해서는 안 된다"라고 주장하는 것이 모순이라는 데 있다. 시진핑의 발언에서 주목할 또 다른 내용은 "종교적 수단을 통한 해외 세력의 침투를 단호히 경계해야 하고, 극단주의자들의 이데올로기적 침해 행위를 단호히 경계해야 한다"라는 것이다. 결국 '종교 중국화'의 기저에는 외세에 대한 경계 태세를 강화하는 것으로 중국이 19세기에 외세에 의해 겪은 굴욕의 트라우마가 깔려 있다고 하겠다. 동시에 '종교 중국화'는 사상이나 철학 등 삶의 의미체계를 중국의 것으로 한정해야 하며 이미 들어온 외래의 의미체계 또한 중국식으로 바꾸어야 한다는 것으로 외래 사상과의 교류나 소통을 금하겠다는 '의미체계의 쇄국'이라고 할 수 있다. 더욱 문제되는 것은 '종교 중국화'를 위해 인터넷에서의 종교 문제에 집중하는 한편, 당의 종교 정책과 논리를 인터넷으로 널리 확산시켜야 한다는 시진핑의 주장이다. 인터넷은 물론 챗봇Chatbot 등 인공지능이 발달하고 대량의 정보 데이터가 전 세계로 전파되는 오늘날 과연 중국식 의미체계가 고정되고 통제될 수 있을지 의문이다.

2017년 제19차 중국공산당 전국대표대회 연설에서 시진핑은 종교에 대해 단 한 번만 언급했지만 다음과 같이 '종교 중국화'를 공식 선포했다. "우리는 당의 종교 사업 기본 방침을 철저히 관철하고, 중국에 있는 종교는 중국식으로 지도되어야 한다는 원칙을 유지하며, 종교 자체가 사회주의 국가에 순응할 수 있도록 종교에 적극적인 지침을 제공할 것이다."[14] 중국 특색 사회주의의 위대한 승리를 위한 분투와 국가 부흥의 중국몽 실현이 핵심 주제였던 이 연설에서 '종교 중국화'는 중국의 문화 전통을 외국의 영향으로부터 수호하는 국가주의적 의무가 되었고, 중국의 모든 정부 부서와 종교 기관의 모든 지도자급에서 중국몽을 실현하는 것에 도움이 되는 하나의 이론적이고 실천적인 틀이 되었다.

'종교 중국화' 정책의 제도적 규정

앞서 2016년 4월의 당정 국가종교사무회의에서 시진핑이 행정부에 명령한 종교 문제의 최고 업무 의제화, 그리고 중국공산당에 내린 종교 문제 연구, 사업 지침과 계획, 지도 감독 강화 등의 지시에 대한 행정 조치가 다음과 같이 시행되었다.

첫 번째로 국무원은 2017년 8월 26일 '종교 업무에 관한 규정'을 발표하고 이듬해 2월 1일부터 시행하게 했다. 후진타오 통치기인 2005년 제정된 '종교 업무에 관한 규정'을 처음으로 개정한 이 규정은 1994년의 '종교 장소 관리에 관한 규정'까지 대체하며 총 77개의 조항으로 구성되었다. 새 규정은 과거 규정들을 대부분 포함하면서도 규제 활동 수준의 강화를 구체화했다. 먼저 새 규정은 '총칙'에서 2005년 규정이 담고 있는 종교의 '공공질서 교란' 활동 금지에 더해 '국가 안보 위협' 행위 금지와 더불어 '극단주의', '민족적 통합 훼손', '국가 분할 또는 테러 활동' 등의 안보 관련 용어를 포함하고 있다(제4조).

'제2장 종교 단체'에서는 과거의 규정에 없었던 종교 단체가 수행해야 할 기능을 적시했다. 특히 종교 문화 연구 수행, 종교 교리와 경전 해석, 종교 이데올로기 구축을 포함함으로써 '종교 중국화'를 위한 작업 지시를 함축하고 있다(제8조). '제3장 종교교육 기관'에서는 국무원 산하의 국가종교사무국에 외국인 전문 인력 채용 비준 권한을 부여함으로써 외국의 영향에 대한 경계를 강화하고 있음을 보여준다(제17조).

새롭게 만들어진 '제6장 종교 활동'에서는 종교 활동을 지정된 종교 장소에서만 하도록 제한하며(제40조), 종교교육 기관 외의 기관에서는 종교 전파를 금하고 있다(제44조). 또한 온라인 종교 서비스 제공을 위해서는 성 단위 이상의 종교사무국의 승인을 받게 했다(제47조). 특이하게도 애국이슬람협회가 신자들의 성지순례 비용을 책임지고 마련하게 했다(제43조). 이는 해외의 무슬림 지원 세력과 중국 무슬림의 연계를 차단하려는 조치다. 신설된 '제8장 법적 책임'에서는 신앙이나 불신앙의 강요 행위 등이 공안 행정처벌의 대상이 되고(제62조), 극단주의 옹호, 자금 지원, 국가 통합 저해, 테러 활동 등은 형사처벌 대상이 된다는 점을 강조하고 있다(제63조). 미등록으로 승인받지 못한 종교 활동 행위와 이를 위한 장소 제공 행위 등을 금하고(제69조), 허가 없이 해외에서 종교 훈련, 회의, 순례 행위 등을 할 수 없으며(제70조), 다양한 위반 행위에 대해 벌금을 부과한다는 내용이 들어가 있다.

2017년의 '종교 업무에 관한 규정'은 시진핑의 '종교 중국화' 정책에 대한 응답으로 제정되었다. 하지만 국가 안보, 극단주의와 테러 경계, 외국 종교 단체의 영향력 통제 등의 내용이 보다 강조되었다는 점에서 행정부의 통제 범위와 강도가 확대되었을 뿐이라고 할 수 있다. 다시 말해 국가 안보와 사회 통합 등을 명분으로 삼아 종교 활동의 규제 강화만 적시한 것이다.

이후 국무원 국가종교사무국은 '임시 종교 활동 장소 승인 및 관리 조치 고시'를 내놓아 2018년 2월 22일부터 시행하게 했다.[15] 정기적인 집단 종교 활동이 필요하지만, 종교 활동 장소 설치 신청 자격이 없는 종교인들이 현 단위의 종교사무국에 임시 종교 활동 장소 지정을 신청할 수 있게 한 이 조치의 숨은 목적은 지하 교회나 가정 교회 등 미등록 종교 단체를 양성화하고 정부의 관리 아래 두려는 것이라고 할 수 있다.

다음으로 국무원 국가종교사무국은 2019년 12월에 '종교 단체에 대한 행정 조치'를 발표하고 이듬해 2월 1일부터 시행하게 했다.[16] 이 조치의 목적은 종교 단체를 대상으로 사회주의 적응 지도를 해서 종교 단체에 애국주의를 장려하는 것이다. '제1장 총칙'은 종교 단체를 애국주의와 종교 연합의 일치를 목적으로 종교인들이 자발적으로 형성한 비영리 사회조직이며, 중국공산당과 인민 정부를 성직자 및 모든 일반 신자를 연결하는 매개체이자 접착제로 간주하고 있다. 그러면서 종교 단체는 등록한 경우에만 종교 활동을 할 수 있고, 중국공산당의 영도 지지, 법률과 규정 준수, 사회주의의 핵심 가치 구현 등의 책무를 지닌다. '제2장 종교 단체의 구조'에서는 단체 조직을 국가 규정에 따라 만들도록 세세한 지침을 내리고 있다. 특이한 것은 조직명에 '중국', '중국의', '전국', '국가' 등의 단어 사용이 금지된 것이다(제14조). '제3장 종교 단체의 기능'에서는 중국의 발전과 진보에 부합하고 중국 전통문화에 따라 교리와 규범에 대한 해석을 제공할 것을 지시함으로써(제22조), 종교 내용의 중국화를 요구하고 있다. 이는 '제4장 감독 관리'에서도 반복되는데 종교 단체는 학습 시스템을 구축해 당의 결정, 국가 정책과 규정, 중국 전통문화 등을 학습할 것을 요구하고 있다. 마지막으로 '부칙'은 이 조치에 대한 해석은 국가종교사무국만이 할 수 있다고 명기하고 있다.

그다음으로 '인터넷 종교 정보 서비스 운영에 관한 조치'가 만들어져 2022년 3월 1일부터 시행에 들어갔다.[17] '중국 사이버 보안법', '인터넷 정보 서비스 관리에 관한 조치', '종교 업무에 관한 규정' 등에 기초해 작성된 이 조치는 출판, 재게시, 전송 플랫폼 서비스 등 인터넷에서 종교 정보에 관한 서비스를 관리한다. 종교 관련 정보를 취급하는 웹사이트, 애플리케이션, 블로그, 공개 계정, 온라인 라이브 스트리밍 등은 당국의 허가를 받아야 하며, 특히 외국 단체나 개인은 중국 본토에서 인터넷 종교 정보 서비스에 종사해서는 안 된다고 규정하고 있다(제6조). 인터넷 종교 정보에 포함되지 말아야 할 내용은 국가 전복 주장, 공산당 지도 반대, 사회주의 제도 반대, 그리고 극단주의, 테러, 인종 분리주의, 종교적 광신주의 등의 옹호가 포함된다(제14조). 인터넷을 통한 설교자는 실명을 등록해야 하고, 신자들을 애국심과 준법정신으로 이끄는 내용을 설교에 포함해야 한다(제15조). 끝으로 이 조치에 대한 해석은 국가종교사무국, 국가인터넷정보국, 산업정보부, 공안부, 국가안전부만이 할 수 있다고 명기하고 있다(제35조).

마지막으로 국가종교사무국은 2020년 11월 18일 '중국 본토 내 외국인 단체 종교 활동 관리에 관한 세부 시행 조치'를 위한 초안을 만들어 배포한 후에 의견을 수렴했다.[18] 중국 내의 종교 단체, 종교학교, 종교 활동에 참여하는 외국인이 준수해야 할 규정과 종교 교류 및 문화·학술 교류 등의 조항을 다루고 있다. 그 목적은 외국인이 중국의 법률과 규정을 따르고 중국을 적대시하는 언행을 하지 못하도록 하는 것으로 외국인이 중국에서 종교 활동을 통해 영향력을 행사하는 일을 근절하는 데 있다.

중국 종교의 사회·정치적 위상과 역할

남아프리카공화국 프리토리아 대학교 신학 교수이자 세계교회협의회(이하 WCC) 총무인 제리 필라이 Jerry Pillay는 2024년 5월 중국을 방문해 정부 당국자와 개신교를 포함한 여타 종교 지도자들을 만났다. 특히 중국의 종교를 담당하는 국가종교사무국 국장을 만나 한편으로는 종교의 자유에 대한 중국 정부의 지지를 강조하면서도, 다른 한편으로는 중국에서 도교, 불교, 이슬람교, 개신교, 천주교의 5대 종교가 조화롭게 공존하고 있으며, 비서구 교회의 독립을 주장하는 삼자론에 따른 기독교의 맥락화와 교회 인적자원 발전에 대한 지원 등으로 미래 세대로의 기독교 전달이 보장받고 있다는 사실에 깊은 인상을 받았다고 했다. 더 많은 종교의 자유와 국가 지원 등에 대한 요구를 에둘러 표현한 것이다.

그러나 민감한 내용에 대한 의견 표명은 두루뭉술했다. 예컨대 하나의 중국One China 정책과 관련해 필라이 총무는 WCC가 다른 회원 교회와 협력하는 데 따른 어려움을 인식하고 정치적 관점이 아닌 교회의 이해와 협력 차원에서 모든 사람과 지구를 위한 정의, 평화, 일치를 위해 노력하고 있다고 강조했고, 중국의 가정 교회와 정부의 관계를 주제로 더 많은 논의를 나누었다면서도 이것이 중국 밖의 일부 기독교인들의 관심사라고만 말했다.[19]

WCC 총무의 중국 방문과 중국 당국자와의 만남은 중국과 형식적인 관계를 유지하기 위한 행사였다. 양쪽 모두 서로 간에 내재한 갈등의 실재는 건드리지 않았다. 예컨대 삼자론이나 삼자애국운동의 키워드인 종교 맥락화를 서로 다르게 해석하면서도 그 차이에 대해서는 언급을 피하는 고도의 정치적 수사만 주고받았다. WCC는 토착 중국인에 의한 자율적인 교회 운영으로 해석했고, 중국 당국은 외세로부터 독립한, 즉 외세의 간섭 없이 중국 정부의 감독 아래에서만의 교회 운영이라고 해석했다.

사실 WCC 창립 과정에서 중국의 교회와 기독교인들의 역할이 작지 않았다. 1948년 네덜란드 암스테르담에서 제1차 WCC 총회가 개최되었을 때 공식 대표단 351명 중에 아시아 참석자가 26명이었는데 이 중

6명이 중국인이었다. 당시 중국 대표단의 일원이었던 자오쯔천 박사는 비서구 교회 출신 인사로는 유일하게 여섯 명의 공동 의장 중 한 명으로 선출되었다. 중국은 이미 1922년 중국기독교협회National Christian Council of China를 세우면서 에큐메니컬ecumenical 운동을 통한 교회 연합에 대한 헌신을 강조했다. 동시에 중국 기독교인의 친교와 연합 그리고 세계 교회와의 일치(에큐메니시티ecumenicity) 실현을 촉구했다. 그러는 한편 교회의 자치, 자급, 자전이라는 훗날 국가 주도의 삼자애국운동과 같은 슬로건을 내세우기도 했다.[20] 이는 중국 교회의 WCC 가입이 세계 교회와의 일치와 함께 중국 기독교인들의 독립적인 정체성 조성의 노력에 따른 결과다. 선교사들의 활동은 토착 기독교 세력의 자발적인 발전을 위한 것이지만, 기독교의 독립적인 정체성에 대한 중국 교회의 관심은 역사적인 경험을 통해 형성된 것이다. 즉, 기독교의 중국 선교 과정에서 서구 제국주의가 저지른 폐해에 대한 트라우마 때문이다. 더 나아가 중국이 공산화되면서 이 삼자 정신은 중국 당국이 허용한 5대 종교협의회가 추진하는 삼자애국운동으로 전환되었고, 외국 선교사나 외국 종교 단체가 보내는 지원이나 협조를 완전히 단절하는 슬로건으로 사용되었다.

중국 본토가 공산화된 후에도 이어졌던 중국 교회와 WCC의 관계는 1950년 한국전쟁으로 단절되었다. 전쟁 발발 후 유엔안전보장이사회가 미국의 제청에 따라 한반도 파병을 결의했고, WCC 중앙위원회가 미국의 입장을 지지하는 '한국 상황과 세계 질서Korean Situation and World Order'라는 선언문을 발표했는데, 이에 동유럽과 중국의 교회가 강하게 비판하고 저항했기 때문이다. 기독교 학교인 옌칭燕京 대학의 종교학교 학장이던 자오쯔천 박사는 항의 표시로 1951년 4월 WCC 공동의장직에서 물러났다. 이후 1956년에 열린 WCC 중앙위원회에 중국 대표

가 마지막으로 참석한 후 중국 교회와 WCC의 관계는 사실상 중지되었다.[21]

하지만 1985년 애미티 재단愛德基金會, Amity Foundation이 설립되고, 연합성서공회United Bible Societies와 성서 인쇄를 위한 합작 투자가 1988년 성사되었다. 이 재단의 사회개발 부서가 수행한 많은 프로젝트는 중국의 기독교 조직과 해외 에큐메니컬 파트너 간의 성공적인 협력을 보여주었다. 중국 기독교인들이 주도해 창설된 애미티 재단은 중국 최대 규모의 자선단체로 국내 빈곤 지역의 개발을 돕는 것이 주목적이다. 그런데 이 단체가 WCC와 연계될 수 있었던 것은 1980년대에 WCC가 애미티 재단과 해외 파트너와 함께 에큐메니컬 자원 공유를 촉진하고자 애미티 원탁회의Amity Roundtable를 개최했고, 이 행사를 위해 WCC 지도자들이 베이징에 체류하며 중국의 종교사무국을 방문할 수 있었기 때문이다. 물론 이때도 에큐메니컬 파트너들은 중국 국가를 훼손하거나 선교를 위해 애미티 재단을 이용하는 것이 아니라 상호 이해를 증진하고 중국의 개방에 이바지하고자 함을 강조했다. 이외에 애미티 재단은 2017년에 홍콩에 사무소를 만들었고, 스위스 제네바의 WCC 에큐메니컬 센터에도 연락 사무소를 개설했다.

또 다른 접촉 경로는 앞서 언급한 성서 인쇄를 위한 애미티 인쇄출판사愛德印刷有限公事, Amity Printing Company다. 난징에 있는 이 인쇄출판사는 영국과 스웨덴에 본부를 둔 연합성서공회와의 합작회사로, 이후 중국은 물론이고 세계에서도 가장 규모가 큰 생산업체 가운데 하나가 되었다. 설립 첫해인 1988년에 연합성서공회가 기증한 인쇄기로 성서 50만 부를 인쇄했고 이후 표준 중국어와 여러 소수민족 언어 및 기타 언어로 된 수출용 성서를 출판해 왔다. 2016년에는 에티오피아에 지점을 개설했다. 중국이 아시아를 넘어 아프리카로 진출하는 교두보를 마련한 것이다.

마침내 1991년 2월 중국기독교협의회CCC: China Chrisitan Council(이하 CCC)가 WCC와 공식적으로 재결합하는 데 성공했다. 호주 캔버라에서 열린 제7차 총회에서 중국 당국이 만든 일종의 어용 단체인 CCC의 정회원 수용 제안이 압도적으로 가결되었다. CCC는 1949년 중국공산당이 집권한 후에도 남아 있던 영국성공회, 감리교, 침례교, 장로교 등 네 개 개신교 교파를 토대로 1980년에 결성되었다. 전국인민대표대회에 대표를 파견하고 있으며, 약 1000명의 교역자와 500만 명의 신자를 보유한 것으로 알려졌다. WCC와 공식적인 관계가 재개된 후 CCC는 총회 등 주요 행사에 대표를 파견하고 중앙위원회 심의에 참여하는 등 적극적으로 WCC에 참여해 왔다. 중국에서는 사실상 명목뿐인 CCC의 대외적인 위상이 유지되는 것 또한 정책적으로 기획된 것일 수 있다.

실제로 중국에서 CCC는 시진핑의 집권 이후 다른 종교협의회와 함께 시진핑의 '종교 중국화' 정책의 실천 주체가 되었다. 예컨대 CCC는 기독교 삼자애국운동 전국위원회와 함께 2023년에 성탄절을 앞두고 베이징에서 제11차 전국중국기독교대회National Chinese Christian Congress를 열었다. 이 행사는 5년마다 열리는데, 제11차 대회에서는 기독교 중국화의 계속적인 추진과 교회의 사회주의 사회와의 조화로운 운영을 위한 5개년 계획이 통과되었다. 새로 선출된 지도부는 엄격한 교회 감독과 중국공산당에 대한 확고한 충성 유지의 책무를 다짐했다. 특히 이날 종교 지도자들은 2024년 1월 1일부터 시행하기로 된 중화인민공화국 애국주의교육법, 즉 '애국교육법Patriotic Education Law'에 따라 애국 교육을 하도록 지침을 받았다.

'애국교육법'은 "새로운 시대의 애국 교육을 강화하고, 애국정신을 계승하고 수행해 현대의 사회주의 국가를 건설하는 엄청난 힘을 집중시키고 중화 인민의 위대한 부흥을 전면적으로 추동하기 위한"(제1항) 목적을 지닌다. 또한 "애국 교육은 중국 특색 사회주의의 위대한 기치를 높이 들고 마르크스·레닌주의, 마오쩌둥 사상, 덩샤오핑 이론, 삼대표론(3개 대표 이론三個代表 重要思想/Three Represents),[22] 과학발전관,[23] 시진핑 신시대 중국 특색 사회주의 사상의 지도를 견지하고, 민족과 종족의 단결을 수호하는 데 주력해 사회주의 현대화 강국의 건설과 중국 인민의 위대한 부흥 실현의 뚜렷한 주제를 가지고 국가와 당에 대한 단결된 애정을 견지"(제3항)해야 한다. 특히 제22항은 "국가는 종교 단체, 종교교육 기관, 종교 활동 장소 등의 애국 교육을 장려 지원하고 종교인들과 신자들의 국가 의식, 시민 의식, 법치 의식, 애국심을 강화하며 종교가 사회주의 사회에 적응하도록 지도한다".

***

시진핑의 '종교 중국화' 정책은 종교의 공적 존재를 축소하는 결과를 가져왔다. 종교의 위치와 역할을 사적 차원으로 한정하는 수준을 넘어 종교 상징의 공적 노출까지 금한 것이다. 헌법적으로는 종교와 신앙의 자유를 보장하고, 중국의 전통문화, 사회주의, 종교를 융합해 중국 특색 사회주의의 완성을 통한 국가 부흥의 중국몽 실현의 명분으로 '종교 중국화'를 내세우고 있다. 그러나 실제로는 중국공산당의 저하된 사회·정치적 위상을 회복하고 당 중심의 지도 체제를 강화해 마오쩌둥이 제시한 당의 영구적인 권력 장악을 위한 일련의 법 체제와 제도 강화를 시도한 것이라고 할 수 있다. 국내적으로는 도전적인 종교 극단주의와 분리주의를 상대로 실행하는 억압 정책의 정당화 수단으로, 국제적으로는 중국 국가주의 정서를 불러일으키며 미국과의 패권 경쟁에서 정당성을 확보하는 수단으로 '종교 중국화' 정책을 전개한 것이다.

시진핑의 '종교 중국화' 정책은 현재도 진행되는 중이다. 따라서 '종교 중국화'가 하나의 정치 수사적인 담론에 그칠 것인지, 실제로 중국 사회에서 정책적으로 어떻게 전개되고 있는지, '종교 중국화' 정책을 중심으로 하는 새로운 정치와 종교 관계 패러다임이 중국 사회에 어떤 결과를 가져올 것인지 등에 대해 계속해서 학문적인 추적을 해야 할 것이다.

제5부

'구세주 미국 교회'의 중국과 러시아 견제

미국 국가에 대한 하나의 정치·종교 이데올로기가 '미국 백인 기독교 국가주의'라고 한다면, 미국의 대외 정책 이데올로기는 '구세주 미국 교회The Church of America the Redeemer'다. 이를 풀어쓰면 '세계를 구원하는 미국 교회'다. 전자가 극단으로 치우친 정치 우익과 종교 우익이 대선 등에서 공화당을 중심으로 동맹을 맺은 결과로 등장했다면, 후자는 20세기 미국이 경험한 외교정책에서 축적된, 미국이 세계에서 차지하는 위치와 역할에 대한 인식으로 온건한 중도층을 포함하고 때로는 자유주의적이고 진보적인 정치 세력까지도 포함한다.

'구세주 미국 교회'는 역사가이자 비평가인 앤드루 바세비치가 보수적인 정치 문화 평론가인 《뉴욕타임스》의 데이비드 브룩스와 그와 유사한 성향의 정치인과 평론가들을 지칭하며 쓴 「구세주 미국 교회의 불안Angst in the Church of America the Redeemer」[1]에서 사용한 명칭이다. 여기서 미국은 세계의 구원자이고 교회는 미국의 세계 구원자 역할을 신봉하는 사람들의 집합이다. 이 교회의 숭배자들은 '보수주의 자체에 대한 충성이 아니라 세계 구원자 교회인 미국에 대한 충성을 진정한 충성'[2]으로 여긴다. 또한 미국이 아닌 다른 나라가 저지른 범법 행위에 대해서는 분노하지만, 미국이 다른 나라에 저지른 범법 행위는 정당하다고 믿는다. 세계 구원, 즉 '세계를 자신의 이미지대로 재창조하려는 미국의 사명'[3]이 전개되는 과정에서 벌어진 일이기 때문이다. 이미 빌 클린턴 대통령의 국무장관 매들린 올브라이트Madeleine Albright가 NBC TV와 가진 〈더투데이쇼The Today Show〉 1998년 2월 19일 인터뷰에서 이라크의 사담 후세인과의 전쟁 위기 상황에 대해 언급하며 다음과 같이 미국의 무력 사용을 정당화했다.

> 외교를 뒷받침하는 것은 무력 사용의 위협과 그곳에서 우리가 대기하는 것line-up이다. 그러나 우리가 무력을 사용해야 한다면 그것은 우리가 미국이기 때문이다. 우리는 없어서는 안 될indispensable 국민이다. 우리는 당당하게 서서 다른 나라보다 더 먼 미래를 내다보고 있으며 여기에 우리 모두에게 위험이 있음을 알고 있다. 나는 제복을 입은 미국 남성과 여성이 항상 자유, 민주주의, 미국적인 생활 방식을 위해 희생할 준비가 되어 있다는 것을 알고 있다.[4]

미국이 지닌 특이성singularity과 필요성indispensability은 하늘의 명령mandate of heaven을 부여받은 미국의 운명이다. 미국의 존재 이유는 세계를 구원하는 것이기 때문이다. 바세비치에 따르면 '구세주 미국 교회'의 신봉자들은 소련과 동유럽 사회주의의 몰락이 가져온 냉전 종식 이후 미국이 세계의 패권을 쥐면서 인류를 구원하기 위해 부름을 받은 국가로 미국이 한 걸음 더 나아갔다고 생각한다. 악의 제국 소련을 무너뜨리고 이제는 악의 축을 상대로 거룩한 전쟁을 해야 하는 숙명을 미국이 수행하고 있기 때문이다. 예컨대 브룩스와 '구세주 미국 교회' 성도들은 이라크 침공을 열성적으로 지지하고 촉구했다. 사악한 후세인을 무너뜨리고 이라크를 다시 세우기 위한 전쟁에서 그들은 세계 구원의 임무를 완수하는 미국을 보고 싶어 했다.

자본주의와 자유민주주의의 승리를 쟁취한 미국이 국가적 위대함을 확인하고 갱신하는 과정에서 벌인 잔혹한 행위는 하나의 실수에 지나지 않는다. 다른 나라들이 저지른 범법과 달리 미국의 범법은 미국에 해만 끼치지 않으면 된다고 믿는다. 다른 나라, 예컨대 러시아의 블라디미르 푸틴이 크림반도, 우크라이나, 시리아에서 행한 살상은 범죄라고 부르지만, 미국의 대통령들이 이라크, 아프가니스탄, 리비아에서 행한 민간인 살상은 전쟁에서 흔히 있는 우발적인incidental 사건으로 여론과 미국인의 마음속에서 곧 사라져 버린다. 이라크 전쟁에서 수천 명의 미국인이 죽고 수만 명이 다쳤으며, 수백만 명의 이라크인이 죽거나 다치거나 난민이 되었다. 관타나모Guantanamo 포로수용소에서 벌어진 고문 등 미국이 저지른 납치, 암살 등의 전쟁범죄 또한 무수하다. 그러나 미국의 정치인과 평론가들은 아주 깨끗한 양심의 가슴으로 독재자 후세인을 비난하고 최근에는 '살인자' 푸틴을 비난한다.

'구세주 미국 교회'의 추종자들은 미국의 목적과 임무는 신의 섭리에 따라 '예루살렘, 아테네, 그리고 로마의 후계자' 역할을 하는 데 있다고 믿는다. 하지만 바세비치는 미국이 내세우는 목적의 본질에는 섭리의 의도가 아니라 제국으로 향하는 미국의 오만과 자만이 있을 뿐이라고 비판한다.[5]

트럼프 행정부의 국무장관 마이크 폼페이오는 2020년 6월 10일에 국무부 보고서인 「2019년 국제 종교 자유 연례 보고서2019 Report on International Religious Freedom」에서 1999년부터 계속해서 특별우려국가

CPC: Countries of Particular Concern 중 하나로 지목한 중국에 대해 "중국에서는 모든 종교에 대한 국가의 탄압이 계속해서 강화되고 있다. 지금도 중국공산당은 종교 단체들에게 중국공산당 지도부에 복종하고 그들의 가르침과 신앙 실천에 공산주의 교리를 주입하라고 명령하고 있다"라고 비판했다.[6]

이에 앞서 한 해 전인 2019년 3월 8일 홍콩을 방문한 미국 국무부의 샘 브라운백Sam Brownback 국제종교자유 특별대사ambassador-at-large for International Religious Freedom는 홍콩 외신 기자 클럽에서 행한 연설에서 베이징을 향해 종교 박해를 중지할 것과 자신의 신장자치구 수용소 방문을 허용할 것을 요구했다. 특히 현재 "종교와 전쟁(war with faith)" 중인 중국 당국은 예배를 볼 수 있는 "신성한 권리"를 존중할 필요가 있다고 강조했고, 고문, 정치적 세뇌, 강제 노역 등의 단어를 사용하며 "중국공산당은 종교의 자유를 원하는 인민의 목소리를 들어야 하며 당의 잘못을 고쳐야 한다"라고 주장했다.[7]

그러자 홍콩의 중국 외교부 사무소는 브라운백이 중국 정책을 "중상모략(slander)"했다며 홍콩의 반半자치 중국 지역에 있는 미국 영사관에 불만을 전달했다. 또한 중국의 헌법과 법률은 종교의 자유를 보장한다면서 미국은 중국의 종교 정책 비방을 멈추고 종교를 통한 중국 내정간섭을 그만두라고 요구했다. 그러면서 중국 정부는 신장자치구의 재교육 캠프reeducation camps는 극단주의를 제거하기 위해 설계된 직업 훈련 센터에 지나지 않는다고 주장했다.[8] 이처럼 중국 관리들은 미국이 보고서를 내거나 중국의 종교 정책을 비판할 때마다 미국에 편견을 버리고 종교 문제를 정치화하기를 중단할 것을 요청했다.

한편 국무부 산하의 자문 위원회인 미국국제종교자유위원회USCIRF: United States Commission on International Religious Freedom(이하 USCIRF)가

2021년 4월 21일 발표한 「2021년 연례 보고서」는 종교의 자유를 '체계적이고, 지속적이며, 심각하게' 침해하는 특별우려국가 목록에 러시아가 여전히 포함되었다고 발표하면서 러시아를 세계 최악의 종교 자유 침해국의 하나로 지목했다. 이 보고서는 2020년에 러시아의 종교 자유 상황은 악화했고, 러시아 정부는 2017년 제정한 '반극단주의법'을 통해 여호와의증인과 무슬림 등 '비전통적'으로 간주한 소수 종교인을 표적 삼아 벌금, 구금, 형사 고발을 가하고 있다고 비난했다.[9]

이처럼 미국의 국제 종교 자유 실태 조사는 중국과 러시아를 견제하기 위한 정책 중 하나다. 그리고 그 이면에는 이미 미국에서는 종교의 자유가 완성되었다는 전제가 함축되어 있으며 이 완성된 종교의 자유를 세계로 확산해야 한다는 신의 섭리에 의한 미국 국가의 목적론이 담겨 있다. 이 정책에는 정치적 목적과 종교적 목적이 뒤섞여 있다. 어쩌면 미국 자체가 정교분리의 헌법적 원칙에도 불구하고 마치 신정정치 같은 내피를 감추고 있는지도 모른다. 결국 미국의 국제 종교 자유 실태 조사는 세계의 구원자로서 미국의 존재 목적을 확인하고 임무를 완수하려는 것이기도 하다. 또한 미국의 힘은 무력 사용에만 있는 것이 아니라 영적인 차원에서도 발휘된다는 것이며, 중국과 러시아에 대한 견제는 국방력과 경제력은 물론이고 종교를 앞세운 정신력의 승리 차원에서도 이루어져야 한다는 것이다.

한편 퓨 연구소는 앞서 국무부의 「국제 종교 자유 연례 보고서Annual International Religious Freedom Report」와 USCIRF의 「연례 보고서Annual Report」는 물론 여타 기관과 연구소의 보고 자료를 바탕으로 2007년부터 2021년까지 전 세계 168개국의 종교에 대한 정부의 규제 정도와 사회의 종교에 대한 적대감 표출 정도를 지수로 산출해 발표했다.

여기서는 국무부와 USCIRF의 국제 종교 자유 실태 조사에 대해, 그리고 퓨 연구소가 산출하는 정부규제지수GRI: Government Restriction Index 와 사회적대지수SHI: Social Hostility Index를 미국, 중국, 러시아를 중심으로 살펴보고자 한다. 그러면서 종교를 앞세운 미국 정부의 국제 종교자유 실태 조사가 지닌 한계와 국제정치적 함의에 대해, 그리고 퓨 연구소가 발표하는 지수의 타당성과 한계에 대해 비판적인 시각을 가지고 검토하고자 한다.

제1장
오만과 편견: 미국 종교 자유의 국제적 확산

 미국은 2000년부터 국제 종교 자유의 실태를 조사해 국무부 자체 보고서와 산하 자문 위원회인 USCIRF 보고서를 발표하고 있다. 그 출발은 해외에서 원활한 선교를 바라는 미국 내의 다양한 종교 단체의 요구와 종교의 자유를 보장하고 확대했다고 확신하는 미국인들의 경험을 세계로 확산시킨다는 명분에서였다. 또한 종교의 자유는 인간의 생득적 권리라는 윤리적 가치와 맥을 같이한다는 주장을 내세우기도 한다. 국무부는 「국제 종교 자유 연례 보고서」를 발표하면서 보고서의 앞부분에 1948년 12월 10일 유엔이 채택한 세계인권선언을 매년 싣고 있다.
 미국 국무부와 USCIRF가 만드는 연구 자료가 객관적으로 타당한지 여부는 별개로 하더라도, 과연 미국이 국제 종교 자유의 실태에 관해 판단할 자격이 있는지에 대한 윤리적 문제가 제기된다. 미국의 입장과 시각에서 보고서를 작성하고 미국의 종교 자유 실태는 거론하지 않기 때문이다. 일찍이 라인홀드 니부어는 "역사를 조종(좌지우지)하겠다는 우리(미국인들)의 꿈"은 공격성, 위선, 자기 망상이 조합된 결과 생겨났다고 지적하면서 이는 미국에 치명적인 위협이 될 것이라고 경고했다. 또한 미국인들이 선민의식 또는 메시아 의식Messianic consciousness을 지닌 채 자신들을 구별되는 자들로 여기고, 자신들의 동기는 전혀 흠잡을 데가 없으며irreproachable, 자신들의 행동은 다른 나라 사람들에게 적용되는 기준으로 평가되거나 판단될 수 없다고 여기는 것을 비판했다.¹ 미국이 세계 여러 나라의 종교 자유의 실태를 밝히는 보고서를 생산해 발표하고 문제를 제기하는 것이 패권적 세계 지배를 정당화하기 위한 윤리적 우위를 선점하려는 의도가 아닌지, 미국의 도덕적 우월감에서 출발한 것은 아닌지 의구심을 던지지 않을 수 없다. 따라서 미국이 세계 역사를 조종management한다는 신화와 망상이 미국의 정치적 토대가 되었다는 니부어의 지적은 상기할 만하다.

세계 여러 나라의 종교 자유 실태 조사는 인류가 지닌 신념과 종교의 자유라는 보편적 가치를 전면에 내세운다. 하지만 미국에 의한, 미국 잣대에 의한 국제 종교 자유 실태 조사이기에 미국이 종교를 활용해 세계 패권의 정당성을 확보하려는 수단이 될 수도 있다. 세계 패권을 놓고 중국과 러시아를 상대로 한 경쟁 또는 외교 전쟁에서 미국이 종교를 앞세우고 있다는 반발을 사기도 한다. 특히 국무부의 자문 위원회인 USCIRF가 중국과 러시아를 종교의 자유를 심각하게 침해하는 특별우려국가로 지목했다는 사실에서, 중국과 러시아가 미국이 견제해야 하는 나라라는 사실이 틀리지 않음을 확인할 수 있다. 한마디로 미국의 정치와 종교 관계가 국경을 넘어 세계 여러 나라를 상대로 정치적 우월성을 확보하는 도덕적 명분의 제공 수단으로 활용되는 것이다.

국무부의 국제 종교 자유 실태 조사는 미국 헌법을 기반으로 하며 '팍스 아메리카나'의 역사적 성취에 대한 확정 편향을 배경으로 한다. 미국의 권리장전Bill of Rights이 가장 중요하게 여기는 자유 중 하나가 종교의 자유다. 그것은 종교와 양심의 자유를 모든 자유의 초석으로 여긴 건국자들의 신념을 반영한 것이다. 그러나 미국 민주주의의 핵심적 가르침인 이 종교의 자유가 미국에서 완벽하게 보호되었던 것은 아니다. 개신교가 아닌 다른 종교 전통, 예컨대 모르몬교, 여호와의중인, 로마 가톨릭교, 유대교, 이슬람교, 아메리카 원주민의 종교 등은 200년의 역사를 거치며 주류 개신교의 거친 공격에 직면하기도 했고 차별과 박해의 대상이 되기도 했다. 물론 현재 미국에서는 다양한 종교의 신념과 실천이 일상생활에서 보호받고 심지어 번성하기에 이르렀다. 다른 종교에 대한 사회적 인정이나 관용tolerance의 실천이 가능해진 것은 종교의 자유에 대한 인식이 바뀌었기 때문이기도 하지만, 종교의 자유를 위한 법적 보호 장치와 공공 정책이 마련되었기 때문이기도 하다.

하지만 법적인 장치와 관용적인 사회 환경에도 불구하고 오늘날 미국에서 종교의 자유가 완벽하게 보호되거나 종교 차별이 완전하게 없어진 것은 아니다. 인종차별, 성차별, 계급 차별 등의 다양한 차별적 요소와 뒤섞여 특히 국내외적인 정치적 맥락에서 종교 차별과 종교의 자유 억압은 다양한 형태로 지속되고 있다. 더욱이 행정부의 수장이 누구인지에 따라 암묵적으로, 때로는 노골적으로 정치적 또는 정책적 종교 차별이 행해지기도 한다. 극단적으로는 정치 세력의 암묵적 동의에 힘입어 사회에서 자생하거나 잠재되어 있던 극우 세력이 개인적으로 또는 집단적으로 소수 종교인에게 테러를 가하기도 한다.

'국제종교자유법'

미국의 엘리트들은 미국이 법치국가임을 자랑스럽게 여기며, 미국이 세계 평화를 위해 다른 나라들과 협력해 국제 질서를 유지해야 한다는 신념을 가지고 있다. 이를 위해서 미국은 전 세계의 민주주의를 위해 헌신해야 하며, 국민이 아닌 자신들의 이익을 위해 국가를 통치하는 독재자와 폭군을 몰아내는 세계 경찰의 역할을 자임해야 한다. 따라서 미국은 더 안전하고 더 자유로운 세계를 추구한다는 명분을 늘 국제정치에서 앞세운다.

이러한 맥락에서 미국은 지난 2000년에 새천년new millennium이 시작될 때 미국 사회가 종교 실천의 자유를 완벽히 누린다는 자신감으로 가득 차 자신들이 지녔다고 확신한 종교의 자유를 세계로 확산시키려는 정책을 펼치기에 이르렀다. 이미 1980~1990년대에 미국의 종교 단체들은 자국의 해외 인권 정책에 관여하며 해외의 종교 자유 침해 사례 등에 관심을 기울였다. 탄압을 일삼는 정치권력에 맹렬하게 저항하며 자신들의 신앙과 종교 실천의 권리를 확보하고자 분투하는 해외 종교인들의 고통을 덜어주겠다는 생각에서였다. 물론 이러한 종교 단체들의 움직임이 자기네 종교 세력의 확산을 위한 선교 정책의 일환이었음도 부인할 수 없는 사실이다.

구체적으로 1990년대에 개별적인 종교인과 종교 단체들은 미국 행정부와 의회에 영향력을 행사해 해외에서 벌어지는 종교 관련 박해에 대응해 미국이 대외 정책을 강화할 것을 촉구했다. 이에 대한 응답으로 미국 국무부는 1990년대 중반부터 종교의 자유에 관심을 두기 시작했다. 예컨대 1995년 워런 크리스토퍼Warren Christopher 국무장관은 20명의 종교 지도자와 학자들로 구성된 해외종교자유자문위원회Advisory Committee on Religious Freedom Abroad의 설치를 공표했다. 이 자문 위원회는 1998년의 중간 보고서와 1999년의 최종 보고서에서 종교의 자유 증진을 미국 외교정책의 일부로 제도화할 것을 국무부에 권고했다. 같은 기간 국무부는 「미국의 종교 자유 지원 정책: 기독교를 중심으로」라는 보고서를 발표해 늘어난 대중과 의회의 관심에 답했다. 이후 매들린 올브라이트 국무장관은 자신의 임기 중 우선적인 정책이 종교의 자유 증진임을 분명히 했다. 1997년 그녀는 모든 해외 공관에 종교의 자유 이슈에 대한 미국의 지지를 확산하고, 종교의 자유에 대한 감시와 보고를 늘리라고 지시했다. 또한 1998년에는 자문 위원회의 추천을 받아 종교의 자유를 위한 고위급 담당자를 두겠다고 발표했다.

한편 미국 의회는 해외에서 종교 자유를 증진하기 위한 법적 장치를 마련하고자 확대 토론회를 개최했다. 그 결과 1997년 5월 '국제종교자유법IRFA: International Religious Freedom Act' 초안을 마련했다. 종교와 관련된 NGO와 인권 단체들도 이 법안에 대해 활발하게 논의했다. 주로 해외의 종교 박해와 차별에 대한 미국의 가장 적절하고 효과적인 대처 방식이 무엇일지에 대해서였다. 그러나 종교적인 이유로 자국민을 박해하거나 차별하는 동맹국을 포함한 외국의 정부에 압력을 행사한다는 것은 중요하지만 매우 논쟁적인 문제가 아닐 수 없었다. 어떻게 압력을 행사해야 하는지, 어느 지역의 어떤 종교를 보호해야 하는지, 경제적인 제재도 포함되는지, 종교 난민의 특별 범주가 존재하는지, 종교의 자유에 관한 고위급 담당자를 백악관과 국무부에 두어야 하는지, 별도의 정책 자료를 제공하기 위해 독립된 위원회 같은 새로운 정부 조직을 만들어야 하는지, 특별한 대책이라는 이유로 박해의 형태를 미국이 분명하게 정하는 것이 정당한지, 미국의 간섭으로 종교 박해의 희생자들이 실제로 해를 입지는 않는지 등 다양한 논의 주제가 거론되었다.

논의를 거듭한 결과 1998년 10월 미국 의회 상·하원은 '국제종교자유법'을 만장일치로 통과시켰고 빌 클린턴 대통령은 즉각 서명했다. 미국은 이 법률이 보편적인 진리에 근거를 둔 국제 기준이 될 수 있다고 주장한다. 종교의 자유는 모든 인간의 생득적 권리라는 사실과 함께 다수의 국제 선언문 또한 종교 신념과 실천의 자유를 확인하고 있음을 내세운다. "모든 사람은 자유로운 존재로 태어났고, 똑같은 존엄과 권리를 가진다. 사람은 이성과 양심을 타고났으므로 서로를 형제애의 정신으로 대해야 한다"라고 제시한 유엔 세계인권선언(1948)을 비롯해 유엔헌장United Nations Charter(1945), 유럽인권조약European Convention for the Protection of Human Rights and Fundamental Freedoms(1953), 국제인권규약 International Covenant on Civil and Political Right(1966), 헬싱키협정Helsinki Accords(1975), 종교와 신념에 기초한 모든 형태의 편협함과 차별 철폐에 관한 유엔 선언UN Declaration on the Elimination of All Forms of Intolerance and Discrimination Based in Religion and Belief(1981) 등이 여기에 포함되었다.[2]

즉, '국제종교자유법'은 외국 정부에 '미국의 방식'을 요구하는 것이 아니라 모든 나라가 그들이 수용한 국제 행위의 기준에 따라 종교와 양심의 자유라는 보편적인 권리 보호의 지상 명령을 지지해 줄 것을 제안하는 것이라고 주장했다. 그러면서 미국 외교정책의 무게중심이 여기에 놓여 있다고 했다.

특별대사와 국제종교자유사무소

'국제종교자유법'의 가장 중요한 기본이 되는 조항은 국제 종교 자유 증진을 위해 고위급 대사, 즉 특별대사를 임명해 그가 미국 정부의 전권을 부여받아 전 세계 정부와 협상하도록 한 것이다. 특별대사는 대통령과 국무장관에 국제 종교 자유와 관련한 자문 역할을 하며 종교의 자유를 다루는 해외 협상에서는 해당 국가의 대사보다 우월한 지위를 가진다. 특별대사의 주요 임무는 다음과 같다. 첫째, 해외에서 종교의 자유에 대한 권리를 증진하고, 둘째, 국제 종교 자유 정책과 전략을 미국의 외교정책 노력에 결합하며, 셋째, 종교의 자유에 영향을 미치는 문제와 관련해 대통령과 국무장관에게 조언하고, 넷째, 외교 차원에서 종교의 자유 문제에 관해 미국을 대표하며, 다섯째, 미국의 국제 종교 자유 정책을 조정하고, 여섯째, 국제 종교 자유 실태에 관한「국제 종교 자유 연례 보고서」를 발행하는 것이다.[3]

특별대사를 지원하기 위해서 국제종교자유사무소Office of International Religious Freedom(이하 IRF 사무소)가 설치되었다. 국무부의 민주주의·인권·노동국 안에 소속되었지만 독립된 조직이었다가 2019년 6월 21일 마이크 폼페이오 국무장관이「2018년 국제 종교 자유 연례 보고서」를 발표하며 IRF 사무소를 승격시켜 민간 안보, 민주주의, 인권 등에 대해서는 담당 차관에게 직접 보고하게 하고 특별대사는 국무장관에게 직접 보고하도록 했다.

IRF 사무소는 미국 외교정책의 핵심 목표인 종교 자유의 증진 임무를 맡는다. 사무소는 전 세계에서 벌어지는 종교 박해와 차별을 감시하고, 각 지역과 국가에 대해 종교의 자유 정책을 권고하며 그 집행을 지원한다. 이들의 주요 임무는 다음과 같다. 첫째, 국무부가 매년 의회에 제출하는「국제 종교 자유 연례 보고서」를 작성한다. 심각한 종교 자유 침해자의 명부와 세계 각국의 실태를 다룬 이 보고서는 매년 9월 1일까지 국무부에서 작성한다. 보고서의 각 장 초안은 해외 미국 대사관이나 영사관에서 작성하고, 이를 국무부 민주주의·인권·노동국 산하의 국가보고서 및 망명사무소Office of Country Reports and Asylum Affairs에서 수집해 편집한다. 둘째, 국무장관은 이 보고서를 토대로 '종교의 자유에 대한 조직적이고 지속적이며 심각한 침해'를 저지르는 모든 국가를 특별우려국가로 지정한다. 특별우려국가로 지정되면 미국의 경제 제재를 포함한 추가 조치를 받게 된다. 셋째, 종교의 자유 문제를 다루기 위해 미국과 해외의 종교·인권 단체들은 물론이고 모든 수준의 외국 정부 관료들과 회의를 조직한다. 넷째, 국제 종교 자유 문제에 관해 미국 의회에 출석해 증언한다. 다섯째, 독립적인 조직인 USCIRF와 긴밀한 협력을 유지한다. 여섯째, 종교적 신념에 의해 종교 단체에서 내분이 발생하면 분쟁 화해 프로그램을 지원한다. 특히 분쟁 상황에서 화해를 위해 애쓰는 NGO들을 지원하려고 노력한다. 일곱째, 미국의 종교 공동체에 프로그램을 제공한다.

미국국제종교자유위원회

한편 '국제종교자유법'에 따라 USCIRF가 구성되었다. 위원회의 주요 임무는 다음과 같다. 첫째, 국제 종교 자유 실태를 점검하고, 둘째, 미국의 정책을 평가하며, 셋째, 대통령, 국무장관, 의회에 미국이 취해야 할 정책을 추천하고, 넷째, 미국 정부에 추천한 내용의 실행을 추적하며, 다섯째, USCIRF의 정책 추천을 담은 「연례 보고서」를 발행하는 것 등이다.[4]

'국제종교자유법'은 USCIRF가 10명 위원으로 구성되도록 규정하고 있다. 한 명은 국무부 IRF 사무소의 수장인 특별대사로 위원회에 투표권이 없는 당연직 위원ex officio으로 참석한다. 나머지 9명 중 3명은 대통령, 3명은 상원 임시 의장, 나머지 3명은 하원 의장이 임명한다. 초당적이고 중립적인 이 "위원회 위원은 외교, 해외에서의 직접적인 경험, 인권, 국제법을 포함해 국제 종교의 자유 문제와 관련된 분야에서 지식과 경험이 뛰어난 저명한 개인 중에서 선출되어야 한다"라고 규정하고 있으며, 임기는 2년이고 재임이 가능하다. 위원들은 업무에 대해 급여를 받지 않지만, 여행 예산과 15~20명의 직원을 제공받는다.

USCIRF는 「국가별 인권 실태 보고서Country Reports on Human Rights Practices」,[5] 국무부 산하 IRF 사무소의 「연례 보고서」와 '실행 요약Executive Summary',[6] 기타 적절한 출처에서 얻은 정보에 제시된 국제 종교 자유 침해 사실과 정황에 대해 매년 계속해서 검토한다. 그리고 국제 종교의 자유와 관련된 문제에 관해 대통령, 국무장관, 의회에 제시할 정책 권고안을 작성한다. 위원회는 또한 종교 자유 침해에 대응해 미국 정부 정책을 평가할 때 당국이 종교 자유 침해에 연루되었거나 이를 용인한 해당 국가를 상대로 미국 정부가 취해야 할 정책적 옵션을 고려하고 권장해야 한다. 여기에는 외교 조사, 외교적 항의, 공식적인 대중 항의 시위 지원, 다자간 포럼에서의 비난, 문화·과학 교류의 지연 또는 취소, 실무·공식·국빈 방문의 지연 또는 취소, 특정 지원 기금의 축소 또는 중지, 표적 무역 제재 부과, 광범위한 무역 제재 부과, 공관장 철수 등이 포함된다. 또한 위원회는 종교 자유의 권리에 신중한 조치를 취해 상당한 개선을 이룬 것으로 밝혀진 국가에 대해서 미국 정부가 행할 수 있는 가능한 여러 정책 옵션을 고려하고 권고해야 한다. 여기에는 민간 표창, 외교 표창, 공식 공개 표창을 포함한 다자간 포럼에서의 표창, 문화·과학 교류의 증가, 현직 대통령에 대한 조치의 종료 또는 축소, 특정 지원 기금의 증대, 실무·공식·국빈 방문 초대 등이 포함된다.[7]

따라서 USCIRF는 독립적인 권고안으로서 「연례 보고서」를 대통령, 국무장관, 의회에 매년 5월 1일까지 제출해야 한다. USCIRF는 국무부가 발표한 「1999년 국제 종교 자유 연례 보고서」를 바탕으로 2000년부

터 「연례 보고서」의 발행을 시작했다.[8]

'특별우려국가', '특별감시목록', '특별우려단체', '지정인물목록'

'국제종교자유법'은 종교 자유를 훼손한 국가나 행위자들에 대해 미국 정부가 취해야 할 행동에 대한 틀을 만들어주면서 대통령에게 해마다 각국의 종교 자유 상태를 검토하고 최악의 종교 자유 침해 국가들과 우려 국가들을 지정할 것을 요구한다. 물론 대통령은 이 권한을 국무장관에게 위임했다. 매년 국무부는 「국제 종교 자유 연례 보고서」 발행 후 90일 안에 지정 국가를 확정해야 하는데, 이때 두 항목으로 지정 국가가 나누어진다. 첫째는 특별우려국가로 당국이 종교 자유에 대한 '특별히 심각한 침해', 즉 고문이나 굴욕적인 대우나 처벌을 통해 '체계적이고, 지속적이며, 현저하게 국제적으로 인정된 종교 자유 권리의 침해'에 관여하거나 묵인한 나라를 말한다. 국무부의 특별우려국가 지정에 앞서 USCIRF는 특별우려국가 판단 기준에 맞는 나라들을 선별해 국무부에 지정하도록 권고한다.

일반적으로 USCIRF가 권고한 국가 모두를 국무부가 지정하지는 않는다. 따라서 위원회는 지정을 권고한 국가의 수보다 적은 국가들이 채택되는 데 대해 국무부에 불만을 나타내고는 했다. 예컨대 2000년에 위원회가 러시아를 특별우려국가에 넣을 것을 요구했지만 국무부는 제외했다. 이러한 숫자의 불일치는 다른 나라와의 외교 관계에서 일정 부분 양국의 균형을 맞추어야 하는 국무부와 달리 위원회는 종교의 자유 실태 자체에만 초점을 맞추어 평가하기 때문이다.[9] 외교의 민감성을 고려한 미국 국무부의 특별우려국가 지정을 볼 때, 종교의 자유와 관련된 미국 정부의 태도가 매우 정치적임을 알 수 있다.

두 번째 항목인 특별감시목록SWL: Special Watch List에는 특별우려국가 기준을 모두 충족하지는 못하지만, '종교의 자유에 대해 심각한 침해에 가담하거나 묵인한' 나라들을 포함한다. USCIRF는 「연례 보고서」를 통해 특별감시목록의 기준에 맞는 것으로 나타난 국가들을 지정하도록 국무부에 권고한다.

추가로 '1998년 국제종교자유법'을 개정하기 위해 2016년 의회를 통과한 후 버락 오바마가 서명한 '프랭크 울프법Frank Wolf Act'[10]에 따라 특별우려단체Entities of Particular Concern 지정도 이루어지고 있다. 여기에는 국가가 아닌 비정부 행위 단체가 포함된다. 예컨대 이슬람국가, 보코하람Boko Haram(나이지리아의 테러 조직), 후티Houthis 반군(예멘과 사우디아라비아의 이슬람 근본주의 조직) 등을 들 수 있다. 추가로 개정법은 종교의 자유를 침해하는 개인에 대해 지정인물목록designated persons list을 작성하고, 박해에 가담한 인물에 대해 대통령이 제재를 가할 수 있는 권한을 부여하고 있다.[11] 이 두 조항은 모두 '국제종교자유법'에 이미 포함되어 있지만 울프 개정안에서 더 자세히 설명되어 있다.

특별우려국가 지정 권고를 위해 USCIRF는 네 개의 일반 기준을 정했다. 첫째, 종교 자유 침해가 심각하고 조직적인 경우, 둘째, 종교 자유 조건이 악화하거나 위험에 처한 경우, 셋째, 종교 자유 침해가 심각해 미국이 정책을 재고해야 할 경우, 넷째, 미국의 정책이 해당 국가의 종교 자유에 중대한 영향을 미칠 수 있는 경우 등이다.[12]

USCIRF의 「연례 보고서」는 보고 대상에 해당하는 연도보다 한 해 늦게 발표된다. 따라서 1999년의 활동을 포함한 「2000년 연례 보고서」의 특별우려국가 관련 내용을 보면, 1999년 6월의 첫 회의 이후 위원회가 다수의 국가에서 종교의 자유가 심각한 위협을 받고 있다는 사실을 확인하고 첫해 안건으로 수단, 중국, 러시아에서의 종교 자유 침해에 대해 다루기로 했다. 8월 말과 9월 초에 위원회는 국무부에 중국을 특별우려국가로 지정할 것을 촉구했다. 중국이 1999년 여름과 이후 몇 달 동안 조직적으로 가혹하게 종교의 자유를 침해했다는 이유에서다. 나중에 국무부는 중국과 수단을 특별우려국가로 지정했다. 국무부와의 첫 번째 회의에서 위원회는 앞의 세 나라 모두와 이집트, 인도네시아, 이란, 투르크메니스탄, 베트남을 추가해 특별우려국가로 지정할 것을 정책으로 제안했다. 이후 10월에 국무부는 미얀마, 중국, 이란, 이라크, 수단을 특별우려국가로 지정했다. 러시아에 대해서는 많은 논의가 있었지만 계속 주시monitor하는 것으로 결론을 내렸다.[13] 2000년에 위원회는 국무부의 미얀마, 중국, 이란, 이라크, 수단의 특별우려국가 재지정을 수용했다.[14] 2001년부터 지금까지 위원회는 중국의 특별우려국가 지정을 계속 권고하고 있으며 국무부 또한 이를 수용해 중국을 매년 특별우려국가로 지정하고 있다.

러시아의 경우 앞서 말했듯이 보고서 발행을 시작한 첫해에 러시아의 특별우려국가 지정을 두고 국무부와 USCIRF 간에 이견이 있었다. 하지만 위원회는 2007년 러시아를 추가면밀추적국가Additional Countries Closely Monitored로 지정했고,[15] 2008년부터[16] 2015년까지는 특별우려국가와 추가면밀추적국가 사이에 놓인 위원회감시목록Commission's Watch List에, 2016년에는 이름을 바꾸어 특별감시목록에 포함했다. 위원회는 이후 2017년부터 러시아를 해마다 특별우려국가로 국무부에 권고했다. 하지만 국무부는 2019~2020년에는 러시아를 특별감시목록으로 지정하다가, 마침내 2021년에 처음으로 그리고 지금까지 계속해서 러시아를 특별우려국가로 지정하고 있다.[17]

USCIRF의 「2018년 연례 보고서」에 따르면 미국과 러시아의 관계가 악화된 것은 2011년 블라디미르 푸틴 당시 러시아 총리가 2012년 5월

그림 미국 국무부의 특별우려국가와 정권 지정(1999~2018)

연도	국가/정권
1999년 10월	미얀마, 수단, 이라크, 이란, 중국, 밀로세비치 정권, 탈레반 정권
2000년 9월	미얀마, 수단, 이라크, 이란, 중국, 밀로세비치 정권, 탈레반 정권
2001년 1월	밀로세비치 정권, 탈레반 정권
2001년 10월	미얀마, 수단, 이라크, 이란, 중국, 탈레반 정권
2003년 3월	탈레반 정권
2003년 3월	미얀마, 북한, 수단, 이라크, 이란, 중국
2004년 6월	이라크
2004년 9월	미얀마, 베트남, 북한, 사우디아라비아, 수단, 에리트레아, 이란, 중국
2005년 11월	미얀마, 베트남, 북한, 사우디아라비아, 수단, 에리트레아, 이란, 중국
2006년 11월	베트남
2006년 11월	미얀마, 북한, 사우디아라비아, 수단, 에리트레아, 우즈베키스탄, 이란, 중국
2009년 1월	미얀마, 북한, 사우디아라비아, 수단, 에리트레아, 우즈베키스탄, 이란, 중국
2011년 8월	미얀마, 북한, 사우디아라비아, 수단, 에리트레아, 우즈베키스탄, 이란, 중국
2014년 7월	미얀마, 북한, 사우디아라비아, 수단, 에리트레아, 우즈베키스탄, 이란, 중국, 타지키스탄, 투르크메니스탄
2016년 2월, 10월	미얀마, 북한, 사우디아라비아, 수단, 에리트레아, 우즈베키스탄, 이란, 중국, 타지키스탄, 투르크메니스탄
2017년 12월	미얀마, 북한, 사우디아라비아, 수단, 에리트레아, 우즈베키스탄, 이란, 중국, 타지키스탄, 투르크메니스탄
2018년 11월	미얀마, 북한, 사우디아라비아, 수단, 에리트레아, 이란, 중국, 타지키스탄, 투르크메니스탄, 파키스탄
2018년 11월	우즈베키스탄은 특별감시목록으로 이동함

출처: USCIRF, 「2019년 연례 보고서」, 14쪽.

제1장 오만과 편견: 미국 종교 자유의 국제적 확산

대선에 출마하겠다고 발표했을 때부터다. 2012년 12월에 미국 의회는 대규모 인권침해 책임이 있는 러시아 관리를 제재하는 '마그니츠키법 Magnitsky Act'[18]을 통과시켰고, 오바마가 이 법안에 서명했다. 러시아 정부는 이에 대응해 미국인의 러시아 아동 입양을 금지했고, 러시아 방문이 금지된 미국 관리의 목록을 발표했다. 미국 정부는 2017년 49명의 러시아 관리에 대해 미국 비자를 정지하고 '마그니츠키법'에 따라 재산을 동결했다. 2014년 크림반도 병합과 우크라이나 돈바스 지역 침공, 2015년 9월 러시아의 시리아 내전 개입, 2016년 미국 대선에 러시아가 개입했다는 미국 정보부의 판단은 미국과 러시아의 관계를 어렵게 만들었다.[19] 그러나 이후 전개된 도널드 트럼프와 푸틴의 개인적 친화로 러시아와의 관계가 호전되었고, 이는 종교 자유 침해에 대한 미국 정부의 비난을 어렵게 만들었다. 여기에 미국 안에서 버지니아 인종주의자들의 집회에 대한 트럼프의 양비론적 비난과 그의 무슬림 입국 금지 법령 및 발언은 국제 종교 자유 침해 사례에 대한 미국의 공식적 비난을 곤란하게 했을 것이다. 2021년 조 바이든의 민주당 정부가 들어서면서 러시아가 특별우려국가로 지정된 것은 미국의 국제 종교 자유 감시를 위한 정책이 매우 정치적임을 보여주는 사례라고 할 수 있다.

국제 종교 자유 파수꾼 역할의 한계

국무부 국제종교자유사무소와 특별대사, 그리고 USCIRF로 대표되는 미국의 활동을 놓고 해당 국가들은 거세게 반발했고, 활동 초기부터 국내외에서 다양한 비판이 이어졌다. 또한 제도 실행의 효율성과 역량에 대한 의문도 제기되었다. 아울러 활동 주체 간의 이견이나 내부 갈등이 노출되기도 했다. 예컨대 특별우려국가 지정을 놓고 USCIRF와 국무부의 견해가 나뉘어 특정 국가가 제외된 데 항의하는 청문회 개최 요구가 일기도 했다. 무엇보다 심각한 것은 정책 자문을 맡은 USCIRF 위원이나 정책의 실행 주체인 국무부 특별대사와 직원 등이 지닌 특정한 정치적 성향과 종교적 지향이 각국의 다양한 종교 상황에 대한 분석과 평가에 크고 작은 영향을 미칠 수 있다는 데 있다. 그 결과 USCIRF의 활동이 객관성과 독립성을 잃고 지나치게 기독교 중심으로, 기독교인의 권리 보호에 치중해서 이루어진다는 비판을 받기도 한다.

USCIRF의 내부 갈등과 정치적·종교적 편향성

USCIRF의 내부 갈등은 위원회 구성 단계에서부터 필연적일 수밖에 없었다. 객관적인 사실 확인을 거쳐 독립적으로 대통령과 의회에 정책을 제안하고 추천하는 것이 '1998년 국제종교자유법'이 세운 위원회의 기본 원칙이지만, 대통령을 포함한 여당과 야당이 나누어 위원을 추천한다는 점에서 이미 정치적 당파성이 함축되어 있다고 할 수 있다. 결국 대통령이나 야당 원내 대표 등 임명권자가 누구인지에 따라, 그들의 정치적 성향이나 종교적 태도에 따라, 정치적 철학 또는 종교적 세계관이 서로 다른 그래서 어울리지 않는 인물들의 집합소가 될 수도 있다. 이와 관련해서 양당제bipartisanship 아래서 위원 구성이 불안하지 않는지 지적이 있자 2021~2022년 USCIRF 위원장을 지낸 네이딘 마엔자Nadine Maenza는 위원의 정치적 스펙트럼과 관계없이 위원들 모두가 종교 자유라는 공동 목표를 가지고 있기에 당파적 분열은 존재하지 않는다고 강변했다.[20]

종교의 자유라는 목표는 모두가 공유할 수 있다. 하지만 목표 실행을 위한 활동 방법과 조사 대상에 대한 평가가 차별적일 수 있다는 사실은 분명하다. 이런 의미에서 정치적 또는 종교적 편견을 지닌 위원이 위원회의 객관성과 독립성을 훼손하거나 위원회를 비효율적으로 운영할 수 있다는 지적은 타당하다. 뒤에서 구체적으로 소개되겠지만, 위원회에 선정된 위원 중에는 나중에 반이슬람적 성향의 미국 국가주의자 또는 네오콘으로 평가된 인물도 있다.

국무부와 USCIRF가 주도하는 미국의 국제 종교 자유 정책의 비효율성을 지적하는 사례로 글로벌참여연구소Institute of Global Engagement가 2009년 실시한 '1998년 국제종교자유법'에 대한 연구와 평가를 들 수 있다. 이 연구소는 신앙 여부와 관계없이 시민들이 서로 참여하고, 존중하며, 보호할 수 있도록 함으로써 국가의 사회적 번영을 촉진하는 것을 미션으로 하는 단체로 미국의 국제 종교 자유 정책이 "박해자에 대한 수사적 비난과 종교적인 이유로 수감된 사람들의 석방에 중점을 두었을 뿐, 종교적 자유에 필요한 정치 및 문화 제도political and cultural institutions를 개선하지는 않았다"라며 비효율성을 지적했다. 아울러 미국의 국제 종교 자유 정책이 종종 개신교 외의 종교에 대한 공격, 문화 제국주의 또는 미국 선교사들의 전선으로 인식되었다고 평가했다.[21]

USCIRF의 몇몇 전직 위원과 전현직 직원들 또한 '1998년 국제종교자유법'의 취지와 다르게 위원회가 특정 종교를 향한 비난의 장이 되었다고 밝히며, 위원회 활동에 반이슬람적인 편견이 깃들어 있다고 주장했다. 더 나아가 USCIRF라는 기관의 배후에 이데올로기와 동족 중심주의tribalism가 자리하고 있고, 위원들은 종종 자신들이 지닌 종교적 배경에 따라 특정 애호 프로젝트pet-project에만 집중하는 경향이 있다고 비판했다.

2010년 2월 17일 《워싱턴포스트》는 종교적 편견을 이유로 한 전직 직원이 평등고용기회위원회Equal Employment Opportunity Commission에 USCIRF를 상대로 소송을 제기했다는 기사를 내보냈다. 정책 분석가로 일했던 사피야 고리-아마드Safiya Ghori-Ahmad는 자신의 이슬람 신앙과 무슬림 옹호 단체와의 관계 때문에 고용계약이 취소되었다고 주장했다. 함께 근무한 동료 연구원 여섯 명은 그녀의 탄탄한 경력과 남아시아의 주요 지역을 다루는 분석가가 필요하다는 이유를 들어 그녀의 고용 유지를 요청하는 서한을 보냈지만 거부되었다. 그러자 또 다른 연구원인 브리짓 커스틴Bridget Kustin은 고리-아마드의 계약 취소에 항의해 이렇게 차별적인 조직의 구성원으로 남지 않겠다면서 사직서를 제출했다.[22]

이에 대해 당시 USCIRF 위원장이었던 레너드 리오Leonard Leo는 이 위원회만큼 무슬림을 변호하는 단체는 없다며 반이슬람 편견을 부인했다. 하지만 리오 또한 정치나 종교적 편견에서 자유로운 사람은 아니었다. 그는 2004년 조지 W. 부시의 대선 본부에서 가톨릭 전략가로 활동한 가톨릭 신자였다. 부시 대통령의 지명으로 2007년 USCIRF 위원이 되었고, 두 번 더 연임했으며, 2009~2012년 위원장을 맡았다. 보수 성향의 변호사인 그를 놓고 훗날 언론은 "보수 성향의 판사와 운동을 지원하기 위해 수억 달러를 모금하고 사용한 여러 비영리단체 연결 네트워크의 배후 지도자"라고 평가했다.[23]

한편 USCIRF를 비판하는 사람들은 처음부터 이 위원회가 기독교인들이 받는 박해에만 집중하면서, 다른 종교 공동체의 주장이나 호소는 자주 무시하고 축소했다고 말한다. 예컨대 무슬림으로서 2003~2007년 위원으로 활동했으며 UCLA에서 인권을 가르치는 칼리드 아부 엘 파들Khaled Abou El Fadl은 "누가 나쁜 사람이고 좋은 사람인지 미리 정해져 있었다"라며 "종교 차별의 피해자는 항상 기독교인이라는 매우 뚜렷한 세계관이 있었다. 그것은 숨이 막힐 정도였다"라고 말했다. 물론 이맘을 포함한 몇몇 USCIRF 위원과 오랜 종교 자유 활동가들은 무슬림 등 소수 종교 공동체들을 위해 USCIRF가 취한 행동을 가리키며 위원회가 편견을 지녔다는 주장을 부인하기도 했다. 예컨대 부시 대통령의 지명으로 2007년 무슬림 성직자로서는 위원회 최초로 임명되어 2011년까지 활동한 이맘 탈랄 에이드Talal Y. Eid는 "나에 대한 차별을 경험한 적이 조금도 없다"라고 말했다.[24]

문제는 첫째, 독립적이어야 할 USCIRF 위원을 지명하는 주체가 대통령이나 의회라는 점과, 이들이 임명하는 위원들이 정치적 편향이나 종교적 편견에서 자유로운지에 있다. 둘째, 국제 종교 자유의 실태를 객관적으로 평가하고 비판할 수 있을 정도의 도덕성을 위원들 스스로가 겸비하고 있는지에 있다.

이와 관련해 미국 대선에 후보로 나선 이들이 어떤 종교를 신봉하는지와 어느 정도의 신앙심을 가지고 있는지 등이 유권자의 표심에 크게 영향을 미친다는 사실에 주목해야 한다. 따라서 민주당 출신이든 공화당 출신이든 대부분의 대통령은 특정 종교와 깊든 옅든 연관되어 있다. 특히 로널드 레이건, 조지 W. 부시, 도널드 트럼프로 이어지는 공화당 대통령들은 신앙의 깊이에 대해 회의적인 평가를 받았던 레이건부터 대통령 자신이 기독교 근본주의 성향을 지녔던 부시, 선거 때만 종교 활동을 연출한다는 평가를 받는 트럼프까지 모두 네오콘 등 정치 우익과 근본주의적 종교 우익의 지원을 받아 대선에서 승리할 수 있었다. 따라서 USCIRF 위원을 임명할 때 대통령 자신의 정치적·종교적 성향을 배제하더라도 대선 승리에 일조한 정치·종교 집단의 압력에서 완전히 자유로울 수는 없다고 할 수 있다.

여기서는 편향적인 정치적·종교적 행태를 드러낸 몇몇 USCIRF 위원과 특별대사에 대해 언급한다. 먼저 1999년 USCIRF가 처음 출범할 때 위원으로 임명된 유대인 가정 출신의 엘리엇 에이브럼스Eliot Abrams

다. 그는 레이건 행정부 때 이란·콘트라 사건에 가담했고, 부시 행정부 때는 이라크 전쟁 지지자로 사담 후세인의 제거를 요구하는 네오콘 외교정책 프로젝트인 '새로운 미국 세기를 위한 프로젝트PNAC: Project for the New American Century'(이하 PNAC)를 이끌었던 인물이다. 1998년에 시작한 이 프로젝트의 목적은 미국의 지구촌 리더십 증진이었다. 네오콘으로 분류된 그는 트럼프 행정부 때는 폼페이오 국무장관에 의해 베네수엘라와 이란의 특별대사로 활동하기도 했다.

마찬가지로 위원회가 시작한 1999년부터 2001년까지 USCIRF 위원으로 활동한 존 볼턴 또한 PNAC 이사를 지낸 네오콘이자 보수적인 미국 국가주의자다. 공화당원으로서 2018년 3월까지 반이슬람 성향의 게이트스톤 연구소Gatestone Institute 회장으로 있었으며, 2018년 4월부터 2019년 9월까지 트럼프 대통령의 국가안보보좌관으로 활약했다. 외교정책에서 지극한 매파인 볼턴은 2019년 2월 베트남 하노이에서 열린 북한 김정은과 트럼프의 회담 결렬을 주도한 인물로 유명하다.

1999~2001년 위원을 지낸 시어도어 매캐릭 추기경Cardinal Theodore McCarrick은 나중인 2019년에 성직에서 파면된 인물이다. USCIRF 활동을 마친 후인 2001년 2월에 추기경으로 서임되었고, 2001~2006년 워싱턴 대교구장으로 재직했다. 하지만 소년들과 신학생들을 상대로 한 반복적인 성추행 혐의가 제기되고 나서 그는 2018년 6월 공적 사목에서 물러났으며, 2018년 7월 성적 학대 혐의로 추기경단에서 사임한 최초의 추기경이 되었다. 결국 2019년 2월 성직에서 파면되어 평신도로 강등되었다.

토니 퍼킨스Tony Perkins는 극우적인 기독교 신념과 반LGBTQ+ 견해 때문에, 그리고 KKK단 및 기타 백인 우월주의 그룹과의 연관성 때문에 여론과 시민단체의 비판과 임명 철회 요구를 받았다. 하지만 2018년 당시 다수당인 공화당 상원 원내 대표 미치 매코널Mitch McConnell의 추천을 받아 USCIRF 위원에 임명된 인물이다. 그는 복음주의 단체인 가족연구위원회FRC: Family Research Council를 이끌었다. 이 단체는 남부빈곤법률센터가 비기독교인을 상대로 한 '증오 단체hate group'로 규정한 곳이다. 퍼킨스는 트럼프 대통령 취임 후 처음으로 임명된 위원으로, 트럼프와 비슷한 젠더 윤리관을 지녔기에 LGBTQ+와 시민권 옹호자들의 더 큰 비난을 불러왔다. '명예훼손에 반대하는 게이와 레즈비언 동맹GLAAD: Gay and Lesbian Alliance Against Defamation'(이하 GLAAD)은 웹사이트에 퍼킨스와 가족연구위원회가 미국과 해외에서 펼친 레즈비언, 게이, 양성애자, 성전환자 등의 권리 반대 활동 사례 목록을 정리해 발표했다. 더 나아가 GLAAD의 사라 케이트 엘리스Sara Kate Ellis 대표는 "이미 반LGBTQ적 성향을 띤 현 행정부에 퍼킨스가 정책 권고를 한다는 생각은 위험한 일이며, LGBTQ 사람들을 직접적으로 위험에 빠뜨리는 것과 마찬가지다"라고 주장했다. 남부빈곤법률센터의 지능프로젝트Intelligence Project 책임자 하이디 바이릭Heidi Beirich은 "퍼킨스는 LGBT 공동체와 무슬림 악마화의 거짓 선전 선문가로 그가 지닌 '종교의 자유' 개념은 자신이 좋아하지 않는 집단의 전체 사람들을 차별할 수 있는 자유를 갖는 것이다. 그의 편협함은 어떤 정부 기관에서도 설 자리가 없어야 한다"라며 그의 임명이 "매우 불안(deeply disturbing)"하다고 주장했다.[25] 더 나아가 남부빈곤법률센터는 퍼킨스가 2001년 백인우월주의자 단체인 보수시민협의회Council of Conservative Citizens 루이지애나주 지부에서 연설한 적이 있다고 폭로했다.[26]

한편 힌두미국재단Hindu American Foundation의 수하그 슈키아Suhag Shukia는 오랫동안 USCIRF의 신뢰성에 대해 유감을 표명해 왔다면서 USCIRF를 두고 "위원들 사이의 종교적 대표성 부족부터 급진적이고 분리주의적인 단체와 연계된 의심스러운 '전문가'의 고용까지, USCIRF는 다양성, 투명성, 책임성을 결핍한 상태로 남아 있다. (……) 퍼킨스의 임명은 지구촌의 종교 자유에 대한 객관적 감시자로서 USCIRF의 신뢰성을 악화시킬 뿐이다"라고 혹평했다.[27]

USCIRF에 의결권 없이 당연직 위원으로 참여하는 국무부 특별대사 샘 브라운백은 이슬람과 LGBTQ+에 관한 입장과 행동 문제로 특사 임명이 순탄치 않았던 인물이다. 트럼프 대통령은 캔자스주 지사와 공화당 소속 상원 의원을 지낸 그를 특별대사로 지명했다. 그러자 캔자스 종교간행동Kansas Interfaith Action의 랍비 모티 리베르Moti Rieber[28]와 미국·이슬람관계협의회Council on American-Islamic Relations의 로버트 매코Robert McCaw 등이 그의 반LGBTQ+와 반이슬람적 성향을 지적하며 임명을 반대했고,[29] 미국시민자유연맹American Civil Liberties Union도 그를 비판했다.[30] 특사 역할을 맡은 최초의 가톨릭 신자인 그는 의회에서 지명과 재지명을 통해 2018년 2월에야 간신히 임명되었다.

최근에 문제를 일으킨 위원은 누리 투르켈Nury Turkel이다. 그는 중국 신장자치구의 튀르크계 출신으로 변호사이자 인권 옹호가로 활동했었다. 또한 위구르인권프로젝트Uyghur Human Rights Project 의장이자 미국위구르인협회Uyghur American Association 회장이었다. 그는 2020년 낸시 펠로시Nancy Pelosi 하원 의장에 의해 USCIRF 위원으로 임명되었고, 이듬해에 부의장 그리고 2023년에는 의장이 되었다. 그러다가 2024년 5월 USCIRF 임기를 마칠 즈음에 그는 위구르인권프로젝트 의장에서 물러났다. 여성 활동가들에게 성적 학대를 가했다는 비난이 쏟아졌기 때문이다.[31]

위선과 비효율성에 대한 비판

미국의 소리Voice of America는 2015년 10월 13일 "미국은 해외에서 종교의 자유를 부르짖지만, 비판자들은 위선을 본다As US Preaches Religious Freedom Abroad, Critics See Hypocrisy"라는 제목의 기사를 실었다. 미국 의회는 '1998년 국제종교자유법'으로 종교의 자유를 미국 외교정책의 우선순위로 삼고 이를 뒷받침하는 부서도 창설했다. 그러나 '국제종교자유법'의 기본 목표와 효율성에 대한 평가는 분분하다. 지지자들은 국무부와 USCIRF의 「연례 보고서」가 박해받는 사람들에게 희망을 주었다고 하지만, 비판자들은 미국 외교관들의 종교 자유 옹호가 신新식민지주의를 행사한 것이 되었다고 주장한다.[32]

미국의 소리는 USCIRF의 활동에 대해 긍정적인 평가도 있지만 대체로 부정적이라고 보도했다. 2014년 비기독교인으로는 처음으로 국무부 국제종교자유 특별대사에 임명된 랍비 데이비드 세이퍼스타인 David Saperstein은 USCIRF가 전 세계에서 박해받고 있는 종교 공동체들에 믿을 수 없을 만큼 지지와 용기를 주었고, 여러 나라의 정부에 불경법blasphemy law 같은 규제를 완화하도록 외교석 압력을 가했다고 했다. 그러면서 미국 외교관들이 이전에는 도외시하던 수많은 종교 공동체, 특히 박해받는 소규모 종교 공동체와 관계를 맺었다면서 USCIRF의 활동이 놀라운 변화를 불러왔다고 평가했다.[33]

2014~2015년 USCIRF 위원장을 지낸 카트리나 란토스 스웨트Katrina Lantos Swett는 USCIRF가 기본적인 인권을 보호하고, 더 평화로우며, 보다 경제적으로 번성하도록 하는 등 상당한 성과를 거두었다고 주장했다. 그러면서도 미국이 외교정책을 통해 종교의 자유를 옹호한 지 17년이 지났지만 성공했다고 말하기는 어렵다고도 했다.[34]

노스웨스턴 대학교의 엘리자베스 샤크먼 허드Elizabeth Shakman Hurd

정치학 교수는 종교의 자유가 이 시대의 문명 담론이 되었다고 주장하며, 그 증거로 2013년에 캐나다도 종교자유국Office of Religious Freedom을 신설했고 유럽연합 또한 이 이슈를 정책 우선순위로 설정한 사실을 들었다. 하지만 세계 종교의 자유를 위한 미국의 노력이 종종 미국의 외교정책을 왜곡했다면서, 종교적 정체성의 중요성을 과장함으로써 때로는 '탈레반 표적Taliban-baiting' 효과를 가져와 취약한 종교 단체로 극단주의자들의 관심을 돌리게 만든 사례도 있다고 했다. 따라서 어떤 집단이 종교에 근거해 보호 대상으로 선정될 때, 역설적으로 실제 상황은 더 악화할 수도 있다. 구체적인 예로 파키스탄에서 벌어진 기독교인들을 향한 배타적인 정책과 탈레반의 공격을 들 수 있다.[35]

2015년 3월 파키스탄의 탈레반이 파키스탄 제2의 도시 라호르Lahore의 저소득 계층 거주지로 약 10만 명의 기독교인들이 사는 유하나바드Youhanabad의 교회 두 곳에 자살 폭탄을 터뜨려 15명이 죽고 수십 명이 부상한 사건이 벌어졌다. 파키스탄의 기독교인 수는 280만 명으로 대부분 영국 식민지 시대에 성공회와 가톨릭 선교사들에 의해 개종한 낮은 계급의 부족 또는 불가촉천민의 후손으로 불가촉성untouchability의 오명을 오랫동안 지녀온 사람들이었다. 이들은 기독교를 수용하면서 삶의 질적인 변화와 새로운 정체성을 형성할 수 있었다. 하지만 파키스탄이 1947년 건국된 후 기독교인들은 가장 취약한 공동체로 전락했다. 세속 정부가 들어섰지만, 독재자와 전제군주들은 권력 축적과 임기 연장을 위해 이슬람교로 대표되는 주류 종교를 동원 수단으로 활용하며, 기독교인 등 소수 종교인들에게는 차별 철폐 정책 대신 소외만 가중했기 때문이다. 이들은 자신들을 대표하는 정당도 없을 정도로 정치적으로 소외되었고, 편견으로 가득한 '기독교인' 정체성을 지닌 채 절망에 허덕이다가 위험한 '소수 종교인'이라는 칭호와 정체성만 얻었으

며, 결국은 탈레반의 표적(미끼)이 되고 말았다.[36]

한편 허드는 미국이 전개하는 노력의 전제가 이중 기준에 근거하고 있다고 지적한다. 하나는 미국에서는 이미 종교의 자유가 달성되어 미국인들은 종교의 자유를 누리고 있다는 생각이다. 다른 하나는 미국이 다른 나라 사람들의 종교의 자유를 위해 노력하고, 그들에게 종교 관용을 가르치며, 종교의 자유를 위해 정책이나 사회를 개혁할 필요가 있다고 지적해야 한다는 생각이다. 역설적인 것은 후자와 관련한 일을 미국 정부는 미국 시민들에게 절대로 행하지 않는다는 사실이다. 정부가 시민의 종교에 간섭하는 것을 미국 헌법이 금하고 있기 때문이다.[37]

이러한 모순을 정당화하기 위해 미국은 첫째, 미국에서는 종교의 자유가 완벽하게 보장되고 있다는 확신과, 둘째, 다른 나라의 종교의 자유 실태에 대한 미국의 간섭은 인간이 지니는 보편적 인권 보호의 원칙에 근거한 것이라는 주장을 내세운다. 미국은 종교 자유의 모범적인 exemplary 국가이며, 세계인의 인권을 보호하는 경찰 역할을 맡는다는 미국의 주장은 니부어가 말하는 미국의 자기 고양self-elevation에 따른 오만 때문은 아닌지, 또한 이러한 주장의 전제가 세계 패권주의를 향한 정치적 함축이 아닌지 묻지 않을 수 없다.

한편 국무부 IRF 사무소 소장을 지낸 토머스 파 조지타운 대학교 교수는 2013년 의회 증언에서 "지난 15년간 미국의 종교 자유 정책 덕택에 종교 박해를 줄이거나, 실질적이고 지속적인 방식으로 종교 자유를 향상한 국가는 전 세계적으로 찾아보기가 어렵다"라고 말했다.[38]

국제 종교 자유를 위한 미국의 외교정책에는 세상을 기독교 선교사에게 안전한 선교의 장으로 만들려는 동인이 숨겨져 있다는 비판도 존재한다. 벨기에의 정치학자 야코프 데 루버Jakob de Roover는 인도의 뉴스 사이트 퍼스트포스트firstpost.com에 미국의 국제 종교 자유를 위한 캠페인이 매우 종교적이라면서 "보편적으로 신성하게 여겨지는 인권 증진과 보호를 가장해 개신교·기독교의 가치를 전 세계에 전파하려고 한다"라고 주장했다. 루버는 USCIRF가「2015년 연례 보고서」에서 인도의 '개종 금지법'과 증가하는 "종교적 동기와 공동체 폭력 사건"을 이유로 인도를 특별우려국가로 지정한 데 대해 논하며, USCIRF의 지정 동기는 힌두교를 '거짓 종교'로 보는 개신교의 역사적 관점과 인도인들이 개종할 권리를 갖도록 하려는 열망에서 비롯되었다고 주장했다. 특히 USCIRF가 자신의 양심을 따를 수 있는 자유를 항상 다른 관심사보다 우선시하는 것이 사실이지만, 기독교 선교 활동이 한 공동체의 전통, 감수성, 조화에 대한 공격을 만들어낸다는 우려도 존재한다고 강조했다.[39]

한편 지구촌의 종교 자유를 확대하기 위해 미국이 법적 틀을 최대한 활용해야 한다는 주장도 있다. 지금까지 미국 정부는 '국제종교자유법'이 승인한 징벌적 조치를 활용하지 않았다는 것이다. 특히 USCIRF는 국무부에 지정을 권고한 특별우려국가 목록에서 일부 국가가 빠지거나 제재에 면제를 부여하거나 그저 기존 제재에 의존하는 행정부의 행태를 비판하기도 했다. 예컨대 2024년 1월 4일 앤터니 블링컨 국무장관은 국무부의「2023년 국제 종교 자유 연례 보고서」에서 특별우려국가 지정 법적 기준에 해당하는 나이지리아와 인도를 2023년 특별우려국가 목록에서 제외해 공표했다. 그러자 USCIRF는 청문회를 요청하며 반발했다.[40][41] 나이지리아와 인도에서 종교 공동체가 긴박한 상황에 놓여 있으며, 특히 인도에서 무슬림과 기독교 공동체에 대한 흉악한 범죄가 만연해 있음에도 불구하고, 이 두 나라가 특별우려국가로 지정되지 않은 이유가 분명하지 않다고 인권 운동가이자 작가인 이웰리나 U. 오챠브Ewelina U. Ochab는 말한다.[42] 이렇게 USCIRF와 국무부 사이에 특별우려국가 지정으로 생긴 틈은 '국제종교자유법' 시행 초기부터 있어 왔고 최근 들어 더 불거졌을 뿐이다. USCIRF와 활동을 같이했던 녹스 템스Knox Thames는 '마그니츠키법'과 같은 법률을 확대해 제재의 폭을 확장하고 악의적인 행위자에게 대가를 치르게 할 수 있는 능력을 강화해야 한다고 주장했다.[43]

USCIRF 활동의 모순과 가치 충돌

미국 의회가 내세운 '국제종교자유법'의 취지에서 USCIRF가 상당히 벗어났다는 지적도 있다. '종교의 자유'라는 추상적 가치를 전제로 세계 여러 나라의 상황을 파악하려다 보니 각국이 처한 정치적·사회적·문화적 상황의 복잡한 현실에 대한 포괄적 이해가 부족하다는 평가를 받는다. 주어진 법적 테두리 안에서 자기의 이해관계를 살피며 사는 무수한 인간의 삶의 현장에는 다양한 가치 충돌이 발생한다. 유엔헌장에서 인간의 기본권으로 적시된 종교의 자유는 추상적인 차원에서는 절대적인 가치로 제시되고 인식되지만, 사람들이 실제 이해관계에 매달려 아등바등 살아가는 구체적인 삶의 현장에서는 다른 가치와 충돌할 수밖에 없고 하나의 상대적인 가치로 전락할 수 있다. 한편 종교와 정치가 내재적 목표와 운영 방식에 있어서는 결코 양립할 수 없지만, 역사 속에서는 대부분 긴장보다는 타협의 관계로 점철되어 왔다는 사실을 볼 때, USCIRF의 미국적인 시각으로 세계 여러 나라의 종교 자유 상황을 감시·감독하는 것은 전혀 예상치 못한, 심지어 정반대되는 결과를 가져올 수도 있다.

종교 자유의 보호를 명분으로 하는 정책이 의도치 않게 종교 극단주의를 조장할 수도 있다. 실제로 USCIRF는 다른 이들에게 종교적 강압을 가하려는 집단의 권리를 종교의 자유를 위해 옹호하는 등 모순을 범했다는 비판을 받는다. 예컨대 USCIRF의 활동이 무슬림이 다수인 국가들에서 이슬람 극단주의자의 권리를 보호하거나 해외에 급진주의를 전파하는 이란의 뮬라mullah와 해외 자금을 받는 강경 이슬람 단체의 권리를 효과적으로 지지하는 결과를 가져오기도 했다.[44]

USCIRF가 캅카스와 중앙아시아의 구소련 출신 국가들(아제르바이잔, 카자흐스탄, 키르기스스스탄, 타지키스탄, 투르크메니스탄, 우즈베키스탄)에 대한 비난 강도를 높였던 적이 있다. 이들 국가의 종교의 자유에 대한 과도한 규제와 비전통적인 종교 집단에 대한 억압 때문이었다. 하지만 이들 국가는 무슬림이 다수를 차지하고 있음에도 불구하고 정교분리를 엄격히 실행하고 있고, 대부분의 중동 이슬람 국가들과 다르게 이슬람의 국교화를 거부하고 있으며, 비무슬림도 동등한 시민으로 살 수 있도록 하고 있고, 합리적인 법률과 사법 시스템을 보유하는 등 세속적인 국가 운영을 지향하고 있다.

그런데 구소련의 유산 때문인지, 이들 국가에서는 모두 민주주의가 원활하게 작동하지 않고 종교 문제를 다룰 때 가혹하다. 예컨대 타지키스탄 당국은 남자들에게 수염 면도를 강요하며 여자들에게는 전통적인 타지크Tadzhik 방식으로만 머리 장식을 착용하게 한다. 그럼에도 인정해야 할 것은 이들이 내세운 규칙이 세속적인 무슬림, 여성, 소수자들을 종교적 강제로부터 보호해 준다는 사실과 세속적인 질서를 뒤엎어 종교 국가를 세우려는 이슬람주의자들을 허용하지 않는다는 사실이다. 하지만 USCIRF는 이러한 뉘앙스에는 주의를 기울이지 않고 단순히 이들 국가가 시민의 종교 자유를 침해하고 있다고 발표했다.[45]

또한 USCIRF는 타지키스탄 정부가 종교 기관이나 연구 기관을 정부에 등록하도록 요구하는 법률을 제정했다는 이유로 이 나라를 2017년 특별우려국가 목록에 넣었다. 타지키스탄은 2016년부터 지금까지 국무부의 특별우려국가로 지정되어 있다. 하지만 아프가니스탄과 길고 허술한 국경을 맞대고 있는 타지키스탄은 합법적인 종교 활동을 가장해 활동하는 테러리스트들을 예방하고자 종교 기관의 정부 등록법을 제정했다고 주장한다. 타지키스탄에 대한 USCIRF의 또 다른 비판으로 미성년자가 종교교육을 받으려면 부모의 동의가 필요하다는 법률이 있다. 하지만 사실 이 법률 또한 지극히 상식적인 취지에서 만들어진 것으로, 취약한 청소년들이 극단주의의 물결에 휩쓸리는 것으로부터 보호하기 위해서였다. USCIRF의 또 다른 비판은 타지키스탄이 국제 이슬람 조직인 히즈브 웃타흐리르Hizb ut-Tahrir를 금지한 데 관한 것이다. 하지만 이는 이 단체가 이슬람 칼리프 국가Islamic caliphate 건설을 위해 폭력 사용을 옹호하고, 반유대주의를 표방하며, 대부분의 아랍 국가에서도 이 단체의 활동을 금지한다는 사실을 묵과한 결정이다.[46] 우리말로 옮기면 '해방 당Party of Liberation'인 이 범이슬람 근본주의 정치단체는 무슬림 공동체를 결속하고 샤리아 법을 전 세계에 실천하려는 비폭력 이슬람 정당으로 1953년에 창설되어 레바논에 본부를 두고 미국과 캐나다를 포함해 최소 32개국에서 활동하고 있다. 2024년 1월 영국은 이 단체를 반유대주의와 테러를 조장한 혐의로 금지한다고 발표했다.

이처럼 국가 안보와 종교 자유의 가치는 충돌할 수가 있다. USCIRF가 잘못된 판단을 내린 또 다른 사례로 아제르바이잔과 타지키스탄에서 여학생들의 머리 스카프 착용을 금지한 것을 무슬림 억압으로 본 것이다. 이미 프랑스와 튀르키예에서 제정된 이와 유사한 법이 유럽인권법원European Court of Human Rights에서 "세속주의를 확인하기 위한 그러한 제한은 '민주주의 체제를 보호하는 데 필요한 것으로 간주할 수 있으며' '사회 전체에 그들의 종교적 상징을 강요하려는' '극단주의 정치

운동'을 방어하는 데 필요하다"라는 이유로 인정된 바 있다.[47] 비차별적인 교육을 온전히 학생들에게 제공하고 어린 소녀들을 보호해야 할 국가와 학교의 책무가 자녀의 스카프 착용을 바라는 부모의 종교적 권리와 충돌한 것이다.

USCIRF는 불충분한 정보와 인식 결핍 탓에 종교 자유라는 이름으로 또 다른 억지 주장을 펼치기도 했다. 이란의 이웃 국가들에서 나타나는 급진적인 이데올로기의 확산을 종교 자유의 명분으로 옹호한 것이다. 예컨대 아제르바이잔에서는 2015년 외국인 성직자의 국내 활동 금지법이 제정되었다. 이 법의 목적은 극단주의를 전파하는 이란과 다른 나라 출신의 성직자를 막기 위한 것이었다. 이 법률에 대한 USCIRF의 비난은 미국이 테러리즘 지원 국가로 간주한 반미 국가 출신의 성직자를 옹호한 것과 마찬가지다.

USCIRF의 조사 역량이 부족한 탓에 활동에서 많은 모순이 발생했다는 지적도 있다. 이들이 평가를 위해 참고하는 정보와 증거의 정확성을 의심하게 하는 것은 기본적으로 조사 대상은 방대한데 조사 인원은 충분하지 않기 때문이다. USCIRF는 전 세계를 직접 자세하게 조사하지 못하고 주로 지역 또는 국제 NGO로부터 정보를 받는다. 따라서 정보 데이터를 증명할 근거가 매우 취약하다. 이보다 더 심각한 문제는 USCIRF에 정보를 제공하는 수많은 NGO가 고도로 정치적인 편향성을 지녔다는 점에 있다. 예컨대 앞에서 언급한 중앙아시아 국가들에 대한 정보는 대부분 포럼 18Forum 18이라는 노르웨이 단체의 웹사이트에서 가져온 것인데, '예수그리스도의 성육화의 몸을 증언하는' '기독교 주도권Christian initiative'을 선언한 이 단체는 냉정하고 엄격한 연구에는 취약하다는 평가를 받고 있다.[48] 이 단체의 이름이 세계인권선언문 제18조에 근거해 지어졌지만 말이다.[49]

미국의 국제 종교 자유를 위한 정책은 많은 모순과 시행착오를 겪고 있다. 물론 긍정적인 효과도 있어 많은 나라가 자국의 종교 정책에 대해 성찰하도록 유도하기도 했다. 그러나 근본적인 질문은 과연 미국이 세계의 역사를 관리할 수 있는가, 어쩌면 세계의 경찰국이라는 오만과 편견에 사로잡혀 있는 것이 아닌가 하는 데 있다.

제2장
미·중·러의 '정부 종교 규제'와 '사회 종교 증오' 지수

현대사회에서 종교의 사회적 위치와 역할 변화에 결정적인 영향을 미치는 요인 중 하나가 정치와 종교의 관계다. 이 관계를 이루는 한 축은 정치 엘리트들로 종교에 대한 제도적 장치를 마련하거나 종교에 대한 정책의 입안과 집행을 맡는다. 다른 한 축은 종교 전문가들religious virtuosos로 제도 종교의 종교 내용과 실천을 주관하고, 종교의 대對사회석 또는 대정치적 입장의 결정을 주관한다. 예컨대 한 사회의 세속화를 말할 때 그 정도는 정치권력의 종교 정책 집행에 따라 달라질 수 있으며, 종교 자체의 합리성 수용의 정도나 종교 단체의 사회 변화 수용 여부에 따라 다양한 모습을 띨 수 있다.

그런데 정치와 종교의 관계에서 종종 관심을 두지 않는 또 다른 축이 있다. 그것은 정치적 차원에서는 국민 또는 시민이고, 종교적 차원에서는 평신도. 이들의 사고와 행위 체계를 포함한 삶의 방식mode of life 또한 정치 엘리트와 종교 전문가들에 의해 상당 부분 수동적으로 결정되지만, 역사적으로 축적한 경험에 근거해 형성된 대중 의식의 자발적 발로는 아래로부터 형성된 또 다른 균형추로 정치와 종교 엘리트에 대한 나름의 대응력을 구축한다.

중요한 것은 정치 엘리트, 종교 엘리트, 평신도와 일반 대중 모두가 종교의 사회적 위치와 역할 변화의 주축이 되기도 하지만, 전 세계적으로 다양한 차원의 정치와 종교 관계가 사회 갈등의 원인으로 작용한다. 그 결과 종교의 이름으로 또는 종교를 이유로 해서 크게는 인종 청소ethnic cleansing, 대량 학살, 테러 등이 일어나기도 하고, 작게는 증오 범죄, 이슬람 금지법 제정 등 특정 종교나 특정 종교 행위에 대한 감시, 감독, 처벌, 박해가 일어난다.

유엔이 창설된 후 반세기가 넘는 세월 동안 유엔은 물론이고 다수의 국제기구가 종교 자유의 원칙이 세계 곳곳에서 제대로 지켜지는지 확인하려고 노력했다. 또한 많은 언론 단체, 인권 단체, 시민단체가 국가에 의한 소수 종교인 박해, 종교 간 또는 교단 간에 발생하는 종파적 폭력, 개인 신앙인이나 신앙 공동체에 대한 정치적·사회적 압박 등의 사례와 실태를 폭로하고 고발했다. 그러나 각국에서 벌어지는 종교적 신념이나 실천에 대한 침해 정도, 횟수, 방식 등을 비교하고 측정할 수 있는 방대한 자료를 활용한 양적 연구는 없었다.

2007년부터 미국의 퓨 연구소는 매년 지구촌 종교 변화와 사회적 영향을 분석하며 두 가지 중요한 지표를 가지고 세계 여러 나라의 종교 억압과 탄압의 정도를 비교 분석해 왔다. 첫 번째 지표는 종교에 대한 정부의 규제와 탄압 정도를 나타내는 정부규제지수이고, 두 번째 지표는 종교에 대한 사회적 혐오 정도를 나타내는 사회적대지수다. 전 세계 198개국을 대상으로 이루어진 이 연구에서 정부규제지수는 국가나 지방정부가 위압과 폭력 등을 포함한 방법으로 종교를 규제했는지를 묻는 20개의 질문 항목에 근거해 산출했다. 사회적대지수는 정부 규제외에 사회에서 폭력과 위협을 통해 종교적 신념과 실천을 제한했는지를 묻는 13개의 질문 항목에 따라 산출했다.[1]

퓨 연구소가 이 두 지표를 산출하기 위해서 활용한 원자료에는 미국 국무부의「국제 종교 자유 연례 보고서」, 국무부 산하 자문 위원회인 USCIRF의「연례 보고서」와 다양한 유럽 및 유엔 기구, 그리고 몇몇 독립적인 비정부단체들로부터 받은 보고서가 포함된다. 이 보고서들 중 가장 크게 영향을 끼치는 것은 미국 국무부의「국제 종교 자유 연례 보고서」와 USCIRF의「연례 보고서」다.

퓨 연구소가 2007년부터 발표한 198개국의 정부규제지수와 사회적대지수의 산출 과정은 다음과 같다. 연구소는 분석을 위해 정부규제지수와 사회적대지수 모두 10점 지수를 사용했고, 종교에 대한 정부 규제와 사회 적대의 정도를 항목화했다. 연구의 기준 해baseline year로 2007년 중엽을 설정하고 각 지표 상위 5%를 '매우 높음very high'으로, 그다음 높은 15%를 '높음high'으로, 그다음 20%를 '보통moderate'으로, 나머지 60%를 '낮음'으로 나누었다. 기저선인 2007년 중엽에 결정된 지수 점수 출발점threshold에 따라 정부규제지수의 경우 '매우 높음' 구간은 6.6~10.0이고, '높음' 구간은 4.5~6.5, '보통' 구간은 2.4~4.4, '낮음' 구간은 0.0~2.3다. 사회적대지수는 '매우 높음' 구간이 7.2~10.0, '높음' 구간은 3.6~7.1, '보통' 구간은 1.5~3.5, '낮음' 구간은 0.0~1.4로 나누었다.[2]

여기서는 중국, 러시아에 대한 퓨 연구소의 분석 자료를 중심으로 논하며 미국과 한국에 대한 분석 자료도 같이 소개했다. 한국은 참고 사항 정도로 넣었으며, 미국은 중국과 러시아와 비교해 미국의 종교 자유 실태에 대한 퓨 연구소의 분석이 객관성을 담보할 수 있는지 확인하고자 포함했다. 문제는 퓨 연구소가 분석을 위해 주로 참고한 국무부와 USCIRF의 「연례 보고서」에 중국과 러시아는 포함되어 있지만 미국은 포함되어 있지 않다는 데 있다.

따라서 퓨 연구소의 미국에 대한 분석은 앞의 두 보고서 외의 보고서에서 얻은 자료를 바탕으로 한 것이다. 구체적으로 미국의 종교 자유 침해에 관한 미국 법무부와 연방수사국의 보고서를 검토했다. 또한 미국에 관한 데이터를 많이 가진 유엔, 국제인권감시기구Human Rights Watch, 프리덤하우스Freedom House, 국제위기그룹The International Crisis Group, 영국 외무부 및 영연방 사무소UK Foreign and Commonwealth Office 등의 보고서를 포함한 모든 1차 및 2차 출처를 참조했다고 한다.

정부규제지수와 사회적대지수를 중심으로 한 퓨 연구소의 연구 또한 앞장에서 진행한 국무부의 「국제 종교 자유 연례 보고서」와 USCIRF의 「연례 보고서」 분석에서처럼 2017년부터 현재까지만 다루고자 한다. 따라서 퓨 연구소가 산출한 2007~2021년 중국과 러시아, 그리고 한국과 미국의 정부규제지수와 사회적대지수[3]를 참고하는 한편, 연구 10주년이 되는 2017년까지의 정부규제지수와 사회적대지수에 대한 자세한 분석, 2018년 세계 종교 변화와 사회적 영향 분석, 2019년 세계 사회적대지수의 하락과 최고 수준을 보인 정부규제지수에 대한 연구, 2020년 코로나19가 세계 종교 집단에 끼친 영향 분석, 2021년 지구촌 차원에서 최고 수준에 도달한 정부규제지수에 대한 분석 등 퓨 연구소가 내놓은 발표 자료를 참고해 다음과 같은 연구 결과를 소개한다. 해당 연도에 대한 퓨 연구소의 연구 분석은 대체로 한두 해 후에 이루어졌다.

2017년에 관한 연구 분석

2017년 실태 분석 결과[4]는 퓨 연구소가 추적을 시작한 2007~2017년의 10년 동안 종교에 대한 정부의 제한, 즉 법률이나 정책으로 또는 공무원의 행위를 통해 종교 신념과 실천을 침해한 정도가 전 세계적으로 눈에 띄게 증가했고, 개인, 조직, 집단에 의한 폭력과 괴롭힘을 포함한 종교와 관련된 사회적 적대감 역시 증가했다는 사실에서 출발한다. 또 다른 특이한 사실은 점점 더 많은 유럽 국가에서 종교 복장에 제한을 두었다는 것이다. 예컨대 공식 문서 사진이나 공공서비스 업무에서 종교적 상징이나 의복 착용의 금지부터 공공장소에서 종교적 복장에 대한 국가적 금지에 이르기까지 다양한 규정이 적용되었다.

2017년 정부규제지수는 중국(8.9)과 러시아(8.1) 모두 '매우 높음'에 속하고, 각각 1위와 6위를 차지한다. 미국(3.3)과 한국(2.4)은 모두 '보통'에 속한다. 사회적대지수는 중국(1.3)은 '낮음'에, 러시아(6.3)는 '높음'에 속한다. 한국(0.8)은 '낮음'이지만, 미국은 전년도의 3.6에서 4.4로 '높음'으로 상승했다.

중국에서는 국가가 지원하는 애국종교협의회에 속한 종교 단체만 정부에 등록할 수 있고 예배를 볼 수 있는데, 중국 정부가 등록 단체와 비등록 단체를 막론하고 구성원들을 체포, 고문하고 신체적 학대를 가했다는 사실이 보고되었다. 장기간에 걸친 소수 종교인에 대한 탄압도 계속되어 2017년에도 수십만 명의 위구르족 무슬림이 이른바 '재교육 캠프'로 보내진 것으로 알려졌다. 기독교의 경우 정부가 기독교 선교사들을 체포하고 추방하기 위한 노력을 강화해, 특히 북동부 지방에서 선교사들이 구금되고 전자 기기를 압수당하기도 했다.

러시아에서는 2017년에도 소수 종교인의 가정이나 예배 장소에 대한 경찰의 급습이 이어졌다. 대법원에서 여호와의증인의 활동을 금지시키자 이 종교 단체에 대한 여러 위협과 공격이 발생했다. 러시아 정교회는 법원의 금지 조치를 지지하며 여호와의증인은 기독교와 공통점이 전혀 없는 '이단 사상'이라고 단죄하고 확산 방지를 위해 노력할 것이라고 발표했다. 하지만 러시아의 사회적대지수는 전년도 7.4의 '매우 높음'에서 6.3의 '높음'으로 내려갔다.

미국의 사회적대지수는 전년도와 비교해 4.4의 '높음'으로 상승했다. 특히 퓨 연구소가 '개인과 사회단체의 괴롭힘'이라는 항목을 만들고 최고 10개국을 뽑았는데 일곱 번째가 미국이다. 이는 2016년부터 도널드 트럼프가 대선 가도에 뛰어든 후 증오 범죄가 증가해 온 추세를 반영한다. 일례로 2017년 8월 11~12일에 대안 우파, 네오나치 등 백인 우월주의자들이 공원의 남군南軍 기념물이나 남군 동상 제거에 항의하며 버지니아주 샬러츠빌Charlottesville에서 개최한 '우익이여 연합하라Unite the Right' 집회를 들 수 있다. 반유대주의적이고 인종주의적인 감정을 노골적으로 표출한 사건으로 참가한 이들은 나치의 어금꺾쇠 십자 기장swastika 깃발을 흔들었으며, 집회에 반대하는 시위 여성을 차로 밀어 사망자가 나오기도 했다.

2018년에 관한 연구 분석

2018년 실태 분석 결과[5]가 보여주는 것은 2007년 이후 전체적으로 전 세계에서 나타나는 종교에 대한 정부 규제의 평균치가 계속해서 상승하고 있다는 사실이다. 그리고 정부가 구금과 폭력을 사용해 종교 단체를 강압하는 국가의 수가 늘고 있는데, '높음' 또는 '매우 높음'에 속한 국가들이 전년도의 52개국에서 56개국으로 증가했다. 특히 권위주의 국가들이 종교를 더 규제하고 있다.

2018년 정부규제지수는 중국(9.3), 러시아(8.1) 모두 '매우 높음'에 속했으며 '매우 높음'에 자리한 26개국 중 중국이 1위, 러시아는 4위였다.[6] 참고로 이란(8.5)이 2위이고 말레이시아, 몰디브, 시리아가 8.2로 공동 3위였다. 미국(3.2)은 '보통'에 속하는 68개국 중 중간에, 한국(2.5) 역시 '보통'에 속했다.

중국은 9.3으로 새로운 정점에 도달했음을 보여주었다. 중국 정부는 파룬궁과 몇몇 기독교 단체 전체를 금지하거나 예배 장소 습격, 개인 구금과 고문 등 다양한 방식으로 종교 활동을 제한하고 있고, 위구르족, 카자흐Kazakh족, 기타 무슬림에 대한 구금을 계속하고 있다. 특히 종교적·민족적 정체성을 지우기 위해 고안된 신장자치구의 수용소에는 최소 80만 명(최대 200만 명)이 구금되어 있다는 보도도 나왔다.

러시아에서는 물리력 사용이 더욱 확산했다. 2017년부터 공식적으로 금지된 여호와의증인과 기타 '비전통적인' 종교 집단을 계속 표적으로 삼아 2018년 내내 여호와의증인을 자택 습격, 구금, 여행 제한, 조사 등으로 탄압했고 교회 재산을 압수했다.

한편 2018년 사회적대지수는 러시아(5.3)가 '높음'에, 중국(1.5)은 '낮음'에 속함을 보여준다. 참고로 러시아는 한동안 '매우 높음'에 있다가 2017년에 6.4로 낮아졌고 2018년에는 5.3으로 더 낮아졌다. 그러나 여전히 '높음' 단계에 있다. 한국(3.4)은 '보통'이고, 미국(2.6)은 전년도의 '높음'에서 '보통'으로 내려왔다.

2018년 미국은 전반적인 사회적대지수의 감소에도 불구하고 종교 관련 테러가 발생했다. 이해 10월 한 남자가 피츠버그의 한 유대교회당에서 예배 중이던 신자들에게 총격을 가해 11명이 사망하고 6명이 중상을 입었다. 공격에 앞서 범인은 소셜 미디어에 유대인 비영리단체의 미국 내 난민 재정착 운동을 비방하고 항의하는 반유대주의적인 메시지를 남긴 것으로 알려졌다.

한국은 '낮음'에서 '보통'으로 이동했다. 한국에서는 한 부부가 딸을 강제로 기독교로 개종시키려다 죽음에 이르게 한 사건이 발생했고, 이에 일부 진보적인 기독교 목사들이 주도해 12만 명 이상의 시위자가 강제 개종에 항의했다. 그리고 이 문제에 침묵을 지키는 정부와 교회를 비난하며 조치를 요구하는 시위가 서울과 전국에서 일어났다고 보고하고 있다.

퓨 연구소의 2018년 분석에서 특이한 것은 분석 결과를 민주주의 지수와 연계한 점이다. 2018년의 정부규제지수와 사회적대지수 점수와 167개 나라의 국가별 경제분석과 기업환경지수를 제공하는 영국의 경제 조사 기관인 이코노미스트 인텔리전스 유닛Economist Intelligence Unit이 민주주의 상태를 측정한 2018년 민주주의 지수Democracy Index 점수를 더해 네 개의 정체regime type로 분류했다. 지수 8 이상은 '완전한 민주주의Full Democracies', 6 이상 8 이하는 '결함 있는 민주주의Flawed Democracies', 4 이상 6 이하는 '하이브리드 정권Hybrid Regimes(민주주의와 권위주의가 공존하는 정권)', 4 이하는 '권위주의 정권Authoritarian Regimes'으로 나누었다.

이러한 민주주의 지수 연구 결과에 따르면 중국은 3.32, 러시아는 2.94로 '권위주의 정권'으로 분류되었다. 미국은 7.96, 한국은 8.0으로 둘 다 '결함 있는 민주주의'에 속한다.

2019년에 관한 연구 분석

2019년 실태 분석 결과[7]는 코로나19 팬데믹에 따른 혼란 이전 기간까지 다루고 있다. 연구 결과 정부규제지수가 '높음' 또는 '매우 높음' 수준의 국가 숫자가 전년도보다 1개국 늘어난 57개국으로 여전히 최고 수준에 도달해 있다. 반면 개인이나 집단에 의한 종교 단체에 대한 폭력과 괴롭힘을 포함한 종교와 관련된 사회적대지수는 내려갔다. 구체적으로 '높음' 또는 '매우 높음'의 사회적대지수에 속한 국가는 전년도의 53개국에서 43개국으로 감소했다.

2019년 정부규제지수는 중국(9.3)과 러시아(8.2)가 '매우 높음'으로 각각 1위와 5위를 차지했다. 한국(2.6)과 미국(3.2)은 '보통'에 속했다. 반면에 사회적대지수는 러시아(4.5)가 '높음'에, 중국(0.6)은 '낮음'에 속했다. 미국(1.6)은 '보통'에 속했고, 특이하게도 한국(5.0)은 전년도(3.4)에 이어 상승해 '높음' 단계로 이동했다.

2019년의 특징은 각국 정부들이 온라인 제한 정책을 펼치면서 종교 단체를 제한하거나 감시하기 위해 감시 카메라, 안면 인식, 생체 인식 데이터 등 신기술이나 첨단 기술을 쓰는 경우가 생겨났다는 점이다. 특히 10개국이 종교 단체를 감시하기 위해 이러한 기술을 사용했으며 그중 중국, 러시아, 베트남 세 나라는 제한의 이유로 보안이나 대테러를 들었다. 중국에서는 당국이 교회, 모스크, 유대교회당 및 기타 예배당에 감시 장비를 설치했고, 안면 인식 기술을 사용해 위구르 무슬림과 잠재적인 위협으로 간주한 집단에 대한 생체 인식 데이터를 모니터링하고 수집했다고 알려졌다. 중국의 신장자치구 당국은 통화와 메시지를 모니터링하기 위해 전화기에 소프트웨어를 설치하도록 위구르인들에게 요구한 것으로 전해졌다.

종교 단체에 대한 중국 정부의 무력행사도 계속 발생해, 신장자치구에서는 위구르 무슬림과 기타 종교 및 소수민족 집단의 구성원이 감옥에 갇혀 있는 동안 실종되거나 고문을 당하기도 했고, 정치적 세뇌를 받기도 했으며, 강제 노동, 강제 불임, 성적 학대 등을 겪기도 했다. 신장자치구에서는 가정 안에서 종교가 영향력을 갖지 못하도록 자녀를 가족과 분리하는 바람에, 약 50만 명의 아동이 가족과 헤어져 기숙학교로 이주한 것으로 알려졌다. 중국의 지배적인 한족 문화를 세뇌하기 위한 것으로 평가된다. 한편 한 여호와의증인 선교사가 당국에 체포되어 추방당한 일도 일어났다.

러시아에서도 정부 당국의 물리력 동원이 발생했다. 2017년에 내려진 여호와의증인 활동 금지 조치에 따라 이들의 활동을 극단주의로 간주하고 2019년 한 해 동안 여호와의증인 신자 소유의 가옥 약 500채를 급습했다. 이는 전년도의 300채보다 늘어난 숫자다.

미국에서는 '라마포 마운틴 인디언Ramapough Mountain Indians'이라고 불리는 원주민 부족이 뉴저지주 마와Mahwah 타운을 상대로 한 소송이 2019년에도 계속 진행되었다. 타운 당국이 제단과 기도 모임 등을 포함해 이들의 종교 활동을 제한하고 종교 구조물을 철거하라고 명령했기 때문이다. 나중에 미국 법무부가 타운 당국을 상대로 소송을 제기한 원주민 부족의 주장을 지지하자 양측은 2019년 6월 합의에 이르렀다. 미국에서도 소수 종교를 향한 집단적 거부 행위가 여전히 표출되고 있음을 보여주는 사건이다.

한국은 2017년 0.8에서 2018년 3.4 그리고 2019년 5.0으로 계속해서 상승했다. 이 '높음' 단계로의 도달에 대한 퓨 연구소의 자세한 분석 언급은 없다. 하지만 미국 국무부의 「2019년 국제 종교 자유 연례 보고서」에 따르면 한국에서 2016~2018년에 무비자 입국이 가능한 제주도에 500여 명의 예멘 무슬림이 들어와 난민 지위를 신청하면서 사회적 논란이 시작되었다. 청와대 국민 청원에 난민 추방을 바라는 글이 올라왔고 2019년에도 난민을 둘러싼 논란은 계속되었다. 제주도에서 본토로 이주한 사람들을 향한 지속적인 차별이 발생했고 무슬림을 테러리즘과 연관 짓는 등 이들에 대한 부정적인 견해가 표출되었다. 또한 이들의 고용주가 이슬람 전통에 따른 식사, 기도하는 시간, 기타 종교의식의 기회를 허용하지 않았다는 사례가 보고되었다. NGO, 경찰, 정부 관료, 망명 신청자들은 무슬림 난민을 폭력적이고 잠재적인 테러리스트나 반페미니스트로 묘사하는 언론의 횡포를 비판하기도 했다. 그해 6월 한 아파트 단지의 수돗물이 불그스름하게 나오는 일이 있었는데 이를 두고 어느 온라인 신문이 예멘 난민의 소행일 수 있다고 보도한 경우도 있었다.[8]

2020년에 관한 연구 분석

2020년 실태 분석 결과[9]는 코로나19 팬데믹의 전 세계적인 발생으로 전반적으로 종교에 대한 정부 규제나 사회 적대 행위가 큰 변동 없이 안정적으로 유지되었음을 보여준다. 예를 들어 중국은 여전히 높은 정부규제지수와 낮은 사회적대지수를 나타냈다. 하지만 많은 국가에서 코로나19의 확산을 늦추기 위해 공개 모임을 금지하거나 제한했고, 특히 세계 국가 수의 4분의 1은 종교 활동을 막기 위해 물리력을 사용했다.

2020년 정부규제지수는 중국(9.3)과 러시아(8.2)가 각각 1위와 5위에 자리한 것도, '매우 높음'에 속한 것도 전년도와 같다. 한국(2.4)과 미국(2.7)은 '보통'에 속했다. 한편 사회적대지수는 러시아(3.2)가 '보통'에, 중국(0.1)이 '낮음'에 속했다. 한국(3.6)은 전년도보다 낮아졌지만, 여전히 '높음'에, 미국(1.9)은 '보통'에 속했다.

중국 정부는 계속해서 신장자치구의 위구르 무슬림을 표적으로 삼왔다. 한 해 동안 중국 정부는 50만 명을 투옥했고 연말까지 4만 8000명 이상을 기소했다. 이 지역 출신 성인 수천 명은 중국의 다른 지역으로 보내져 노동자가 되었다. 아동들은 가족과 헤어져 기숙학교나 보육원으로 옮겨졌으며, 거기서 한족 문화, 중국어, 공산당 이데올로기 등을 공부하게 했다. 가정에서의 종교 행위도 감시 대상이 되어, 기도하거나 종교 서적을 소유하는 것은 '극단주의'로 간주되었다. 한편 2020년 2~3월에는 코로나19 확산을 막기 위한 가정 조사와 신분 확인 과정에서 '전능하신 하나님 교회Church of Almighty God' 또는 '동방 번개Eastern Lightning' 신자가 300명 넘게 체포되었고 일부는 구타와 전기 고문을 당했다고 전해졌다.

러시아에서는 전년도와 비슷하게 한 해 동안 400채가 넘는 여호와의증인 신자의 가옥이 급습을 당했다. 당국자들은 신자들에게 언어폭력과 물리적 폭력 행사를 주저하지 않았고, 민간인에게 총구를 겨누기도 했으며, 개인 소지품과 종교 물품을 압수하기도 한 것으로 알려졌다.

미국에서는 코로나19와 관련해 사회적 적대 행위, 즉 개인이나 조직에 의한 물리적 폭력 행사나 종교 단체의 기물을 파손하는 사건이 일어났다. 미시시피주의 한 교회는 방화 공격으로 전소되었다. 교회 주차장 벽에는 "이제 집에 머물러라, 이 위선자들아"라고 적힌 낙서가 발견되었다. 공중 보건소가 교회의 대규모 집회를 제한하는 데 반대해 목사가 소송을 제기하고 나서 약 한 달 만에 일어난 사건이다. 이 교회처럼 수많은 종교 단체가 주 정부 등 지방자치단체의 집회 제한에 소송을 제기했다. 예컨대 뉴욕의 로마 가톨릭 브루클린 교구와 몇몇 유대교회당들은 팬데믹 관련 제한 조치가 미국 수정헌법 제1조에 포함된 종교의 '자유로운 활동' 보장을 위반한다며 소송을 걸었다.

한국에서는 경찰이 서울과 경기도에서 코로나19 발병의 중심지로 알려진 사랑제일교회를 압수 수색했다. 신천지예수교 본부 역시 공공집회 제한을 위반하고 교회 지도자가 접촉자 추적을 위한 교인 명단을 보건 당국에 제공하지 않은 이유로 수색을 받기도 했다. 한편 신천지예수교의 미등록 지역 지부에 소속된 한국인 다섯 명이 한국의 코로나19 감염집단과 관련되었다는 이유로 싱가포르에서 추방당하는 사건도 있었다.

퓨 연구소는 2020년 한 해 동안 코로나19와 연관된 정부에 의한 종교 활동 제한과 이에 대한 반발, 그리고 개인, 종교 단체의 민간인, 종교 집단에 대한 활동 방해 사건 등과 관련해 전 세계 여러 나라를 대상으로 여론조사를 했다. 질문 문항은 16개다.[10]

2021년에 관한 연구 분석

2021년 실태 분석 결과[11] 정부규제지수는 중국(9.1)과 러시아(8.3) 모두 '매우 높음'에 속했으며, 특히 1위 중국에 이어 러시아가 '매우 높음' 단계의 2위에 올랐다. 한국(2.2)과 미국(2.4)은 '보통'에 속했다. 사회적대지수는 러시아(3.9)가 약간 상승해 '높음'에, 중국(0.1)은 '낮음'에 속했다. 한국(2.5)은 '보통'으로 내려왔고, 미국(1.2)은 '낮음'에 속했다.

2021년에 종교에 대한 정부 제한은 새로운 정점을 찍었다. 정부규제지수의 전 세계 평균이 전년도의 2.8에서 3.0으로 상승했는데, 이는 2007년 추적을 시작한 이후 가장 높은 수치였다. 2021년 정부의 종교 규제와 제한 방식의 가장 일반적인 형태는 종교 단체에 대한 정부의 탄압과 예배 간섭으로 나타났다. 183개국에서 종교 단체가 정부의 탄압을 받았으며 이는 역대 최대 규모다. 종교 단체에 대한 정부의 탄압 방법 또한 종교 단체를 향한 물리력 행사부터 정부 관리에 의한 인격 손상 발언 등 다양했다.

중국에서는 예년과 마찬가지로 종교 단체의 활동이 계속해서 제한되었다. 2017년부터 계속된 위구르 무슬림, 카자흐족, 후이Hui족 및 기타 무슬림 집단, 그리고 일부 기독교인 등 100만 명 이상으로 추산되는 사람들이 중국의 수용소에 구금되어 있다고 미국 정부는 주장했다. 또한 불법 종교 단체로 지목된 파룬궁 신자들이 감옥에서 학대당했다는 소식과 구금 중에 또는 석방 직후에 사망했다는 보도도 나왔다. 예컨대 파룬궁과 연루된 혐의로 체포된 공피치公丕啟/Gong Piqi 전 대령은 2021년 4월 12일 "갑작스러운 뇌출혈(sudden brain haemorrhage)"로 사망한 것으로 알려졌는데, 가족들은 그의 몸에서 고문의 흔적이 보였다고 주장했다.[12]

러시아에서는 사회적대지수가 '보통'에서 '높음' 단계로 상승했다. 그리고 반유대주의 공격이 발생했는데, 신원 미상의 남자가 버스에서 82세의 과학자를 폭행하고 그에게 반유대주의적인 욕설을 퍼부은 사건이었다.

미국인이 연관된 사건으로는 브루나이에서 한 해 전인 2020년에 한 미국 시민이 "이슬람 외의 종교로 개종"한 후 샤리아 법에 근거한 브루나이 국내법 위반으로 추방당한 사례가 뒤늦게 알려졌다.

연구 분석 결과의 한계

퓨 연구소는 2007~2021년에 세계 여러 나라의 종교에 대한 정부규제지수와 사회적대지수와 함께 전체적인 분석 결과를 매년 발표했다. 방대한 자료를 취합하고 분석해서 산출한 연구 결과인 만큼 그 성과가 적지 않음을 알 수 있다. 해당 연도의 실태 분석 결과는 대개 1~2년 후에 발표되었는데 현재까지 가장 최신 분석인 2021년도 분석은 2024년 3월에 발표되었다. 2022년 미국 국무부의 「국제 종교 자유 연례 보고서」와 USCIRF의 「연례 보고서」 등의 자료가 나와 있지만, 이에 대한 퓨 연구소의 분석은 아직 발표되지 않고 있다.

여기서 검토한 퓨 연구소의 2017~2021년 실태 분석 결과에 나타난 추세를 볼 때, 전체적으로 중국과 러시아 모두 정부규제지수가 '매우 높음'으로 나타났다. 중국은 꾸준히 지수가 상승하는 모습을 보이고 있고, 러시아는 일정하게 지수가 유지되다가 조금씩 상승하고 있다. 사회적대지수의 경우 중국은 일정하게 낮거나 '보통'의 지수를 유지하는 반면에 러시아는 상승과 하락을 반복하고 있다. 하지만 러시아는 '매우 높음'에는 속하지 않았고 다만 중국보다는 상당히 높은 지수를 보여주고 있을 뿐이다.

중국과 러시아는 둘 다 권위주의 정권에 속하고 정부규제지수가 높지만, 사회적대지수는 중국은 낮고 러시아는 높다. 이는 중국에서는 특정 종교 집단에 대한 정부의 제한과 규제가 매우 심함을 보여주지만, 중국 사회에서 다른 종교에 대한 적대감이 낮은 것은 종교에 대한 관용tolerance이 높음을 말해준다. 반면에 러시아에서는 특정 종교 집단에 대한 정부의 제한과 규제가 심하다는 사실과 함께 러시아 사회에서도 다른 종교에 대한 적대감이 매우 높다는 것을 말해준다.

문제는 미국에서 트럼프가 등장한 후 정부에 의한 이슬람 금지법과 개인의 권리를 침해하는 종교의 자유에 대한 트럼프의 지지 발언 등이 있었던 2017년부터 그의 집권 1기 말까지 정부규제지수가 그 이전이나 이후와 거의 차이가 없는 것으로 나타났다는 사실에 있다. 또한 트럼프가 대선 캠페인을 통해 정치 무대에 등장한 2016년부터 그의 집권 1기 동안 종교와 관련된 여러 증오 범죄가 사회적으로 증가했음에도 불구하고 미국의 사회적대지수 또한 2017년에만 증가 추세를 보였을 뿐 트럼프의 나머지 임기 동안에는 평년과 같거나 하락한 수치를 보여줄 뿐이다.

특히 2021년 1월 6일 트럼프의 암묵적인 또는 노골적인 지원 아래 미국 국회의사당에 난입한 폭도들의 행태는 종교와 관련성이 분명한 사회 적대적인 행위임에 틀림없다. 그러나 트럼프 집권 1기에 대한 퓨 연구소의 분석에는 트럼프나 의사당 난입 등에 대한 언급이 없다. 물론 앞에서 확인했듯이 2017년 미국 사회적대지수 실태 보고에서 버지니아주 샬러츠빌에서의 백인 우월주의자들의 시위에 대한 언급은 있었다. 그러나 이 사건에 대한 트럼프의 양비론적인 평가 등에 대한 지적은 전혀 없다. 앞서 제2부의 트럼프와 관련한 여러 글에서 미국의 정치와 종교가 밀접하게 연관되어 '미국 백인 기독교 국가주의'의 형태가 나타났음을 보여주었다. 의사당 난입은 트럼프 지지자들이 대선 결과를 부정한 사건일 뿐만 아니라 기독교를 배경으로 하는 백인 우월주의자들의 인종차별적이고 종교 차별적인 행태가 집약적으로 드러난 사건이라는 점에서 퓨 연구소가 이에 대해 아무런 언급을 하지 않은 것은 유감이다. 미국에 대한 퓨 연구소의 연구 분석이 정치적인 이유나 다른 어떤 이유로 해서 한계를 지닌 것이 아닌가 한다.

주

프롤로그: 정치와 종교 - 이론적 논의

1 한강, 「바람이 분다, 가라」, ≪문학과사회≫, 제20권 3호(2007년 가을), 204쪽.
2 막스 베버와 에밀 뒤르켐의 연구를 바탕으로 설정한 주술(magic)과 종교(religion)의 이념형(ideal types)에서, 주술은 신 또는 어떤 절대적 존재를 움직여 인간을 이롭게 하는 것이다. 반면에 종교는 신 또는 어떤 절대 원리의 뜻에(in the light of) 따라 자기 삶에 대해 성찰하기를 요구한다. 따라서 주술은 이기적이고(egoistic), 종교는 보편주의를 추구하기에 이타적(altruistic)인 윤리를 요구한다. 한편 결과에 대한 책임에 있어서 주술은 그 책임을 신에게 지우는데 신이 인간의 요구를 들어주지 않았기 때문이다. 반면 종교는 신의 뜻이나 절대 원리에 입각한 삶을 살지 못한 인간에게 결과에 대한 책임이 돌아간다. 정태식, 「세속화 이론의 관점에서 본 종교의 정치참여 문제: 미국 개신교 근본주의를 중심으로」, 한국신학연구소, ≪신학사상≫, 제146집(2009), 312쪽, 각주 7.
3 *Merriam-Webster's Collegiate Dictionary*, 11th ed.(Springfield, MA: Merriam-Webster, 2003); *Longman Advanced American Dictionary*(Edinburgh Gate, Harlow, UK: Pearsun Education, 2005).
4 '공동체 종교'는 정치 단위와 종교 단위가 일치하는 것으로, 왕에서 노예까지 모든 국가 구성원이 같은 종교를 신봉하는 것이다. 따라서 다른 종교 신봉이나 일탈적 종교 행위는 종교에 대한 배신, 즉 배교(背敎)인 동시에 국가에 대한 반역 행위로 간주해 처벌 대상이 된다.
5 Bryan Wilson, *Religion in Secular Society*(London: Pelican Books, 1966).
6 'privatization'을 '사사화(私事化)'라고 번역해 종교가 사적인 일(private matter)이 되었음을 강조하기도 하지만 나는 '사유화(私有化)'라고 써야 한다고 주장한다. 이는 'private'의 의미가 근대 자본주의 사회의 중요한 용어인 '사유재산(private property)', '사적 소유권(private ownership)' 등에서처럼 소유적인 의미를 강하게 지니고 있기 때문이다. 사유화에 대한 자세한 논의를 위해 정태식, 「현대사회에서의 종교의 사회적 위치와 공공성」, 한국신학연구소, ≪신학사상≫, 제142집(2008)을 참조하길 바란다.
7 Peter Berger, *The Sacred Canopy: Elements of a Sociological Theory of Religion*(New York: Doubleday & Company, 1967).
8 Thomas Luckmann, *The Invisible Religion: The Problem of Religion in Modern Society*(London: The Macmillan Company, 1967).
9 Robert Bellah, "Civil Religion in American," American Academy of Arts &

Sciences, *Daedalus*, Vol. 96, No. 1(Winter, 1967).
10   Jose Casanova, *Public Religions in the Modern World*(Chicago: The University of Chicago Press, 1994).
11   미국 백인 기독교 근본주의는 정치적으로 미국 우선주의(예컨대 트럼프의 '아메리카 퍼스트'와 '미국을 다시 위대하게')를, 인종 문제에 있어서는 백인 우월주의, 외국인 혐오, 반유대주의, 유색인종 차별을, 젠더 이슈에서는 여성 차별, LGBTQ+ 배척을, 소수 종교와 관련해서는 이슬람 혐오 조장 등을 전개한다.
12   종교 의미체계의 중국화는 성서 등의 종교 경전 내용의 새로운 구성과 편집, 종교 신념 체계와 교리의 중국식 해석(전통적 고전이나 마르크스·레닌주의의 빛 아래서)을 요구한다. 종교 실천의 중국화에는 종교 건축물의 중국 전통문화 양식으로의 전환이 포함된다. 국가주의와는 다른 차원의 집단적 감성을 형성하고 있는 종교는 국가주의 정서를 구축하는 데 장애가 되기에 중국화되어야 한다는 것이다.

제1부 2024년 미국 대선과 종교

1   구체적으로 전체 유권자 중 둘 다 교체 49%, 바이든은 두고 트럼프만 교체 16%, 트럼프는 두고 바이든만 교체 18%, 둘 다 후보 유지 15%로 나타났다. 트럼프 지지자 중 둘 다 교체 35%, 트럼프는 두고 바이든만 교체 36%, 둘 다 후보 유지 27%이고, 바이든 지지자 중 둘 다 교체 62%, 바이든은 두고 트럼프만 교체 32%, 둘 다 후보 유지 4%였다. "In Tight Presidential Race, Voters Are Broadly Critical of Both Biden and Trump," *Pew Research Center*, April 24, 2024, https://www.pewresearch.org/politics/2024/04/24/in-tight-presidential-race-voters-are-broadly-critical-of-both-biden-and-trump.
2   같은 글.
3   Gregory A. Smith, "Voters' views of Trump and Biden differ sharply by religion," *Pew Research Center*, April 30, 2024, https://www.pewresearch.org/short-reads/2024/04/30/voters-views-of-trump-and-biden-differ-sharply-by-religion.
4   Deena Yellin, "Which religious groups back Trump and Harris? Shifting loyalties could swing the election," *NorthJersey.com*, November 3, 2024, https://www.northjersey.com/story/news/politics/elections/2024/11/01/which-religious-groups-back-trump-harris-shifts-could-sway-2024-race/75944564007.
5   Eva McKend and Arit John, "More than 1,000 faith leaders endorse Harris as vice president leans on her faith to turn out Black voters," *CNN*, October 27, 2024, https://edition.cnn.com/2024/10/27/politics/faith-leaders-harris-endorsement/index.html.

6 같은 글.

7 *Associate Press*, "WATCH: Trump speaks at National Faith Advisory Board summit in Powder Springs, Georgia," *PBS*, October 28, 2024, https://www.pbs.org/newshour/politics/trump-delivers-campaign-remarks-at-national-faith-advisory-board-summit-in-powder-springs-ga.

8 여기에서 언급하는 트럼프가 연루된 형사사건은 2023년 6월 13일에 ≪폴리티코(Politico)≫의 편집인들에 의해 처음 작성되었다가 2024년 미국 대선 다음 날인 11월 6일에 업그레이드된 법률 기사를 참고로 했다. POLITICO staff, "Tracking the Trump criminal cases: A definitive guide to the key players and legal risks in the four criminal probes of Donald Trump," *POLITICO*, November 6, 2024, https://www.politico.com/interactives/2023/trump-criminal-investigations-cases-tracker-list/#jan-six.

9 Ximena Bustillo, "Judge indefinitely postpones sentencing in Trump's hush money case," *NPR*, November 22, 2024, https://www.npr.org/2024/11/22/g-s1-35393/donald-trump-sentencing-hush-money-case.

10 Victoria Bekiempis and Maya Yang, "Trump hush-money case sentencing postponed indefinitely in New York," *The Guardian*, November 22, 2024, https://www.theguardian.com/us-news/2024/nov/22/trump-hush-money-case-sentencing.

11 Michael R. Sisak and Jennifer Peltz, "Judge sets Trump's sentencing in hush money case for Jan. 10, but signals no jail time," *AP News*, January 4, 2025, https://apnews.com/article/trump-hush-money-trial-a7e02ac952e3cd35a8d5d2c3ec6219e7; Graham Kates, Kathryn Watson, Katrina Kaufman, Shawna Mizelle and Nathalie Nieves, "Trump sentenced in felony 'hush money' case, released with no restrictions," *CBS News*, January 11, 2025, https://www.cbsnews.com/news/trump-sentencing-new-york-hush-money-case.

12 Kate Brumback, "Georgia appeals court cancels hearing in election interference case against Trump," *AP News*, November 19, 2024, https://apnews.com/article/georgia-election-interference-trump-willis-a632d5b066a8a85ff12f0b2bf8e60557.

13 Ryan J. Reilly and Ken Dilanian, "Judge agrees to dismiss Donald Trump's 2020 election interference case: President-elect Trump faced charges over his handling of classified documents and his efforts to overturn his 2020 election loss, which culminated in the U.S. Capitol attack," *NBC News*, November 26, 2024, https://www.nbcnews.com/politics/justice-department/jack-smith-files-drop-jan-6-charges-donald-trump-rcna181667.

14 트럼프의 신고립주의 전략에 관한 자세한 이해를 위해 조지타운 대학교의 찰스 컵찬(Charles Kupchan) 교수의 글을 참조하길 바란다. Charles Kupchan, "The Deep Roots of Trump's Isolationism: Democrats Need Their Own 'America First' Agenda," *Foreign Affairs*, September 9, 2024, https://www.foreignaffairs.com/united-states/deep-roots-trump-isolationism-america-first.

15 Julia Ainsley and Didi Martinez, "Trump plans to scrap policy restricting ICE arrests at churches, schools and hospitals," *NBC News*, December 24, 2024, https://www.nbcnews.com/investigations/trump-scrap-restriction-ice-arrests-churches-schools-rcna183688.

16 Rachel Dobkin, "15,000 Sign Petition Accusing Donald Trump of Violating Christian Values," *Newsweek*, December 25, 2024, https://www.newsweek.com/petition-donald-trump-immigration-christian-2005973.

제1부 제1장 트럼프, 바이든, 해리스의 신앙과 정치

1 Daniel Burke, "The Guilt-Free Gospel of Donald Trump," *CNN Politics*, October 24, 2016, https://edition.cnn.com/2016/10/21/politics/trump-religion-gospel/index.html; 2016년 4월 14일 당시 공화당 경선 중이던 트럼프는 라디오 인터뷰에서 가장 좋아하는 성서 구절이 무엇인지 묻는 앵커에게 "눈에는 눈"이라는 구절이라고 대답했다. Noland D. McCaskill, "Trump's favorite Bible verse: 'Eye for an eye'," *Politico*, April 14, 2016, https://www.politico.com/blogs/2016-gop-primary-live-updates-and-results/2016/04/trump-favorite-bible-verse-221954.

2 Stephen Mansfield, *The Faith of George W. Bush*(2003); *The Faith of Barack Obama*(2008).

3 Stephen Mansfield, *Choosing Donald Trump: God, Anger, Hope, and Why Christian Conservatives Supported Him*(Grand Rapids, Michigan: BakerBooks, 2017), p.70.

4 트럼프의 부친은 어린 트럼프를 애칭(pet name)으로 '왕'과 '킬러'로 불렀다. 자녀들이 승리하는 삶을 살게 하기 위해서였다. Mansfield, *Choosing Donald Trump*, pp.43~44.

5 같은 책, 68~69쪽; 트럼프의 부친은 아들이 거칠고, 집중력 있는, 결국 삭막한, 그리고 전면전과 같은 비즈니스에 몰두하는 왕과 킬러가 되기를 원했다. 같은 책, 64쪽.

6 "2024 PEW RESEARCH CENTER'S AMERICAN TRENDS PANEL WAVE 156 POLITICS SURVEY OCTOBER 2024," *Pew Research Center*, https://www.

pewresearch.org/wp-content/uploads/sites/20/2024/10/PP_2024.10.24_elect ion-security_topline.pdf.
7   같은 글.
8   Dalia Fahmy, "Most Americans don't see Trump as religious; fewer than half say they think he's Christian," *Pew Research Center*, March 25, 2020, https://www.pewresearch.org/short-reads/2020/03/25/most-americans-dont-see-trump-as-religious.
9   Jack Jenkins and Maina Mwaura, "Trump, confirmed a Presbyterian, now identifies as 'non-denominational Christian'," *RNS(Religion News Service)*, October 23, 2020, https://religionnews.com/2020/10/23/exclusive-trump-confirmed-a-presbyterian-now-identifies-as-non-denominational-christian.
10 Liam Dams, "What religion is Tim Walz, JD Vance? Does a candidate's religious background impact the presidential race?," *The Tennessean*, August 8, 2024, https://www.tennessean.com/story/news/religion/2024/08/08/donald-trump-kamala-harris-tim-walz-jd-vance-religion-election/74701607007.
11 Mansfield, *Choosing Donald Trump*, pp. 46~47.
12 Joe Sommerlad, "'The Lord says it is done': White House spiritual adviser Paula White prays for 'angels from Africa' to cement Trump's re-election," *Independent*, November 5, 2020, https://www.independent.co.uk/news/world/americas/us-election-2020/us-election-trump-paula-white-house-prayer-b1616014.html.
13 Mansfield, *Choosing Donald Trump*, pp. 77~79.
14 같은 책, 83~84쪽.
15 트럼프의 저술로는 *Think Like a Billionaire*(2004), *Think Big and Kick Ass*(2007), *Never Give Up*(2008), *Think Like a Champion*(2009) 등을 들 수 있다.
16 Mansfield, *Choosing Donald Trump*, p. 85.
17 Reinhold Niebuhr, *Beyond Tragedy: Essays on the Christian Interpretation of History*(New York: Charles Scribner's Sons, 1937), p. 11.
18 같은 책, 63쪽; Michael Kranish and Marc Fisher, *Trump Revealed: The American Journey of Ambition, Ego, Money, and Power*(New York: Scribner, 2017), p. 78에서 재인용했다.
19 Mansfield, *Choosing Donald Trump*, p. 72.
20 같은 책, 93쪽.
21 퓨 연구소 조사에 따르면 미국인의 3분의 2는 대통령은 깊은 종교적 신념을 지녀야 한다고 생각한다. Burke, "The Guilt-Free Gospel of Donald Trump." 그런

데 트럼프는 회개한 적도 없었으며, 성서에 관한 지식도 없어 「고린도 후서(The Second Epistle to the Corinthians, or 2 Corinthians)」를 "Second Corinthians" 로 읽어야 하는데 "Two Corinthians"라고 불러서 화제가 되었다. Tessa Berenson Rogers, "Donald Trump Receives Hero's Welcome at Liberty University," *TIME*, January 18, 2016, https://time.com/4184409/donald-trump-liberty-university/?utm_source=chatgpt.com.

22 Elizabeth Dias, "Inside Donald Trump's Private Meeting With Evangelicals," *TIME*, June 20, 2016, https://time.com/4375975/donald-trump-evangelical-conservative-leaders-meeting.

23 종교 우익의 트럼프 지지는 제2부 제3장에서 자세히 논하고 있다.

24 Burke, "The Guilt-Free Gospel of Donald Trump."

25 Mansfield, *Choosing Donald Trump*, p.97.

26 Mark I. Pinsky, "Where has Trump spiritual adviser Paula White gone?," *RNS*, September 12, 2024, https://religionnews.com/2024/09/12/where-has-trump-spiritual-adviser-paula-white-gone.

27 Bernd Debusmann Jr. and Merlyn Thomas, "Laura Loomer: Who is conspiracy theorist travelling with Trump?," *BBC*, September 14, 2024, https://www.bbc.com/news/articles/cly8y27dwgpo.

28 Donald J. Trump, *Great Again: How to Fix Our Crippled America* (Threshold Editions, 2016).

29 "A person who thinks only about building walls, wherever they may be, and not of building bridges, is not Christian," *BBC News*, "Pope Francis questions Donald Trump's Christianity," February 18, 2016, https://www.bbc.com/news/election-us-2016-35607597.

30 Meghan Keneally et al., "How the war of words between Trump and Pope Francis has evolved," *ABC News*, May 24, 2017, https://abcnews.go.com/Politics/war-words-trump-pope-francis-evolved/story?id=47582353.

31 Joseph Konig, "Republicans see Trump as a more of 'person of faith' than Biden, Pence, every 2024 GOP candidate," *Spectrum News*, September 28, 2023, https://ny1.com/nyc/all-boroughs/news/2023/09/28/religion-trump-biden-pence-evangelicals.

32 Frank Newport, "Jimmy Carter and the Challenge of Identifying Evangelicals," *Gallup*, March 24, 2023, https://news.gallup.com/opinion/polling-matters/472772/jimmy-carter-challenge-identifying-evangelicals.aspx.

33 Lori Amber Roessner, "How Jimmy Carter integrated his evangelical Christian

faith into his political work, despite mockery and misunderstanding," *The Conversation*, February 27, 2023, https://theconversation.com/how-jimmy-carter-integrated-his-evangelical-christian-faith-into-his-political-work-despite-mockery-and-misunderstanding-200412.
34 '카페 가톨릭'은 가톨릭교회의 특정한 공식 교리나 도덕적 가르침에 반대하는 가톨릭 신자다. 이 가톨릭 신자들은 성직자 계급의 제도적 가르침과 다른 생각을 주장하기도 하는데, 예컨대 사형 집행을 지지하거나 자위행위나 산아제한에 대한 도덕적 금지를 반대하는 것 등을 들 수 있다.
35 Zachary B. Wolf, "The politics of religion as Trump sells Bibles and Biden is criticized over Easter eggs," *CNN*, April 1, 2024, https://edition.cnn.com/2024/04/01/politics/religion-trump-biden-what-matters/index.html.
36 Alex Gangitano, "Biden balances Catholicism with hot-button 2024 issues," *The Hill*, January 19, 2024, https://thehill.com/homenews/campaign/4416788-biden-balances-catholicism-with-hot-button-2024-issues.
37 Patsy McGarry, "Joe Biden says his Catholicism a 'private matter' but it is a big part of his political ideology," *The Irish Times*, April 12, 2023, https://www.irishtimes.com/ireland/social-affairs/2023/04/12/catholic-joe-biden-puts-stops-at-knock-and-mayo-cathedral-on-irish-itinerary.
38 Gerard O'Connell, "Pope Francis: 'I have never denied Communion to anyone'," *America, The Jesuit Review*, September 15, 2021, https://www.americamagazine.org/faith/2021/09/15/pope-francis-biden-abortion-plane-241435.
39 Nicole Winfield, "Biden receives Communion in Rome amid debate in US," *PBS News*, October 30, 2021, https://www.pbs.org/newshour/world/biden-receives-communion-in-rome-amid-debate-in-us.
40 같은 글.
41 Samantha Waldenberg, "Republicans slam Biden for proclaiming Transgender Day of Visibility on Easter, though it's yearly observed on March 31," *CNN*, March 31, 2024, https://edition.cnn.com/2024/03/30/politics/easter-trans-day-visibility-trump-biden-johnson/index.html.
42 Asma Khalid, "How Joe Biden's Faith Shapes His Politics," *NPR*, September 20, 2020, https://www.npr.org/2020/09/20/913667325/how-joe-bidens-faith-shapes-his-politics.
43 Gregory A. Smith, "Voters' views of Trump and Biden differ sharply by religion," *Pew Research Center*, April 30, 2024, https://www.pewresearch.org/short-reads/2024/04/30/voters-views-of-trump-and-biden-differ-sharply-by-

religion.

44 로버트 퍼트넘·데이비드 캠벨, 『아메리칸 그레이스: 종교는 어떻게 사회를 분열시키고 통합하는가』, 정태식 외 옮김(페이퍼로드, 2016); [Robert D. Putnam and David E. Campbell, *American Grace: How Religion Divides and Unites Us* (New York: Simon & Schuster, 2012)].

45 Caryle Murphy, "Interfaith marriage is common in U.S., particularly among the recently wed," *Pew Research Center*, June 2, 2015, https://www.pewresearch.org/short-reads/2015/06/02/interfaith-marriage.

46 Thomas Luckmann, *The Invisible Religion: The Problem of Religion in Modern Society*(New York: The Macmillan Company, 1967).

47 메주자는 「신명기」 제6장 4~9절 및 제11장 13~21절의 명령에 따라 토라(tôrāh)의 특정 히브리어(Hebrew) 구절이 새겨진 양피지 조각으로, 유대인들은 이를 집의 문설주에 고정한다.

48 Yonat Shimron, "Kamala Harris' multi-religious identity is a map of the future," *National Catholic Reporter*, July 23, 2024, https://www.ncronline.org/news/kamala-harris-multi-religious-identity-map-future.

49 같은 글.

50 Paul Elie, "J. D. Vance's Radical Religion: How might the Republican V. P. nominee's conversion to conservative Catholicism influence his political world view?," *The New Yorker*, July 24, 2024, https://www.newyorker.com/news/daily-comment/j-d-vances-radical-religion.

51 같은 글.

52 Dams, "What religion is Tim Walz, JD Vance? Does a candidate's religious background impact the presidential race?."

53 "How Usha Chilukuri Vance's Hindu faith helped 'atheist' JD Vance rediscover Christianity," *The Times of India*, July 16, 2024, https://timesofindia.indiatimes.com/world/us/how-usha-chilukuri-vances-hindu-faith-helped-atheist-jd-vance-rediscover-christianity/articleshow/111778602.cms.

54 Elie, "J. D. Vance's Radical Religion: How might the Republican V. P. nominee's conversion to conservative Catholicism influence his political world view?,"; 홀리크로스 대학교의 종교학 교수인 매트 슈말츠(Mat Schmalz)는 이를 단순히 "영적인 것과 세상의 것을 통합하거나, 교회와 국가를 통합하는 것"이라는 개념으로 정의했다. 즉, 국가 이전의 교회(church before state)다. Molly Olmstead, "J. D. Vance Used to Be an Atheist. What He Believes Now Is Telling.: He's not an evangelical Christian. He's a Catholic - of a very specific type," *Slate*,

August 8, 2024, https://slate.com/life/2024/08/jd-vance-tim-walz-trump-kamala-religion.html.

55 Elie, "J. D. Vance's Radical Religion: How might the Republican V. P. nominee's conversion to conservative Catholicism influence his political world view?."

56 같은 글.

57 Olmstead, "J. D. Vance Used to Be an Atheist. What He Believes Now Is Telling."

58 같은 글.

59 같은 글.

60 같은 글.

61 같은 글.

62 같은 글.

63 같은 글.

64 같은 글.

65 Kelsey Dallas, "What Tim Walz has said about his faith," *Deseret News*, August 6, 2024, https://www.deseret.com/faith/2024/08/06/tim-walz-religion.

66 Matthew McDonald, "Tim Walz's Catholic Roots," *National Catholic Register*, August 19, 2024, https://www.ncregister.com/news/tim-walz-catholic-roots.

67 같은 글.

68 2022년의 돕스 대 잭슨여성보건기구 사건은 미국 수정헌법 제14조가 낙태권에 대한 보장을 포함하고 있는지를 결정한 연방 대법원의 판례다. 연방 대법원은 해당 사건에 대해 수정헌법 제14조는 낙태권에 대한 보장을 포함하지 않는다고 판결했다. 친트럼프 대법관들의 주도로 6 대 3으로 내려진 이 판결에 따라 여성의 성적 결정권을 국가가 간섭할 수 없다며 여성의 성적 자기 결정권을 보장한 기존의 로 대 웨이드 판례는 무효가 되었다.

69 Dallas, "What Tim Walz has said about his faith."

70 Hanna Seariac, "The record of Tim Walz with Minnesota religious communities," *Deseret News*, September 29, 2024, https://www.deseret.com/politics/2024/09/29/tim-walz-faith.

71 같은 글.

제1부 제2장 트럼프의 백악관 재입성에 따른 종교·이민·인권 정책 전망

1 Center for American Progress, "7 Ways the Biden Administration Advanced

Religious Liberty During Its First Year," *CAP 20*, February 25, 2022, https://www.americanprogress.org/article/7-ways-the-biden-administration-advanced-religious-liberty-during-its-first-year.

2   The White House, "Proclamation on Ending Discriminatory Bans on Entry to The United States," January 20, 2021, https://www.whitehouse.gov/briefing-room/presidential-actions/2021/01/20/proclamation-ending-discriminatory-bans-on-entry-to-the-united-states.

3   U.S. Department of Homeland Security, "Executive Order 13780: Protecting the Nation From Foreign Terrorist Entry Into the United States," January 2018, https://www.dhs.gov/sites/default/files/publications/Executive%20Order%2013780%20Section%2011%20Report%20-%20Final.pdf.

4   Presidential Documents, "Presidential Proclamation 9645: Enhancing Vetting Capabilities and Processes for Detecting Attempted Entry Into the United States by Terrorists or Other Public-Safety Threats," Immigration Policy Tracking Project, *Federal Register*, Vol.82, No.186(2017.9.24), https://immpolicytracking.org/policies/presidential-proclamation-restricts-visas-as-part-of-travel-ban-executive-order-13780/#/tab-policy-documents. 이에 따라 차드, 이란, 리비아, 북한, 소말리아, 시리아, 베네수엘라, 예멘 등으로부터의 미국 입국 비자가 금지되었다.

5   Supreme Court of The United States, "Trump, President of The United States, et al. v. Hawaii et al.: Certiorari to The United States Court of Appeals for the Ninth Circuit," No.17-965, Argued April 25, 2018 - Decided June 26, 2018, https://www.supremecourt.gov/opinions/17pdf/17-965_h315.pdf.

6   같은 글.

7   Center for American Progress, "7 Ways the Biden Administration Advanced Religious Liberty During Its First Year."

8   버락 오바마 대통령이 2012년 6월 15일 발표한 이 이민 정책은 특정 이민자들이 추방을 피하고 2년 동안 취업 허가를 받을 수 있도록 허용했으며, 주어진 기준을 충족할 경우 갱신할 수 있게 했다. 신청 가능한 이민자는 2012년 6월 15일 현재 31세 미만으로, 16세 미만에 미국에 왔고, 2007년부터 미국에서 거주했어야 한다. Janet Napolitano(Secretary of Homeland Security), "Exercising Prosecutorial Discretion with Respect to Individuals Who Came to the United States as Children," U.S. Department of Homeland Security, June 15, 2012, https://www.dhs.gov/xlibrary/assets/s1-exercising-prosecutorial-discretion-individuals-who-came-to-us-as-children.pdf.

9   Colleen Kraft, "AAP Statement Opposing Separation of Children and Parents

at the Border," *American Academy of Pediatrics*, May 8, 2018, https://docs.house.gov/meetings/IF/IF14/20180719/108572/HHRG-115-IF14-20180719-SD004.pdf.

10 Leila Schochet, "Trump's Immigration Policies Are Harming American Children: Immigration policies that target the parents of U.S. citizens have profound consequences for children's development, and for the economy," *CAP 20*, July 31, 2017, https://www.americanprogress.org/article/trumps-immigration-policies-harming-american-children.

11 Executive Office of the President, "Affording Congress an Opportunity To Address Family Separation," 'Executive Order 13841 of June 20, 2018,' June 25, 2018, https://www.federalregister.gov/documents/2018/06/25/2018-13696/affording-congress-an-opportunity-to-address-family-separation.

12 The White House, "Preserving and Fortifying Deferred Action for Childhood Arrivals(DACA)," January 20, 2021, https://www.whitehouse.gov/briefing-room/presidential-actions/2021/01/20/preserving-and-fortifying-deferred-action-for-childhood-arrivals-daca.

13 미국에서 법안(bill)이 법(law)이 되는 과정은 다음과 같다. 1단계: 상원 또는 하원 의원이 법안을 작성함(법안 제출 의원은 '스폰서', 지지 의원은 '공동 스폰서'), 2단계: 법안을 제출함(하원 스폰서는 하원에, 상원 스폰서는 상원에), 3단계: 법안을 위원회에 회부함. 청문회가 가능하며 조치가 없으면 폐지(dead)로 간주함, 4단계: 소위원회(subcommittee)에서 법안을 검토함(위원회가 법안 연구와 자체 청문회를 위해 소위원회에 회부함), 5단계: 위원회에서 법안을 수정함(법안을 추천하기 전에 수정안을 추가함). 위원회 법안에 찬성 투표하면 전체 의회에 보고[보고 법안 주문(ordering a bill reported)]하고, 반대 투표하면 폐지함, 6단계: 본회의에서 법안을 투표함. 본회의 추가 토론 후 투표로 법안을 통과 또는 부결함, 7단계: 하원이나 상원에서 통과된 법안의 상원이나 하원으로 회부 후 위원회를 거쳐 본회의로 이동함. 접수된 법안의 승인, 거부, 기각, 변경이 가능하고 또는 상·하원 간 조정 협의회의 구성이 가능함. 합의가 안 되면 법안은 폐지되고 합의가 되면 상원이나 하원에서 최종 법안 승인 투표함, 8단계: 대통령에게 법안을 전달함. 서명하면 법이 완성되고, 의회 개회 10일간 조치가 없으면 자동으로 법이 완성됨. 의회 휴회한 후 10일간 조치가 없으면 포켓 거부권(pocket vito)이 발생함, 9단계: 거부권의 무효화. 상원과 하원에서 각각 3분의 2 이상의 다수로 법안이 통과되면 대통령의 거부권이 무효화되고 법안이 법으로 완성됨.

14 NO BAN ACT ONE-PAGER, "NO BAN Act: National Origin-Based Antidiscrimination for Nonimmigrants Act," https://www.coons.senate.gov/imo/media/doc/NO%20BAN%20ACT%20ONE-PAGER.pdf.

15 U.S. Congress, "Summary: H.R.1333 - NO BAN Act," 117th Congress(2021-2022), https://www.congress.gov/bill/117th-congress/house-bill/1333.

16 The Times Editorial Board, "Editorial: The No Ban Act would limit the power of future President Trumps," *Los Angeles Times*, April 26, 2021, https://www.latimes.com/opinion/story/2021-04-26/no-ban-act-muslims-trump-immigration-visas.

17 Tom Gjelten, "Some Faith Leaders Call Equality Act Devastating; For Others, It's God's Will," *NPR*, March 10, 2021, https://www.npr.org/2021/03/10/974672313/some-faith-leaders-call-equality-act-devastating-for-others-its-gods-will.

18 The White House, "Statement by President Joseph R. Biden, Jr. on the Introduction of the Equality Act in Congress," February 19, 2021, https://www.whitehouse.gov/briefing-room/statements-releases/2021/02/19/statement-by-president-joseph-r-biden-jr-on-the-introduction-of-the-equality-act-in-congress.

19 The White House, "Pride is back at the White House," Gender Cool Project, June 25, 2021, https://gendercool.org/pride-is-back-at-the-white-house.

20 "President Biden issues proclamation restoring boundaries of Bears Ears National Monument," *Indianz.com*, October 8, 2021, https://indianz.com/News/2021/10/08/president-biden-issues-proclamation-restoring-boundaries-of-bears-ears-national-monument.

21 The White House, "FACT SHEET: National Strategy for Countering Domestic Terrorism," June 15, 2021, https://www.whitehouse.gov/briefing-room/statements-releases/2021/06/15/fact-sheet-national-strategy-for-countering-domestic-terrorism.

22 U.S. Congress, "S. 937: COVID-19 Hate Crimes Act," Authenticated U.S. Government Information, *Congress.gov*, January 3, 2021, https://www.congress.gov/117/bills/s937/BILLS-117s937enr.pdf.

23 2020년 12월 9일 노동부의 '연방 계약 준수 프로그램 사무소'는 종교적 면제의 범위와 적용을 명확히 하고자 최종 규칙을 발표하면서 종교적 면제에 대한 설명이 연방 정부 계약과 하청 계약, 그리고 연방 지원 건설 계약과 하청 계약을 맺은 조직이 자신의 의무를 더 잘 이해하는 데 도움이 될 것이라고 했다. Federal Contract Compliance Programs Office, "Implementing Legal Requirements Regarding the Equal Opportunity Clause's Religious Exemption," *Federal Register*, December 9, 2020, https://www.federalregister.gov/documents/2020/12/09/2020-26418/implementing-legal-requirements-regarding-the-equal-opportunity-cl

auses-religious-exemption.

그러나 이 규칙은 수백만 명의 노동자에 대한 시민권 보호를 약화시켜 직장에서 불법적인 차별에 더 취약하게 만드는 행정명령 제11246호의 종교적 면제 범위를 부당하게 확대하는 것으로, 기존 규칙의 유해한 영향을 시정 또는 예방하고 형평성, 공정성, 기회 평등을 촉진하기 위해 폐지되어야 한다는 평가를 받기도 했다. The Leadership Conference on Civil and Human Rights, "Comment on OFCCP Proposal To Rescind Implementing Legal Requirements Regarding the Equal Opportunity Clause's Religious Exemption, RIN 1250-AA09," December 9, 2021, https://civilrights.org/resource/comment-on-ofccp-proposal-to-rescind-implementing-legal-requirements-regarding-the-equal-opportunity-clauses-religious-exemption-rin-1250-aa09.

24 Department of Health and Human Services, "Protecting Statutory Conscience Rights in Health Care," May 2, 2019, https://www.hhs.gov/sites/default/files/final-conscience-rule.pdf.

25 U.S. Department of State, "Department of State Commission on Unalienable Rights, *Federal Register*, May 30, 2019, https://www.federalregister.gov/documents/2019/05/30/2019-11300/department-of-state-commission-on-unalienable-rights.

26 Michael R. Pompeo, "Unalienable Rights and U.S. Foreign Policy," *Wall Street Journal*, July 7, 2019, https://www.wsj.com/articles/unalienable-rights-and-u-s-foreign-policy-11562526448.

27 같은 글.

28 Lauretta Brown, "Pompeo Launches New 'Commission on Unalienable Rights': The new State Department commission seeks to provide an antidote to the contemporary manipulation of the understanding of human rights to advance preferred political agendas," *National Catholic Register*, July 13, 2019, https://www.ncregister.com/blog/pompeo-launches-new-commission-on-unalienable-rights.

29 같은 글.

30 Amnesty International, "Trump Administration Commission on Unalienable Rights Politicizes Human Rights for Hate," *Amnesty International USA*, July 8, 2019, https://www.amnestyusa.org/press-releases/trump-administration-commission-on-unalienable-rights-politicizes-human-rights-for-hate.

31 Roger Pilon, "Making Sense of the State Department's New Commission on Unalienable Rights: This endeavor to seat human rights discourse in America's founding principles is important, but it must be done right, failing which it

will undermine those principles," *Cato Institute*, June 13, 2019, https://www.cato.org/commentary/making-sense-state-departments-new-commission-unalienable-rights.

32 Ben Fox, "Pompeo says US should limit which human rights it defends," *AP News*, July 17, 2020, https://apnews.com/article/5ede767e136d846bdd06700f11ca51f2.

33 Julian Borger, "Pompeo claims private property and religious freedom are 'foremost' human rights," *The Guardian*, July 16, 2020, https://www.theguardian.com/us-news/2020/jul/16/pompeo-claims-private-property-and-religious-freedom-are-foremost-human-rights.

34 U.S. Department of State, "2020 Country Reports on Human Rights Practices," March 30, 2021, https://www.state.gov/reports/2020-country-reports-on-human-rights-practices.

35 출산 선택권은 출산과 관련된 인간의 권리를 다루는 개념으로, 출산할 권리와 하지 않을 권리를 말한다. 사람이라면 누구나 자신이 낳을 아이의 수와 터울을 자유롭고 책임 있게 결정하고, 정보와 교육, 자원을 가질 권리를 행사할 수 있어야 한다는 것이다. 이에 관해 카멀라 해리스 부통령은 2024년 민주당 전국 전당대회에서 대선 후보 수락 연설을 하며 '출산의 자유'가 보장되어야 한다고 언급했다. 한편 미국의 진보 단체인 미국시민자유연맹은 모든 사람이 부당한 정치적 간섭 없이 자녀를 가질지 여부와 시기에 관해 자신과 가족을 위해 최선의 결정을 내릴 수 있도록 출산의 자유를 보장해야 한다고 주장했다. ACLU, "Restore Our Rights: Reproductive Freedom NOW," https://action.aclu.org/reproductive-rights.

36 Richard Roth and Macgan Vazquez, "US officially rejoins controversial UN Human Rights Council," *CNN*, October 14, 2021, https://edition.cnn.com/2021/10/14/politics/us-united-nations-human-rights-council/index.html.

37 미국에는 '국가방위군'이라는 별도의 군사 조직이 존재한다. 국가방위군은 각 주에 의해 운영되며, 연방 정부의 명령을 받을 수 있는 병력이다. 이는 주 방위군(State National Guard)과 연방 국가방위군(Federal National Guard)으로 구분되는데, 주 방위군은 주 정부의 지휘 아래에서 주의 안전과 법을 수호하는 역할을 하며, 연방 국가방위군은 연방 정부의 명령에 따라 국가적인 비상사태나 군사적 필요가 있을 때 배치된다. 따라서 트럼프 대통령이 언급한 '국가방위군'은 연방 국가방위군을 의미하며, 이들은 주 방위군과는 별개로 연방 정부의 명령을 받아 활동한다.

38 Daniel Catchpole and Nate Raymond, "US judge temporarily blocks Trump's order restricting birthright citizenship," *Reuters*, January 24, 2025, https://www.reuters.com/world/us/us-judge-hear-states-bid-block-trump-birthright-

citizenship-order-2025-01-23.
39 Mychael Schnell and Mike Lillis, "Trump's bid to end birthright citizenship sparks GOP divisions," *Newsnation*, January 25, 2025, https://www.newsnationnow.com/politics/trumps-bid-to-end-birthright-citizenship-sparks-gop-divisions.
40 Lauren Fox, "Republicans struggle to answer for Trump's pardon of January 6 defendants just hours into his presidency," *CNN Politics*, January 21, 2025, https://edition.cnn.com/2025/01/21/politics/republicans-reaction-trump-pardons-january-6/index.html.

제2부 트럼프와 '미국 백인 기독교 국가주의'

1 Andrew J. Bacevich, "Angst in the Church of America the Redeemer," *Twilight of American Century*(Notre Dame, Indiana, University of Notre Dame Press, 2018), p.24.
2 알리 압바시(Ali Abbasi) 감독, 가브리엘 셔먼(Gabriel Sherman) 극본, 〈어프렌티스(The Apprentice)〉, 2024.
3 Maya Mehrara, "'The Apprentice' Movie Team Responds to Trump's Furious Screed Against It," *Newsweek*, October 15, 2024, https://www.newsweek.com/apprentice-movie-team-responds-trump-comments-1969167.
4 Margaret Hartmann, "All the Drama Around the New Trump Movie *The Apprentice*," *New York Magazine*: Intelligencer, October 22, 2024, https://nymag.com/intelligencer/article/trump-movie-the-apprentice-drama-guide.html.
5 여기서는 ≪뉴욕타임스≫ 베스트셀러 작가 스티븐 맨스필드의 *Choosing Donald Trump*를 참고했다. 맨스필드는 *The Faith of George W. Bush*와 *The Faith of Barack Obama*를 저술하기도 했다.
6 같은 책, 65쪽.
7 같은 책, 65쪽.
8 같은 책, 66~67쪽.
9 같은 책, 67쪽.
10 같은 책, 68쪽. 미국의 상당한 사립 초중고는 대학예비학교(college preparatory), 줄여서 예비학교(prep school)라는 이름으로 불리며, 고교까지 의무교육이기에 무료인 공립학교와 달리 학생이 비싼 등록금을 부담해야 하는 사립학교로 학생들 대부분은 기숙사에서 생활한다.
11 같은 책, 68쪽.

12 Jane Mayer, "Donald Trump's Ghostwriter Tells All," *The New Yorker*, June 18, 2016, https://www.newyorker.com/magazine/2016/07/25/donald-trumps-ghostwriter-tells-all.
13 "Donald Trump's Favorite Book," *MSNBC*, August 13, 2025, https://www.msnbc.com/all-in/watch/donald-trumps-favorite-book-505029187689.
14 Bacevich, "Angst in the Church of America the Redeemer," p. 23.
15 세 가지 승리의 규칙은 로이 콘 변호사가 미래의 대통령에게 가르쳤던 인생과 사업의 세 가지 신조(tenets of life and business)로『거래의 기술』에서 반복되었다고 시카고 영화비평협회 회장 브라이언 탈레리코는 말한다. Brian Tallerico, "The Apprentice," *RogerEbert.com*, October 10, 2024, https://www.rogerebert.com/reviews/the-apprentice-film-review.
16 Bacevich, "Angst in the Church of America the Redeemer," p. 30.
17 같은 책, 29~30쪽.
18 트럼프와 백인 우월주의의 동맹에 대한 제1장의 논의를 위해 정태식, 「트럼프의 정치적 등장 이후 급속하게 재등장한 '백인우월주의'에 대한 종교사회학적 일고찰」, ≪신학과 사회≫, 제35집 2호(2021년 5월), 203~234쪽을 수정하고 보완했다.
19 트럼프의 공포와 증오 정치에 대한 제2장의 논의를 위해 정태식, 「증오와 공포의 정치·종교 에토스에 대한 종교사회학적 일고찰: 미국 복음주의와 폭스뉴스, 그리고 트럼프를 중심으로」, ≪신학과 사회≫, 제34집 2호(2020년 5월), 73~107쪽을 수정하고 보완했다.
20 트럼프가 어떻게 복음주의 종교 우익과 결합했는지에 대한 제3장의 논의를 위해 정태식, 「2016 미국 대선에서 나타난 복음주의 종교 우익의 트럼프 지지에 대한 종교사회학적 연구」, ≪신학과 사회≫, 제33집 1호(2019년 2월), 123~150쪽을 수정하고 보완해 정리했다.
21 복음주의와 미국 국가주의의 결합을 가져온 기독교 종말론에 대한 제4장의 논의를 위해 정태식, 「종교성 지표로서의 종교국가주의: 복음주의 종말론과 미국 국가주의의 사회정치적 결합에 대한 역사사회학적 일고찰」, ≪현상과 인식≫, 제41권 4호(2017년 12월), 141~165쪽을 수정하고 보완했다.

제2부 제1장 트럼프와 백인 우월주의의 동맹

1 Ej Dickson, "What Did Trump Mean When He Told Proud Boys to 'Stand Back and Stand By'?," *RollingStone*, September 29, 2020, https://www.rollingstone.com/politics/politics-news/donald-trump-proud-boys-debate-1068580.
2 Alexandra Minna Stern, *Proud Boys and the White Ethnostate: How the Alt-*

　　　　Right is Warping the American Imagination(Boston, MA: Bacon Press, 2019), p.33, 71.
3　　Kelly Weill and Pervaiz Shallwani, "NYPD Looks to Charge 9 Proud Boys With Assault for Manhattan Fight," *The Daily Beast*, October 15, 2018, https://www.thedailybeast.com/nypd-looks-to-charge-9-proud-boys-with-assault-for-manhattan-fight.
4　　Jane Coaston, "The Proud Boys, explained: The far-right street fighting group has embraced violence - and Donald Trump," *Vox*, October 1, 2020, https://www.vox.com/2018/10/15/17978358/proud-boys-trump-biden-debate-violence.
5　　사회자 크리스 월리스(Chris Wallace)는 포틀랜드 등에서 일어난 시위에서 폭력을 저지른 백인 우월주의 단체와 민병대 단체를 비난할 수 있는지 트럼프에게 질문했다. 그러자 트럼프는 "할 수 있다"라고 답하면서도 거의 모든 문제는 우파가 아니라 안티파 등 좌파에게서 비롯된다고 주장했다. 바이든과 사회자가 지금 당장 그들을 비난하라고 재촉하자 트럼프는 주저하면서 어떤 단체를 말하는지 물었다. 바이든이 프라우드 보이스를 언급하자 트럼프는 "프라우드 보이스, 물러서서 대기하라(Stand back and stand by)"라고 했다.
6　　Keith Reilly, "Racist Incidents Are Up Since Donald Trump's Election. These Are Just a Few of Them," *TIME*, November 13, 2016, https://time.com/4569129/racist-anti-semitic-incidents-donald-trump.
7　　KKK단의 전 우두머리(Grand Wizard) 데이비드 듀크(David Duke)는 "우리는 나라를 되돌리려고 결심했다. 우리가 트럼프를 지지하고 그에게 투표한 것은 그가 나라를 되돌려 놓겠다고 약속했기 때문이다"라고 주장했다. Jon Meacham, "American Hate, A History," *TIME*, August 28, 2017, pp.36~37, https://time.com/4904290/american-hate-a-history.
8　　Erika K. Wilson, "The Legal Foundation of White Supremacy," *DePaul Journal for Social Justice*, Vol.11, Iss.2(Summer 2018), pp.2~3, https://via.library.depaul.edu/cgi/viewcontent.cgi?article=1168&context=jsj.
9　　Sheri Berman, "Why identity politics benefits the right more that the left," *The Guardian*, September 14, 2018, https://www.theguardian.com/commentisfree/2018/jul/14/identity-politics-right-left-trump-racism.
10　Karen Stenner, *The Authoritarian Dynamic*(Cambridge: Cambridge University Press, 2005), p.4.
11　Leonard Zeskind, *The "Christian Identity" Movement: Analyzing Its Theological Rationalization for Racist and Anti-Semitic Violence*(Atlanta, GA: Center for Democratic Renewal, 1986), p.7.

12 같은 책, 7쪽.
13 1980년대의 인종차별에 대해서는 James Coates, *Armed and Dangerous: The Rise of the Survivalist Right*(NY: Hill and Wang, 1987)를 참조하길 바란다.
14 Zeskind, *The "Christian Identity" Movement*, pp. 16~20.
15 같은 책, 15쪽.
16 「시온 장로 의정서」는 반유대주의를 조장하는 위조문서로, 유대인들이 전 세계를 정복하기 위해 세웠다는 계획을 내용으로 하고 있다. 1903년 러시아에서 처음 출판된 이후 20세기 초반에 전 세계로 퍼져나갔고, 아돌프 히틀러는 『나의 투쟁(Mein Kampf)』(1925)을 쓰기 전에 이 책을 유대인 학살의 명분으로 활용했다. 헨리 포드가 이 문서를 책으로 만들어 50만 부를 찍어 돌리자 히틀러는 포드를 자기가 유일하게 존경하는 미국인으로 꼽았다.
17 *The International Jews: The World's Foremost Problem*라는 제목으로 출판은 포드가 했지만 실제로는 신문 편집장 윌리엄 캐머런(William Cameron)이 썼다. Zeskind, *The "Christian Identity" Movement*, p. 12.
18 Tanya Telfair Sharpe, "The Identity Christian Movement: Ideology of Domestic Terrorism," *Journal of Black Studies*, March 2000, p. 606, https://www.jstor.org/stable/2645906?seq=1.
19 Anthony DiMaggio, "Transcending Race? Obama's Victory & the 'End' of Racism," *Counterpunch Magazine*, Weekend edition, November 14/16, 2008, https://www.counterpunch.org/2008/11/14/transcending-race.
20 Wilson, "The Legal Foundation of White Supremacy," p. 2.
21 "Sharp Rise in the Share of Americans Saying Jews Face Discrimination: Discrimination seen as widespread against Muslims, other groups," *Pew Research Center*, April 15, 2019, https://www.pewresearch.org/politics/2019/04/15/sharp-rise-in-the-share-of-americans-saying-jews-face-discrimination.
22 리처드 스펜서는 극우의 새로운 용어인 '대안 우파'를 대중화한 인물이다. '평화로운 인종 청소'가 필요하다는 인종주의자이자 국가주의자인 그는 백인종의 "생물학적이고 문화적인 연속성"에 헌신하며 백인종 국가(white ethno-state) 건립과 수천만 명의 비백인종 청소를 목표로 하는 인종주의 단체인 국가정책연구원의 수장이다. Peter Kivisto, *The Trump Phenomenon: How the Politics of Populism Won in 2016*(UK: Emerald Publishing Limited, 2017), pp. 56~57. 트럼프의 전 수석 전략가 스티브 배넌은 자신의 웹사이트 브라이트바트뉴스에서 스펜서를 지도적인 대안 우파 지식인이라고 칭송했다. Jeremy Stahl, "Meet the Neo-Nazi Whom Steve Bannon's Site Described as a leading 'Intellectual'," *State*, November 21, 2016, https://slate.com/news-and-politics/2016/11/meet-

the-neo-nazi-steve-bannons-site-described-as-a-leading-intellectual.html.

23 David Newwert, "Trump's Dance Around the Racism, Violence Drawn to His Campaign Appears to Encourage It," *Southern Poverty Law Center*, 'Hatewatch,' August 9, 2016, https://www.splcenter.org/hatewatch/2016/08/09/trumps-dance-around-racism-violence-drawn-his-campaign-appears-encourage-it.

24 같은 글.

25 Allison Michaels, "Trump and race: How the president's rhetoric and policies divided us," Podcast of "Can He Do That?," *The Washington Post*, October 27, 2020, https://www.washingtonpost.com/podcasts/can-he-do-that/trump-and-race-how-the-presidents-rhetoric-and-policies-divided-us-1.

26 이에 관한 자세한 내용은 제2부 제3장에서 다루고 있다.

27 제2부 제3장을 참조하길 바란다.

28 Ta-Nehisi Coates, "The First White President: The foundation of Donald Trump's presidency is the negation of Barack Obama's legacy," *The Atlantic*, October 2017, https://www.theatlantic.com/magazine/archive/2017/10/the-first-white-president-ta-nehisi-coates/537909.

29 같은 글.

30 Michaels, "Trump and race," Podcast of "Can He Do That?."

31 "Trump: I'm the least racist person anybody is going to meet," *BBC News*, January 26, 2018, https://www.bbc.com/news/av/uk-42830165.

32 'Libertarianism'은 자유(liberty)를 최고의 정치적 목표로 내세우는 정치철학으로 개인의 자유 우선권, 정치적 자유, 자율적 협의를 강조한다. 정치적으로는 독재주의(authoritarianism)의 대립 개념으로 정부의 권위나 정부의 통제에 회의적이고, 경제적으로는 자유방임주의(laissez-faire)와 사유재산권을 지지한다. 도덕 차원에서는 자수성가한 인간은 재산권 획득의 도덕적 정당성을 지닌다고 믿는다. 평등이나 우애보다 자유를 더욱 강조하는 이유는 봉건 질서를 중심으로 하는 중세의 중상주의가 중산층의 상업 추구를 과도하게 억압했기 때문이다. Reinhold Niebuhr, *Beyond Tragedy: Essays on the Christian Interpretation of History* (New York: Charles Scribner's Son, 1937), pp. 34~35; 정태식, 『거룩한 제국: 아메리카, 종교, 국가주의』(페이퍼로드, 2015), 323쪽 각주 44. 따라서 대기업이나 억만장자들의 경제적 이기주의를 논리 정연하게 정당화한다. '자유지상주의(自由至上主義)', '자유의지주의(自由意志主義)', '자유인주의(自由人主義)' 등으로 옮길 수 있으나 여기서는 '자유의지주의'로 옮긴다.

33 '우익이여 연합하라'의 버지니아주 샬러츠빌 집회를 주도한 1978년생 리처드 스

펜서가 한 파시스트 스타일의 머리를 말한다.

34 Heidi Berich and Susy Buchanan, "2017: The Year in Hate and Extremism," *Southern Poverty Law Center*, 'INTELLIGENT REPORT,' February 11, 2018, https://www.splcenter.org/fighting-hate/intelligence-report/2018/2017-year-hate-and-extremism.

35 Stuart A. Wright, *Patriots, Politics, and Oklahoma City Bombing*(Cambridge: Cambridge University Press, 2007.12); Michael Barkun, *Religion and the Racist Right: The Origins of the Christian Identity Movement*(Chapel Hill: The University of North Carolina Press, 1997), pp.268~269.

제2부 제2장 공포와 증오 정치: 트럼프와 폭스뉴스

1 Nina Burleigh, "After Midterm Elections, Can Donald Trump and Republicans Still Count on Young Evangelicals? White Christian Voting Block is Shrinking," *Newsweek*, November 8, 2018, https://www.newsweek.com/midterms-trump-evangelicals-politics-1205987.

2 Mark Galli, "Trump Should Be Removed from Office," *Christianity Today*, December 19, 2019, https://www.christianitytoday.com/ct/2019/december-web-only/trump-should-be-removed-from-office.html.

3 Ronald L. Trowbridge, "Hatred will reelect Trump," *The Hill*, February 5, 2020, https://thehill.com/opinion/campaign/481431-hatred-will-reelect-trump.

4 기독교 미국 국가주의에 관한 연구로 정태식, 「기독교 재구성주의의 미국 국가주의의 형성과 복음주의의 정치회와의 관계에 대한 종교사회학적 일고찰: 의미체계의 형성과정을 중심으로」, 한국신학연구소, ≪신학사상≫, 제174집(2016), 174쪽을 참조하길 바란다.

5 2020년 1월 4일 트럼프는 가셈 솔레이마니(Qasem Soleimani) 이란 혁명수비대 사령관을 살해한 일이 정당방위였다고 주장하며 미국인과 미국의 국익을 위해서는 이란의 문화 유적도 공격할 수 있다고 했다. 이는 문화 시설에 대한 공격과 위협을 금지하는 1954년 헤이그 협약(Hague Convention)을 부정한 것이다.

6 Amy Sullivan, "America's New Religion: Fox Evangelicalism," *The New York Times*, December 15, 2017, https://www.nytimes.com/2017/12/15/opinion/sunday/war-christmas-evangelicals.html.

7 Ronald Franco, "Fox Evangelicalism," *City Father*, December 18, 2017, http://rfrancocsp.blogspot.com/2017/12/fox-evangelicalism.html.

8 Holly Yan, Kristina Sgueglia and Kylie Walker, "'Make America White Again':

Hate speech and crimes post-election," *CNN*, December 22, 2016, https://edition.cnn.com/2016/11/10/us/post-election-hate-crimes-and-fears-trnd/index.html.

9   Katie Reilly, "Racist Incidents Are Up Since Donald Trump's Election. These Are Just a Few of Them," *TIME*, November 3, 2016, https://time.com/4569129/racist-anti-semitic-incidents-donald-trump.

10 Irin Carmon, "Southern Poverty Law Center Reports 'Outbreak of Hate' After Election," *NBC News*, November 30, 2016, https://www.nbcnews.com/news/us-news/southern-poverty-law-center-reports-outbreak-hate-after-election-n689601.

11 Reilly, "Racist Incidents Are Up Since Donald Trump's Election. These Are Just a Few of Them."

12 '대안적 사실'은 트럼프 대통령 고문 켈리앤 콘웨이(Kellyanne Conway)가 2017년 〈미트 더 프레스(Meet the Press)〉 인터뷰에서 사용한 어구다. 여기서 그녀는 백악관 언론 담당 비서 숀 스파이서(Sean Spicer)가 트럼프 취임식의 참가자 수를 허위 보고한 일을 방어하며 이 표현을 사용했다. 진행자 척 토드(Chuck Todd)가 왜 스파이서가 쉽게 드러날 거짓말을 했는지 묻자, 콘웨이는 스파이서가 '대안적 사실'을 말했을 뿐이라고 대답했다. Aaron Blake, "Kellyanne Conway says Donald Trump's team has 'alternative facts.' Which pretty much says it all," *The Washington Post*, January 22, 2017, https://www.washingtonpost.com/news/the-fix/wp/2017/01/22/kellyanne-conway-says-donald-trumps-team-has-alternate-facts-which-pretty-much-says-it-all. 그러면서 대안적 사실은 '추가 사실 및 대체 정보(additional facts and alternative information)'라고 정의했다. Olivia Nuzzi, "Kellyanne Conway Is a Star," *New York Magazine*: Intelligencer, March 2017, https://nymag.com/intelligencer/2017/03/kellyanne-conway-trumps-first-lady.html.

13 Akash Goel and Andrew Goldstein, "Donald Trump and the Epidemiology of Hate," *TIME*, November 22, 2016, https://time.com/4578814/donald-trump-spread-of-hate.

14 Catherine Lucey, "Trump salutes 2nd Amendment, urges NRA members to vote GOP," *The Salt Lake Tribune*, May 4, 2018, https://www.sltrib.com/news/nation-world/2018/05/04/trump-salutes-2nd-amendment-urges-nra-members-to-vote-gop. 미국 수정헌법 제2조는 "규율을 갖춘 민병대는 자유로운 주 정부의 안보에 필요하므로, 무기를 소유하고 휴대할 수 있는 국민의 권리가 침해를 받아서는 안 된다"라고 규정한다.

15 Bobby Ross Jr., "'Jesus loves me and my guns': Faith and firearms touted at

the NRA's prayer breakfast," *The Washington Post*, May 5, 2017, https://www.washingtonpost.com/news/acts-of-faith/wp/2018/05/07/jesus-loves-me-and-my-guns-faith-and-firearms-touted-at-the-nras-prayer-breakfast.

16 하나의 주제에 대해 부정적인 빛을 발하는 검증 가능한 진실을 보고하는 대신 정권에 유익한 사실로 대체함으로써 언론을 통제하고 선전 정보를 만들어내 사람들을 혼란하게 하려는 시도로 대안적 사실은 부분적 진실을 지닌 가짜 뉴스라고 할 수 있다.

17 Archie Smith Jr., "Jim Jones and Donald Trump: Is There a Parallel?," *The Jonestown Report*, Vol. 18, October 19, 2016.

18 Susie Meister, "The Legacy of Jim Jones and the Cult of Donald Trump," *Medium*, November 20, 2013, https://medium.com/@susiemeister/the-legacy-of-jim-jones-and-the-cult-of-donald-trump-116fd56aa612.

19 Brian Klaas, "A Short history of President Trump's anti-Muslim bigotry," *The Washington Post*, March 15, 2019, https://www.washingtonpost.com/opinions/2019/03/15/short-history-president-trumps-anti-muslim-bigotry.

20 Mpower Change, "86 Times Donald Trump Displayed or Promoted Islamophobia: Just in case SCOTUS needs any more evidence of the xenophobic, bigoted intent behind Trump's Muslim Ban," *Medium*, April 19, 2018, https://medium.com/nilc/86-times-donald-trump-displayed-or-promoted-islamophobia-49e67584ac10.

21 같은 글.

22 1980년 8월 21일 댈러스의 기독교 우익 집회에 모인 1만 5000명에게 공화당 대선 후보 로널드 레이건은 "여러분이 나를 인정하지 않는 것을 잘 알고 있습니다. 그러나 내가 여러분과 여러분이 하는 일을 인정한다는 것을 알기 바랍니다"라고 말했다. Daniel K. Williams, "Reagan's Religious Right: The Unlikely Alliance between Southern Evangelicals and a California Conservative," C. Hudson and G. Davies(eds.), *Ronald Reagan and the 1980s: Perceptions, Policies, Legacies*(New York: Palgrave Macmillan, 2008), p. 140.

23 John Fea, *Believe Me: The Evangelical Road to Donald Trump*(Grand Rapids, Michigan: William B. Ferdmans Publishing Company, 2018), p. 75.

24 Jeremy Diamond, "Donald Trump takes Liberty, courts Christian crowd," *CNN*, January 19, 2016, https://edition.cnn.com/2016/01/18/politics/donald-trump-liberty-two-corinthians/index.html.

25 Jonathan Merritt, "Trump's Bible Fail: The Republican front-runner named his favorite verse - now, if only he knew what it meant," *The Atlantic*, April 15,

2016, https://www.theatlantic.com/politics/archive/2016/04/trumps-bible-fail/478425.

26　Fea, *Believe Me*, p.7.

27　Janelle S. Wong, "This is why white evangelicals still support Donald Trump (It's not economic anxiety)," *The Washington Post*, June 19, 2018, https://www.washingtonpost.com/news/monkey-cage/wp/2018/06/19/white-evangelicals-still-support-donald-trump-because-theyre-more-conservative-than-other-evangelicals-this-is-why; *Immigrants, Evangelicals, and Politics in an Era of Demographic Change*(New York: Russel Sage Foundation, 2018).

28　Sheri Berman, "Why identity politics benefits the right more than the left," *The Guardian*, September 14, 2018, https://www.theguardian.com/commentisfree/2018/jul/14/identity-politics-right-left-trump-racism.

29　Stephen Mansfield, *Choosing Donald Trump: God, Anger, Hope, and Why Christian Conservatives Supported Him*(Grand Rapids, Michigan: BakerBooks, 2017), p.69.

30　뉴욕에서 로이 콘과 함께한 부동산업에 관해서는 같은 책, 64~70쪽.

31　백악관에 자주 드나드는 복음주의 종교 지도자들이다. Fea, *Believe Me*, p.8.

32　Peter Kivisto, *The Trump Phenomenon: How the Politics of Populism Won in 2016*(UK: Emerald Publishing Limited, 2017), p.13.

33　같은 책, 13쪽.

34　같은 책, 21쪽.

35　Mansfield, *Choosing Donald Trump*, p.68.

36　Eugene Robinson, "Is Donald Trump just plain crazy?," *The Washington Post*, August 1, 2016, https://www.washingtonpost.com/opinions/is-donald-trump-just-plain-crazy/2016/08/01/cd171e86-581d-11e6-831d-0324760ca856_story.html.

37　Kivisto, *The Trump Phenomenon*, p.25.

38　같은 책, 30~32쪽.

39　Fea, *Believe Me*, pp.93~95.

40　Kivisto, *The Trump Phenomenon*, pp.32~33.

41　William Finnegan, "Donald Trump and the 'Amazing' Alex Jones," *The New Yorker*, June 23, 2016, https://www.newyorker.com/news/daily-comment/donald-trump-and-the-amazing-alex-jones.

42　미국의 대표적인 케이블 채널은 폭스, CNN, MSNBC인데, 이들 케이블 채널에 대한 유권자의 시청률은 10~15%에 이른다. 그런데 폭스뉴스를 보는 사람들은 다

른 채널을 보지 않기에 오직 우익 미디어의 채널에만 노출되어 있을 뿐이다.
43 Sullivan, "America's New Religion: Fox Evangelicalism."
44 Jason Schwarthz, "Fox, facing new competitors, clings tighter to Trump," *Politico*, November 9, 2017, https://www.politico.com/story/2017/11/09/fox-news-trump-presidency-244712.
45 Nick Corasaniti, "With Roger Ailes Out, Will Fox News's Influence on Politics Change?," *The New York Times*, July 22, 2016, https://www.nytimes.com/2016/07/23/business/media/with-roger-ailes-out-will-fox-newss-influence-on-politics-change.html.
46 같은 글.
47 Shadia B. Drury, "The Foxification Of American Democracy, Part 1," *Free Inquiry*, Vol.36, No.6(October/November 2016), https://secularhumanism.org/2016/09/cont-the-foxification-of-american-democracy-part-1; Corasaniti, "With Roger Ailes Out, Will Fox News's Influence on Politics Change?."
48 Daniel Dale, Nicole Gaouette and Zachary Cohen, "Fact check: Trump repeats exaggeration about Obama and the Iran deal," *CNN*, January 8, 2020, https://edition.cnn.com/videos/politics/2020/01/10/trump-obama-iran-deal-fact-check-tapper-org.cnn.
49 Drury, "The Foxification Of American Democracy, Part 1."
50 Corasaniti, "With Roger Ailes Out, Will Fox News's Influence on Politics Change?."
51 Drury, "The Foxification Of American Democracy, Part 1."
52 Jill Lepore, *These Truth: History of United States*(New York: W.W. Norton & Company, 2018), pp.726~727, 731~732.

제2부 제3장 트럼프와 복음주의 종교 우익의 결합

1 여기서 '긴장'과 '타협'은 가치중립적 용어로 사용한다. 하지만 타협의 결과 각 영역은 내적 모순에 처하게 되며 비판의 대상이 되기가 쉽다. 타협이 낳는 모순은 상대적인 정치의 절대화와 절대적인 종교의 상대화다. Randall Balmer, *God in the White House: A History - How Faith Shaped the Presidency from John F. Kennedy to George W. Bush*(New York: Harper One, 2008), p.165.
2 트럼프는 2015년 신앙과 관련해서 자신은 결코 신에게 용서를 구한 적이 없다고 말했다. 대선 캠페인 중에도 가장 좋아하는 책이 성서라고 했지만 좋아하는 구절에 관한 질문에는 답을 피했다. Trip Gabriel and Michael Luo, "A Born-Again

Donald Trump? Believe It, Evangelical Leader Says," *The New York Times*, June 25, 2016, https://www.nytimes.com/2016/06/26/us/politics/a-born-again-donald-trump-believe-it-evangelical-leader-says.html.

3 오클라호마 주립대학교의 종교사회학자인 새뮤얼 페리(Samuel Perry)는 "복음주의 개신교인들은 성(性)과 관련된 죄가 모든 죄의 어머니라고 믿는다. 그것은 가장 추잡하고, 가장 저주받을 만하며, 가장 수치스러운 죄다"라고 주장한다. Tom Gjelten, "For Evangelicals, A Year Of Reckoning On Sexual Sin And Support For Donald Trump," *NPR*, December 24, 2018에서 인용했다. https://www.npr.org/2018/12/24/678390550/for-evangelicals-a-year-of-reckoning-on-sexual-sin-and-support-for-donald-trump?utm_source=Pew+Research+Center&utm_campaign=3ccb9c05ed-EMAIL_CAMPAIGN_2018_12_25_09_55&utm_medium=email&utm_term=0_3e953b9b70-3ccb9c05ed-400355729.

4 페니 에드겔은 트럼프를 지지하는 유권자들은 주로 백인으로 대부분은 깊은 신앙을 가지고 있으며 그렇지 않더라도 '문화 기독교', 즉 기독교 전통을 미국 시민 생활의 근거가 되고 국가 정체성을 불러일으키는 것으로 이해한다고 한다. Penny Edgell, "An Agenda for Research on American Religion in Light of the 2016 Election," *Sociology of Religion*, Vol.78, No.1(2017), p.2. https://academic.oup.com/socrel/article/78/1/1/3076869.

5 행위자의 행위를 자극하는 여러 가지 외부적 맥락이다.

6 사전적으로 결의론(決疑論)은 도덕적 딜레마를 해결하는 논리 전개 방식으로 정의한다. 도덕적 모순을 그럴듯한 논증으로 해결하려는 시도이며, 비판적이고 경멸적인 용어로도 쓰인다. 기존의 윤리 이론이나 원리의 연역적 적용이 상황에 대한 능동적 대치 능력이 떨어진다면, 결의론은 개별 사례의 미묘한 차이 해석 방식으로서 실천 영역에서 문제를 해결하는 장점이 있다. 예컨대 불치병 환자가 고통스러운 삶보다 안락사를 원할 때 '살인하지 말라'는 규범을 내세워 안락사를 금하는 원칙주의와 달리 결의론적 해결책은 환자의 고통 완화라는 또 다른 차원의 가치를 제시함으로써 안락사에 대한 도덕적 정당화를 끌어낸다. 이로써 '살인하지 말라'는 당위와 안락사 요구의 현실 간의 모순을 의미상으로 해결한다. 이을상, 「생명윤리(학)의 접근방법과 도덕적 정당화를 위한 규범 이론적 근거의 모색」, 새한철학회, ≪철학논총≫, 제46집(2006), 277~279쪽.

7 Lawrence Mishel, Elise Gould and Josh Bivens, "Wage Stagnation in Nine Charts," *Economic Policy Institute*, January 6, 2015, https://www.epi.org/publication/charting-wage-stagnation.

8 같은 글.

9 Diana Hembree, "CEO Pay Skyrockets To 361 Times That Of The Average Worker," *Fobes*, May 22, 2018, https://www.forbes.com/sites/dianahembree/

2018/05/22/ceo-pay-skyrockets-to-361-times-that-of-the-average-worker.

10 Michael Moore, "Five Reasons Why Trump Will Win," https://michaelmoore.com/trumpwillwin.

11 Edgell, "An Agenda for Research on American Religion in Light of the 2016 Election," p. 3.

12 Brian F. Schaffner, Matthew MacWilliams and Tatishe Nteta, "Explaining White Polarization in the 2016 Vote for President: The Sobering Role of Racism and Sexism," Paper presented at the conference on The U.S. Elections of 2016: Domestic and International Aspects, IDC Herzliya Campus, January 8~9, 2017, p. 1, http://people.umass.edu/schaffne/schaffner_et_al_IDC_conference.pdf.

13 로버트 퍼트넘, 『우리 아이들: 빈부격차는 어떻게 미래 세대를 파괴하는가』, 정태식 옮김(페이퍼로드, 2016).

14 샤프너 등이 인용한 데이터는 《뉴욕타임스》가 1980년대 이후의 전국 대선 출구조사 결과를 집계한 것이다. 대학 학위 소지자와 미소지자 간의 차이가 1980년에서 1996년까지는 5%를 넘은 적이 없었지만, 2000년에는 눈에 띄게 차이가 생겨 학위 미소지 백인들의 공화당 대선 후보 지지가 늘어나기 시작했으며 2000년에서 2012년까지는 차이가 5~7%p 정도 되었다. 그러다가 2016년에 차이가 18%p에 이르렀다. 학위 미소지 백인들의 70% 이상이 트럼프를 지지한 것이다. Schaffner, MacWilliams and Nteta, "Explaining White Polarization in the 2016 Vote for President," p. 3.

15 같은 글, 3~4쪽.

16 연구의 결론은 경제적 불만이 부분적인 이유가 되지만 영향력은 미미하고 인종주의와 성차별주의가 대학 학위 미소지자들의 트럼프 선택에서 더 중요한 요인이 되었다는 것이다. 같은 글, 24~25쪽.

17 같은 글, 7~8쪽.

18 Edgell, "An Agenda for Research on American Religion in Light of the 2016 Election," p. 4.

19 Nicholas A. Valentino, Fabian G. Neuner and L. Matthew Vandenbroek, "The Changing Norms of Racial Political Rhetoric and the End of Racial Priming," *The Journal of Politics*, Vol. 80, No. 3(July 2018); Schaffner, MacWilliams and Nteta, "Explaining White Polarization in the 2016 Vote for President," p. 6에서 재인용했다.

20 트럼프가 대통령이 된 후 우익의 정치 수사법은 인종차별을 보다 공개적으로 표출하게 되었고, 외국인 혐오를 더욱 표방하게 되었으며, 복음주의 내에서도 유색

인종에 대한 적대감이 말로 표현되기도 했다. Eliza Griswold, "Evangelicals of Color Fight Back Against the Religious Right," *The New Yorker*, December 26, 2018, https://www.newyorker.com/news/on-religion/evangelicals-of-color-fight-back-against-the-religious-right.

21　트럼프에게 투표한 유권자의 4분의 3은 이슬람이 위협이 된다고 답해 힐러리 지지자의 18%를 훨씬 능가했다. 더 나아가 트럼프 지지자의 81%는 중동에서 온 난민들이 테러의 위협이 된다고 답했지만, 힐러리 지지자는 12%에 그쳤다. Adelle M. Banks, "Survey offers data for worldview of Trump voters," *Christian Century*, October 10, 2017, https://www.christiancentury.org/article/news/survey-offers-data-worldview-trump-voters.

22　Emily Ekins, "The Five Types of Trump Voters: Who They Are and What They Believe," A Research Report from the Democracy Fund Voter Study Group, June 2017, https://www.voterstudygroup.org/publication/the-five-types-trump-voters. 예비 경선과 대선에서 트럼프를 지지한 8000명을 인터뷰한 결과로 철저한 보수주의자(staunch conservatives, 31%), 자유시장주의자(free marketeers, 25%), '미국 보호주의자(American preservationists, 20%), 반엘리트주의(anti-elites, 19%), 해방주의자(disengaged, 5%) 등의 집단이다.

23　Edgell, "An Agenda for Research on American Religion in Light of the 2016 Election," p. 3.

24　같은 글, 3~4쪽.

25　Christopher Ingraham, "The richest 1 percent now owns more of the country's wealth than at any time in the past 50 years," *The Washington Post*, December 6, 2017, https://www.washingtonpost.com/news/wonk/wp/2017/12/06/the-richest-1-percent-now-owns-more-of-the-countrys-wealth-than-at-any-time-in-the-past-50-years.

26　한강, 「바람이 분다, 가라」, ≪문학과사회≫, 제20권 3호(2007년 가을), 217쪽.

27　Andrew L. Whitehead, Samuel L. Perry and Joseph O. Baker, "Make America Christian Again: Christian Nationalism and Voting for Donald Trump in the 2016 Presidential Election," *Sociology of Religion*, Vol. 79, Iss. 2(May 19, 2018), p. 147, https://academic.oup.com/socrel/article/79/2/147/4825283.

28　트럼프주의(Trumpism)는 하나의 새로운 국가주의로, 친기독교 수사법을 반이슬람, 반여성주의, 반지구촌주의, 반정부적 태도 등과 융합한 것이다. Banks, "Survey offers data for worldview of Trump voters," p. 19.

29　미국 기독교 국가주의의 역사에 대해서는 정태식, 「기독교 재구성주의의 미국 국가주의의 형성과 복음주의의 정치화와의 관계에 대한 종교사회학적 일고찰: 의미체계의 형성과정을 중심으로」, 한국신학연구소, ≪신학사상≫, 제174집(2016);

『거룩한 제국: 아메리카, 종교, 국가주의』(페이퍼로드, 2015)를 참조하길 바란다.
30 정태식, 「종교성 지표로서의 종교국가주의: 복음주의 종말론과 미국 국가주의의 사회정치적 결합에 대한 역사사회학적 일고찰」, ≪현상과 인식≫, 제41권 4호(2017년 12월), 157쪽.
31 Whitehead, Perry and Baker, "Make America Christian Again," pp. 150~151.
32 같은 글.
33 이미 트럼프는 2016년 초에 리버티 대학교 강연에서 "전 세계적으로 기독교가 포위되어 있다"라며 기독교를 방어하겠다고 다짐했다. Geoff Earle, "Reverend's son compares Trump to MLK Jr. and Jesus," *New York Post*, January 19, 2016, https://nypost.com/2016/01/19/reverends-son-compares-trump-to-mlk-jr-and-jesus.
34 Whitehead, Perry and Baker, "Make America Christian Again," pp. 151~152.
35 대선 전에 실시한 조사에 따르면 트럼프 지지자들은 힐러리 지지자들보다 세 배 더 이슬람에 대한 공포를 느끼고 있다. Karen L. Blair, "A 'basket of deplorables'? A new study finds that Trump supporters are more likely to be Islamophobic, racist, transphobic and homophobic," October 10, 2016, http://blogs.lse.ac.uk/usappblog/2016/10/10/a-basket-of-deplorables-a-new-study-finds-that-trump-supporters-are-more-likely-to-be-islamophobic-racist-transphobic-and-homophobic.
36 Whitehead, Perry and Baker, "Make America Christian Again," pp. 152~153.
37 E. J. Dionne Jr., "Trump's acceptance speech: Seeking victory by scaring the country to death," *The Washington Post*, July 21, 2016, https://www.washingtonpost.com/blogs/post-partisan/wp/2016/07/21/trumps-acceptance-speech-seeking-victory-by-scaring-the-country-to-death/?noredirect=on&utm_term=.c96711c8c24b.
38 같은 글.
39 David Brooks, "The Death of the Republican Party," *The New York Times*, July 22, 2016, https://www.nytimes.com/2016/07/22/opinion/the-death-of-the-republican-party.html.
40 Richard Clark, "Why Max Lucado Broke His Political Silence for Trump: In the face of a candidate's antics, 'America's Pastor' speaks out," *Christianity Today*, February 26, 2016, https://www.christianitytoday.com/ct/2016/february-web-only/why-max-lucado-broke-his-political-silence-for-trump.html.
41 "Christianity Today posts editorial against Trump," *Episcopal Cafe*, October 12, 2016, https://www.episcopalcafe.com/christianity-today-posts-editorial-

against-trump.

42 특집 기사를 통해 냅 내즈워스(Napp Nazworth)는 "트럼프에게 투표하는 유혹에 빠지지 말아야 한다"라며 트럼프가 사탄과 같은 술책을 쓰는 것에 복음주의자들은 조심해야 한다고 경고했다. Paul A. Djupe and Brian R. Calfano, "Evangelicals Were on Their Own in the 2016 Elections," Paul A. Djupe and Ryan L. Claassen(eds.), *The Evangelical Crakup?: The Future of the Evangelical-Republican Coalition*(Temple University Press, 2018), p.15.

43 Tom Gjelten, "For Evangelicals, A Year Of Reckoning On Sexual Sin And Support For Donald Trump," *NPR*, December 24, 2018, https://www.npr.org/2018/12/24/678390550/for-evangelicals-a-year-of-reckoning-on-sexual-sin-and-support-for-donald-trump?utm_source=Pew+Research+Center&utm_campaign=3ccb9c05ed-EMAIL_CAMPAIGN_2018_12_25_09_55&utm_medium=email&utm_term=0_3e953b9b70-3ccb9c05ed-400355729.

44 제임스 돕슨과의 인터뷰다. "James Dobson: Why I Am Voting for Donald Trump" *Christianity Today*, September 13, 2016, https://www.christianitytoday.com/ct/2016/october/james-dobson-why-i-am-voting-for-donald-trump.html.

45 Robert Costa and Jenna Johnson, "Evangelical leader Jerry Falwell Jr. endorses Trump," *The Washington Post*, January 26, 2016, https://www.washingtonpost.com/news/post-politics/wp/2016/01/26/evangelical-leader-jerry-falwell-jr-endorses-trump/?noredirect=on&utm_term=.07ae144626bc.

46 Andrew Buncombe, "Christian leader Jerry Falwell pictured posing in front of 'Playboy' cover of Donald Trump: The president of Liberty University was one of the first to endorse the New York tycoon," *Independent*, June 23, 2016, https://www.independent.co.uk/news/world/americas/us-elections/christian-leader-jerry-falwell-pictued-posing-in-front-of-playboy-cover-of-donald-trump-a7097791.html.

47 Joe Heim, "Jerry Falwell Jr. can't imagine Trump 'doing anything that's not good for the country'," *The Washington Post*, January 1, 2019, https://www.washingtonpost.com/lifestyle/magazine/jerry-falwell-jr-cant-imagine-trump-doing-anything-thats-not-good-for-the-country/2018/12/21/6affc4c4-f19e-11e8-80d0-f7e1948d55f4_story.html?utm_term=.9b2497e32fea.

48 같은 글.

49 같은 글.

50 Elizabeth Bruenig, "How Jerry Falwell Jr. found his MAGA religion," *The Washington Post*, January 2, 2019, https://www.washingtonpost.com/opin

ions/2019/01/02/how-jerry-falwell-jr-found-his-maga-religion/?utm_campaign=2ff17a7f0f-EMAIL_CAMPAIGN_2019_01_04_03_04&utm_medium=email&utm_source=Pew%20Research%20Center&utm_term=.f63ba154205f.

제2부 제4장 미국 국가주의와 복음주의 종말론

1   Max Weber, "The Social Psychology of the World Religions," H. H. Gerth and C. Wight Mills(trans. and eds.), *From Max Weber: Essays in Sociology* (New York: Oxford University Press, 1946), pp. 269~272.
2   Michelle Goldberg, *Kingdom Coming: The Rise of Christian Nationalism*(New York: W. W. Norton & Company, 2006), p. 7; 정태식, 「기독교 재구성주의의 미국 국가주의의 형성과 복음주의의 정치화와의 관계에 대한 종교사회학적 일고찰: 의미체계의 형성과정을 중심으로」, 한국신학연구소, ≪신학사상≫, 제174집(2016).
3   Raphaela Holinski, "The World Caught Between Good and Evil: Elements of Evangelicalism in U.S. Foreign Policy," Kornelia Freitag(ed.), *Apocalypse Soon?: Religion and Popular Culture in the United States*(Berlin: LIT, 2011), p. 25.
4   Jose Casanova, *Public Religions in the Modern World*(Chicago: The University of Chicago Press, 1994), pp. 135~157.
5   Kornelia Freitag, "In God We Trust: Religion and Culture in the United States," Freitag(ed.), *Apocalypse Soon?*, p. 3.
6   Peter B. Clarke(ed.), *The Oxford Handbook of the Sociology of Religion* (Oxford University Press, 2011), p. 452.
7   Freitag, "In God We Trust: Religion and Culture in the United States," pp. 4~5.
8   Samuel L. Perry and Andrew L. Whitehead, "Christian nationalism and white racial boundaries: examining whites' opposition to interracial marriage," *Ethnic and Racial Studies*, Vol. 38, Iss. 10(2015), 'Abstract,' Taylor and Francis, http://dx.doi.org/10.1080/01419870.2015.1015584.
9   아서 아사 버거, 『대중문화 비평, 한권으로 끝내기』, 박웅진 옮김(커뮤니케이션북스, 2015), 315~316쪽.
10 정태식, 『카이로스와 텔로스: 정치·종교·사회의 사상사적 의미체계』(도서출판 영한, 2007), 12~17쪽.
11 Alan Richardson(ed.), *A Dictionary of Christian Theology*(The Westminster Press, 1969), p. 115.
12 Van A. Harvey, *A Handbook of Theological Terms*(Macmillan Publishing Co.,

1964), p. 80.
13 신동욱, 「천년왕국(계 20:4-6)의 정치적 해석의 가능성」, 한국신학연구소, ≪신학사상≫, 제174집(2016), 83쪽.
14 Sydney E. Ahlstrom, *A Religious History of the American People*(New Haven: Yale University Press, 1972), p. 810.
15 Millard J. Erickson, *A Basic Guide to Eschatology: Making Sense of the Millennium*(Grand Rapids, MI: Baker Books, 1988), pp. 91~106.
16 같은 책, 55~72쪽.
17 Raphaela Holinski, "The World Caught Between Good and Evil: Elements of Evangelicalism in U.S. Foreign Policy," Freitag(ed.), *Apocalypse Soon?*, p. 26.
18 이원규, 『종교사회학의 이해』(나남, 2015), 664~669쪽.
19 Perry and Whitehead, "Christian nationalism and white racial boundaries."
20 Betsy Hartmann, *The American Syndrome: Apocalypse, War, and Our Call to Greatness*(New York: Seven Stories Press, 2017), p. 21.
21 같은 책, 21쪽.
22 George M. Marsden, *Fundamentalism and American Culture: The Shaping of Twentieth-Century Evangelicalism 1870-1925*(Oxford: Oxford University Press, 1980), pp. 48~49.
23 같은 책, 51쪽.
24 Hartmann, *The American Syndrome*, pp. 23~24.
25 정태식, 「세속화 이론의 관점에서 본 종교의 정치참여 문제: 미국 개신교 근본주의를 중심으로」, 한국신학연구소, ≪신학사상≫, 제146집(2009), 321쪽.
26 Hartmann, *The American Syndrome*, p. 22.
27 같은 책, 35쪽.

제3부 푸틴의 '러시아 세계' 프로젝트와 우크라이나 침공

1 Kristina Stoeckl, "The Pact of the Old Guard: Religion, Law, and Politics for a Russia at War," *Journal of Law and Religion*, published online by Cambridge University Press, September 24, 2024, https://www.cambridge.org/core/journals/journal-of-law-and-religion/article/pact-of-the-old-guard-religion-law-and-politics-for-a-russia-at-war/939648BE1590CA95F141B1FDC658FB65.
2 키릴은 알렉시 2세에 이어 2009년 총대주교로 임명되었다.
3 푸틴은 우크라이나에 대한 '특별 군사 작전(Special Military Operation)' 명령을

내린 당일 밤 9시의 대국민 TV 연설에서 미국을 "거짓의 제국(empire of lies)"이라고 부르면서 서유럽의 여러 나라가 앵무새처럼 미국의 논리를 되뇌고, 미국의 행동을 모방하며, 미국이 만든 규칙을 수용한 결과 서유럽 블록 전체가 '거짓의 제국'이 되었다고 비난했다. "Transcript: Vladimir Putin's Televised Address on Ukraine," *Bloomberg News*, February 24, 2022, https://www.bloomberg.com/news/articles/2022-02-24/full-transcript-vladimir-putin-s-televised-address-to-russia-on-ukraine-feb-24.

4   나토의 동진에 대한 러시아의 위기 인식과 대응에 대해서는 이문영, 「러시아·우크라이나 전쟁과 나토: 쟁점과 여론」, ≪슬라브학보≫, 제37권 3호(2022년 9월)를 참조하길 바란다.

5   같은 글.

6   처음에 러시아 정교회는 입장을 신중히 했다. 2022년 2월 24일 키릴 총대주교는 우크라이나 사태의 조속한 해결과 민간인 보호를 촉구하며 두 나라의 형제적 유대를 상기시켰다. 그리고 3일 후인 27일의 주일 설교에서는 전쟁에 대한 어떤 언급도 없이 러시아와 러시아 정교회의 통합을 파괴하려는 "악의 세력"이 있다고만 말했다. 그러다가 3월 6일 용서의 일요일(Forgiveness Sunday) 예배에서 전쟁의 부당성에 대한 설교가 있을 것이라는 예상을 깨고 키릴은 우크라이나의 도덕성을 문제 삼으며 침공을 정당화하고 지지했다. Thomas Kika, "Russian Orthodox Church Leader Blames Invasion on Ukraine's 'Gay Pride'," *Newsweek*, March 7, 2022, https://www.newsweek.com/russian-orthodox-church-leader-blames-invasion-ukraines-gay-pride-1685636.

7   카를 마르크스는 이데올로기의 개념을 "사회적 이해관계를 위한 무기가 되는 사상(ideas serving as weapons for social interest)"으로 설정했다. Peter Berger and Thomas Luckmann, *The Social Construction of Reality: A Treatise in the Sociology of Knowledge*(London: Penguin Books, 1966), p. 18.

8   유럽신앙자유연합(European Federation for Freedom of Belief) 과학위원회의 인권 변호사 퍼트리샤 듀발(Patricia Duval)은 전체주의 정권의 국가들이 자신들의 국민 통제가 위태로워지거나 자신들의 정치권력이 위험해질 때 '영적 안보' 개념을 활용해 컬트로 지목한 소수 종교를 탄압한다고 주장한다. 특히 해외 종교의 유입과 활동이 증가하자 러시아 정교회는 영적 안보 개념을 등장시켜 반(反)컬트 운동을 일으켰다. 외래 종교가 러시아 국민의 민족적·종교적 감정에 타격을 가해 국민의 영적 일치(spiritual unity)와 정교회 신앙을 파괴시켜 러시아를 영적 식민지로 만들려고 하기 때문이라는 것이다. Patricia Duval, "The Concept of Spiritual Security and The Rights of Religious Minorities," *European Federation for Freedom of Belief*, February 11, 2019, https://freedomofbelief.net/articles/the-concept-of-spiritual-security-and-the-rights-of-religious-minorities.

9   소련의 몰락에 대해 푸틴은 "20세기의 지정학적 몰락"이라고 했고 키릴은 "역사적 러시아의 붕괴"라고 규정했다. 신동혁, 「현대 러시아에서 교회와 정치: 러시아 정교회의 '루스끼 미르 개념'을 중심으로」, ≪중소연구≫, 제38권 2호(2014년 여름).
10 우크라이나 침공 당일 밤의 연설에서 푸틴은 러시아인과 우크라이나인은 형제 관계에 있다고 말하면서도 국가로서의 우크라이나의 존재는 부인했다. '우크라이나'라는 용어는 변방, 즉 러시아의 변두리라는 의미에 지나지 않는다면서 우크라이나의 주권은 하나의 극단적인 국수주의적 민족주의에 지나지 않는다고 주장했다. "Transcript: Vladimir Putin's Televised Address on Ukraine," *Bloomberg News*.
11 '교회 자치권'은 그리스어로 '자기 주도의 특성(property of being self-headed)'이라는 의미를 지닌다. 동방정교회 교회에서 독립권을 지닌 개별 정교회 조직은 우두머리 주교가 더 높은 지위를 가진 어떠한 주교에게도 보고할 의무가 없는 독립적 성직 계급의 지위를 지닌다.
12 Stoeckl, "The Pact of the Old Guard."
13 같은 글.

제3부 제1장 러시아 종교 정책의 역사

1   키이우 루시는 현재의 우크라이나, 벨라루스, 러시아의 원형으로 882년 노브고로드(Novgorod)의 올레그 베시(Oleg Bessey)가 키이우를 점령한 후 형성되었다. 9세기에 동방정교회와 비잔틴문화를 수용하고 나서 10~11세기에 유럽의 강국 중 하나가 되었다가 13세기 몽골의 침략으로 몰락했다. 현재의 우크라이나 땅에는 갈리치아(Galicia)와 볼히니아(Volhynia) 두 공국이 뒤를 이었고, 두 공국이 갈리치아·볼히니아 대공국으로 합쳤다가 분열했으며, 결국 폴란드·리투아니아 연방[1385년부터 폴란드·리투아니아 연맹이 결성되어 동유럽 최대 왕국인 폴란드·리투아니아 연합왕국(Polish-Lithuanian Commonwealth, 1569~1795)으로 발전함]에게 정복되었다. 1917년 러시아혁명이 일어나자 오스트리아의 지배를 받던 서부 우크라이나와 러시아의 지배를 받던 동부 우크라이나가 각각 독립을 선언했지만, 외세의 침략으로 신생 독립국 우크라이나는 오래가지 못하고 1922년에 서쪽은 폴란드, 동쪽은 소련의 영토가 되었다. 결국 1991년에 와서야 우크라이나는 소련으로부터 독립한다.
2   Ecumenical Patriarchate of Constantinople Metropolis of Kyiv and all Ruthenia(988~1596).
3   1439년 피렌체 공의회에서 몇몇 비잔틴제국 출신의 주교들과 러시아 교회를 대표해 왔던 이시도르(Isidore) 수좌대주교는 로마 교회와의 결합에 동의하며 교황의 지상권(primacy)을 인정했다. 그러자 1441년 모스크바 대공 바실리 2세(Vasili II)는 이를 거부하며 이시도르를 해고하고 모스크바에서 추방했다.

4 '분화(differentiation)'는 근대사회를 설명하면서 막스 베버가 사용한 용어다. 근대사회에 들면서 종교로부터 세속 영역(정치, 경제, 지식, 예술, 성)이 독립 내지 분화한다는 것이다. 단어 '분화'는 역사를 거치면서 러시아, 특히 러시아 정교회를 중심으로 한 문화가 점점 더 독자적으로 되거나 고립되어 콘스탄티노플, 알렉산드리아, 안디옥, 예루살렘 등 초기 총대교구와의 문화 교류가 원활하지 않은 상태를 나타내기 위해, 그리고 서유럽 문화에 대해 계속해서 강하게 비판하면서 러시아 정교회 나름대로 정교회 교리 보수와 도덕성 강조 등 독특한, 독자적인 러시아 문화를 지향하고 있다는 의미에서 사용했다. '분화'와 함께 또는 대신해 '분리'로 써도 무방하다.

5 1589년 콘스탄티노플 대주교 예레미야스 2세(Jeremias II)가 러시아를 방문해 모스크바 교구(Metropolitanate)를 모스크바 총대교구(Moscow Patriarchate)로 승격시킴으로써 러시아 총대교구는 콘스탄티노플, 알렉산드리아, 안디옥, 예루살렘에 이은 다섯 번째 총대교구가 되었다.

6 '유대인에 관한 임시 규정'[5월 법(May Law)이라고도 함]은 러시아제국 내 유대인의 거주 및 사업을 제한한 것으로, 니콜라이 파블로비치 이그나티예프(Nikolay Pavlovich Ignatyev) 장관이 제안해 1882년 5월 15일 알렉산드르 3세가 제정했다. 원래는 임시 조치에 부과했으나 1917년까지 이어졌고, 포그롬(pogrom)으로 알려진 반유대 폭동과 함께 유대인의 러시아로부터의 대량 이주를 촉발시킨 요인이 되었다. 그 결과 1881~1920년까지 200만 명 넘는 유대인이 러시아제국을 떠났다. Herman Rosenthal, "MAY LAWS: Temporary regulations concerning the Jews of Russia," *Jewish Encyclopedia*(1901년에서 1906년 사이에 출간됨), https://www.jewishencyclopedia.com/articles/10508-may-laws.

7 Kristina Stoeckl, "The Pact of the Old Guard: Religion, Law, and Politics for a Russia at War," *Journal of Law and Religion*, published online by Cambridge University Press, September 24, 2024, https://www.cambridge.org/core/journals/journal-of-law-and-religion/article/pact-of-the-old-guard-religion-law-and-politics-for-a-russia-at-war/939648BE1590CA95F141B1FDC658FB65.

8 국가보안위원회(KGB)는 1954~1991년 존속한 구소련의 국가경찰이자 정보 기구다.

9 Stoeckl, "The Pact of the Old Guard."

10 같은 글.

11 같은 글.

12 Union of Soviet Socialist Republics, "Law on Freedom of Conscience and Religious Organizations," October 1, 1990, http://www.r-komitet.ru/vera/26.htm.

13 Wallace L. Daniel and Christopher Marsh, "Russia's 1997 Law on Freedom of Conscience in Context and Retrospect," *Journal of Church and State*, Vol. 49, No. 1(2007), https://www.jstor.org/stable/23921698.
14 "Believing Without Belonging: Just How Secular Is Europe," Michael Cromartie's Conversation with Grace Davie, *Pew Research Center*, December 5, 2005, https://www.pewresearch.org/religion/2005/12/05/believing-without-belonging-just-how-secular-is-europe.
15 정재영은 'Believing Without Belonging'을 '소속 없는 신앙인들' 또는 '가나안 성도'라고 옮겼다. 정재영, 「종교 세속화의 한 측면으로서 소속 없는 신앙인들에 대한 연구」, 한국실천신학회, ≪신학과 실천≫, 제39호(2014).
16 Gregory L. Freeze, "Russian Orthodoxy and Politics in the Putin Era," *Carnegie Endowment for International Peace*, February 9, 2017, https://carnegieendowment.org/2017/02/09/russian-orthodoxy-and-politics-in-putin-era-pub-67959.
17 "The Putin Project," *BBC World Service*, https://www.bbc.co.uk/worldservice/specials/1112_putin_project.
18 Presidential Library, "Decree of the President of the Russian Federation No. 1763: On guarantees to the President of the Russian Federation, who has ceased to exercise his powers, and members of his family," December 31, 1999, https://www.prlib.ru/en/node/352157.
19 "Fundamentals of the Social Conception of the Russian Orthodox Church," Jubilee Bishops' Council of the Russian Orthodox Church, August 13~16, 2000, Moscow, In Communion: Website of Orthodox Peace Fellowship. https://incommunion.org/fundamentals-of-the-social-conception-of-the-russian-orthodox-church.
20 Stoeckl, "The Pact of the Old Guard."
21 같은 글.
22 Vladimir Putin, "Russia's National Security Concept," Arms Control Association, January 10, 2000, https://www.armscontrol.org/act/2000-01/features/russias-national-security-concept.
23 "Putin meets angry Beslan mothers: Russia's president has faced a delegation of mothers whose children died a year ago during the Beslan school siege," *BBC News*, September 2, 2005, http://news.bbc.co.uk/2/hi/europe/4207112.stm.
24 시민 회의소(Civic Chamber)라고도 한다. 이 조직은 NGO, 시민 협회, 기타 기

관, 주 및 지방 당국 간의 참여를 제공하고 상호작용을 구축하는 역할을 맡으며, 구체적인 목표는 다음과 같다. 정부 활동에 대한 공공 감독을 행사하고, 공공 선거 모니터링 제도를 개발하며, 사회적으로 중요한 입법 계획에 대한 공공 전문 지식을 제공하고, 러시아의 시민사회 발전을 위해 활동하는 시민 협회, NGO, 기타 기관에 대한 국가 정책을 조언한다. 아울러 구금된 사람을 포함해 시민들의 권리를 보호하고, 공공의 주도권을 행사하고 시민의 호소에 응답하며, 전 세계의 유사한 시민사회 단체와 관계 및 교류 경험을 발전시킨다. 구성원은 대통령령으로 인준된 위원 40명, 지역 시민 회의에서 선출된 85명, 전국 공공기관을 대표하는 43명 등 총 168명이고 임기는 3년이다.

25 National Security Council, "Russian parliament passes new blasphemy law as protesters call for secular state," June 12, 2013, https://www.secularism.org.uk/news/2013/06/russian-parliament-passes-new-blasphemy-law-as-protesters-call-for-secular-state.

26 〈마틸다〉는 2017년 알렉세이 우치텔(Alexei Uchitel) 감독이 만든 러시아 역사 로맨틱 영화로 발레리나 마틸다 크셰신스카야(Matilda Kshesinskaya)와 황제 니콜라이 2세의 관계에 관한 이야기를 담고 있다. 군주제를 옹호하는 여러 단체와 보수적인 정교회 신자들이 '역사적 사건의 왜곡'이라고 비판하면서 영화는 논란에 휩싸였다.

27 Stoeckl, "The Pact of the Old Guard."

28 Miriam Elder, "Russia passes law banning gay 'propaganda'," *The Guardian*, June 11, 2013, https://www.theguardian.com/world/2013/jun/11/russia-law-banning-gay-propaganda.

29 Elizabeth A. Clark, "Russia's New Anti-Missionary Law in Context," *Religious Freedom Institute*, August 30, 2016, https://religiousfreedominstitute.org/2016-8-30-russias-new-anti-missionary-law-in-context.

30 "Russia: Court Bans Jehovah's Witnesses," *Human Rights Watch*, April 20, 2017, https://www.hrw.org/news/2017/04/20/russia-court-bans-jehovahs-witnesses.

31 Stoeckl, "The Pact of the Old Guard."

제3부 제2장 러시아와 우크라이나 정교회의 종교 전체주의와 다원주의의 충돌

1 공산주의가 붕괴한 후 러시아는 "제한적이고 신제국주의적인 관용과 신소비에트 억압이 조합(a combination of limited, neo-imperial toleration with neo-Soviet repression)"된 교회 국가 관계로 발전했다. 우크라이나는 "종교 간, 그리고 교회-국가 관계에 있어 전례가 없을 정도의 다원적이고 관용적인 체제(an unpreced-

entedly pluralistic and tolerant regime of interfaith and church-state relations)" 로의 발전을 가져왔다. Vyacheslav Karpov, "Secularization and Persecution: Lesons from Russia, Ukraine, and Beyond," Vyacheslav Karpov and Manfred Svensson(eds.), *Secularization, Desecularization and Toleration: Cross-Disciplinary Challenges to a Modern Myth*(Cham, Switzerland: Palgrave Macmillan, 2020), p.299.

2 Andriy Mykhaleyko, "The New Independent Orthodox Church in Ukraine," *Journal Comparative Southeast European Studies*, Vol.67, Iss.4(2019), https://www.degruyter.com/document/doi/10.1515/soeu-2019-0037/html.

3 우크라이나 정교회(OCU)는 2022년 2월 전체 인구의 38%였으나 러시아의 침공 후 3월에는 52%로 증가한 반면에 우크라이나 정교회(UOC-MP)는 15%에서 4%로 감소했다. Inna Volosevych, "73% of parishioners of the UOC Moscow Patriarchate no longer identify with this church, 35% of Russian-speaking Ukrainians switched to Ukrainian," *InfoSapiens*, April 6, 2022, https://www.sapiens.com.ua/publications/socpol-research/215/Release_IS_war_fin_6_04_church_language_ENG.pdf.

4 Michal Mádl, "Orthodox Church of Ukraine: Escalating Nation Building," *Mezinarodni Politika*, April 2, 2019, https://www.iir.cz/orthodox-church-of-ukraine-escalating-nation-building.

5 José Casanova, "The Three Kyivan Churches of Ukraine and the Three Romes," *East/West Journal of Ukrainian Studies*, Vol.IX, No.1(2022). https://doi.org/10.21226/ewjus714.

6 Mádl, "Orthodox Church of Ukraine."

7 블라디미르 대공의 역사적 개종에 감동한 푸틴은 크림반도를 병합한 후 2016년 국가 통합의 날(National Unity Day, 11월 4일)에 모스크바 크렘린궁 바로 옆에 있는 보로비츠카야(Borovitskaya) 광장에 그의 동상을 세웠다. 우크라이나와 러시아 두 나라 모두 블라디미르를 국부로 추앙하고 있어 푸틴이 동상을 세운 것은 우크라이나에 매우 자극적인 이슈가 아닐 수 없다. "Putin Unveils 'provocative' Moscow Statue of St. Vladimir," *BBC News*, November 4, 2016, https://www.bbc.com/news/world-europe-37871793. 우크라이나는 블라디미르의 기독교 수용을 기리는 기념비(Monument to Volodymyr)를 이미 1853년에 수도 키이우에 세운 바 있다.

8 Lena Surzhko Harned, "Holy wars: How a cathedral of guns and glory symbolizes Putin's Russia," *The Conversation*, March 2, 2022, https://theconversation.com/holy-wars-how-a-cathedral-of-guns-and-glory-symbolizes-putins-russia-176786.

9   1685년 모스크바 총대교구는 기드온(Gedeon)을 키이우의 수좌대주교로 임명하면서 콘스탄티노플 세계 총대교구의 키이우 수좌대교구의 합병을 시작했다. 콘스탄티노플 세계 총대주교 디오니시우스 4세(Dinysius IV, 훗날 파문됨)는 1686년 성직매매(simony)를 통해 성직자 평의회와 교구 신자들에 의한 간편한 선출 방식으로 키이우의 수좌대주교를 임명할 권한을 모스크바 대주교에게 부여하는 문서(Synodal Letter)를 발행했다. 이때부터 원래 키이우의 대주교가 해야 했던 모든 예배에서 콘스탄티노플 세계 총대주교에 대한 최고 수장으로의 언급과 모교회인 콘스탄티노플에 대한 교회법적 종속 선언과 확인의 조건 중 어느 것도 충족되지 않았다. 더군다나 1722년 표트르 1세(표트르 대제)가 발람(Barlaam)을 수좌대주교가 아닌 대주교로 선출하면서 키이우 대교구는 실제로 모스크바 총대교구의 일반 교구 중 하나로 전락했다.

10 총대주교를 선출하는 주교 모임으로 가톨릭교회의 콘클라베(Conclave)와 유사하며, 교회의 최고 권위를 지니고 교회 조직, 신앙, 질서 등에 관한 회칙과 규율을 정한다.

11 이로써 우크라이나 정교회(OCU)는 콘스탄티노플 세계 총대교구, 알렉산드리아 총대교구, 그리스 교회(Church of Greece), 키프로스 교회(Church of Cyprus)가 인정한 15번째 위치의 독립 교회가 되었다.

12 Casanova, "The Three Kyivan Churches of Ukraine and the Three Romes."

13 예수 변모 축일을 기념해 1987년 8월 19일 모스크바 총대주교 피멘(Pimen)과 콘스탄티노플 세계 총대주교 디미트리오스 1세(Demetrios I)가 모스크바 북동쪽에 있는 성 삼위일체 세르기우스 수도원(Trinity-St. Sergius Monastery)에서 축하 행사를 가졌다.

14 Katherine Kelaidis, "Make no mistake, if there's a war between Russian and Ukraine, it will be a religious war," *Religion Dispatches*, February 21, 2022. 검은 사제복의 모스크바와 콘스탄티노플 간의 갈등은 러시아와 서구의 정치적·경제적·문화적 갈등을 대변하고 있다. https://religiondispatches.org/make-no-mistake-if-theres-a-war-between-russia-and-ukraine-it-will-be-a-religious-war.

15 Karpov, "Secularization and Persecution," pp. 310~311.

16 Wilfried Jilge, "Russkiy Mir: 'Russian World' - On the genesis of a geopolitical concept and its efforts on Ukraine," *DGAP: German Council on Foreign Relations*, May 3, 2016. https://dgap.org/en/events/russkiy-mir-russian-world.

17 김진규, 「루스키 미르 연차총회 주제의 인문학적 분석」, 《러시아문학연구논집》, 제61호(2018).

18 1944년 이오시프 스탈린은 나치와 협력했다는 누명을 씌워 크림반도에 거주하던 전체 타타르 공동체의 추방을 명령했다. 그러면서 소련은 크림반도를 러시아화 (Russification)하는 정책을 펼쳤다. 크림반도의 인종 청소이자 문화적 대량 학살

(cultural genocide)이 일어난 것이다. 러시아화가 시작된 이후 1950년대에 크림반도의 인구 약 110만 명 중에서 75%가 러시아인이고 25%가 우크라이나인이었다. 크림반도는 러시아 차르국이 오스만제국을 물리친 1783년부터 1954년까지 러시아 영토였다. 1954년 소비에트 정부는 러시아 소비에트 사회주의 연방공화국(RSFSR: Russian Soviet Federation of Socialist Republics)에서 우크라이나 소비에트 사회주의 공화국(UkrSSR: Ukrainian Soviet Socialist Republic)으로 크림반도를 넘겨주었다. Mark Kramer, "Why Did Russia Give Away Crimea Sixty Years Ago?," *Wilson Center*, https://www.wilsoncenter.org/publication/why-did-russia-give-away-crimea-sixty-years-ago.

19 Jilge, "Russkiy Mir: 'Russian World'."
20 제3부의 주석 10번을 참조하길 바란다.
21 Kristina Stoeckl, "The Pact of the Old Guard: Religion, Law, and Politics for a Russia at War," *Journal of Law and Religion*, published online by Cambridge University Press, September 24, 2024, https://www.cambridge.org/core/journals/journal-of-law-and-religion/article/pact-of-the-old-guard-religion-law-and-politics-for-a-russia-at-war/939648BE1590CA95F141B1FDC658FB65.
22 "A Declaration on the 'Russian World' (Russkii mir) Teaching," Ethos: God Against War, March 15, 2022, https://www.ethos.org.ua/en/a-declaration-on-the-russian-world-russkii-mir-teaching.
23 Harned, "Holy wars."
24 안드리 핀추크 신부가 조직해 크리스천의 양심에 따라 더는 키릴과 모스크바 총대교구에 대한 '교회법적 순종(canonical submission)'을 할 수 없다고 밝힌 이 공개서한의 발표는 2022년 2월 27일 오누프리(Onufry) 대주교가 소집한 평의회 이후 두 번째로 큰 우크라이나 정교회(UOC-MP) 소속 성직자들의 저항 움직임이다. Mark A. Kellner, "Moscow-aligned Ukrainian Orthodox clerics call for tribunal for Patriarch Kirill, key Putin ally," *The Washington Times*, April 11, 2022.
25 Matthew Mynerd, "Russian aggression violates all the conditions of a just war and has no excuses - an expert in moral theology," *CREDO* Interview, March 31, 2022, https://credo.pro/2022/03/316151. 피츠버그의 성 시릴과 메토디우스 비잔틴 가톨릭 신학교의 매슈 마이너드 철학 및 도덕 신학 교수가 ≪내셔널가톨릭레지스터≫와 가진 인터뷰다.
26 Jilge, "Russkiy Mir: 'Russian World'."
27 Karpov, "Secularization and Persecution," pp. 309~310. 물론 러시아 민족 중심의 배타성을 지닌 러시아 정교회와 공식 관계를 맺은 우크라이나 정교회(UOC-

MP) 또한 우크라이나의 종교 다원주의의 한 구성체일 뿐이다.

28 같은 책, 301쪽.

29 전 우크라이나 교회 및 종교 단체협의회(AUCCRO)는 1996년 우크라이나의 정신적 부흥과 종교 간 대화 등의 목적으로 정교회, 가톨릭교, 개신교, 유대교, 이슬람교 등 16개 종교 공동체와 종교 단체로 구성되어 있다. 가입 종교와 단체는 ① 우크라이나 정교회(OCU), ② 우크라이나 정교회(UOC-MP), ③ 우크라이나 그리스 가톨릭교회(UGCC), ④ 우크라이나 로마 가톨릭교회(Roman Catholic Church in Ukraine), ⑤ 전 우크라이나 복음주의 기독교·침례교 교회 연합(All-Ukrainian Union of the Churches of Evangelical Christians-Baptists), ⑥ 우크라이나 오순절교회(Ukrainian Pentecostal Church), ⑦ 우크라이나 제칠일안식일예수재림교회(Seventh Adventist Church in Ukraine), ⑧ 우크라이나 기독교 복음주의 교회(Ukrainian Christian Evangelical Church), ⑨ 우크라이나 복음주의 교회(Ukrainian Evangelical Church), ⑩ 우크라이나 루터교회(Ukrainian Lutheran Church), ⑪ 트란스카르파티아 개혁 교회(Trans-Carpathian Reformed Church), ⑫ 우크라이나 독일 복음주의 루터교회(German Evangelical Lutheran Church of Ukraine), ⑬ 우크라이나 아르메니아 사도 교회 교구(Ukrainian Diocese of Armenian Apostolic Church), ⑭ 우크라이나 유대교 종교 단체 연합(Union of Jewish Religious Organizations of Ukraine), ⑮ 우크라이나 무슬림 종교 집행부(Religious Administration of Muslims of Ukraine), ⑯ 우크라이나 성서 공회(Ukrainian Bible Society) 등이다.

30 RISU(Religious Information Service of Ukraine), "AUCCRO Condemns Violence Committed Against Peaceful Demonstrators and Against Law Enforcers," December 10, 2013, https://risu.ua/en/auccro-condemns-violence-committed-against-peaceful-demonstrators-and-against-law-enforcers_n66186.

31 "A 'religious' Maidan," SIR: Agenzia d'informazione, December 13, 2013, https://www.agensir.it/archivio/2013/12/,13/a-religious-maidan.

32 Ilya Somin, "Russian government agency reveals fraudulent nature of the Crimean referendum results," *The Washington Post*, May 6, 2016, https://www.washingtonpost.com/news/volokh-conspiracy/wp/2014/05/06/russian-government-agency-reveals-fraudulent-nature-of-the-crimean-referendum-results.

33 2014년 5월 안드리 빌레츠키(Andriy Biletsky)가 창설한 민병대인 아조우 대대는 돈바스 전쟁에서 러시아가 지원하는 부대와 싸웠다. 이후 11월 11일 공식적으로 방위군(National Guard)과 합류하면서 아조우 특수작전 파견대(Azov Special Operations Detachment)로 지정되었다. 이후 2023년 2월 아조우 연대(Azov Brigade)로 확대해 공격 방위군(Offensive Guard)이 되었다. Ukrainska Pravda, "Azov regiment expands to brigade within National Guard of Ukraine," *Yahoo!*

News, February 10, 2023, https://www.yahoo.com/news/azov-regiment-expands-brigade-within-195700966.html.

34 Institute for Religious Freedom, "Appeal regarding the attack on religious freedom during the armed aggression of Russia against Ukraine," *IRF (Institute for Religious Freedom)*, March 16, 2022, https://irf.in.ua/p/85.

35 마이단 신학은 '출애굽기 신학', '해방신학,' '혁명의 신학', '권력과 갈등의 신학', '불만의 신학', '변화의 신학', '사회 신학', '화해의 신학', '십자가의 신학' 또는 '희망의 신학'으로 추악함 속에서의 아름다움을 경험한 후 만들어졌다. Mychajlo Dymyd, "The Theology of Maidan," ERUCC(Electronic Repository of the Ukrainian Catholic University), June 28, 2016, https://er.ucu.edu.ua/handle/1/2427.

36 Institute for Religious Freedom, "Appeal regarding the attack on religious freedom during the armed aggression of Russia against Ukraine."

37 이날 회의에는 전 우크라이나 교회 및 종교 단체협의회(AUCCRO) 의장, 아르메니아 사도 교회의 마르코스 호브하니샨(Marcos Hovhannisyan) 우크라이나 교구 주교, 우크라이나 정교회(OCU) 체르니히우(Chernihiv)와 니진(Nizhin)의 예브스트라티[Yevstratiy(Zoria)] 대주교, 우크라이나 무슬림 종교 집행부(Religious Administration of Muslims of Ukraine)의 수장 셰이크 아크메드 타밈(Sheikh Akhmed Tamim), 우크라이나 제칠일안식일예수재림교회 스타니슬라프 노소프(Stanislav Nosov) 외에 우크라이나 그리스 가톨릭교회, 로마 가톨릭교회, 전 우크라이나 복음주의 침례교 연합, 우크라이나 기독교 복음주의 교회, 우크라이나 오순절교회, 우크라이나 독일 복음주의 루터교회 대표들이 우크라이나 측에서 참석했다. 아울러 대통령실 부국장, 대통령실 내무 및 인도주의 정책국장, 종교자유연구소 이사회 의장 등도 참석했다. UCCRO, "UCCRO hosted in Kyiv a delegation from the World Council of Churches Events," August 5, 2022, https://vrciro.org.ua/en/events/uccro-hosted-in-kyiv-delegation-of-world-council-of-churches.

38 "Men make their own history, but they do not make it as they please," Karl Marx(1852), *The Eighteenth Brumaire of Louis Bonaparte*(New York: International Publishers, 1981), p.5.

제4부 시진핑의 '종교 중국화' 정책

1 Rush Doshi, *The Long Game: China's Grand Strategy to Displace American Order*(New York: Oxford University Press, 2021), p.2. 러시 도시는 중국계로 브루킹스 연구소(Brookings Institution) 중국전략연구실 창립 이사이자 예일 대학교 로스쿨 폴차이 차이나센터(Paul Tsai China Center) 선임 연구원이다.

2   같은 책.
3   같은 책, 2~4쪽.
4   중국공산당이 시행한 종교 정책의 역사를 다룬 제4부 제1장과 시진핑의 '종교 중국화' 정책에 대한 제2장의 논의를 위해 정태식, 「중국의 정치와 종교에 대한 사회학적 일고찰: 시진핑의 '종교 중국화' 정책을 중심으로」, ≪신학과 사회≫, 제36집 1호(2022년 2월), 349~377쪽을 수정 보완했다.

제4부 제1장 중국공산당 종교 정책의 역사

1   "중화인민공화국 인민은 종교 신념의 자유를 지닌다." The National People's Congress of the People's Republic of China, "Constitution of the People's Republic of China's 1982 with Amendments through 2018," November 20, 2019, Article 36. http://www.npc.gov.cn/englishnpc/constitution2019/201911/1f65146fb6104dd3a2793875d19b5b29.shtml.
2   Eloise D. Rotenberg, "Xi Jinping's Sinocentrism and Its Impact on Religion: Modern Chinese Christianity Under Attack," *International Law and Politics*, Vol.50(2019), https://heinonline.org/HOL/LandingPage?handle=hein.journals/nyuilp50&div=26&id=&page=.
3   근대사회의 세속화 담론이 주로 국가와 공적 제도의 차원에서 적용되었다면, 소련에서 시작해 중국으로 확산한 마르크스·레닌주의는 급진적 세속주의(radical secularism)로서 모든 종교와 다른 세속주의를 억압하는 이데올로기적 독점이었다. Fenggang Yang, "Secularization Regimes and Religious Toleration: China's Multiple Experiments," Vyacheslav Karpov and Manfred Svensson(eds.), *Secularization, Desecularization, and Toleration*(Cham, Switzerland: Palgrave Macmillan, 2020), p.260.
4   Rush Doshi, *The Long Game: China's Grand Strategy to Displace American Order*(NY: Oxford University Press, 2021), pp.1~2. 이 책에서 저자는 이홍장이 굴욕의 비극을 불러냈던 반면에 시진핑은 굴욕을 "100년 동안 볼 수 없었던" 중국의 부흥을 위한 기회로 전환하려고 한다는 주장을 펼치고 있다.
5   Carsten T. Vala, "The Three-Self Patriotic Movement: Divergent Perspectives and Grassroots Realities," *China Source*, September 7, 2020, https://www.chinasource.org/resource-library/articles/the-three-self-patriotic-movement.
6   같은 글.
7   Yang, "Secularization Regimes and Religious Toleration," p.258. 양은 이 논문에서 시진핑이 문화혁명 시기의 전투적 무신론을 재현하고 있다고 주장한다(p.275).

8 Fenggang Yang, *Religion in China: Survival and Revival under Communist Rule*(New York: Oxford University Press, 2012), p. 46; [Fenggang Yang, 『중국의 종교: 공산통치하에서의 생존과 부흥』, 송재룡·유광석 옮김(다산출판사, 2017), 68쪽].

9 4인방(四人幇)은 문화혁명 동안 마오쩌둥을 등에 업고 권력을 장악하고 휘두른 네 사람을 가리키는 말이다. 마오쩌둥의 부인이자 정치국 위원이었던 장칭(江青), 중국공산당 중앙위원회 부주석이자 정치국 상무위원이었던 왕훙원(王洪文), 정치국 상무위원이자 국무원 부총리였던 장춘차오(張春橋), 문예비평가 겸 정치국 위원이었던 야오원위안(姚文元)이다. 이들은 중국공산당 선전부와 언론을 장악해 홍위병을 선동하고, 대장정 시대부터 활동했던 당의 주류 인사들을 공격했다. 이들은 마오쩌둥이 사망한 후 체포되어 재판 결과 모두 중형을 선고받았다.

10 Karl Marx, "A Contribution to the Critique of Hegel's Philosophy of Right. Introduction," *Karl Marx: Early Writings*(NY: Vintage Books, 1975), pp. 243~257.

11 Central Committee of the Communist Party of China, "Document No. 19 The Basic Viewpoint and Policy on the Religious Question during Our Country's Socialist Period," March 31, 1982, https://is.muni.cz/el/1421/jaro2011/KSCB023/um/24029748/Document_no._19_1982.pdf.

12 같은 글.

13 같은 글.

14 같은 글.

15 Kuei-Min Chang, "New Wine in Old Bottles: Sinicisation and State Regulation of Religion in China," *China Perspective*, No. 2018/1-2(2018), https://journals.openedition.org/chinaperspectives/7636.

16 같은 글.

17 State Council, "Regulation Governing Venues for Religious Activities," January 31, 1994, https://www.globaleast.org/wp-content/uploads/2020/02/Regulation_Governing_Venues_for_Religious_Activities.pdf.

18 State Council, "Regulations on Religious Affairs," November 30, 2004, https://www.cecc.gov/resources/legal-provisions/regulations-on-religious-affairs.

19 Congressional-Executive Commission on China, "New National Regulation on Religious Affairs to Take Effect on March 1, 2005," February 15, 2005, https://www.cecc.gov/publications/commission-analysis/new-national-regulation-on-religious-affairs-to-take-effect-on.

20 Yang, "Secularization Regimes and Religious Toleration," p. 269.

제4부 제2장 '종교 중국화'를 통한 국가 부흥의 중국몽 실현

1   Max Oidtmann, "The Xi Jinping Cohort and the Chinafication of Religion," Berkley Forum: Regulating Religion in China, Berkley Center, Georgetown University, March 16, 2020, https://berkleycenter.georgetown.edu/posts/regulating-religion-in-china.
2   "10 things to know about China's policies on religion," *Pew Research Center*, October 23, 2023, https://www.pewresearch.org/short-reads/2023/10/23/10-things-to-know-about-chinas-policies-on-religion.
3   Fenggang Yang, "Repression of Religious Institutions in China Under Xi Jinping," Cornerstone Forum: A Conversation on Religious Freedom and Its Social Implication, *Religious Freedom Institute*, August 11, 2020.
4   Richard Madsen(ed.), *The Sinicization of Chinese Religion: From Above and Below*(Leiden, The Netherlands: Brill, 2021), pp. 1~2.
5   "10 things to know about China's policies on religion," *Pew Research Center*.
6   Fenggang Yang, "Xi Jinping Is Not Trying to Make Christianity More Chinese: The primary goal of Zhongguo hua is not cultural assimilation but political domestication. Yet I'm more confident than ever that house churches will survive," *Christianity Today*, January 16, 2024, https://www.christianitytoday.com/ct/2024/january-web-only/china-christianity-xi-religion-policy-sinicization.html.
7   Zeger Franciscus Clas, "The Securitization of Christianity under Xi Jinping," *E-International Relations*, March 11, 2021, https://www.e-ir.info/2021/03/11/the-securitization-of-christianity-under-xi-jinping.
8   Yang, "Repression of Religious Institutions in China Under Xi Jinping."
9   2017년에는 마오쩌둥에 이어 생전에 자신의 이념('시진핑 사상')을 당헌에 넣은 두 번째 지도자가 되었고, 2018년 3월 11일에는 '시진핑 사상'이 국가 지도 이념으로 헌법 서문에 포함되는 한편 국가주석의 연임 제한을 삭제한 5차 개헌안이 통과되면서 시진핑 장기 집권의 토대가 마련되었다.
10 Yang, "Xi Jinping Is Not Trying to Make Christianity More Chinese."
11 Oidtmann, "The Xi Jinping Cohort and the Chinafication of Religion."
12 Yang, "Xi Jinping Is Not Trying to Make Christianity More Chinese."
13 *Xinhua*, "Xi calls for improved religious work," *China.org.cn*, April 24, 2016, http://www.china.org.cn/china/2016-04/24/content_38312410.htm.
14 Xi Jinping, "Secure a Decisive Victory in Building a Moderately Prosperous

Society in All Respects and Strive for the Great Success of Socialism with Chinese Characteristics for a New Era: Delivered at the 19th National Congress of the Communist Party of China October 18, 2017," *Xinhua*, November 3, 2017.

15 "Notice by the National Religious Affairs Administration of Issuing the Measures for the Approval for and Administration of Temporary Places for Religious Activities," *China's Leader in Online Legal Research*, February 22, 2018, http://www.lawinfochina.com/display.aspx?id=28418&lib=law.

16 State Administration for Religious Affairs, "English Translation of the 2019 Administrative Measures for Religious Groups," *Bitter Winter: A Magazine on Religious Liberty and Human Rights*, January 15, 2020, https://bitterwinter.org/2019-administrative-measures-for-religious-groups.

17 State Administration for Religious Affairs, "Measures on the Administration of Internet Religious Information Services," *China Law Translate*, December 20, 2021, https://www.chinalawtranslate.com/en/internet-religious-information.

18 State Administration for Religious Affairs, "Detailed Implementation Measures on the Administration of Foreigners' Group Religious Activities in the Mainland Territory of the P.R.C.," *China Law Translate*, November 18, 2020, https://www.chinalawtranslate.com/en/foreign-religion-in-china.

19 WCC, "WCC strengthens ties with Chinese religious leaders to promote unity and contextualized faith," *World Council of Churches*, May 29, 2024, https://www.oikoumene.org/news/wcc-strengthens-ties-with-chinese-religious-leaders-to-promote-unity-and-contextualized-faith.

20 Theresa Carino, "The World Council of Churches and churches in China: partnerships and diaconia," *International Journal for the Study of the Christian Church*, Vol.19(2019), https://www.tandfonline.com/doi/full/10.1080/1474225X.2019.1656045.

21 같은 글.

22 3개 대표 이론은 중국공산당의 역할을 정의하는 사회·정치적 이론으로 2000년 2월 25일 당시 중국공산당 총서기였던 장쩌민이 광둥성 가오저우(高州)시를 시찰하던 중 처음 소개되었다가 2002년 제16차 당대회에서 당의 비준을 받았다. 첫째, 중국의 선진 생산력 발전 추세를 대표한다. 둘째, 중국의 선진 문화 방향을 대표한다. 셋째, 압도적 다수의 중국 인민의 근본적인 이익을 대표한다. "What Is 'Three Represents' CPC Theory?," *China Through A Lens*, http://www.china.org.cn/english/zhuanti/3represents/68735.htm.

23 과학발전관은 후진타오가 제시한 중국공산당 사회·경제적 지도 원칙 중 하나로,

과학적 사회주의, 지속 가능한 발전, 사회복지, 인본주의적 사회, 민주주의 증진, 그리고 궁극적으로 조화로운 사회주의 사회의 창조를 포함한다. "Scientific Outlook on Development," Getting to Know China Through Keywords, September 21, 2021, http://www.china.org.cn/m/english/china_key_words/2021-09/21/content_77765465.html.

제5부 '구세주 미국 교회'의 중국과 러시아 견제

1. Andrew J. Bacevich, "Angst in the Church of America the Redeemer," *Twilight of the American Century*(Notre Dame, Indiana: University of Nortre Dame Press, 2018).
2. 같은 책, 24쪽.
3. 같은 책.
4. U.S. Department of State, "Secretary of State Madeleine K. Albright Interview on NBC-TV 'The Today Show' with Matt Lauer," 'Archive,' February 19, 1998, https://1997-2001.state.gov/statements/1998/980219a.html.
5. Bacevich, "Angst in the Church of America the Redeemer," p. 30.
6. Nike Ching, "US Accuses China of Intensifying Religious Repression," *Voice of America*, June 10, 2020, https://www.voanews.com/a/usa_us-accuses-china-intensifying-religious-repression/6190888.html.
7. James Pomfret and Shellin Li, "U.S. envoy for religious freedom slams China during Hong Kong visit," *Reuters*, March 8, 2019, https://www.reuters.com/article/idUSKCN1QP0DI.
8. "China protests US criticism of policies on religion," *Arab News*, March 10, 2019, https://www.arabnews.pk/node/1464416/world.
9. RFE/RL, "U.S. Report Says Russia Among 'Worst Violators' Of Religious Freedom," *RadioFreeEurope/RadioLiberty*, April 21, 2021, https://www.rferl.org/a/russia-worst-violators-religious-freedom-report-iran-turkmenistan/31215737.html.

제5부 제1장 오만과 편견: 미국 종교 자유의 국제적 확산

1. Reinhold Niebuhr, *The Irony of American History*(Chicago: University of Chicago Press, 1952).
2. "International Religious Freedom Act of 1998," 'Sec. 2,' https://www.govinfo.

gov/content/pkg/COMPS-11578/pdf/COMPS-11578.pdf.
3   USCIRF, "FACTSHEET: INTERNATIONAL RELIGIOUS FREEDOM ACT(IRFA)," March 2021, https://www.uscirf.gov/sites/default/files/2021-03/2021%20Legislation%20Factsheet%20-%20IRFA.pdf.
4   같은 글.
5   「국가별 인권 실태 보고서」는 미국 외의 국가 및 지역의 인권 상황에 대한 연례 간행물이다. 미국 법률에 따라 미국 국무부의 민주주의·인권·노동국이 매년 미국 의회에 제출해야 한다.
6   「연례 보고서」에 들어가 있는 '실행 요약'은 각국이 지니는 종교 자유 실태의 현저한 특징을 밝히고 있으며, 미국이 적극적으로 종교 자유를 장려하고 있는 나라와 종교 자유가 상당히 개선된 나라들을 포함한다.
7   'CHAPTER 73: INTERNATIONAL RELIGIOUS FREEDOM'을 참고했다. https://uscode.house.gov/view.xhtml?path=/prelim@title22/chapter73&edition=prelim.
8   국무부의 「국제 종교 자유 연례 보고서」와 USCIRF의 「연례 보고서」는 2000년에 시작해 2023년까지 발행되었다.
9   같은 글.
10 "H. R. 1150 - Frank R. Wolf International Religious Freedom Act," https://www.congress.gov/bill/114th-congress/house-bill/1150/text. 공화당의 프랭크 울프 연방 하원 의원이 제안해 2016년에 '1998년 국제종교자유법'을 수정한 법률이다. "사상과 종교의 자유는 유신론 및 비유신론(nontheistic) 신념을 보호하는 것뿐만 아니라 어떤 종교도 고백하거나 실천하지 않을 권리를 보호하는 것으로 이해된다"라는 내용을 추가함으로써 무신론자와 종교가 전혀 없다고 주장하는 사람들을 보호해야 한다는 진일보한 내용을 지닌다. 하지만 강화된 외교, 훈련, 대테러 활동, 해외 지원 노력 등을 통해 전 세계적으로 종교의 자유를 증진하고자 하는 미국의 정책을 강화하는 목적을 지니기도 한다.
11 Tom Strode, "Congrats, Frank Wolf: Obama Approves Expansion of International Religious Freedom Act: IRFA modernization gives State Department new tools to protect Christians (and others) persecuted by ISIS," *Christianity Today*, December 16, 2016, https://www.christianitytoday.com/2016/12/congrats-frank-wolf-obama-expansion-irfa-religious-freedom.
12 USCIRF, *2000 Annual Report*, https://www.uscirf.gov/sites/default/files/2021-04/2000%20Annual%20Report.pdf.
13 같은 글.
14 USCIRF, *2001 Annual Report*, https://www.uscirf.gov/sites/default/files/2021-

04/2001%20Annual%20Report.pdf.

15 USCIRF, *2008 Annual Report*, https://www.uscirf.gov/sites/default/files/2021-04/Annual%20Report%202008.pdf.

16 USCIRF, *2009 Annual Report*, https://www.uscirf.gov/sites/default/files/2021-04/2009%20Annual%20Report.pdf.

17 다음은 2018년 이후 특별우려국가와 특별감시목록 국가다. USCIRF의 「연례 보고서」에는 국무부가 그 전해에 발표한 지정 국가가 나온다. 즉, 2018년 국무부 지정 국가는 USCIRF의 「2019년 연례 보고서」 앞쪽에 나오고 USCIRF의 2019년 권고 국가 목록은 뒤쪽에 나온다.

- 2018년 국무부 지정 특별우려국가와 특별감시목록 국가
  - 특별우려국가(10개): 미얀마, 북한, 사우디아라비아, 수단, 에리트레아, 이란, 중국, 타지키스탄, 투르크메니스탄, 파키스탄
  - 특별감시목록 국가(3개): 러시아, 우즈베키스탄, 코모로
- 2019년 USCIRF 지정 권고
  - 특별우려국가(16개): 나이지리아, 러시아, 미얀마, 베트남, 북한, 사우디아라비아, 수단, 시리아, 에리트레아, 우즈베키스탄, 이란, 중국, 중앙아프리카공화국, 타지키스탄, 투르크메니스탄, 파키스탄
  - 특별감시목록 국가(12개): 라오스, 말레이시아, 바레인, 아제르바이잔, 아프가니스탄, 이라크, 이집트, 인도, 인도네시아, 카자흐스탄, 쿠바, 튀르키예
- 2019년 국무부 지정 특별우려국가와 특별감시목록 국가
  - 특별우려국가(9개): 미얀마, 북한, 사우디아라비아, 에리트레아, 이란, 중국, 타지키스탄, 투르크메니스탄, 파키스탄
  - 특별감시목록 국가(7개): 나이지리아, 니카라과, 러시아, 수단, 우즈베키스탄, 코모로, 쿠바
- 2020년 USCIRF 지정 권고
  - 특별우려국가(14개): 나이지리아, 러시아, 미얀마, 베트남, 북한, 사우디아라비아, 시리아, 에리트레아, 이란, 인도, 중국, 타지키스탄, 투르크메니스탄, 파키스탄
  - 특별감시목록 국가(15개): 니카라과, 말레이시아, 바레인, 수단, 아제르바이잔, 아프가니스탄, 알제리, 우즈베키스탄, 이라크, 이집트, 인도네시아, 중앙아프리카공화국, 카자흐스탄, 쿠바, 튀르키예
- 2020년 국무부 지정 특별우려국가와 특별감시목록 국가
  - 특별우려국가(10개): 나이지리아, 미얀마, 북한, 사우디아라비아, 에리트레아, 이란, 중국, 타지키스탄, 투르크메니스탄, 파키스탄
  - 특별감시목록 국가(4개): 니카라과, 러시아, 코모로, 쿠바
- 2021년 USCIRF 지정 권고

- 특별우려국가(14개): 나이지리아, 러시아, 미얀마, 베트남, 북한, 사우디아라비아, 시리아, 에리트레아, 이란, 인도, 중국, 타지키스탄, 투르크메니스탄, 파키스탄
- 특별감시목록 국가(12개): 니카라과, 말레이시아, 아제르바이잔, 아프가니스탄, 알제리, 우즈베키스탄, 이라크, 이집트, 인도네시아, 카자흐스탄, 쿠바, 튀르키에

• 2021년 국무부 지정 특별우려국가와 특별감시목록 국가
- 특별우려국가(10개): 러시아, 미얀마, 북한, 사우디아라비아, 에리트레아, 이란, 중국, 타지키스탄, 투르크메니스탄, 파키스탄
- 특별감시목록 국가(4개): 니카라과, 알제리, 코모로, 쿠바

• 2022년 USCIRF 지정 권고
- 특별우려국가(15개): 나이지리아, 러시아, 미얀마, 베트남, 북한, 사우디아라비아, 시리아, 아프가니스탄, 에리트레아, 이란, 인도, 중국, 타지키스탄, 투르크메니스탄, 파키스탄
- 특별감시목록 국가(12개): 니카라과, 말레이시아, 아제르바이잔, 알제리, 우즈베키스탄, 이라크, 이집트, 인도네시아, 중앙아프리카공화국, 카자흐스탄, 쿠바, 튀르키에

• 2022년 국무부 지정 특별우려국가와 특별감시목록 국가
- 특별우려국가(12개): 니카라과, 러시아, 미얀마, 북한, 사우디아라비아, 에리트레아, 이란, 중국, 쿠바, 타지키스탄, 투르크메니스탄, 파키스탄
- 특별감시목록 국가(4개): 베트남, 알제리, 중앙아프리카공화국, 코모로

• 2023년 USCIRF 지정 권고
- 특별우려국가(17개): 나이지리아, 니카라과, 러시아, 미얀마, 베트남, 북한, 사우디아라비아, 시리아, 아프가니스탄, 에리트레아, 이란, 인도, 중국, 쿠바, 타지키스탄, 투르크메니스탄, 파키스탄
- 특별감시목록 국가(11개): 말레이시아, 스리랑카, 아제르바이잔, 알제리, 우즈베키스탄, 이라크, 이집트, 인도네시아, 중앙아프리카공화국, 카자흐스탄, 튀르키에

• 2023년 국무부 지정 특별우려국가와 특별감시목록 국가
- 특별우려국가(12개): 니카라과, 러시아, 미얀마, 북한, 사우디아라비아, 에리트레아, 이란, 중국, 쿠바, 타지키스탄, 투르크메니스탄, 파키스탄
- 특별감시목록 국가(5개): 베트남, 아제르바이잔, 알제리, 중앙아프리카공화국, 코모로

• 2024년 USCIRF 지정 권고
- 특별우려국가(17개): 나이지리아, 니카라과, 러시아, 미얀마, 베트남, 북한, 사우디아라비아, 아제르바이잔, 아프가니스탄, 에리트레아, 이란, 인도, 중국, 쿠바, 타지키스탄, 투르크메니스탄, 파키스탄
- 특별감시목록 국가(11개): 말레이시아, 스리랑카, 시리아, 알제리, 우즈베키스탄, 이라크, 이집트, 인도네시아, 카자흐스탄, 키르기스스탄, 튀르키에

18 '마그니츠키법'은 러시아의 조세 변호사 세르게이 마그니츠키(Sergei Magnitsky)가 2009년 모스크바 감옥에서 구타로 사망한 데 책임이 있는 러시아 관리들을 처벌하고자 미국이 만든 법이다. 다른 외국 정부의 인권침해 관리들에게도 적용되며 그들의 재산을 동결하고 미국 입국을 금할 수 있다. 2012년 의회에서 통과되어 버락 오바마 대통령이 서명했다.
19 USCIRF, *2018 Annual Report*, pp. 79~80, https://www.uscirf.gov/sites/default/files/2018USCIRFAR.pdf.
20 Bettina Krause, "We Need to See Each Other Differently," *Liberty*(2022. 5/6), https://www.libertymagazine.org/article/we-need-to-see-each-other-differently.
21 Thomas F. Farr and Dennis Hoover, "The Future of U.S. International Religious Freedom Policy (Special Report)," *The Institute for Global Engagement*, March 18, 2009, http://www.globalengage.org/research/reports/829-the-future-of-us-international-religious-freedom-policy-special-report-.html.
22 Michelle Boorstein, "Agency that monitors religious freedom abroad accused of bias," *The Washington Post*, February 17, 2010, *WWRN(World-Wide Religious News)*, https://wwrn.org/articles/32747.
23 Emma Brown, Shawn Boburg and Jonathan O'Connell, "Judicial activist directed fees to Clarence Thomas's wife, urged 'no mention of Ginni'," *The Washington Post*, May 4, 2023, https://www.washingtonpost.com/investigations/2023/05/04/leonard-leo-clarence-ginni-thomas-conway.
24 Boorstein, "Agency that monitors religious freedom abroad accused of bias."
25 Julie Moreau, "Longtime gay-rights opponent Tony Perkins named to U.S. religious freedom panel: Senate Majority Leader Mitch McConnell appointed Family Research Council President Tony Perkins to the U.S. Commission on International Religious Freedom," *NBC News*, May 18, 2018, https://www.nbcnews.com/feature/nbc-out/longtime-gay-rights-opponent-tony-perkins-named-u-s-religious-n875016.
26 SPLC, "Tony Perkins," https://www.splcenter.org/fighting-hate/extremist-files/individual/tony-perkins.
27 "Appointment of Far-Right Evangelist Tony Perkins Strains Credibility of USCIRF," *Hindu American Foundation*, May 15, 2018, https://www.hafsite.org/appointment-far-right-evangelist-tony-perkins-strains-credibility-uscirf.
28 Katherine Burgess and Jonathan Shorman, "Brownback's faith plays key role in his politics," *The Wichita Eagle*, July 28, 2017, https://www.kansas.com/

news/politics-government/article164075087.html.
29 Conor Gaffey, "Islam and America: Trump's Religious Freedom Ambassador Should be 'Disqualified,' Says Biggest Muslim Group," *Newsweek*, July 28, 2017, https://www.newsweek.com/islam-and-america-president-donald-trump-american-muslims-643370.
30 Adelle M. Banks, "5 faith facts about Sam Brownback: Political champion of religious freedom," *The Salt Lake Tribune*, August 3, 2017, https://www.sltrib.com/religion/global/2017/08/02/5-faith-facts-about-sam-brownback-political-champion-of-religious-freedom.
31 Alex Willemyns, "Uyghur rights activist resigns amid sexual harassment claims: Nury Turkel resigned as chair of the Uyghur Human Rights Project." *Radio Free Asia*, May 20, 2024, https://www.rfa.org/english/news/uyghur/nury-turkel-sexual-harassment-resign-05202024153035.html.
32 Jerome Socolovsky, "As US Preaches Religious Freedom Abroad, Critics See Hypocrisy," *Voice of America*, October 13, 2015, https://www.voanews.com/a/united-states-preaches-religious-freedom-critics-see-hypocrisy/3004563.html.
33 같은 글.
34 같은 글.
35 같은 글.
36 Ali Sethi, "Pakistani Christians Fight Back," *The New York Times*, March 24, 2025, https://www.nytimes.com/2015/03/25/opinion/pakistani-christians-fight-back.html.
37 Socolovsky, "As US Preaches Religious Freedom Abroad, Critics See Hypocrisy."
38 같은 글.
39 같은 글.
40 USCIRF, "USCIRF Calls for Congressional Hearing after State Department Fails to Designate Nigeria and India as Countries of Particular Concern," *USCIRF*, January 4, 2024, https://www.uscirf.gov/news-room/releases-statements/uscirf-calls-congressional-hearing-after-state-department-fails.
41 2024년 3월 25일 의회 톰 랜토스 인권위원회(Tom Lantos Human Rights Commission hearing) 청문회에서 무슬림의 시민권 부여를 노골적으로 배제한 인도 정부의 '시민권 수정 규칙(Citizenship Amendment Rules)' 고시에 경보를 울리며 특별우려국가 지정 등을 통해 미국 정부가 인도 정부에 조치를 요구해야 한다고 주장했다. USCIRF, "USCIRF Raises Alarm Over India's Exclusionary Citi-

zenship Amendment Act During Congressional Hearing," *USCIRF*, March 25, 2024, https://www.uscirf.gov/news-room/releases-statements/uscirf-raises-alarm-over-indias-exclusionary-citizenship-amendment.
42 Ewelina U. Ochab, "Nigeria And India Do Not Make It As Countries Of Particular Concern," *Forbes*, January 6, 2024, https://www.forbes.com/sites/ewelinaochab/2024/01/06/nigeria-and-india-do-not-make-it-as-countries-of-particular-concern.
43 Jeffrey Cimmino, "The US can do more to protect religious freedom around the world," *Atlantic Council*, March 28, 2024, https://www.atlanticcouncil.org/blogs/new-atlanticist/the-us-can-do-more-to-protect-religious-freedom-around-the-world.
44 S. Frederick Starr, Brenda Shaffer and Svante Cornell, "How the U.S. Promotes Extremism in the Name of Religious Freedom: Rethinking the USCIRF," *Foreign Affairs*, August 24, 2017, https://www.foreignaffairs.com/articles/central-asia/2017-08-24/how-us-promotes-extremism-name-religious-freedom.
45 같은 글.
46 같은 글.
47 같은 글.
48 같은 글.
49 '세계인권선언문' 제18조는 신앙을 가지고, 예배하며, 간증할 수 있는 권리, 자신의 신앙이나 종교를 바꿀 수 있는 권리, 함께 모여 자신의 신앙을 표현할 권리를 말한다.

제5부 제2장 미·중·러의 '정부 종교 규제'와 '사회 종교 증오' 지수

1 질문 문항은 "In 2018, Government Restriction on Religion Reach Highest Level Globally in More Than a Decade: Appendix D: Summary of results," *Pew Research Center*, November 10, 2020, https://www.pewresearch.org/wp-content/uploads/sites/20/2020/11/PF_11.10.20_religious.restrictions.full_.report.pdf.를 참조하길 바란다.
2 "In 2018, Government Restriction on Religion Reach Highest Level Globally in More Than a Decade: Methodology," *Pew Research Center*, November 10, 2020.
3 정부규제지수
   중국: 7.8(2007), 7.7(2008), 8.2(2009), 7.5(2010), 8.4(2011), 8.6(2012), 9.1

(2013), 8.6(2014), 8.6(2015), 8.8(2016), 8.9(2017), 9.3(2018), 9.3(2019), 9.3(2020), 9.1(2021).
러시아: 5.8(2007), 6.0(2008), 6.7(2009), 7.2(2010), 7.0(2011), 7.7(2012), 7.4(2013), 6.7(2014), 8.2(2015), 8.1(2016), 8.1(2017), 8.1(2018), 8.2(2019), 8.2(2020), 8.3(2021).
미국: 1.6(2007), 1.6(2008), 1.6(2009), 2.7(2010), 3.0(2011), 3.7(2012), 3.0(2013), 2.7(2014), 3.7(2015), 3.2(2016), 3.3(2017), 3.2(2018), 3.2(2019), 2.7(2020), 2.4(2021)
한국: 1.6(2007), 1.5(2008), 1.2(2009), 1.9(2010), 1.8(2011), 1.8(2012), 2.0(2013), 2.0(2014), 2.4(2015), 2.4(2016), 2.4(2017), 2.5(2018), 2.6(2019), 2.4(2020), 2.2(2021)
사회적대지수
중국: 0.9(2007), 1.6(2008), 3.3(2009), 2.0(2010), 2.2(2011), 3.6(2012), 4.4(2013), 3.3(2014), 2.6(2015), 1.3(2016), 1.3(2017), 1.5(2018), 0.6(2019), 0.1(2020), 0.1(2021).
러시아: 3.7(2007), 4.1(2008), 5.5(2009), 7.3(2010), 9.0(2011), 8.8(2012), 8.1(2013), 6.6(2014), 8.0(2015), 7.4(2016), 6.3(2017), 5.3(2018), 4.5(2019), 3.2(2020), 3.9(2021).
미국: 1.9(2007), 1.9(2008), 2.0(2009), 3.4(2010), 2.4(2011), 1.9(2012), 3.1(2013), 5.2(2014), 4.2(2015), 3.6(2016), 4.4(2017), 2.6(2018), 1.6(2019), 1.9(2020), 1.2(2021)
한국: 0.0(2007), 0.0(2008), 0.0(2009), 0.0(2010), 0.3(2011), 0.3(2012), 0.3(2013), 0.9(2014), 0.9(2015), 1.2(2016), 0.8(2017), 3.4(2018), 5.0(2019), 3.6(2020), 2.5(2021)

4 "A Closer Look at How Religious Restrictions Have Risen Around the World," *Pew Research Center*, July 15, 2019, https://www.pewforum.org/wp-content/uploads/sites/7/2019/07/Restrictions_X_WEB_7-15_FULL-VERSION-1.pdf.

5 "In 2018, Government Restriction on Religion Reach Highest Level Globally in More Than a Decade: Authoritarian governments are more likely to restrict religion," *Pew Research Center*, November 10, 2020, https://www.pewresearch.org/wp-content/uploads/sites/20/2020/11/PF_11.10.20_religious.restrictions.full_.report.pdf.

6 "Restrictions on religion among the 25 most populous countries, 2007-2018," Religion & Public Life, *Pew Research Center*, November 10, 2020.

7 "Globally, Social Hostilities Related to Religion Decline in 2019, While Government Restrictions Remain at Highest Levels," *Pew Research Center*, Sep-

8 "2019 Report on International Religious Freedom: South Korea," U.S. Department of State, June 10, 2020, https://www.state.gov/reports/2019-report-on-international-religious-freedom/south-korea.

9 "How COVID-19 Restrictions Affected Religious Groups Around the World in 2020," *Pew Research Center*, November 29, 2022, https://www.pewresearch.org/wp-content/uploads/sites/20/2022/11/PF_2022.11.29_restrictions_REPORT.pdf.

10 같은 글. 'Appendix E: COVID-19 restrictions and religious groups.' 여기서는 문항과 함께 미국, 중국, 러시아 그리고 한국이 관련되었는지를 살펴보고자 한다.
① 정부가 코로나19에 관련되었다는 이유로 종교 단체에 물리적 폭력을 사용했습니까? 46개 해당 국가에 미국, 중국, 한국 포함.
② 정부가 종교 단체에 무력을 사용해 구금했습니까? 46개 해당 국가에 미국, 중국, 한국 포함.
③ 정부가 종교 단체에 무력을 사용해 추방의 결과를 초래했습니까? 4개 해당 국가에 미국, 중국, 한국 불포함.
④ 정부가 종교 단체에 무력을 사용해 신체적 학대를 가한 적이 있습니까? 11개 해당 국가에 중국 포함.
⑤ 정부가 종교 단체에 무력을 사용해 사망을 초래했습니까? 3개 해당 국가에 미국, 중국, 한국 불포함.
⑥ 정부(공무원 포함)에서 코로나19 확산을 특정 종교 단체나 행사에 연관시키거나 탓으로 여겼습니까? 18개 해당 국가에 한국, 미국 포함.
⑦ 개인이나 단체가 코로나19 확산을 특정 종교 단체나 행사에 연관시키거나 탓으로 여겼습니까? 21개 해당 국가에 미국, 한국, 러시아 포함.
⑧ 개인이나 단체가 코로나19와 관련된 이유로 종교 단체를 향해 신체적 폭력을 행사했습니까? 4개 해당 국가에 미국 포함.
⑨ 개인이나 단체가 종교 단체를 향해 무력을 사용해 재산 피해를 입힌 적이 있습니까? 3개 해당 국가에 미국 포함.
⑩ 개인이나 단체가 종교 단체를 향해 무력을 사용해 신체적 학대를 가한 적이 있습니까? 1개 해당 국가에 미국, 중국, 러시아, 한국 불포함.
⑪ 개인이나 단체가 종교 단체를 향해 무력을 사용해 사망에 이르게 한 사례가 있습니까? 1개 해당 국가에 미국, 중국, 러시아, 한국 불포함.
⑫ 종교 단체가 코로나19에 대한 대응으로 의무화된 공중 보건 조치(예: 공개 모임 제한)를 비판했습니까? 52개 해당 국가에 미국 포함.
⑬ 종교 단체가 코로나19 조치가 불평등하게 제한되거나 자신들을 표적으로 삼

았다고 주장했습니까? 45개 해당 국가에 미국, 중국 포함.

⑭ 종교 단체나 개인이 사회적 거리 두기 없이 모인 대규모 모임 등 종교 활동에서 코로나19 공중 보건 조치를 무시했습니까? 69개 해당 국가에 미국, 한국 포함.

⑮ 정부는 신앙 공동체 내에서 코로나19 공중 보건 조치를 홍보하기 위해 종교 단체를 지원하거나 종교 단체와 협력했습니까? 56개 해당 국가에 미국, 중국, 러시아, 한국 불포함.

⑯ 종교 지도자나 단체가 코로나19 공중 보건 조치를 홍보하기 위한 노력에 참여했습니까? 97개 해당 국가에 미국, 중국, 러시아 포함.

11 "Globally, Government Restrictions on Religion Reached Peak Levels in 2021, While Social Hostilities Went Down," *Pew Research Center*, March 5, 2024, https://www.pewresearch.org/wp-content/uploads/sites/20/2024/03/PR_2024.3.5_religious-restrictions_REPORT.pdf.

12 Samuel Pitchford, "Chinese Prisoner Of Conscience, Gong Piqi, Dies In Jail," *Human Rights Pulse*, May 3, 2021, https://www.humanrightspulse.com/mastercontentblog/chinese-prisoner-of-conscience-gong-piqi-dies-in-jail.

찾아보기

용어

가나안 성도 224
가정 교회 278, 282, 285, 289, 297, 300
가족계획연맹 대 케이시(Planned Parenthood v. Casey) 판례 172~173
가족연구위원회(FRC: Family Research Council) 334
가톨릭연대(Catholic Solidarity) 20
가톨릭투표(Catholic Vote) 59
강제적 세속화(forced secularization) 19~20, 211, 220, 275
개방(glasnost) 222
개혁(perestroika) 222
『거래의 기술(The Art of the Deal)』 103, 106
건강보험개혁법(Affordable Care Act) ☞ 오바마케어
게이트스톤 연구소(Gatestone Institute) 333
결의론(決疑論, casuistry) 134, 141, 152, 156, 170~171, 177, 194~195
결함 있는 민주주의(Flawed Democracies) 352
경멸적 감정 표현의 정상화와 일상화 121, 130
경영자 내 고용자의 임금 격차(CEO-to-employee pay gap) 158
고대동방교회수장평의회(Council of Primates of Ancient Eastern Church) 254
고립주의(isolationism) 38
공동체 종교(community cult) 18, 20~21, 24, 171, 179, 228
공적 종교의 재등장(resurgence of public religion) 20
교회법적 영토(canonical territory) 207
교회 자치권(autocephaly, self-government) 208~209, 239~240, 243, 261, 265
구교도(Old Believers) 217~218
 구교도의 분열(Schism of the Old Believers) 217
구세주 그리스도 대성당(Cathedral of Christ the Saviour) 229
구세주 미국 교회(The Church of America the Redeemer) 99, 104, 107, 309~311
「국가별 인권 실태 보고서(Country Reports on Human Rights Practices)」 323
국가 안보(national security) 21~22, 206~207, 227
국가 안보 개념(National Security Concept) 207, 227
국가종교사무국 278, 280, 286, 288, 296~299
「국내 테러 대응을 위한 국가 전략(National Strategy for Countering Domestic Terrorism)」 83
국적에 따른 비이민자 차별 금지법(NO BAN Act: National Origin-Based Antidiscrimination for Nonimmigrants Act) 79
국제앰네스티(Amnesty International) 90
국제위기그룹(The International Crisis Group) 348

국제인권감시기구(Human Rights Watch) 348
국제인권규약(International Covenant on Civil and Political Right) 320
국제 종교 자유(International Religious Freedom) 73, 313~316, 320~323, 328, 330, 332, 338, 344
국제종교자유법(IRFA: International Religious Freedom Act) 22, 88, 317, 319~320, 322, 324~325, 329~330, 336, 339~340
국제종교자유사무소(Office of International Religious Freedom) 320~323, 328, 338
「국제 종교 자유 연례 보고서(Annual International Religious Freedom Report)」 311, 321, 323~324, 339, 347, 354, 359
국제종교재판소(International Ecclesiastical Tribunal) 254
국제크리슈나의식학회(International Society of Krishna Consciousness) 234
궁중 복음주의자들(court evangelicals) 141, 152
권위주의 정권(Authoritarian Regimes) 352, 359
글라스노스트 ☞ 개방
글로벌참여연구소(Institute of Global Engagement) 330
기독교 국가주의 ☞ 미국 백인 기독교 국가주의
기독교 근본주의(Christian Fundamentalism) 20, 25, 116, 124, 133, 166, 171, 332
기독교 선언(Christian Manifesto) 274
기독교 우익(Christian Right) 67, 111, 124, 134, 164~166, 179~180
기독교종교교협의회 285
기밀문서 사건(The Classified Documents Case) 37

나토 ☞ 북대서양조약기구
남부빈곤법률센터(Southern Poverty Law Center) 129, 334
남침례교(Southern Baptist Convention) 46, 56
네비우스 방법 ☞ 네비우스, 존 리빙스턴
네오나치 ☞ 백인 우월주의

다양성, 형평성, 포용성(DEI: Diversity, Equity, Inclusion) 26, 63, 95
다원주의 관리(managed pluralism) 222, 230
대분열(Great Schism) 214, 240
대안 우파(alternative right) 109, 117, 350
대안적 사실의 절대화 128, 130, 133~134, 148, 152
대약진운동 274
대중주의(popularism) 40~41, 67~68, 142~144, 152, 160, 169, 269
대침체(Great Recession) 15
도네츠크(Donetsk) 260, 263
도덕적 다수 ☞ 폴웰, 제리
독성 스트레스(toxic stress) 78
돈바스 전쟁(War in Donbas) 208, 260
돕스 대 잭슨여성보건기구(Dobbs v. Jackson Women's Health Organization) 재판 69, 172
동방 번개(Eastern Lightning) 356
동성애 선전 금지 법안 231, 234
두마(Duma) 225

라마포 마운틴 인디언(Ramapough Mountain Indians) 354
러스트벨트(rust belt) 39, 156, 158~159

러시아 세계(루스키 미르, Russkiy Mir)
21~22, 208, 224, 235, 237, 239, 248~
255, 265
러시아 정교회(ROC: Russian Orthodox
Church) 17, 21~22, 205~221, 223~
227, 229~230, 234, 236~242, 244~248,
251~255, 261, 264, 350
러시아 정교회 군대(Russian Orthodox
Army) 261
러시아 정교회의 사회적 개념 기초(Foundation of the Social Conceptions of
the Russian Orthodox Church) 225
로 대 웨이드(Roe v. Wade) 판례 57, 69,
137, 172~173
≪로스앤젤레스타임스(Los Angeles
Times)≫ 80
루스키 미르 재단(Russkiy Mir Foundation)
235, 250
루한스크(Luhansk) 260, 263

마그니츠키법(Magnitsky Act) 328, 340
마르크스·레닌주의 20, 105, 211, 219, 224,
272, 276, 287~290, 304
마오주의(Maoism) 274, 287, 293
마이단 신학(Maidan Theology) 262
〈마틸다(Matilda)〉 230
  마틸다 크셰신스카야(Matilda Kshesinskaya)
  396
매카시즘(McCarthyism) 101
맥락화(contextualization) 294, 300
멕시코만(Gulf of Mexico) 94
명예훼손에 반대하는 게이와 레즈비언 동맹
(GLAAD: Gay and Lesbian Alliance
Against Defamation) 334
모르몬(Mormon)교(예수그리스도후기성
도교회) 42, 81, 223, 233, 263, 317

모스크바 총대교구(MP: Moscow Patriarchate) 17, 22, 206~209, 215~216, 219,
221, 229, 237~247, 252~254, 261, 265
무슬림 이민 금지(muslim immigration ban)
39, 73~74, 78
문서 6 280
문서 19 276~278, 280
문화적 동화(cultural assimilation) 291, 293
문화혁명 270, 272, 274~275, 277~278, 288,
292
  문화혁명 2.0 292
문화화(enculturalization) 290
미국가톨릭주교회의(USCCB: United States
Conference of Catholic Bishops) 20,
41, 58, 81
미국국제종교자유위원회(USCIRF: United
States Commission on International
Religious Freedom) 22, 312~313,
315~316, 322~326, 328~336, 339~343,
347~348, 359
미국 국토안보부(DHS: Department of
Homeland Security) 78~80
미국독립선언(U.S. Declaration of Independence) 91
미국 백인 기독교 국가주의(American
White Christian Nationalism) 20,
101, 104, 107~108, 117, 309, 360
  기독교 국가주의(Christian nationalism) 40, 63,
  68, 166~169, 179, 181, 191, 194, 200
미국 보건복지부(HHS: Department of
Health and Human Services) 85, 88
미국 복음주의 루터교(Evangelical Lutheran Church in America) 68~69
미국시민자유연맹(American Civil Liberties
Union) 335
미국 우선주의(America First) 38, 118, 127,

138, 156, 165, 176, 192, 199, 201
미국 우선주의 교회(Church of America First) 106~107
미국위구르인협회(Uyghur American Association) 335
미국을 다시 위대하게(MAGA: Make America Great Again) 38, 94~95, 100, 107, 120, 127, 138, 140
미국의 소리(Voice of America) 336
미국·이슬람관계협의회(Council on American-Islamic Relations) 335
미국진보센터(CAP: Center for American Progress) 72, 76
미국 침례교(American Baptist Churches USA) 45
미등록 이민자(undocumented immigrants) 74, 76~77, 150
　불법적인 외국인(illegal alien) 150
　불법체류자 40, 74, 77, 94, 120, 150
미러클힐 목회(Miracle Hill Ministries) 85
미성년 입국자 추방 유예 제도(DACA: Deferred Action for Childhood Arrivals) 77, 79
민주주의 지수(Democracy Index) 352

반극단주의법(Anti-Extremism Law) 227, 232~234, 263, 313
반백인 차별(anti-white discrimination) 139
반불경죄법(Ani-blasphemy law) 229~230
반서구주의 213, 221
반엘리트주의 41, 143~144, 146, 152
반유대주의 71, 101, 111, 113, 115, 232, 342, 350, 352, 358
반종교개혁(Counter-Reformation) 240
반테러리즘법 233

백악관 신앙 기반 및 이웃 파트너십 사무국(White House Office of Faith-Based and Neighborhood Partnerships) 82, 87
백인 우월주의(white supremacy) 39~40, 60, 63, 73, 80, 83, 104, 107, 109~113, 115~121, 123~125, 128, 147, 161, 165~166, 191, 206, 232, 333~334, 350, 360
　네오나치(Neo-Nazi) 113, 261, 350
　아리안 네이션스(Aryan Nations) 113
　쿠클럭스클랜(KKK: Ku Klux Klan)단 111, 113, 124, 135, 333
　크리스천 서바이벌리스트(Christian Survivalist) 113, 116
　포세 코미타투스(Posse Comitatus, 민병대) 113
버서주의(birtherism) 145, 148~149
번영 복음(prosperity gospel) 52
번영 신학(prosperity theology) 31, 52, 122, 164
베슬란 학교 인질 사건(Beslan school hostage crisis) 228
베어스 이어스 국립기념비(Bears Ears National Monument) 82
보수시민협의회(Council of Conservative Citizens) 334
보이지 않는 종교(invisible religion) 19, 61
복음주의 17, 22, 30~31, 45~46, 51, 54, 56, 59, 63, 67, 82, 85, 93, 104, 108, 118, 126, 132, 136~139, 141~142, 146~147, 152, 154~156, 166, 169~172, 174, 177~181, 188, 195, 197~199, 222, 226, 263, 334
복음주의자 31~32, 51, 55~56, 60, 85, 121~122, 126~128, 134, 136~141, 144~145, 147~148, 151~156, 163~165, 167, 170~172, 174, 176~177, 180, 193, 198~200

찾아보기 **419**

볼셰비키(Bol'sheviki) 218~219
북대서양조약기구(NATO: North Atlantic Treaty Organization) 16, 38, 128, 207, 209, 212, 265
북미자유무역협정(NAFTA: North American Free Trade Agreement) 156
불경법(blasphemy law) 336
불법적인 외국인 ☞ 미등록 이민자
불법체류자 ☞ 미등록 이민자
브레스트 연합(Union of Brest) 240~241
브렉시트(Brexit) 269
비우량 주택 담보대출 사태(Subprime Mortgage Crisis) 15

사유화(privatization) 24, 257, 278
 사유화론(privatization theory) 19
 탈사유화(de-privatization) 20
사이언톨로지(Scientology) 232
사회적대지수(SHI: Social Hostility Index) 314, 346~353, 355, 357~360
삼자애국운동(三自愛國運動, TSPM: Three Self Patriotic Movement) 273~274, 300~301
상호 적응(mutual adaptation) 291
새로운 미국 세기를 위한 프로젝트(PNAC: Project for the New American Century) 333
생태 문명(ecological civilization) 286
서구 우월주의자(Western chauvinists) 109
성 미카엘 성당(Saint Micheal's Cathedral) 260
성모 수태고지 대성당(Annunciation Cathedral) 209
성전(聖戰, holy war) 17, 22, 190, 199, 209
성직통치회의(Holy Governing Synod) 217
세 가지 승리 규칙(three rules of winning) 106
세계교회협의회(WCC: World Council of Churches) 263~264, 299~303
세계러시아인민평의회(World Russian People's Council) 208, 234
세계보건기구(WHO: World Health Organization) 95
세계인권선언(Universal Declaration of Human Rights) 90, 315, 320, 343
세대주의(dispensationalism) 185~188
세속화(secularization) 19, 127, 180, 196, 200, 218, 224, 275, 345
 세속화 이론(secularization theory) 19
 탈세속화(de-secularization) 20, 223~224, 279
소수자 우대 조치(affirmative action) 92
스콥스 재판(Scopes Trial) 196~197
시민 종교(civil religion) 19, 128, 166, 180~181
시아파 이슬람 혁명(Shia Islam Revolution) 20
「시온 장로 의정서(The Protocols of the Elders of Zion)」 115
시험관 수정(IVF: In Vitro Fertilization) 70
신성 루스(Holy Rus, Holy Russia) 251~253, 255
신성모독법 230
신성종무원(Holy Synod) 245
신앙 세탁 42~43, 51
신자유주의(Neo-liberalism) 14~15, 105, 159
신장웨이우얼자치구 285
 신장자치구 285, 289, 312, 335, 351, 353~355
신정정치(theocracy) 176, 181, 313
실지 탈환주의(revanchism) 205

아리안 네이션스 ☞ 백인 우월주의
아메리카만(Gulf of America) 94
아이덴티티 교회 ☞ 크리스천 아이덴티티
아조우 대대(Azov Battalion) 261
아프리카 총대교구 관할구(Patriarchal exarchate in Africa) 247
악의 제국(empire of evil) 127, 310
악의 축(axis of evil) 127, 198, 310
안티파(Antifa: Anti-Fascist Action) 110
애국종교협회 17, 21, 273, 278
애미티 재단(愛德基金會, Amity Foundation) 302
  애미티 원탁회의(Amity Roundtable) 302
  애미티 인쇄출판사(愛德印刷有限公事, Amity Printing Company) 302
야로바야법(Yarovaya law) 233~234
양도할 수 없는 권리위원회(Commission on Unalienable Rights) 88~90, 92~93
양심 및 종교 단체의 자유에 관한 법률 221~222
〈어프렌티스(The Apprentice)〉 100, 102, 106
언어의 규범적 안정 구조(normatively stabilized structure) 130, 150
연방 선거 방해 사건(The Federal Election Interference Case) 34
연방소비자금융조사(The federal Survey of Consumer Finances) 164
연합성서공회(United Bible Societies) 302
영국 외무부 및 영연방 사무소(UK Foreign and Commonwealth Office) 348
영국 이스라엘주의(British Israelism) 113~115
영적 안보(spiritual security) 21~22, 206~207, 223
오렌지 혁명(Orange Revolution) 258
오바마케어(Obama Care) 54, 88, 138, 145
오순절교회 22, 50, 222~223, 232, 234, 263
오클라호마 연방 청사 폭파 사건(Oklahoma City Bombing) 125, 145
완전한 민주주의(Full Democracies) 352
외국인 혐오(xenophobia) 41, 107, 111, 129, 144, 152, 159, 163, 165~166, 176
우익이여 연합하라(Unite the Right) 350
우익 정체성 정치 ☞ 정체성 정치
우크라이나 개혁 정교회(Ukrainian Reformed Orthodox Church) 234
우크라이나 그리스 가톨릭교회(UGCC: Ukrainian Greco-Catholic Church) 218, 240~242, 248, 256, 260, 262~263
우크라이나 독립 정교회(UAOC: Ukrainian Autocephalous Orthodox Church) 238~239, 241
우크라이나 정교회(OCU: Orthodox Church of Ukraine) 239~242, 245~247, 256, 261
우크라이나 정교회(UOC-KP: Ukrainian Orthodox Church - Kyiv Patriarchate) 238-239, 241, 248, 261, 263
우크라이나 정교회(UOC-MP: Ukraine Orthodox Church - Moscow Patriarchate) 237~242, 246~248, 254, 256, 261, 263
우크라이나 정교회 통합 위원회(Council of Unification of Ukrainian Orthodoxy) 239
울버린 워치맨(Wolverine Watchman) 110
위구르인권프로젝트(Uyghur Human Rights Project) 335
위대한 국가 부흥(great national rejuvenation) 270, 291
위원회감시목록(Commission's Watch List)

326
유니언 신학교(Union Theological Seminary) 8
유대가치연합(Coalition for Jewish Values) 81
유라시아경제연합(Eurasian Economic Union) 258
유럽신앙자유연합(European Federation for Freedom of Belief) 392
유럽인권법원(European Court of Human Rights) 342
유럽인권조약(European Convention for the Protection of Human Rights and Fundamental Freedoms) 320
유로마이단(Euromaidan) 혁명 231, 238, 240, 248, 255, 258~259, 261~262, 265
유엔기후변화협약(UN Framework Convention on Climate Change) 39
유엔헌장(United Nations Charter) 320, 340
의료분야에서의 법적양심권리보호(Protecting Statutory Conscience Right in Health Care) 87
이슬람 혐오(islamophobia) 39, 53, 107, 111, 129, 134~136, 140, 159, 162, 165, 168
이코노미스트 인텔리전스 유닛(Economist Intelligence Unit) 352
인권캠페인(Human Rights Campaign) 92
인물 숭배 컬트(cult of personality) 144
인터넷 정보 서비스 관리에 관한 조치 298
일곱 개의 죽을 수밖에 없는 죄[seven mortal(deadly) sins] 44
일대일로(一帶一路, Belt and Road Initiative) 16
일상화(routenization) 113

입막음 돈 사건(The Hush Money Case) 33~34

자유로운 질문 규칙(Free Inquiry Rule) 86
자유수호동맹(Alliance Defending Freedom) 173
자유의지주의(libertarianism) 91, 124
자유주의 정체성 ☞ 정체성 정치
잠정 규칙(Provisional Rules) 218
재교육 캠프(reeducation camps) 312, 349
전 우크라이나 교회 및 종교 단체협의회 (AUCCRO: All-Ukrainian Council of Churches and Religious Organizations) 259, 262~263
전국복음주의협회(National Association of Evangelicals) 81
전국신앙자문이사회(National Faith Advisory Board) 32, 52
전국에너지비상사태(National Energy Emergency) 95
전국인민대표대회 280, 303
전국중국기독교대회(National Chinese Christian Congress) 303
전능하신 하나님 교회(Church of Almighty God) 356
전미총기협회(NRA: National Rifle Association of America) 131~132
전천년왕국설 ☞ 천년왕국설
전투적 무신론 218, 272, 274~275, 279, 282, 287
전환 치료(conversion therapy) 70
정부규제지수(GRI: Government Restriction Index) 314, 346~349, 351~353, 355, 357~359
정사 논쟁(正邪論諍) 192

정체성 정치(identity politics) 128, 130, 140, 144, 153, 284
  우익 정체성 정치 146
  자유주의 정체성(identity liberalism) 130, 146, 151
정치적 공정성(political correctness) 146, 151
정치적 순화(political domestication) 291, 293
제국주의(imperialism) 14, 114, 217, 237, 250, 272~274, 301, 330
제대군인보호법[GI(Government Issue) Bill, Servicemen's Readjustment Act of 1944] 157
제칠일안식일예수재림교회(Seventh Day Adventist Church) 81, 263
조지아주 선거 방해 사건(The Georgia Election Interference Case) 36
존슨 수정안(Johnson Amendment) 32, 54, 137~139, 167
존엄 혁명(Revolution of Dignity) 258~259, 261~262
종교 국가주의(religious nationalism) 179, 201
종교 다원주의 21, 60~61, 70, 105, 136, 210, 220~221, 223, 236~237, 243, 247~248, 255~258, 262~265
종교 단체에 대한 행정 조치 298
종교사무국 273, 278, 288, 297, 302
종교 업무에 관한 규정(Regulations on Religious Affairs) 281~282, 296~298
종교와 신념에 기초한 모든 형태의 편협함과 차별 철폐에 관한 유엔 선언(UN Declaration on the Elimination of All Forms of Intolerance and Discrimination Based in Religion and Belief) 320
종교 우익(Religious Right) 17, 20, 22, 25, 31, 42, 51, 54, 58, 63, 73, 85, 93, 104, 108, 117, 123~124, 127~128, 133, 152, 154, 156, 164~165, 173~174, 179, 191~192, 197~198, 309, 332
종교의 탈제도화(dis-establishment of religion) 18, 279
종교자유법 141
종교자유회복법(RFRA: Religious Freedom Restoration Act) 86
종교 전체주의 207, 210, 224, 236~237, 247~248, 254, 264~265
종교 중국화 17, 21, 270, 283~284, 286~297, 303~305
종말론(eschatology) 108, 116, 167~169, 178, 181~186, 189, 191~192, 194~197, 200~201
종족 혼합(miscegenation) 60, 115~116
중국공산당 271~272, 276~281, 284, 286~291, 293~294, 296, 298, 303~304, 312
  중국공산당 전국대표대회 295
  중국공산당 통일전선공작부 278, 288
중국기독교협회(National Christian Council of China) 301
중국몽(中國夢, Chinese Dream) 21, 270, 283, 291, 294~296, 304
중국 사이버 보안법 298
중화인민공화국 애국주의교육법 303
지구촌화(globalization) 10, 226, 252
지나친 반동적 감정 표출의 정상화(normalization of exceedingly reactionary sentiment) 131
지배주의(dominionism) 179
지정인물목록(designated persons list) 324~325

지하드주의(Jihadism) 232
집단 지성(collective intelligence) 10, 22~23

천년왕국설(millennialism) 184, 187~189, 192
　전천년왕국설(pre-millennialism) 180~181, 185, 188~200
　후천년왕국설(post-millennialism) 188, 191, 193
천안문 4·5 항쟁 275
천안문 6·4 항쟁 279~281, 293
체첸(Chechen) 공화국 225
체첸 전쟁 225
초인종주의(post-racial) 118~119
추가면밀추적국가(Additional Countries Closely Monitored) 326
≪추스(求是)≫ 288
출산건강관리결정(Reproductive Health Care Decisions) 87
출산 선택권(Reproductive Rights) 93
출산의 자유(reproductive freedom) 69~70
출생 시민권(birthright citizenship) 94~95

카토 연구소(Cato Institute) 91
카페 가톨릭(cafeteria Catholic) 56
캐블리내시언(Cablinasian) 60
캔자스종교간행동(Kansas Interfaith Action) 335
코로나19 증오범죄법(COVID-19 Hate Crime Act) 83
콘스탄티노플 세계 총대교구(Ecumenical Patriarchate of Constantinople) 208~209, 214~215, 240~247
쿠클럭스클랜단 ☞ 백인 우월주의
크리스천 서바이벌리스트 ☞ 백인 우월주의

크리스천 아이덴티티(Christian Identity) 111~117, 125, 191
　아이덴티티 교회(Identity Church) 115
크림(Krym, Crimea)반도 병합 208, 232, 238~240, 243, 247~248, 251, 258, 260~261, 263, 328
키이우와 전 루시(Kiev and All Rus') 213, 242

탈러시아 209, 237, 265
탈레반 표적(Taliban-baiting) 효과 337
탈사유화 ☞ 사유화
탈세속화 ☞ 세속화
토모스(TOMOS, 교회 자치권 부여 증서) 208
토착화(indigenization) 21, 213~214, 273, 290, 294
통합 러시아(United Russia) 229, 231
통합주의(integralism) 66, 68
특별감시목록(SWL: Special Watch List) 324~326
특별우려국가(CPC: Countries of Particular Concern) 311, 313, 316, 322, 324~326, 328, 339~342
특별우려단체(Entities of Particular Concern) 324~325
티베트 불교 286, 289
티파티 운동(Tea Party Movement) 141, 172, 196~197, 199

파룬궁(法輪功) 280~282, 351, 358
파리기후협약(Paris Climate Agreement) 39, 95, 128, 138
파사구(破四舊) 274
파시즘(Fascism) 26, 41, 110, 119, 143, 220
파시(fashy) 스타일 머리 125

파시스트(Fascist) 41, 143~144
팍스 로마나(Pax Romana) 104
팍스 아메리카나(Pax Americana) 104, 166, 180, 316
페레스트로이카 ☞ 개혁
평등고용-기회위원회(Equal Employment Opportunity Commission) 330
평등법(Equality Act) 80~82, 93
평등법을 위한 신앙 목소리(Faith Voices for the Equality Act) 82
포럼 18(Forum 18) 343
포세 코미타투스 ☞ 백인우월주의
폭스뉴스(Fox News) 126, 128, 131~132, 134~135, 146~153
　폭스 복음주의 128, 147
푸시 라이엇(Pussy Riot) 229
퓨 연구소(Pew Research Center) 29~31, 44, 46, 59, 61, 118, 191, 196, 313~314, 346~350, 352, 354, 357~360
프라우드 보이스(Proud Boys) 109
프라이드 몬스(Pride Month) 70
프라이드 퍼레이드(Pride Parade) 206
프랭크 올프법(Frank Wolf Act) 325
프로젝트 푸틴(Project Putin) 228
프리덤하우스(Freedom House) 348
피렌체 공의회(Council of Florence) 215

하나의 중국(One China) 300
하이브리드 정권(Hybrid Regimes) 352
해방 당(Party of Liberation) 342
해방신학 20

해외종교자유자문위원회(Advisory Committee on Religious Freedom Abroad) 318
헬싱키협정(Helsinki Accords, 1975) 320
현지화(localization) 21, 290, 294
홍위병(紅衛兵, Red Guards) 275
후천년왕국설 ☞ 천년왕국설
힌두미국재단(Hindu American Foundation) 334

1월 6일 미국 국회의사당 난입 사건(January 6 United States Capitol Attack) 25, 33, 125, 269~270
1964년 민권법(Civil Rights Act of 1964) 80~81
3개 대표 이론(三個代表 重要思想, Three Represents) 304
5·4 운동 273

AUCCRO ☞ 전 우크라이나 교회 및 종교 단체협의회
DACA ☞ 미성년 입국자 추방 유예 제도
IRF 사무소 ☞ 국제종교자유사무소
KKK단 ☞ 백인 우월주의 참조
LGBTQ+ 39, 57, 70, 74, 82, 86, 89~92, 127, 136~137, 141, 146, 206, 231, 333~335
LGBTQI+ 81
MAGA ☞ 미국을 다시 위대하게
USCIRF ☞ 미국국제종교자유위원회
WCC ☞ 세계교회협의회

인명

가블러, 닐(Neal Gabler) 137
갈리, 마크(Mark Galli) 126
게일, 윌리엄(William Porter Gale) 115
고르바초프, 미하일(Mikhail Gorbachev) 220~223, 242, 279
고리-아마드, 사피야(Safiya Ghori-Ahmad) 331
고서치, 닐(Neil Gorsuch) 76
고카, 서배스천(Sebastian Gorka) 135
고프먼, 어빙(Erving Goffman) 129~130, 150
구지악, 보리스(Borys Gudziak) 260
그레고리, 월턴 대니엘(Wilton Daniel Gregory) 56
그레이엄, 빌리(Billy Graham) 51, 126, 170
그레이엄, 프랭클린(Franklin Graham) 51, 170
긴즈버그, 루스 베이더(Ruth Bader Ginsburg) 76

네비우스, 존 리빙스턴(John Livingstone Nevius) 273
네비우스 방법(Nevius Method) 273
네이워트, 데이비드(David Neiwert) 120
노스, 올리버(Oliver North) 131~132, 146
니부어, 라인홀드(Reinhold Niebuhr) 5, 8, 49, 315~316, 338
니콘(Nikon) 모스크바 총대주교 216~217
니콜라이 2세(Nicholas II) 230

달라이 라마(Dalai Lama) 286
대니얼스, 스토미(Stormy Daniels) 33
대처, 마거릿(Margaret Thatcher) 14
덩샤오핑(鄧小平) 270, 275~276, 279, 282, 284, 287, 293, 304

덩위즈(鄧裕志) 274
데이비, 그레이스(Grace Davie) 224
도시, 러시(Rush Doshi, 杜如松) 269~270
돕슨, 제임스(James Dobson) 141, 172~174
뒤르켐, 에밀(Émile Durkheim) 18
듀발, 퍼트리샤(Patricia Duval) 392
드닌, 패트릭(Patrick Deneen) 66
디미드, 무카이로(Muchajlo Dymyd) 262
디온, E. J. 주니어(E. J. Dionne Jr.) 168

라로쉬, 애덤(Adam LaRoche) 131
랜드, 리처드(Richard Land) 141
랭크포드, 제임스(James Lankford) 96
러커, 필립(Philip Rucker) 124
레고이다, 블라디미르(Vladimir Legoida) 234
레닌, 블라디미르(Vladimir Lenin) 211, 218, 220, 293
레비스트로스, 클로드(Claude Lévi-Strauss) 182
레이건, 로널드(Ronald Reagan) 14, 20, 48, 56, 75~76, 94, 127, 137, 139, 154, 157, 164~165, 169, 171, 174, 198, 332~333
로버츠, 존(John Roberts) 76
로빈슨, 유진(Eugene Robinson) 143
루머, 로라 엘리자베스(Laura Elizabeth Loomer) 53
루버, 야코프 데(Jakob de Roover) 338~339
루비오, 마코(Marco Rubio) 68
루케이도, 맥스(Max Lucado) 170
루크만, 토마스(Thomas Luckmann) 19, 61
르포어, 질(Jill Lepore) 151
리드, 랄프(Ralph Reed) 141
리베르, 모티(Moti Rieber) 335

리오, 레너드(Leonard Leo) 331
린, 조앤(Joanne Lin) 90
린셴가오(林獻美) 278

마르크스, 카를(Karl Marx) 18, 132, 264, 275~276, 293
마스든, 조지(George Marsden) 192
마엔자, 네이딘(Nadine Maenza) 329
마오쩌둥(毛澤東) 270, 272, 274~275, 304
마이너드, 매슈(Matthew Mynerd) 254
마이클스, 앨리슨(Alison Michaels) 120
말로페예프, 콘스탄틴(Konstantin Malofeev) 234
매카시, 조지프(Joseph McCarthy) 101
매코, 로버트(Robert McCaw) 335
매코널, 미치(Mitch McConnell) 334
매키니스, 개빈(Gavin McInnes) 109
맨스필드, 스티븐(Stephen Mansfield) 43, 47, 49, 102~103, 141
머독, 루퍼트(Keith Rupert Murdoch) 146
머천, 후안(Juan Merchan) 34
메드베데프, 드미트리(Dmitry Medvedev) 229, 231
무어, 마이클(Michael Moore) 156, 158
밀스, C. 라이트(C. Wright Mills) 8

바르톨로메오 1세(Bartholomew I) 239, 245
바세비치, 앤드루(Andrew J. Bacevich) 9, 104, 106, 309~311
바이든, 조(Joe Biden) 29~31, 33~34, 36, 39, 42~43, 54~59, 65, 72~75, 78~88, 92~95, 109~110, 125, 328
바이릭, 하이디(Heidi Beirich) 334
배넌, 스티브(Steve Bannon) 64, 135
배럿, 에이미 코니(Amy Coney Barrett) 64

밴스, J. D. (J. D. Vance) 42, 64~68
밴스, 우샤 칠루쿠리(Usha Chilukuri Vance) 65
버거, 아서 아사(Arthur Asa Berger) 182
버거, 피터(Peter Berger) 19
버먼, 셰리(Sheri Berman) 111, 140
버뮬, 에이드리언(Adrian Vermeule) 66
버크, 대니엘(Daniel Burke) 43
버틀러, 안테아(Anthea Butler) 63
번스, 마크(Mark Burns) 141
베버, 막스(Max Weber) 9, 18~19, 47, 113, 117, 122, 154, 156, 171
베블런, 소스타인(Thorstein Veblen) 8
베이나르트, 피터(Peter Beinart) 9
벤추라, 제시(Jesse Ventura) 158
벨라, 로버트(Robert Bellah) 8, 19, 128, 180~181
볼러, 케이트(Kate Bowler) 51
볼턴, 존(John Bolton) 136, 333
부시, 조지 W. (George W. Bush) 20, 43, 54, 76, 82, 127, 139, 148~149, 154, 171, 181, 198~199, 331~333
불, 벤저민(Benjamin Bull) 89
브라운백, 샘(Sam Brownback) 312, 335
브라이언, 윌리엄 제닝스(William Jennings Bryan) 194
브레이어, 스테판(Stephen Breyer) 76
브레즈네프, 레오니트(Leonid Brezhnev) 219
브룩스, 데이비드(David Brooks) 169, 309, 311
블라디미르 대공(Vladimir the Great) 213~214, 244
블룸버그, 마이클(Michael Bloomberg) 143
블링컨, 앤터니(Antony Blinken) 92~93,

339
빈 라덴, 오사마(Osama Bin Laden) 198~199
빌레츠키, 안드리(Andriy Biletsky) 400

샤프너, 브라이언(Brian F. Schaffner) 159~161
선데이, 빌리(Billy Sunday) 194
설리번, 에이미(Amy Sullivan) 128, 132, 147
세션스, 제프(Jeff Sessions) 135
세이퍼스타인, 데이비드(David Saperstein) 336
소크라테스(Socrates) 22~23
소토마요르, 소니아(Sonia Sotomayor) 76
슈워츠, 토니(Tony Schwartz) 103, 106
슈키아, 수하그(Suhag Shukia) 334
스미스, 아치 주니어(Archie Smith Jr.) 132
스미스, 잭(Jack Smith) 35, 37~38
스웨트, 카트리나 란토스(Katrina Lantos Swett) 336
스위프트, 웨슬리(Wesley Swift) 115
스칼리아, 안토닌(Antonin Scalia) 75
스코필드, 사이러스(Cyrus Ingerson Scofield) 187
스콥스, 존(John Scopes) 196
스탈린, 이오시프(Iosif Stalin) 218, 241, 293
스테너, 캐런(Karen Stenner) 111
스테이시, 데이비드(David Stacy) 92
스펜서, 리처드(Richard B. Spencer) 119
시실리니, 데이비드(David Cicilline) 80
시어도어 매캐릭 추기경(Cardinal Theodore McCarrick) 333
시진핑(習近平) 17, 21, 269~270, 272, 284~297, 303~305

아부 엘 파들, 칼리드(Khaled Abou El Fadl) 331
아이젠하워, 드와이트(Dwight D. Eisenhower) 121
알렉시 2세(Alexy II) 226, 229
야누코비치, 빅토르(Victor Yanukovych) 258~261
야스퍼스, 카를(Karl Jaspers) 12
양펑강(楊鳳崗, Fenggang Yang) 291~292
얼리토, 새뮤얼 주니어(Samuel A. Alito Jr.) 64, 76
에드젤, 페니(Penny Edgell) 159, 161, 163
에이드, 탈랄(Talal Y. Eid) 332
에이브럼스, 엘리엇(Eliot Abrams) 332
에일스, 로저(Roger Ailes) 148
에킨스, 에밀리(Emily Ekins) 162
에피파니 대주교(Archibishop Epifanii) 239
엘리, 폴(Paul Elie) 64~66
엘리스, 사라 케이트(Sara Kate Ellis) 334
엠호프, 더글러스(Douglas Emhoff) 62
옐친, 보리스(Boris Yeltsin) 221, 223, 225
오니시케비치, 이고르(Igor Onyshkevych) 260
오르반, 빅토르(Viktor Orbán) 67
오바마, 버락(Barack Obama) 43, 54, 76~77, 83, 87, 118, 123, 134~136, 138, 141, 145, 148~149, 152, 158~160, 167, 169, 199~200, 325, 328
오스노스, 에번(Evan Osnos) 270
오차브, 이웰리나 U.(Ewelina U. Ochab) 339
올브라이트, 매들린(Madeleine Albright) 310, 319

옴스테드, 몰리(Molly Olmstead) 67~68
우야오종(吳耀宗) 274
우즈, 타이거(Tiger Woods) 60
울프, 에드워드(Edward N. Wolff) 164
월즈, 팀(Tim Walz) 42, 64, 68~70
웡, 저넬(Janelle S. Wong) 121, 138~139
윌리스, 패니(Fani Willis) 36
윌리엄스, 윌리엄 애플맨(William Appleman Williams) 8
윌슨, 브라이언(Bryan R. Wilson) 19
윌슨, 에리카(Erika K. Wilson) 111
윌슨, 우드로(Woodrow Wilson) 121
이반 3세(Ivan III) 215
이반 4세(Ivan IV) 215
이홍장(李鴻章) 272

자오쯔천(趙紫宸) 274, 301
장즈강(張志江) 294
장쩌민(江澤民) 270, 279~280, 282, 284, 287, 290~291, 294
제퍼슨, 토머스(Thomas Jefferson) 99, 144
제프리스, 로버트(Robert Jeffress) 141
조지, 로버트(Robert P. George) 91
존스, 앨릭스(Alex Jones) 145
존스, 짐(Jim Johns) 132~133
 존스, 스테판(Stephan Jones) 133
존슨, 마이크(Mike Johnson) 58
주신핑(朱新平) 294

처트칸, 타냐(Tanya Chutkan) 38
천충꾸이(陳崇桂) 274
청, 스티븐(Steven Cheung) 100
촘스키, 놈(Noam Chomsky) 9
추, 주디(Judy Chu) 79
치콘, 조(Joe Ciccone) 58

카사노바, 호세(José Casanova) 9, 20
카터, 지미(Jimmy Carter) 55~56, 174, 198
칸, 키즈르(Khizr Khan) 143
캐넌, 에일린(Aileen Cannon) 37
캐버노, 브렛(Brett Kavanaugh) 64, 172
커스틴, 브리짓(Bridget Kustin) 331
컵찬, 찰스(Charles Kupchan) 364
케네디, 앤서니(Anthony Kennedy) 76
케이건, 엘레나(Elena Kagan) 76
코츠, 타네히시(Ta-Nehisi Coates) 123
코튼, 톰(Tom Cotton) 68
코페노, 존(John Coughenour) 94
코헨, 마이클(Michael Cohen) 33
콘, 로이(Roy Cohn) 100~102, 104, 141
콤파렛, 버트런드(Bertrand Comparet) 115
크라우치, 앤디(Andy Crouch) 170
크래프트, 콜린(Colleen Kraft) 78
크루즈, 테드(Ted Cruz) 147
크룩스, 토머스 매슈(Thomas Matthew Crooks) 29
크리스토퍼, 워런(Warren Christopher) 318
그세닌스카야, 마틸다 ☞ 〈마틸다〉
클라스, 브라이언(Brian Klaas) 134
클린턴, 힐러리(Hillary Clinton) 141, 145~146, 150~151, 156, 158, 160~161, 168~169, 174
키릴 총대주교(Patriarch Kirill) 17, 21, 205~209, 219, 226, 229~230, 235, 240, 245, 248, 252~254, 264~265
키비스토, 피터(Peter Kivisto) 142~143

타카노, 마크(Mark Takano) 81
템스, 녹스(Knox Thames) 340
토머스, 클래런스(Clarence Thomas) 64, 76

토머스-그린필드, 린다(Linda Thomas-
　　Greenfield) 93
투르켈, 누리(Nury Turkel) 335
트럼프, 도널드(Donald Trump) 11, 13, 16~
　　17, 20, 22, 25~26, 29~55, 57~59, 62,
　　64~66, 68, 72~80, 82~88, 91, 93~95,
　　100~104, 106~112, 114, 117~149, 151~
　　156, 158~177, 184, 192, 199~201, 269~
　　270, 311, 328, 332~335, 350, 359~360
트럼프, 메리(Mary Trump) 47
트럼프, 프레드(Fred Trump) 47, 122, 124
틸리스, 톰(Thom Tillis) 96
틸리히, 폴(Paul Tillich) 43

파, 토머스(Thomas Farr) 292, 338
파일런, 로저(Roger Pilon) 91
파트루셰프, 니콜라이(Nikolaj Patrushev)
　　205
판, 피터(Peter C. Phan) 10
퍼킨스, 토니(Tony Perkins) 333~335
퍼트넘, 로버트(Robert Putnam) 61, 159
페아, 존(John Fea) 137~138
펜스, 마이크(Mike Pence) 34~35, 54~55,
　　141
포드, 헨리(Henry Ford) 115
폴웰, 제리(Jerry Falwell) 51, 56, 164, 170,
　　174, 197, 199
　도덕적 다수(Moral Majority) 56, 164, 171, 174,
　　197
　폴웰, 제리 주니어(Jerry Falwell Jr.) 51, 141,
　　170, 174~176, 199
폼페이오, 마이크(Mike Pompeo) 89~90,
　　92, 136, 311, 321, 333

푸틴, 블라디미르(Vladimir Putin) 11, 15,
　　17, 21, 143, 205~210, 213, 225~231,
　　233, 235, 240, 244, 247~250, 252~254,
　　259, 261, 264~265, 311, 326, 328
프란치스코(Franciscus) 교황 53, 56~58
플린, 마이클(Michael Flynn) 135
피노체트, 아우구스토(Augusto Pinochet)
　　110
핀추크, 안드리(Andriy Pinchuk) 254
필, 노먼 빈센트(Norman Vincent Peale)
　　47~49, 52
필라이, 제리(Jerry Pillay) 299~300

하버마스, 위르겐(Jürgen Habermas) 20,
　　41
하트만, 벳시(Betsy Hartmann) 194, 202
한강 13, 23
해리스, 카멀라(Kamala Harris) 29, 31~32,
　　37, 42~46, 52~53, 58~64, 68, 100
허드, 엘리자베스 샤크먼(Elizabeth Shak-
　　man Hurd) 336, 338
홀리, 조시(Josh Hawley) 68, 84
화이트, 폴라(Paula White) 46~47, 49~53,
　　123, 141
화이트헤드, 앤드루(Andrew L. Whitehead)
　　166~167
후세인, 사담(Saddam Hussein) 198, 310~
　　311, 333
후진타오(胡錦濤) 270, 279~282, 284, 287,
　　290~291, 296
흐루쇼프, 니키타(Nikita Khrushchev) 219
히포크라테스(Hippocrates) 12~13

지은이

정태식

뉴욕의 뉴스쿨(New School for Social Research) 정치사회과학대학원에서 사회이론과 정치·종교사회학 전공으로 철학박사(Ph.D.) 학위를 받았다. 이에 앞서 버클리 연합신학대학원(Graduate Theological Union in Berkeley)의 퍼시픽 종교대학원(Pacific School of Religion)에서 종교사회학(MA), 사회윤리학 및 신학(M.Div.)을 공부했다. 한국종교사회학회 학술지 ≪종교와 사회≫ 초대 편집위원장을 맡았으며, 경북대학교에서 연구초빙교수와 사회학과 강의교수를 역임했다. 지금은 경북대학교 인문학술원 객원연구원으로 있으면서, 대구경북미래소비자행동 상임대표를 맡고 있고, 대구 동구 FM공동체라디오 프로그램 <추억의 음악사진관>을 진행하고 있다. 지은 책으로 『거룩한 제국: 아메리카·종교·국가주의』(2015), 『카이로스와 텔로스: 정치·종교·사회의 사상사적 의미체계』(2007) 등이 있다. 옮긴 책으로 로버트 D. 퍼트넘의 『우리 아이들: 빈부격차는 어떻게 미래 세대를 파괴하는가(Our Kids: The American Dream in Crisis)』(2017), 로버트 D. 퍼트넘·데이비드 E. 캠벨의 『아메리칸 그레이스: 종교는 어떻게 사회를 분열시키고 통합하는가(American Grace: How Religion Divides and Unites Us)』(공역, 2013), 데이비드 마틴의 『현대 세속화 이론(On Secularization: Towards a Revised General Theory)』(공역, 2008) 등이 있다.

한울아카데미 2587

21세기 제국의 정치와 종교

트럼프와 '미국 백인 기독교 국가주의', 푸틴의 '러시아 세계', 시진핑의 '종교 중국화'

ⓒ 정태식, 2025

지은이 | 정태식
펴낸이 | 김종수
펴낸곳 | 한울엠플러스(주)
편집 | 조일현

초판 1쇄 인쇄 | 2025년 5월 28일
초판 1쇄 발행 | 2025년 6월 20일

주소 | 10881 경기도 파주시 광인사길 153 한울시소빌딩 3층
전화 | 031-955-0655
팩스 | 031-955-0656
홈페이지 | www.hanulmplus.kr
등록번호 | 제406-2015-000143호

Printed in Korea.
ISBN 978-89-460-7587-0 93340 (양장)
      978-89-460-8383-7 93340 (무선)

※ 책값은 겉표지에 표시되어 있습니다.
※ 무선제본 책을 교재로 사용하시려면 본사로 연락해 주시기 바랍니다.